WHITMAN · TAGEBUCH

BELLETRISTIK

Walt Whitman

TAGEBUCH

1990

Reclam-Verlag Leipzig

Aus dem Englischen
Übersetzung von Götz Burghardt
Herausgegeben von Eva Manske
Mit einem Frontispiz

ISBN 3-379-00581-9

© Reclam-Verlag Leipzig 1985
(Auswahl, Übersetzung und Nachwort)

Reclam-Bibliothek Band 1088
2. Auflage
Reihengestaltung: Lothar Reher
Lizenz Nr. 363. 340/76/90 · LSV 7333 · Vbg. 19,5
Printed in the German Democratic Republic
Grafischer Großbetrieb Völkerfreundschaft Dresden
Gesetzt aus Garamond-Antiqua
Bestellnummer: 6612192
DDR 4,– M

Gebot einer glücklichen Stunde

Im Walde, 2. Juli 1882 – Wenn ich es jemals tun will, dann darf ich nicht länger zögern. Zusammenhanglos und voller Lücken und Sprünge, wie dieses Sammelsurium von Tagebuchaufzeichnungen, Kriegserinnerungen aus den Jahren 1862 bis 1865, Naturbetrachtungen von 1877 bis 1881 und späteren Beobachtungen im Westen und in Kanada auch ist, alles zusammengerollt und mit einem dicken Strick verschnürt, so überkommt mich an diesem Tag, zu dieser Stunde – (Und was für ein Tag! was für eine Stunde das ist! die Pracht lächelnden Grases und einer lauen Brise mit all der Herrlichkeit von Sonne und Himmel und angenehmer Temperatur – all das erfüllt meinen Körper und meine Seele wie niemals zuvor) – so überkommt mich der Entschluß, ja der Auftrag, nach Hause zu eilen, das Bündel aufzuschnüren und die Tagebuchfragmente und anderen Notizen, so wie sie sind, länger oder kürzer, eine nach der anderen in Druck zu geben[1], ohne auf die Mängel dieser Sammlung und den oft fehlenden Zusammenhang zu achten. Auf jeden Fall wird es eine Etappe der Menschheit illustrieren. Wie wenige Tage und Stunden des Lebens (und auch diese nicht auf Grund ihres relativen Wertes oder ihrer Größe, sondern durch Zufall) werden doch je aufgezeichnet. Ein Grund mag auch sein, daß wir eine Sache lange vorbereiten, sie planen, ergründen, gestalten, und dann, wenn die Stunde der Ausführung kommt, noch immer ziemlich unvorbereitet sind, das Ding zusammenstückkeln und Hast und Unvollkommenheit die Geschichte besser erzählen lassen als vortreffliche Arbeit. Auf jeden Fall gehorche ich dem Gebot meiner glücklichen Stunde, das mir so merkwürdig zwingend zu sein scheint. Vielleicht werde ich, wenn ich nichts anderes zustande bringe, das eigensinnigste, ursprünglichste, bruchstückhafteste Buch veröffentlichen, das jemals gedruckt wurde.

Antwort an einen drängenden Freund

Du fragst nach Einzelheiten, Details aus meinem früheren Leben – nach Genealogie und Abstammung, besonders nach den Frauen in meiner Ahnenreihe und nach dem weit zurückliegenden niederländischen Stamm mütterlicherseits – nach der Gegend, in der ich geboren wurde und aufwuchs, und mein Vater und meine Mutter vor mir und deren Eltern vor ihnen – mit einem Wort, nach Brooklyn und New York und den Zeiten, die ich als Junge und junger Mann dort lebte. Du sagst, in der Hauptsache möchtest du diese Dinge wegen der Vorgeschichte und Ursprünge der „Grashalme" erfahren. Also – wenigstens ein paar Proben von allem sollst du haben. Oft habe ich daran gedacht, daß man Angelegenheiten dieser Art nur anreißen und vervollständigen kann, indem man unmittelbar selbst zurückforscht, vielleicht weit zurück, hinein in ihre Ursprünge, ihre Vergangenheit und ihre Entwicklungsstadien. Dann war ich kürzlich, wie es das Schicksal so wollte, eine Woche lang krank und mußte im Bett bleiben und vertrieb mir die Langeweile damit, daß ich eben diese Einzelheiten für einen anderen (jedoch unerfüllten, wahrscheinlich nun nichtigen) Zweck zusammentrug. Und wenn du dich damit zufriedengeben willst, wie sie sind, authentisch in den Daten, einfach in den Fakten und auf meine Art, dahinplätschernd, erzählt – hier sind sie! Ich zögere nicht, Ausschnitte niederzuschreiben, denn freudig greife ich nach allem, was die Arbeit erleichtert; diese Auszüge aber sind die besten Varianten der Dinge, die ich mitteilen möchte.

Genealogie – Van Velsor und Whitman

In der zweiten Hälfte des vorigen Jahrhunderts lebte die Familie Van Velsor, die Familie meiner Mutter also, auf ihrer eigenen Farm in Cold Spring, Long Island, New York State, nahe des östlichen Zipfels von Queens County, etwa eine Meile vom Hafen entfernt.[2] Meines Vaters Familie – vermutlich die fünfte Generation nach den ersten englischen Ankömmlingen in Neuengland – das waren zur gleichen Zeit Farmer auf eigenem Grund und Boden (und es war ein schönes Gut, 500 Morgen, alles gutes Land, nach Osten und Süden hin sanft abfallend, ein Zehntel davon Wald, gewaltige alte Bäume in Hülle und Fülle), zwei oder drei Meilen entfernt, in West Hills, Suffolk County. Der Name Whitman beginnt in den Oststaaten, von wo er sich verbreitete, zweifellos durch einen gewissen John Whitman, geboren 1602 in Old England, wo er auch aufwuchs, heiratete und 1629 sein ältester Sohn geboren wurde. 1640 kam er mit der „True Love" nach Amerika und lebte in Weymouth, Massachusetts. Dieser Ort wurde zum Grundstock der Neuengländer dieses Namens: John Whitman starb 1692. Sein Bruder, Rev. Zechariah Whitman, kam entweder zur gleichen Zeit oder kurz danach ebenfalls mit der „True Love" herüber und lebte in Milford, Connecticut. Ein Sohn dieses Zechariah, mit Namen Joseph, siedelte nach Huntington, Long Island, über und ließ sich hier für immer nieder. Laut Savages „Genealogical Dictionary" (Band IV, Seite 524) hatte sich die Familie Whitman vor 1664 in Huntington niedergelassen durch eben diesen Joseph. Es ist ziemlich sicher, daß von diesem Ausgangspunkt und von Joseph die West-Hills-Whitmans und alle anderen in Suffolk, darunter ich, hervorgegangen sind. Sowohl John als auch Zechariah fuhren etliche Male nach England zurück; sie hatten große Familien, und einige ihrer Kinder kamen in der alten Heimat zur Welt. Von Johns und Zechariahs Vater, Abijah Whitman, der ins 16. Jahrhundert zurückreicht, haben wir zwar gehört, wir wissen aber wenig über ihn, nur daß auch er einige Zeit in Amerika war.

Diese Reminiszenzen über meine Herkunft werden in mir lebendig durch einen Besuch, den ich kürzlich (in meinem 63. Lebensjahr) West Hills und den Ruhestätten meiner Vorfahren beider Seiten abgestattet habe. Hier sind Auszüge aus den Notizen von jenem Besuch, dort und damals festgehalten:

DIE ALTEN FRIEDHÖFE DER FAMILIEN WHITMAN UND VAN VELSOR

29. Juli 1881. – Nach einer Abwesenheit von mehr als vierzig Jahren (abgesehen von einem kurzen Besuch, währenddessen ich meinen Vater zwei Jahre vor seinem Tode, noch einmal dorthin brachte) machte ich einen einwöchigen Ausflug nach Long Island, zu dem Ort, wo ich geboren wurde, 30 Meilen von New York City entfernt. Ritt zu den vertrauten Plätzen; und wie ich so schaute und nachsann, wurde alles wieder lebendig. Begab mich zu der alten, höher gelegenen Whitman-Heimstatt und schaute ost- und südwärts über das weite, herrliche Farmland meines Großvaters (1780) und meines Vaters. Da war das neue Haus (1810), die große Eiche, 150 oder 200 Jahre alt; da der Brunnen, der abfallende Gemüsegarten, und ein kleines Stück entfernt stehen sogar noch die wohlerhaltenen Überbleibsel der Wohnung meines Urgroßvaters (1750–1760) mit ihren mächtigen Balken und niedrigen Decken. Ganz in der Nähe ein stattliches Wäldchen hoher, kräftiger Schwarzwalnußbäume, herrlich und schön wie Apoll. Zweifellos die Söhne oder Enkel der Schwarzwalnußbäume von 1776 oder davor. Auf der anderen Seite der Straße erstreckte sich die Apfelplantage, über 20 Morgen groß. Die Bäume, gepflanzt von Händen, die längst im Grabe modern (denen meines Onkels Jesse); ziemlich viele von ihnen aber augenscheinlich noch fähig, alljährlich ihre Blüten und Früchte hervorzubringen.

Während ich diese Zeilen schreibe, sitze ich auf einem alten Grabe (inzwischen sicherlich 100 Jahre alt) auf der Ruhestätte der Whitmans vieler Generationen. 50 und mehr Gräber sind noch ziemlich leicht zu erkennen und noch mal so viele zerfallen, jegliche Form zerstört – niedergedrückte Grabhügel, umgestürzte und zerbrochene Steine, mit Moos bewachsen – die düstere und leblose Anhöhe, die paar Kastanien darum, die Stille, einzig unterbrochen durch den pfeifenden Wind. Es herrscht stets die tiefste Beredsamkeit einer Predigt oder eines Gedichts auf all den alten Friedhöfen, von denen Long Island so viele hat; was muß dieser also für mich gewesen sein? Meine gesamte Familiengeschichte, mit der Folge ihrer Verbindungen, von der ersten Ansiedlung bis auf den heutigen Tag, hier erzählt – drei Jahrhunderte verdichten sich auf diesem kargen Acker.

Am nächsten Tag, dem 30. Juli, widmete ich mich der nämlichen Stätte mütterlicherseits und war, falls das überhaupt möglich ist, noch stärker ergriffen und beeindruckt. Diesen Abschnitt jetzt schreibe ich auf der Ruhestätte der Van Velsors unweit Cold Spring, dem bedeutendsten Friedhof, den man sich vorstellen kann: ohne das geringste Beiwerk von Kunst – solcher aber weit überlegen – unfruchtbarer Boden, ein in höchstem Maße ödes Plateau von einem halben Morgen, die Kuppe einer Anhöhe, umgeben von zerzausten und wohlgewachsenen Bäumen und dichtem Gehölz, sehr schlicht, abgelegen, keine Besucher, keine Straße (hierhin kann man nicht fahren, man muß die Toten hertragen und ihnen zu Fuß folgen). 40 bis 60 Gräber ziemlich eingeebnet, noch mal so viele nahezu ausgelöscht. Mein Großvater Cornelius, meine Großmutter Amy (Naomi) und zahlreiche nähere und entferntere Verwandte von meines Mutters Seite liegen hier begraben. Der Schauplatz, an dem ich stand oder saß, der köstliche und wilde Duft der Gehölze, der leichte Nieselregen, die bewegende Atmosphäre des Ortes und die abgeleiteten Reminiszenzen waren passende Begleiterscheinungen.

Die Heimstatt der Mutter

Von diesem alten Friedhof ging ich 80 bis 90 Ruten hinunter zu dem Gelände des Van-Velsor-Anwesens, wo meine Mutter geboren wurde (1795) und wo mir als Kind und Burschen (1825–1840) jeder Flecken vertraut war. Damals stand dort ein langes, weitläufiges, dunkelgraues, um und um mit Schindeln bedecktes Haus, mit Schuppen, Ställen, einer großen Scheune und viel freiem Gelände. Keine Spur von all dem ist übriggeblieben; alles wurde abgerissen, entfernt, und Pflug und Egge gingen über den Baugrund, den Hof und alles weitere, viele Sommer lang. Gegenwärtig wachsen hier umfriedet Korn und Klee wie auf jedem anderen prächtigen Feld. Einzig ein großes Loch, vom Keller, mit ein paar Häufchen zerbrochener Steine, grün von Gras und Unkraut, läßt den Platz wiederfinden. Sogar der füllige alte Bach und seine Quelle scheinen zum größten Teil dahingeschwunden zu sein. Die gesamte Szene, mit dem, was sie erweckte: Erinnerungen an meine frühe Kindheit dort vor einem halben Jahrhundert, die riesige Küche mit dem stattlichen Kamin und das angrenzende Wohnzimmer, die schlichten Möbel, die Mahlzeiten, das Haus voller lustiger Leute, das liebe alte Gesicht meiner Großmutter Amy mit ihrem Quäkerhäubchen, mein Großvater, „der Major", jovial, rothaarig, untersetzt, mit sonorer Stimme und charakteristischer Physiognomie; das alles und auch die gegenwärtigen Dinge hinterließen in mir das nachhaltigste Erlebnis meines gesamten Ausflugs.

Denn dort, mit all dieser waldigen, hügeligen, gesunden Umgebung, war meine liebste Mutter, Louisa Van Velsor, aufgewachsen (ihre Mutter, Amy Williams, von der Sekte der Freunde oder Quäker – die Familie Williams, sieben Schwestern und ein Bruder – Vater und Sohn Seeleute, beide fanden den Tod auf See). Die Van Velsors waren berühmt wegen ihrer edlen, vollblütigen Pferde, die die Männer züchteten. Als junge Frau war meine Mutter eine tollkühne Reiterin, die täglich ausritt. Was das Oberhaupt der Familie selbst betrifft, so hat die alte Rasse der Niederländer, zutiefst verwurzelt auf der Halbinsel Manhattan und in Kings und Queens, niemals ein markanteres, vollständig amerikanisiertes Exemplar hervorgebracht als Major Cornelius Van Velsor.

Aus dem Leben zweier alter Familien

Vom häuslichen Leben mitten auf Long Island zu und kurz vor jener Zeit hier zwei Beispiele:
„Zu Beginn dieses Jahrhunderts lebten die Whitmans in einem langen anderthalbstöckigen, gewaltigen Fachwerkhaus, das immer noch steht. Eine große rauchgeschwärzte Küche mit riesigem Kamin bildete das eine Ende des Hauses. Zur damaligen Zeit gab es in New York Sklaverei, und der Besitz der Familie von zwölf bis fünfzehn Sklaven, Hausbediensteten und Knechten verlieh dem Ganzen ein ziemlich patriarchalisches Aussehen. Einen ganzen Schwarm kleiner

Negerkinder konnte man gegen Sonnenuntergang in der Küche in einem Kreis auf dem Boden hocken und ihr aus Maismehlpudding und Milch bestehendes Abendbrot essen sehen. In dem Haus war alles, angefangen von der Nahrung bis hin zu den Möbeln, einfach, aber kräftig. Man kannte weder Teppiche noch Öfen, auch keinen Kaffee, und Tee oder Zucker gab es nur für Frauen. An Winterabenden spendeten Holzfeuer Wärme und Licht. Schweinefleisch, Geflügel, Rind, einfaches Gemüse und Getreide waren in Hülle und Fülle vorhanden. Das übliche Getränk der Männer war Apfelwein, den man zu den Mahlzeiten trank. Die Kleidung war zumeist aus selbstgesponnenem Material. Reisen wurden von Männern und Frauen auf dem Rücken der Pferde unternommen. Beide Geschlechter griffen bei der Arbeit kräftig zu – die Männer auf dem Feld – die Frauen in Haus und Hof. Bücher waren rar. Das alljährliche Exemplar des Almanachs war ein Hochgenuß. Während der langen Winterabende hockte man darüber. Ich darf nicht vergessen zu erwähnen, daß diese beiden Familien dem Meer nahe genug waren, um es von höher gelegenen Plätzen aus sehen und in ruhigen Augenblicken das Brausen der Brandung, die nach einem Sturm des Nachts sonderbar klang, vernehmen zu können. Dann lief alles, Männlein und Weiblein, häufig hinunter zu Strand- und Badepartys und die Männer zu praktischen Ausflügen, um auf der Salzmarsch Heu zu machen, Muscheln zu suchen und zu fischen." (*John Burroughs:* NOTES)

„Die Vorfahren von Walt Whitman, sowohl väterlicher- als auch mütterlicherseits, führten eine gute Küche, waren bekannt für ihre Gastfreundschaft und Sittsamkeit und genossen ein ausgezeichnetes gesellschaftliches Ansehen in der Umgebung. Und sie waren von einer ausgeprägten Individualität. Wenn es mir der Platz erlaubt, sollte ich einige Männer nennen, die es wert sind, besonders bedacht zu werden; und noch mehr einige Frauen. Seine Urgroßmutter väterlicherseits zum Beispiel war eine große dunkelhäutige Frau, die ein gesegnetes Alter erreichte. Sie rauchte Tabak, saß zu Pferde wie ein Mann, zügelte selbst das bösartigste Tier. Nachdem sie in vorgerücktem Alter Witwe geworden war, kontrollierte sie weiterhin jeden Tag, häufig im Sattel, ihr Farmland und beaufsichtigte die Arbeit ihrer Sklaven,

und zwar in einer Sprache, in der es bei aufregenden Anlässen an Flüchen nicht gerade fehlte. Die beiden Großmütter waren, im besten Sinne des Wortes, hervorragende Frauen. Diejenige mütterlicherseits (Amy William mit Mädchennamen) war eine „Freundin" oder Quäkerin von angenehmem, sensiblem Charakter, hausfraulichen Neigungen, sehr intuitiv und tief religiös. Die andere (Hannah Brush) war ein gleichermaßen nobler, vielleicht etwas strengerer Charakter, wurde sehr alt, hatte eine große Anzahl Söhne. Sie war eine geborene Dame, in ihren jungen Jahren Lehrerin, und bewies einen gediegenen Intellekt. W. W. selbst hält sehr große Stücke auf die Frauen unter seinen Ahnen." *(Ebenda)*
Aus dieser Reihe von Personen und Schauplätzen heraus wurde ich am 31. Mai 1819 geboren. Und nun werde ich eine Weile an dem Ort selbst verweilen – denn all die Entwicklungsstadien vom Säuglingsalter über Kindheit und Jugend bis hin zum Mannesalter durchlief ich auf Long Island, von dem ich manchmal meine, ich hätte es in mich aufgenommen. Als Bursche und Erwachsener zog ich umher und habe in nahezu allen Teilen gelebt, von Brooklyn bis Montauk Point.

Paumanok und mein Leben dort als Kind und junger Mann

Dieses Paumanok (um ihm seinen ursprünglichen Namen[3] zu geben) verdient besonderes Augenmerk. Ostwärts dehnt es sich über 120 Meilen durch Kings, Queens und Suffolk – im Norden der Long Island Sund, eine herrliche, abwechslungsreiche und malerische Folge schmaler Buchten, Busen und meerartiger Ausweitungen, 100 Meilen bis Orient Point. Auf der dem Ozean zugekehrten Seite ist die große südliche Bay, übersät mit zahllosen Erhebungen, die meisten klein, einige ziemlich groß, gelegentlich lange Sandstreifen, die vom Ufer aus 200 Ruten bis ein und eine halbe Meile hinausreichen. Hin und wieder, wie bei Rockaway und weit östlich, die Hamtons entlang, hebt sich der Strand sacht aus dem Wasser, dann und wann hört die See plötzlich auf. Verschiedene Leuchttürme am Ostufer; eine lange Geschichte von Schiffbruchtragödien, einige sogar in den letzten Jahren. Als junger Bursche stand ich unter dem Eindruck vieler dieser Schiffsunglücke – bei einem oder zweien war ich beinahe Augenzeuge. Vor dem Strand von Hempstead zum Beispiel ging 1840 das Schiff „Mexico" verloren (erwähnt in „The Sleepers" in „Grashalme"). Und ein paar Jahre später die Zerstörung der Brigg „Elizabeth", ein schreckliches Ereignis in einem der schlimmsten Winterstürme, wo Margaret Fuller mit Mann und Kind ertrank.

Zwischen den äußeren Sandbänken und dem Strand ist diese südliche Bucht vergleichsweise seicht, in kalten Wintern überall mit dickem Eis bedeckt. Als Junge begab ich mich oft mit ein, zwei Kameraden auf diese gefrorenen Flächen, mit Schlitten, Axt und Aalgabel, um Massen von Aalen zu fangen. Wir hackten Löcher in das Eis, stießen dabei mitunter auf eine, man könnte fast sagen, Aal-Ader und füllten unsere Körbe mit großen, fetten, prächtigen, weißfleischigen Burschen. Diese Szenen, das Eis, das Schlittenziehen, das Löcherhacken, das Aalstechen usw. waren natürlich das beste und liebste Vergnügen der Kindheit. Die Ufer dieser Bucht, in Sommer und Winter, und meine Tätigkeiten dort in frühen Jahren sind alle in den „Grashalmen" verwoben. Ein Zeitvertreib, der mir im Sommer besonderes Vergnügen bereitete, war es, auf Strandfeste zu gehen und Möweneier zu sammeln. (Die Möwe legt zwei oder drei Eier, die etwas mehr als halb so groß wie Hühnereier sind, direkt in den Sand und läßt sie von der Sonne ausbrüten.)

Das östliche Ende von Long Island, die Region der Peconic-Bucht, kannte ich ebenfalls ziemlich gut – segelte mehr als einmal rund um die Insel Shelter und hinunter nach Montauk – verbrachte manche Stunde an dem alten Leuchtturm auf der Turtle-Anhöhe, direkt am Kap, und schaute hinaus über das unaufhörliche Wogen des Atlantischen Ozeans. Ging gern hinunter zu den Fischern und freundete mich mit ihnen an. Begegnete auf der Halbinsel Montauk (sie ist 15 Meilen lang und gutes Weideland) mitunter den seltsamen, zerzausten, halb barbarischen Hirten, die zu jener Zeit völlig fern jeglicher Gesellschaft oder Zivilisation lebten. Sie waren verantwortlich für riesige Herden von Pferden, Rindern und Schafen auf Weiden, die Farmern in den östlichen Städten gehörten. Manchmal gab es darunter auch ein paar Indianer oder Halbbluts, die damals noch auf der

Halbinsel Montauk lebten, inzwischen aber, wie ich glaube, ausgestorben sind.

Mehr nach der Mitte der Insel zu befanden sich die weiten Hempstead-Ebenen, damals (1830–1840) noch eine Art Prärie, offen, unbewohnt, ziemlich unfruchtbar, bedeckt mit Kalmien und Heidelbeerbüschen, außerdem Unmengen von hervorragendem Weidegras für Rinder, besonders Milchvieh, das dort zu Hunderten, ja Tausenden gezüchtet wurde. (Die Ebenen waren auch im Besitz der Städte und wurden gewöhnlich zur Viehzucht genutzt.) Abends konnte man sehen, wie die Tiere ihren Weg nach Hause nahmen und sich stets auf die richtigen Ortschaften aufteilten. Oft bin ich gegen Sonnenuntergang draußen am Rande dieser Ebenen gewesen und kann mich noch immer an die endlosen Kuh-Prozessionen erinnern und den Klang der Zinn- oder Kupferglöckchen – weiter oder näher – hören, die Kühle der süßen, leicht aromatischen Abendluft atmen und den Sonnenuntergang sehen.

Durch dieselbe Region der Insel, aber weiter östlich, erstrecken sich eintönig und langweilig weite Flächen von Kiefern und Zwergeichen (Holzkohle wurde hier in großen Mengen gebrannt). Manchen halben oder ganzen Tag wanderte ich durch diese einsamen Gegenden und sog das eigenartige und wilde Aroma ein. Hier und auf der ganzen Insel und ihren Ufern verbrachte ich, in Abständen, viele Jahre lang stets die ganze Saison. Mitunter ritt ich, mitunter fuhr ich Boot, immer aber war ich unterwegs – damals ein eifriger Spaziergänger – und nahm in mich auf: Felder, Ufer, Ereignisse auf See, Charaktere – die Männer aus der Bucht, Farmer, Lotsen, hatte immer reichlich Bekanntschaft mit den letzteren und mit Fischern. Jeden Sommer begab ich mich auf Segeltour, liebte stets den nackten Küstenstreifen an der Südseite, und verlebe dort bis auf den heutigen Tag einige meiner schönsten Stunden.

Wie ich hier so sitze und schreibe, werden alle diese Erlebnisse wieder lebendig in mir, und das nach einer Zeitspanne von 40 und mehr Jahren. Das sanfte Rauschen der Wellen und der Salzgeruch, die herrlichen Zeiten der Kindheit, das Suchen nach Muscheln, barfuß und mit hochgeschlagenen Hosenbeinen – die kleine Bucht hinunterstreifend – der Duft der Riedgraswiesen – das Heuboot und die

Ausflüge zu Chowder und zum Fischen; oder, in späteren Jahren, die kleinen Reisen, in die Bucht von New York hinein und wieder heraus auf den Booten der Lotsen. In den eben erwähnten späteren Jahren, als ich in Brooklyn lebte (1836–1850), fuhr ich während der warmen Jahreszeit regelmäßig jede Woche nach Coney Island hinunter – zu jener Zeit ein langer, kaum besuchter Strand – den ich ganz für mich allein hatte, und wo ich es liebte, nach dem Baden auf dem harten Sand auf und ab zu gehen und der Brandung und den Möwen Stunde um Stunde Homer und Shakespeare zu deklamieren. Ich komme jedoch zu schnell voran, und sollte lieber etwas mehr auf meiner Spur verweilen.

Meine erste Lektüre – Lafayette

Von 1824 bis 1828 lebte unsere Familie in Brooklyn, in der Front, der Cranberry und der Johnson Street. In der letzteren baute mein Vater ein hübsches Haus und später noch eines in der Tillary Street. Wir bezogen sie, eines nach dem anderen, aber sie wurden mit Hypotheken belastet, und wir verloren sie. Ich erinnere mich noch an Lafayettes Besuch.[4] In diesen Jahren besuchte ich die meiste Zeit öffentliche Schulen. Etwa 1829 oder 1830 ging ich mit Vater und Mutter in einen Tanzsaal in Brooklyn, um Elias Hicks predigen zu hören. Ungefähr zur gleichen Zeit war ich in einem Rechtsanwaltsbüro – Clarke, Vater und zwei Söhne – in der Fulton Street, unweit Orange angestellt. Ich hatte einen hübschen Schreibtisch und einen Fensterplatz für mich. Edward C. verhalf mir freundlicherweise zu einer ordentlichen Handschrift und Textgestaltung und – das bemerkenswerteste Ereignis meines Lebens bis zu diesem Zeitpunkt – bestellte für mich Bücher in einer Leihbibliothek. Eine Zeitlang ergötzte ich mich nun am Lesen von Märchen jeglicher Art, zuerst alle Bände von „Tausendundeiner Nacht" – ein wundervolles Vergnügen. Dann begab ich mich in viele andere Bereiche, nahm Walter Scotts Romane in mich auf, einen nach dem anderen, und seine Gedichte (und erfreue mich bis zum heutigen Tage an Romanen und Gedichten).

Druckerei – Alt-Brooklyn

Nach etwa zwei Jahren begann ich bei einer Wochenzeitung und Druckerei zu arbeiten, um dieses Handwerk zu erlernen. Die Zeitung hieß „Long Island Patriot" und war im Besitz von S. E. Clements, der auch Postmeister war. Ein alter Drucker, William Hartshorne, ein revolutionärer Mensch, der noch Washington gesehen hat, war ein spezieller Freund von mir, und ich führte mit ihm manches Gespräch über längst vergangene Zeiten. Die Lehrlinge, ich mit inbegriffen, wohnten bei seiner Enkelin. Gelegentlich ritt ich mit dem Chef zusammen aus. Zu uns Jungen war er sehr gut; sonntags nahm er uns alle mit in eine recht alte, massive, an eine Burg erinnernde Kirche aus Stein in der Joralemon Street, unweit der Stelle, wo jetzt das Rathaus von Brooklyn steht – (damals überall weite Felder und Landstraßen[5]). Später arbeitete ich für den „Long Island Star", Alden Spooners Zeitung. All diese Jahre hindurch betrieb mein Vater sein Handwerk als Zimmermann und Bauhandwerker, jedoch mit wechselndem Erfolg. Wir waren eine große Familie, acht Kinder – Jesse, der Älteste, ich, der zweite, meine lieben Schwestern Mary und Hannah Louisa, meine Brüder Andrew, George, Thomas Jefferson und schließlich der Jüngste, Edward, 1835 geboren und sein Leben lang schwer körperbehindert, wie auch ich seit einigen Jahren.

Wachstum – Gesundheit – Arbeit

Ich entwickelte mich (1833–1835) zu einem gesunden, kräftigen jungen Burschen (wuchs jedoch etwas zu schnell und war mit 15, 16 fast schon so groß wie ein erwachsener Mann). Zu dieser Zeit zog unsere Familie zurück aufs Land; meine liebe Mutter war lange krank, erholte sich aber schließlich wieder. In all diesen Jahren war ich mehr oder weniger jeden Sommer auf Long Island, bald im Osten, bald im Westen, mitunter monatelang. Mit 16, 17 und so weiter liebte ich Debattierklubs und war ab und an auch in Brooklyn und ein, zwei Städten auf der Insel aktives Mitglied solcher Klubs. Ein omnivorer Romanleser, verschlang ich in diesen Jahren und auch später noch alles, was mir in die Hände kam. Vom Theater ebenfalls angetan, besuchte ich es in New York, sooft ich konnte und erlebte manche ausgezeichnete Aufführung.

Arbeitete 1836–1837 als Setzer in einer Druckerei in New York City. Dann, mit etwas über 18, zog ich für eine Weile umher und unterrichtete in Dorfschulen in Queens und Suffolk, Long Island. (Dieses Herumziehen halte ich für eine meiner besten Erfahrungen und nachhaltigsten Lektionen die menschliche Natur betreffend.) 1839/40 gab ich in meiner Heimatstadt Huntington eine Wochenzeitung heraus. Arbeitete dann, nach New York City und Brooklyn zurückgekehrt, als Drucker und Schriftsteller, schrieb meist Prosa, gelegentlich aber auch Lyrik.

MEINE LEIDENSCHAFT FÜR FÄHREN

Dadurch, daß ich von dieser Zeit an in Brooklyn und New York City wohnte, war mein Leben damals und später noch stärker mit der Fulton-Fähre verbunden, die in bezug auf ihre allgemeine Bedeutung, ihre Größe, ihre vielfältige Nutzung, Schnelligkeit und Schönheit die hervorragendste ihrer Art in der Welt war. Später (1850–1860) war ich beinahe täglicher Gast auf den Schiffen, oftmals oben im Ruderhaus, von wo ich den besten Rundblick hatte. So konnte ich viele Erscheinungen und deren Begleitumstände, die ganze Umgebung in mich aufnehmen. Wie die Strömungen des Meeres, die tiefen Strudel – so ist auch das große Wogen der Menschheit, die ewig sich ändernde Bewegung. Ich habe in der Tat stets eine Leidenschaft für Fähren besessen; sie sind für mich einzigartige, fließende, niemals versagende, lebende Gedichte. Die Fluß- und Buchtlandschaft überall in New York, zu jeder beliebigen Zeit eines schönen Tages – die eilenden, spritzenden Meeresströmungen – das wechselnde Panorama von Dampfern aller Größen, oft eine ganze Kette der größeren auf der Heimreise zu fernen Häfen – die Myriaden weißer Segel von Schonern, Schaluppen, Skiffen und die unglaublich hübschen Jachten – die majestätischen Sundboote, da sie die Battery umsegelten und nachmittags gegen fünf herankamen, unterwegs nach Osten – den Blick nach Staten Island gerichtet oder hinunter nach Narrows oder in die andere Richtung, den Hudson hinauf – welche Erfrischung des Geistes mir doch solche Schauspiele und Erlebnisse vor Jahren (und noch viele Male seither) gaben! Meine alten Freunde, die Lotsen Johnny Cole, Ira Smith, die Balsirs, William White und mein junger Freund, der Fährmann Tom Gere – wie gut ich mich an sie alle erinnere.

Broadway-Sehenswürdigkeiten

Außer der Fulton-Fähre kannte und besuchte ich auch jahrelang den Broadway – die berühmte Avenue New-Yorker Dichter und bunt zusammengewürfelter Menschen und so vieler Persönlichkeiten. In jener Zeit sah ich hier Andrew Jackson, Webster, Clay, Seward, Martin Van Buren, den Freibeuter Walker, Kossuth, Fitz Greene Halleck, Bryant, den Prince of Wales, Charles Dickens, den ersten japanischen Botschafter und viele andere Berühmtheiten jener Zeit. Stets gab es etwas Überraschendes und Belebendes; für mich jedoch meist die hastende und riesige Fülle jenes nie endenden menschlichen Gewimmels. Ich erinnere mich, James Fenimore Cooper in einem Gerichtssaal in Chambers Street, hinter dem Rathaus, wo er einen Rechtsstreit auszutragen hatte, gesehen zu haben. (Ich glaube, es war eine Verleumdungsklage, die er gegen jemanden erhoben hatte.) Ich entsinne mich auch, Edgar A. Poe gesehen und ein kurzes Gespräch mit ihm geführt zu haben (es muß 1845 oder 1846 gewesen sein), in seinem Büro, zweiter Stock eines Eckhauses (Duane oder Pearl Street). Er war Herausgeber und Eigner oder Teilhaber des „Broadway Journals". Ich suchte ihn auf, weil er etwas von mir veröffentlicht hatte. Poe war sehr herzlich, unaufdringlich, eine angenehme Erscheinung in Person, Kleidung etc. Ich habe eine klare und entzückende Erinnerung an sein Aussehen, seine Stimme, Sitten und Gebräuche; sehr liebenswürdig und wohlwollend, aber beherrscht, vielleicht ein wenig erschöpft. Was eine weitere meiner Reminiszenzen betrifft, so sah ich einst hier auf der West Side, direkt unter der Houston Street – es muß so um 1832 gewesen sein, an einem schneidenden, klaren Januartag – einen gebeugten, schwachen, aber stämmig gebauten, sehr alten Mann, bärtig, in kostbare Pelze gehüllt, mit einer großen Hermelinmütze auf dem Kopf, geführt und gestützt, die Stufen seiner hohen Vorhalle beinahe heruntergetragen (ein Dutzend Freunde und Diener, wetteifernd, ihn sorgsam haltend, führend) und dann in einen prachtvollen Schlitten gehoben, eingepackt und in weitere Pelze für eine Ausfahrt eingewickelt. Der Schlitten wurde von einem so herrlichen Pferdegespann gezogen, wie ich es noch nie gesehen hatte. (Man darf nicht glauben, heutzutage würden die prächtigsten Tiere gezüchtet; nie wieder gab es solche Pferde auf Long Island oder im Süden oder in New York City wie vor 50 Jahren; die Leute damals legten Wert auf Charakter und Temperament, nicht nur auf unterwürfige Schnelligkeit.) Nun, ich, ein Junge von vielleicht 13 oder 14 Jahren, blieb stehen und glotzte auf das Schauspiel jenes in Pelze gewickelten alten Mannes – umgeben von Freunden und Bediensteten – und sein behutsames Hineinsetzen in den Schlitten. Ich erinnere mich an die temperamentvollen, ungeduldigen Pferde, den Kutscher mit seiner Peitsche und, aus besonderer Umsicht, einen zweiten Kutscher an seiner Seite. Den alten Mann, den Gegenstand so vieler Aufmerksamkeit, kann ich beinahe jetzt noch vor mir sehen. Es war John Jacob Astor.

Die Jahre 1846/47 und die folgenden sehen mich noch in New York City, als Schriftsteller und Drucker arbeitend. Ich war bei guter Gesundheit, und es ging mir im allgemeinen recht gut.

OMNIBUS-AUSFLÜGE UND KUTSCHER

Eine Sache jener Tage darf auf keinen Fall unerwähnt bleiben – die Broadway-Omnibusse mit ihren Kutschern. Diese Vehikel gehören immer noch (ich schreibe diesen Abschnitt 1881) zum Broadway – die Linien der 5th Avenue, der Madison Avenue und der 23rd Street sind noch in Betrieb. Die Glanzzeit der alten Broadway-Busse jedoch, so charakteristisch und zahlreich sie auch waren, ist vorüber. Die Strecken Yellowbirds, Redbirds, Broadway, 4th Avenue, Knickerbocker und ein Dutzend andere von vor 20, 30 Jahren sind alle verschwunden. Und auch die Männer, die sich besonders mit ihnen identifizierten und ihnen Vielfalt und Bedeutung verliehen – die Kutscher – eine seltsame, natürliche, scharfäugige und wunderbare Rasse (nicht nur Rabelais und Cervantes hätten sich an ihnen geweidet, sondern auch Homer und Shakespeare). Wie gut ich mich an sie erinnere, und ich muß hier ein paar Worte über sie verlieren. Wie viele Stunden, Vormittage und Nachmittage – wie viele amüsante Abende ich verbracht habe – vielleicht im Juni oder Juli, in kühlerer Luft – die ganze Länge des Broadway hinunterfahrend, mancher Geschichte lauschend (dem schillerndsten Garn, das jemals gesponnen wurde, und der ungewöhnlichsten Mimik), oder vielleicht deklamierte ich ein paar stürmische Passagen aus „Julius Cäsar" oder „Richard" (man konnte brüllen, so laut man wollte in jenem wuchtigen, dicken, niemals unterbrochenen Straßenlärm). Ja, damals kannte ich die Kutscher alle – Broadway Jack, Dressmaker, Balky Bill, George Storms, Old Elephant, dessen Bruder Young Elephant (der nach ihm kam), Tippy, Pop Rice, Big Frank, Yellow Joe, Pete Callahan, Patsy Dee und Dutzende mehr; es waren ja immerhin Hunderte. Sie hatten großartige Eigenschaften, in hohem Maße animalisch – Essen, Trinken, Frauen – großen persönlichen Stolz auf ihre Lebensweise. Hier und da waren vielleicht ein paar Nieten darunter, auf die große Masse von ihnen hätte ich mich aber unter allen Umständen verlassen können. Ich fand nicht nur Kameradschaft und manchmal auch Zuneigung – sie waren auch große Studienobjekte für mich. (Ich nehme an, die Kritiker werden herzhaft lachen, aber der Einfluß jener Broadway-Omnibustouren und -kutscher, der Deklamationen und Eskapaden waren ein Teil meiner Vorbereitungszeit auf die „Grashalme".)

THEATERSTÜCKE UND OPERN

Auch gewisse Schauspieler und Sänger hatten ein gut Teil mit der Sache zu tun. All die Jahre hindurch besuchte ich hin und wieder das alte Park-, das Bowery-, das Broadway- und das Chatham-Square-Theater und die italienischen

Opern in der Chambers Street, dem Astor Place oder in der Battery – viele Jahre lang gehörte ich zu den Empfängern von Freikarten, denn ich schrieb für Zeitungen, sogar schon als ganz junger Mensch. Das alte Parktheater – welche Namen, Reminiszenzen diese Worte wachrufen! Placide, Clarke, Mrs. Vernon, Fisher, Clara F., Mrs. Wood, Mrs. Seguin, Ellen Tree, Hackett, der jüngere Kean, Macready, Mrs. Richardson, Rice – Sänger, Tragiker, Komiker. Welch perfektes Spiel! Henry Placide in „Napoleon's Old Guard" oder „Grandfather Whitehead" oder „The Provoked Husband" von Cibber, mit Fanny Kemble als Lady Townley oder Sheridan Knowles in seinem eigenen „Virginius" oder der unnachahmliche Power in „Born to Good Luck". Diese und viele mehr in meinen Jugendjahren und später. Fanny Kemble – ein Name, um obendrein die großen Schauspielszenen heraufzubeschwören – vielleicht die größten. Ich erinnere mich wohl an ihre Verkörperung der Bianca in „Fazio" und der Marianna in „The Wife". Keine Großartigere hat je auf der Bühne gestanden – das sagten die Veteranen aller Nationen und auch mein junges Herz, und es fühlte das bis in die kleinste Zelle. Die Dame war künstlerisch gerade ausgereift, energisch, mehr als nur hübsch, ein Kind des Rampenlichts. Nach einer dreijährigen Zeit in London und anderen britischen Städten war sie gekommen, um Amerika die junge Reife und den optimistischen Elan ihrer Kunst in voller Blüte zu schenken. Ich hatte das Glück, da sie im alten Parktheater spielte, sie nahezu jeden Abend zu sehen – ganz bestimmt in all ihren wichtigsten Rollen.

In diesen Jahren erlebte ich, in guten Aufführungen, die italienischen und die anderen Opern, die gerade in Mode waren – „Somnambula", „The Puritans", „Der Freischütz", „Die Hugenotten", „Fille d'régiment", „Faust", „Etoile du Nord", „Polutio" und andere. Verdis „Ernani", „Rigoletto" und „Troubadour", Donizettis „Lucia", „Favorita" und „Lucretia", Aubers „Massaniello" und Rossinis „Wilhelm Tell" und „Gazza Ladra" gehörten zu meinen besonderen Favoriten. Die Alboni hörte ich jedesmal, wenn sie in New York oder Umgebung sang – auch die Grisi, den Tenor Mario und den Bariton Badiali, den besten in der ganzen Welt.

Der Leidenschaft für die Musik folgte die für das Theater.

Als Knabe bzw. junger Mann hatte ich nahezu alle Dramen von Shakespeare, und zwar in hervorragenden Aufführungen, gesehen. (Selbstverständlich hatte ich sie jedesmal vorher sorgfältig gelesen.) Selbst jetzt noch kann ich mir nichts Großartigeres vorstellen als Old Booth in „Richard III." oder „König Lear" (Ich kann nicht sagen, in welcher Rolle er am besten war.) oder Iago (oder Pescara oder Sir Giles Overrach, um Shakespeare zu verlassen) oder Tom Hamblin in „Macbeth" – oder Old Clarke, entweder als Geist in „Hamlet" oder als Prospero in „Der Sturm", mit Mrs. Austin als Ariel und Peter Richings als Caliban. Dann andere Dramen und die hervorragenden Darsteller darin – Forrest als Metamora oder Damon oder Brutus – John R. Scott als Tom Cringle oder Rolla – oder Charlotte Cushmans Lady Gay Spanker in „London Assurance". Dann ein paar Jahre später in Castle Garden, Battery, erinnere ich mich noch an die herrlichen Gastspiele der Musiktruppe aus Havanna unter Maretzek – die herrliche Band, die kühle Seebrise, die unübertroffenen Stimmen – Steffanone, Bosio, Truffi, Marini in „Marino Faliero", „Don Pasquale" oder „Favorita". Niemals gab es besseres Schauspiel oder besseren Gesang in New York! Hier war es auch, wo ich später Jenny Lind hörte. (Die Battery – ihre alten Erinnerungen – was für Geschichten jene alten Bäume und Wege und Dämme erzählen könnten!)

Die folgenden acht Jahre

Die Jahre 1848/49 sahen mich als Herausgeber der Zeitung „Daily Eagle" in Brooklyn. Das letztere der beiden verging gemächlich auf einer Reise und Arbeitsexpedition mit meinem Bruder Jeff durch all die mittleren Staaten, den Ohio und den Mississippi hinunter. Lebte eine Weile in New Orleans und arbeitete dort in der Redaktion des „Daily Crescent". Plagte mich nach einer gewissen Zeit zurück in Richtung Norden, den Mississippi hinauf und dann über die großen Seen Michigan, Huron und Erie zu den Niagara-Fällen und Lower Canada, schließlich durch New York State und den Hudson hinunter; legte insgesamt wahrscheinlich

5000 Meilen auf dieser Reise zurück, die ganze Tour. 1851 bis 1853 war ich in Brooklyn mit Hausbauen beschäftigt. (Und kurze Zeit, im ersten Abschnitt der betreffenden Jahre, mit dem Drucken einer Tages- und Wochenzeitung: „The Freeman".) 1855 – verlor in diesem Jahr meinen lieben Vater. Begann die „Grashalme" endgültig in Druck zu geben, in einer Akzidenzdruckerei meiner Freunde, der Brüder Rome in Brooklyn; und zwar nach vielen Manuskriptveränderungen. (Ich hatte große Schwierigkeiten beim Weglassen des üblichen „poetischen" Anstrichs, schließlich aber hatte ich Erfolg.) Jetzt (1856/57) bin ich in meinem 37. Lebensjahr.

Charakterquellen – Ergebnisse – 1860

Um das Vorangegangene gleich von Anfang an abzurunden (und weit, weit mehr unerwähnt zu lassen): Ich erkenne drei Hauptquellen und formende Eindrücke für meinen Charakter – jetzt verfestigt zum Nutzen oder zum Schaden und für die folgenden literarischen und anderen Ergebnisse – erstens die Herkunft mütterlicherseits, mit ihren Wurzeln in den weit entfernten Niederlanden (zweifellos die beste Quelle); zweitens die verborgene Zähigkeit und das zentrale Knochengerüst (Hartnäckigkeit, Eigensinn), was ich von meinem väterlichen, englischen Element erhalten habe; und drittens die Kombination meines Geburtsortes Long Island, der Meeresküste, der Schauplätze meiner Kindheit, der Absorption des Gewimmels von Brooklyn und New York mit – wie ich vermute – meinen späteren Erfahrungen im Bürgerkrieg.
1862, aufgeschreckt durch die Nachricht, daß mein Bruder George, Offizier im 51. New-Yorker Freiwilligenkorps, schwer verwundet worden war (erste Fredericksburg-Schlacht, 13. Dezember), fuhr ich eilends hinunter zum Schlachtfeld in Virginia. Aber ich muß zunächst ein wenig zurückblenden.

Beginn des Sezessionskrieges

Die Nachricht vom Angriff auf Fort Sumter und *die Flagge* im Hafen von Charleston, Südkarolina, traf gestern (am 13. April 1861) spätabends in New York ein und wurde sofort in Extrablättern veröffentlicht. Ich war an dem Abend in der Oper in der 14th Street gewesen, und nach Ende der Vorstellung, so gegen 24 Uhr, ging ich den Broadway hinunter, auf meinem Weg nach Brooklyn. Da hörte ich in der Ferne die lauten Rufe der Zeitungsjungen, die kurz darauf schreiend die Straße heraufjagten und wilder als sonst von einer Seite auf die andere stürmten. Ich kaufte mir ein Extrablatt und ging zum Metropolitan Hotel (Novlos Hotel) hinüber, wo die großen Laternen noch hell leuchteten, und las gemeinsam mit einer Menge anderer, die spontan zusammengekommen waren, die Nachricht, die ganz offensichtlich der Wahrheit entsprach. Für diejenigen, die keine Zeitung hatten, las einer von uns das Telegramm laut vor, während alle anderen still und aufmerksam zuhörten. Kein einziger aus der Menge, die auf 30 bis 40 Mann angewachsen war, machte eine Bemerkung; aber alle blieben, wie ich mich erinnere, ein, zwei Minuten lang stehen, ehe sie auseinandergingen. Fast kann ich sie jetzt noch dort stehen sehen, unter den Laternen um Mitternacht.

Nationale Erhebung und Freiwilligenmeldung

Irgendwo habe ich gesagt, daß die drei Präsidentschaften vor 1861 gezeigt haben, wie Schwäche und Bosheit der Herrschenden hier in Amerika unter republikanischen Einflüssen ebenso möglich sind wie in Europa unter dynastischen. Doch was vermag ich zu sagen über jenes unverzüglich einsetzende, großartige Ringen mit der Sklaverei der Südstaaten, unserem personifizierten Erzfeind, in dem Augenblick, da er unmißverständlich sein wahres Gesicht zeigte? Die vulkanische Erhebung der Nation nach jenen Schüssen auf die Flagge in Charleston lieferte den Beweis für etwas, das bis dahin stark angezweifelt worden war, und entschied sofort und grundsätzlich die Frage der Spaltung der Union. Meines Erachtens wird sie das großartigste und ermutigendste Schauspiel bleiben, das jemals, in alten wie in neuen Zeiten, für politischen Fortschritt und Demokratie einstand. Nicht nur das, was an die Oberfläche kam – obgleich schon das bedeutend war – sondern das, was sich darunter andeutete, war von ewiger Bedeutung. Unter der Bevölkerung der Neuen Welt hatte sich ein erster fester Untergrund nationaler Zusammengehörigkeit gebildet und erhärtet, entschlossen und in der Mehrheit sich weigernd, sich hineinreden oder mit sich streiten zu lassen, allen Notlagen mutig zu begegnen und jederzeit befähigt, alle oberflächlichen Bande zu zerreißen und wie ein Erdbeben hervorzubrechen. Dies ist in der Tat die wertvollste Lehre unseres Jahrhunderts oder Amerikas, und es gilt als großartiges Privileg, dabeigewesen zu sein. (Zwei gewaltige Schauspiele, unvergängliche Muster der Demokratie, die in der gesamten bisherigen Geschichte ohnegleichen sind, liefert uns der amerikanische Bürgerkrieg – eins am Anfang, das andere am Ende. Diese sind die allgemeine, freiwillige bewaffnete Erhebung und die friedliche und ohne Zwischenfälle vonstatten gegangene Auflösung der Armeen im Sommer 1865.)

GEFÜHLE DER VERACHTUNG

Selbst noch nach der Beschießung von Sumter wurden die Schwere der Erhebung, die Kraft und die Entschlossenheit der Sklavenhalterstaaten zu einem starken und unaufhörlichen militärischen Widerstand gegen die nationale Regierung im Norden, mit Ausnahme weniger, keineswegs erkannt. Neun Zehntel der Bewohner der freien Staaten betrachteten den Aufstand, wie er in Südkarolina begonnen hatte, mit einem Gefühl, das sich zu einer Hälfte aus Verachtung und zur anderen Hälfte aus Unwillen und Ungläubigkeit zusammensetzte. Man hätte nicht gedacht, daß Virginia, Nordkarolina und Georgia sich anschließen würden. Ein hoher und vorsichtiger Staatsbeamter sagte voraus, daß sich das „in sechzig Tagen" legen würde, und die Massen schenkten dieser Voraussage allgemein Glauben. Ich erinnere mich noch, auf einem Fulton-Fährboot mit dem Bürgermeister von Brooklyn darüber gesprochen zu haben, der sagte, er hoffe nur, daß die Hitzköpfe aus den Südstaaten einen offenkundigen Akt des Widerstandes begehen mögen, da sie dann sofort endgültig zermalmt würden, daß man nie wieder etwas von Spaltung hören würde – doch er fürchtete, sie würden nie den Mut dazu haben, wirklich etwas zu unternehmen. Ich erinnere mich auch, daß ein paar Kompanien des 13. Brooklyner Regiments, die sich vor dem Zeughaus der Stadt sammelten und von dort aus als Freiwillige für 30 Tage aufbrachen, mit Seilen ausgerüstet waren, die sie ganz auffällig an ihren Gewehrläufen befestigt hatten. Daran sollte jeder bei der baldigen und triumphalen Rückkehr unserer Männer einen Gefangenen aus dem dreisten Süden, in einer Schlinge geführt, mitbringen.

Die Schlacht am Bull Run, Juli 1861

Alle Gefühle dieser Art waren bestimmt, durch einen schrecklichen Schock – die erste Schlacht am Bull Run – aufgehalten und in ihr Gegenteil verkehrt zu werden, sicherlich, wie wir heute wissen, eine der ungewöhnlichsten Schlachten der Geschichte. (Alle Gefechte und ihre Ergebnisse sind weit mehr eine Sache des Zufalls als allgemein angenommen wird; diese jedoch war in jeder Beziehung Fügung – Glück. Bis zum letzten Augenblick nahm jede Seite an, sie hätte gewonnen. Die eine hätte in der Tat ebensogut in die Flucht geschlagen werden können wie die andere. Durch ein Gerücht jedoch oder eine Reihe von Gerüchten gerieten die nationalen Truppen im letzten Moment in Panik und flohen vom Schlachtfeld.) Die geschlagenen Truppen begannen, sich am Montag, dem 22. – einem Tag, an dem es unaufhörlich regnete – über die Long Bridge nach Washington zu ergießen. Am Sonnabend und Sonntag (dem 20. und 21.), den Tagen der Schlacht, war es sengend heiß und trocken gewesen – Staub, Dreck und Qualm, in Schichten, durchgeschwitzt, darüber weitere Schichten, wiederum durchgeschwitzt, aufgesogen von jenen aufgeregten Seelen – ihre Kleider schienen nur aus Erde und Staub zu bestehen, der die Luft erfüllte – überall auf den trockenen Straßen und zertrampelten Feldern wurde er von den Regimentern, den dahinrollenden Wagen, der Artillerie etc. aufgewirbelt. Alle die Männer mit

dieser Kruste von Kot und Schweiß und Regen zogen sich nun zurück, strömten über die Long Bridge – in einem unheimlichen Marsch von 20 Meilen kehrten sie nach Washington zurück, geschlagen, gedemütigt, von Panik ergriffen. Wo sind die Prahlereien geblieben, die hochmütigen Aufschneidereien, mit denen ihr ausgezogen? Wo sind eure Paniere, eure Pauken und Trompeten und eure Seile, an denen ihr eure Gefangenen mitbringen wolltet? Nun, nicht eine einzige Kapelle spielt – da ist auch keine Fahne, die nicht beschämt und schlaff an der Stange hängt.
Die Sonne geht auf, aber sie scheint nicht. Die Männer tauchen in den Straßen Washingtons auf, zunächst recht vereinzelt und verschämt, dann in dichteren Reihen – erscheinen in der Pennsylvania Avenue, auf Treppen und in Kellereingängen. In ungeordneten Haufen kommen sie daher, einige in Abteilungen, als Nachzügler, in Kompanien. Gelegentlich ein gelichtetes Regiment in vorbildlicher Ordnung, das mit seinen Offizieren (einige Lücken, Tote, die wahren Tapferen) schweigend, gesenkten Hauptes marschiert, todernst, zum Umsinken erschöpft, alle düster und schmutzig, doch jeder mit seiner Muskete und lebhaftem Tritt, aber das sind Ausnahmen. Die Bürgersteige der Pennsylvania Avenue, der Fourteenth Street etc. sind dicht bevölkert, vollgestopft mit Bürgern, Schwarzen, Angestellten, jedermann, Zuschauern; Frauen an den Fenstern, mit neugierigen Blikken in den Gesichtern, während die Scharen der schmutzbedeckten, zurückgekehrten Soldaten (wollen sie denn kein Ende nehmen?) vorübermarschieren; doch kein Wort, keine Bemerkung fällt (die Hälfte unserer Zuschauer sind Abtrünnige übelster Sorte – sie sagen nichts; doch der Teufel kichert aus den Falten ihrer Gesichter). Im Laufe des Vormittags wird ganz Washington zu einem bunten Gewimmel dieser geschlagenen Soldaten – sonderbar aussehende Gestalten, seltsame Augen und Gesichter, durchnäßt (der Regen hält den ganzen Tag über an) und von Furcht verzehrt, hungrig, übernächtigt, die Füße voller Blasen. Gütige Menschen (doch es sind nicht übermäßig viele) machen ihnen schnell etwas zu essen. Sie setzen Waschkessel aufs Feuer, für Suppe, für Kaffee. Sie stellen Tische auf die Gehsteige – Wagenladungen von Brot werden gekauft und rasch in dicke Stücke geschnitten. Hier sind zwei beein-

druckende ältere Damen, die Ersten der Stadt nach Lebensart und Charme – mit einem Vorrat an Essen und Trinken stehen sie an einem improvisierten Tisch, verteilen das Essen und lassen den ganzen Tag über, jede halbe Stunde, aus ihrem Hause die Vorräte nachfüllen; und da stehen sie, im Regen, rührig, schweigsam, mit weißem Haar, und verteilen die Lebensmittel, obwohl ihnen fast ununterbrochen Tränen die Wangen hinunterlaufen. Inmitten der großen Aufregung, der Massen und der Bewegung und des verzweiflungsvollen Eifers wirkt es sonderbar, viele, sehr viele Soldaten schlafen zu sehen – mittendrin tief zu schlafen. Sie lassen sich einfach irgendwo nieder, auf den Treppen der Häuser, dicht an den Mauern oder Zäunen, auf dem Gehsteig, abseits an einem ruhigen Fleck, und schlafen tief. Ein armer siebzehn-, achtzehnjähriger Bursche liegt da auf der offenen Veranda eines vornehmen Hauses; er schläft so ruhig, so tief. Selbst im Schlaf noch umklammern manche ihre Gewehre fest. Manche in Abteilungen; Kameraden, Brüder, dicht beieinander – und verdrießlich tropft auf sie, wie sie so daliegen, der Regen.

Als der Nachmittag zu Ende ging und der Abend kam: auf Straßen und in Schankstuben überall Ansammlungen, Zuhörer, Fragensteller, entsetzliche Geschichten, Schreckgespenster, versteckte Tätlichkeiten, unser Regiment völlig zerschlagen etc. – Geschichten und Geschichtenerzähler, windig, prahlerisch, großspuriger Mittelpunkt einer Straßenmenge. Entschlußkraft, Mannhaftigkeit scheinen aus Washington gewichen zu sein. Das führende Hotel, Willard's, ist voller Achselklappen – dichtgedrängt, wimmelnd vor Achselklappen. (Ich sehe sie und muß ein Wort mit ihnen reden. Da seid ihr, Schulterstücke! – doch wo sind eure Kompanien? Wo sind eure Männer? Unfähige, erzählt mir nichts von Schlachtenglück oder vom Verirren und Ähnlichem! Ich denke, dieser Rückzug ist letzten Endes euer Werk. Prahlt, blast euch auf, werft euch in die Brust dort in Willard's pompösen Salons und Gasträumen oder sonstwo – keinerlei Rechtfertigung darf euch freisprechen! Bull Run ist euer Verschulden; wäret ihr auch nur halb oder ein Zehntel eurer Männer wert gewesen, wäre das nie geschehen!)

Unterdessen ein Gemisch äußerster Bestürzung, Ungewißheit, Wut, Scham, Hilflosigkeit und bitterer Enttäuschung unter den Großen und deren Anhang in Washington. Das Schlimmste steht nicht nur noch bevor, es ist bereits eingetroffen. In wenigen Stunden – vielleicht schon vor der nächsten Mahlzeit – werden die Generäle der Sezession mit ihren siegreichen Horden über uns herfallen. Der Traum der Menschheit, die gepriesene Union, die wir für so stark, so unerschütterlich hielten – siehe! sie scheint so schnell zerbrochen zu sein wie ein Porzellanteller. Eine bittere, bittere Stunde – wie sie das stolze Amerika vielleicht nie mehr erleben wird. Es muß packen und fliehen – und hat keine Zeit zu verlieren. Jene weißen Paläste – das kuppelbedachte Kapitol da auf dem Hügel, das so stattlich über die Bäume ragt – sollen sie verlassen werden – oder zuerst zerstört? Denn es steht fest, daß man sich unter gewissen einflußreichen Herren, Offizieren, Beamten und Sekretären 24 Stunden nach der Schlacht am Bull Run überall in und um Washington laut und unverhohlen für eine völlige Unterwerfung und die Errichtung der Herrschaft des Südens aussprach und für den sofortigen Rücktritt Lincolns. Wenn die abtrünnigen Offiziere mit ihren Verbänden sofort gefolgt und mit einem kühnen napoleonischen Handstreich am ersten (ja selbst noch am zweiten) Tag in Washington eingedrungen wären, so hätten sie ganz nach ihrem Belieben walten können und hätten zu ihrer Unterstützung noch eine starke Fraktion im Norden gehabt. Einer unserer zurückkehrenden Obersten vertrat an jenem Abend in einem überfüllten Raum, inmitten von Offizieren und hohen Herren in aller Öffentlichkeit die Meinung, daß es sinnlos wäre zu kämpfen, daß die Südstaatler ihren Machtanspruch geltend gemacht hätten und daß der beste Kurs, den die Nationalregierung einschlagen könne, wäre, auf weitere Versuche, sie aufzuhalten, zu verzichten und ihren Führungsanspruch zu den günstigsten Bedingungen, die sie zu gewähren bereit seien, anzuerkennen. Nicht eine Stimme erhob sich unter der großen Menge von Offizieren und hohen Persönlichkeiten gegen diese Ansicht. (Tatsache ist, daß diese Stunde eine der drei oder vier jener Krisen war, die wir damals und auch später, während der Wirren jener vier Jahre, noch erlebten, da die Menschen zumindest im gleichen Maße glaubten, den letzten Atemzug der Union zu erleben, wie sie sie fortdauern sahen.)

Die Erstarrung weicht – etwas Neues beginnt

Doch auch diese Stunde, dieser Tag, diese Nacht vergingen, und was immer auch wiederkommt, eine Stunde, ein Tag, eine Nacht wie jene können sich nicht wiederholen. Der Präsident erholt sich, beginnt noch in jener Nacht seine Arbeit – ernst und kurz entschlossen macht er sich an die Aufgabe, seine Truppen neu zu organisieren und sich selbst für seine zukünftige und sichere Arbeit starkzumachen. Wenn es von Abraham Lincoln nichts anderes gäbe, ihn in die Geschichte eingehen zu lassen, so genügte es, ihn dafür mit seinem Ehrenkranz dem Gedächtnis aller kommenden Zeiten zu überantworten, daß er diese Stunde, diesen Tag, bitterer als Galle – einen Kreuzigungstag fürwahr – durchgestanden hat, daß er sich nicht unterkriegen ließ, daß er sich ihm unnachgiebig entgegenstemmte und beschloß, sich und die Union über diesen Tag hinwegzubringen.

Dann erschienen auf einmal die großen New-Yorker Zeitungen (am gleichen Abend, am nächsten Morgen und unablässig auch an den Tagen danach) mit den Stimmen der Führenden, die das Land mit dem lautesten und am stärksten widerhallenden Klang der hellsten Hörner überschütteten, mit Tönen der Ermutigung, Hoffnung, Begeisterung, der entschlossenen Herausforderung. Diese großartigen Leitartikel! 14 Tage lang ließen sie nicht nach. Der „Herald" allen voran – ich erinnere mich gut an die Artikel. Die „Tribune" war gleichermaßen überzeugend und anfeuernd – die „Times", die „Evening Post" und andere führende Blätter, sie blieben keinen Deut zurück. Sie erschienen zur rechten Zeit, sie wurden gebraucht. Denn durch die Erniedrigung am Bull Run war die allgemeine Stimmung im Norden von äußerster Hochmütigkeit umgeschlagen in die Tiefen von Düsterkeit und Angst.

(Von all den Tagen des Krieges gab es insbesondere zwei, die ich niemals vergessen werde. Den Tag, der in New York und Brooklyn auf die Nachricht von der ersten Niederlage am Bull Run folgte, und den Todestag von Abraham Lincoln. In beiden Fällen war ich zu Hause in Brooklyn. Am Tag der Ermordung hörten wir sehr früh am Morgen Nachrichten. Wie gewöhnlich bereitete Mutter das Frühstück – und dann die anderen Mahlzeiten; doch den ganzen Tag über aß keiner auch nur einen Bissen. Wir tranken jeder eine halbe Tasse Kaffee; das war alles. Gesprochen wurde wenig. Wir holten uns alle Morgen- und Abendzeitungen und die häufigen Extrablätter, die es damals gab, jener Zeit und ließen sie schweigend von Hand zu Hand gehen.)

Draussen an der Front

Falmouth, Virginia, gegenüber Fredericksburg, 21. Dezember 1862 – Beginne meine Besuche in den Feldlazaretten der Potomac-Armee. Verbringe ein gut Teil des Tages in einem großen Backsteingebäude am Ufer des Rappahannock, das seit der Schlacht als Lazarett genutzt wird – scheint nur mit den schwersten Fällen belegt zu sein. Draußen, unter einem Baum, keine zehn Meter vor dem Haus, entdecke ich einen Haufen amputierter Füße, Beine, Arme, Hände etc., eine ganze Ladung für einen Einspänner. Nicht weit davon liegen einige Tote, jeder mit seiner braunen Wolldecke zugedeckt. Auf dem Vorhof, zum Fluß hin, sind frische Gräber, zumeist von Offizieren, ihre Namen auf Faßdauben oder zerbrochenen Brettern, die in die Erde gesteckt sind. (Die meisten Toten sind später ausgegraben und zu ihren Angehörigen nach dem Norden gebracht worden.) Das große Haus ist oben und unten ziemlich vollgestopft, alles improvisiert, ohne System, alles sehr schlimm, doch – ich hege keinen Zweifel – so gut man es eben vermochte; all die Wunden ziemlich schlimm, manche entsetzlich, die Männer in ihren alten Kleidern, unsauber und voller Blut. Einige der Verwundeten sind Soldaten und Offiziere der Rebellen, Gefangene. Mit einem von ihnen, einem Hauptmann aus Mississippi, der schwer am Bein getroffen wurde, habe ich mich eine Weile unterhalten; er bat mich um Zeitungen, die ich ihm auch gab. (Drei Monate später sah ich ihn in Washington, das Bein amputiert; ihm ging es soweit gut.) Ich ging durch die Räume im Erdgeschoß und oben. Einige der Männer lagen im Sterben. Bei diesem Besuch hatte ich keine Geschenke mit, doch ich schrieb ein paar Briefe an ihre Leute daheim, an ihre Mütter etc. Sprach auch mit dreien oder vieren, die am empfänglichsten dafür schienen und dessen auch bedurften.

Nach der ersten Schlacht bei Fredericksburg

23. bis 31. Dezember – Die Resultate der jüngsten Schlacht sind hier überall ausgestellt in Tausenden von Fällen (Hunderte sterben täglich), in den Feld-, Brigade- und Divisionslazaretten. Diese bestehen lediglich aus Zelten, mitunter sogar sehr armseligen, wobei die Verwundeten auf der Erde liegen und glücklich sind, wenn ihre Decken über eine Lage von Kiefern- oder Hemlockzweigen oder Laub gebreitet sind. Keine Feldbetten; selbst Matratzen sind selten. Es ist ziemlich kalt. Der Boden ist hart gefroren, und gelegentlich fällt Schnee. Ich gehe herum, von einem zum anderen. Ich glaube nicht, daß ich diesen Verwundeten und Sterbenden viel Gutes tun kann, doch kann ich sie nicht allein lassen. Von Zeit zu Zeit klammert sich einer der Jüngeren krampfhaft an mich, und ich tue für ihn, was ich kann; wenigstens bleibe ich bei ihm stehen und sitze, wenn er es wünscht, stundenlang bei ihm.

Außer in die Lazarette begebe ich mich auch gelegentlich auf lange Streifzüge durch die Camps, spreche mit den Männern etc. Sitze mitunter des Nachts unter Gruppen am Feuer in deren budenartigen Gebilden aus Büschen. Das sind seltsame Anblicke von einzelnen Charakteren und Gruppen. Bald kennt man mich überall im Lager, unter Offizieren und Mannschaften, und stets kann ich mich nützlich machen. Manchmal ziehe ich mit den Regimentern, die ich am besten kenne, hinaus auf Feldwache. Was die Verpflegung angeht, so scheint die Armee hier im Augenblick einigermaßen gut versorgt zu sein; die Männer haben genügend von dem, was es gibt, hauptsächlich gesalzenes Schweinefleisch und Zwieback. Die meisten der Regimenter sind in dürftigen kleinen Schutzzelten untergebracht. Einige wenige haben sich aus Baumstämmen und Lehm Hütten mit Feuerstellen gebaut.

Zurück nach Washington

Januar '63 – Verließ vor einigen Tagen mit ein paar Verwundeten das Camp in Falmouth und kam hierher mit der Aquia-Creek-Railroad und dann den Potomac herauf mit einem Dampfer der Regierung. Mit uns im Waggon und auf dem Schiff waren noch viele andere Verwundete. Die Waggons waren nur gewöhnliche Rungenwagen. Die Eisenbahnreise von zehn, zwölf Meilen wurde meist vor Sonnenaufgang unternommen. Die Soldaten, die die Strecke bewachten, kamen aus ihren Zelten oder Laubbuden mit zerzaustem Haar und halbwachem Blick. Diejenigen, die Dienst hatten, bezogen ihre Posten, einige auf Wällen über uns, andere tief unter der Höhe der Gleise. Entlang der Strecke sah ich umfangreiche Kavallerie-Camps. In Aquia Creek angekommen, wandten sich viele der Verwundeten in Richtung Norden. Während ich reichlich drei Stunden zu warten hatte, mischte ich mich unter sie. Verschiedene wollten ein paar Worte nach Hause senden, zu Eltern, Brüdern, Frauen etc., was ich für sie besorgte (per Post am nächsten Tage von Washington aus). Auf dem Schiff hatte ich alle Hände voll zu tun. Ein armer Gefährte starb.

Ich verweile zur Zeit in und um Washington und besuche täglich die Lazarette. Bin viel in denen, die sich im Patentamt, in der Eighth Street, der H Street, am Armory Square befinden und den anderen. Dadurch, daß ich etwas Geld habe (als Almosenpfleger) und zunehmende Erfahrung, bin ich jetzt in der Lage, ein wenig Gutes zu tun. Heute, Sonntag, war ich von nachmittags bis abends um neun im Campbell Hospital; kümmerte mich besonders um einen Fall auf der Station 1, schwer an Rippenfellentzündung und Typhus erkrankt, junger Mann, Sohn eines Farmers, D. F. Russel, 16. New-Yorker Regiment, Kompanie E, kraftlos und niedergeschlagen; lange Zeit völlig teilnahmslos. Ich schrieb auf seine Bitte hin einen Brief nach Hause an seine Mutter in Malone, Franklin County, N. Y.; gab ihm etwas Obst und ein, zwei andere Geschenke; steckte seinen Brief ins Kuvert und gab ihn auf etc. Begab mich dann auf Station 6, befaßte mich dort gründlich mit jedem einzelnen Fall, mit Ausnahme, glaube ich, von einem Abwesenden; gab jedem der 20 bis 30 Personen ein kleines Geschenk, wie zum Beispiel Orangen, Äpfel, Kekse, Feigen etc.

Donnerstag, 21. Januar – Widmete mich den größten Teil des Tages dem Lazarett am Armory Square; inspizierte ziemlich gründlich die Stationen F, G, H und I, über 50 Fälle auf jeder Station. Versorgte die Männer auf Station F durchweg

mit Schreibpapier und frankierten Umschlägen; verteilte in kleinen Portionen an Leute, die sie vertragen konnten, ein großes Glas frisch eingekochte Beeren, die eine Dame gespendet hatte – Selbsteingekochtes. Fand mehrere Fälle, wo ich meinte, ich könnte mit einem kleinen Geldbetrag helfen. (Die Verwundeten werden oft völlig abgebrannt eingeliefert, und es tut ihnen gut, zu wissen, daß sie wenigstens die kleine Summe haben, die ich ihnen gebe.) Mein Papier und die Briefumschläge sind längst alle, konnte aber noch allerhand amüsante Lektüre verteilen; auch – wo ich es für angebracht hielt – Tabak, Orangen, Äpfel etc. Interessante Fälle auf Station I: Charles Miller, Bett 19, vom 53. Regiment von Pennsylvania, Kompanie D. ist erst 16 Jahre alt, sehr aufgeweckter, couragierter Junge, linkes Bein unterhalb des Knies amputiert; im Bett neben ihm noch ein junger Bursche, sehr krank; gab beiden nützliche Geschenke. Im Bett darüber – auch linkes Bein amputiert; gab ihm ein kleines Glas Himbeeren; Bett 1 auf dieser Station gab ich etwas Geld; ebenso einem Soldaten mit Krücken, saß auf seinem Bett, nahe ... (Mehr und mehr überraschte mich der große Anteil Fünfzehn- bis Einundzwanzigjähriger in der Armee. Später erkannte ich, daß dieser Anteil bei den Südstaatlern noch größer war.)
Abend, gleicher Tag. Besuchte D. F. R.; fand ihn auf dem Wege der Besserung, auf und angekleidet – ein großer Triumph; schließlich wurde er gesund und ging zu seinem Regiment zurück. Verteilte auf den Stationen Briefpapier und 40, 50 Freiumschläge, mit denen ich meinen Bestand aufgefüllt hatte und die die Männer sehr dringend brauchten.

Fünfzig Stunden verwundet auf dem Schlachtfeld

Hier die Geschichte eines Soldaten, den ich in einem der dicht stehenden Feldbetten im Patentamt fand. Er möchte jemanden haben, mit dem er sprechen kann, und wir werden ihm zuhören. An jenem ereignisreichen Sonnabend, dem 13. Dezember, wurde er bei Fredericksburg schwer am Bein und in die Seite getroffen. Die beiden darauffolgenden Tage und Nächte lag er zwischen der Stadt und den schrecklichen Geschützreihen hilflos auf dem Schlachtfeld; seine Kompanie und sein Regiment waren gezwungen, ihn seinem Schicksal zu überlassen. Was die Sache noch verschlimmerte, war, daß er zufällig mit dem Kopf leicht bergab lag und sich nicht rühren konnte. Nach mehr als 50 Stunden wurde er schließlich, zusammen mit anderen Verwundeten, unter dem Schutz einer weißen Flagge weggetragen. Ich frage ihn, wie ihn die Rebellen während jener zwei Tage und Nächte, die er in ihrer Reichweite lag, behandelt hätten – ob sie zu ihm gekommen wären – ob sie ihn mißhandelt hätten. Er antwortet, daß verschiedene der Rebellen, Soldaten und andere, dann und wann zu ihm gekommen wären. Ein paar von ihnen, die zusammen dagewesen wären, hätten grob und höhnisch gesprochen, aber nichts Schlimmeres getan. Ein Mann mittleren Alters jedoch, der sich, wie es schien, zu mildtätigen Zwecken unter den auf dem Feld liegenden Verwundeten und Toten bewegte, kam in einer Weise auf ihn zu, die er nie vergessen wird. Er behandelte unseren Soldaten freundlich, verband seine Wunden, munterte ihn auf, gab ihm ein paar Kekse und einen Schluck Whisky mit Wasser und fragte ihn, ob er ein bißchen Fleisch essen könne. Dieser gute Sezessionist veränderte jedoch nicht die Lage unseres Soldaten, denn dann wären womöglich die vergrindeten Wunden aufgeplatzt und hätten zu bluten begonnen. Unser Soldat ist aus Pennsylvania, hat ziemlich viel gelitten; wie sich herausstellte, waren seine Verletzungen schwer. Doch er bleibt guten Mutes und ist gegenwärtig auf dem Wege der Besserung. (Es ist nicht ungewöhnlich, daß die Männer so auf dem Schlachtfeld liegenbleiben, ein, zwei oder sogar vier oder fünf Tage.)

Lazarettszenen und Personen

Briefeschreiben – Wenn möglich, ermutige ich die Männer zu schreiben, und ich selbst schreibe für sie, wenn ich dazu aufgefordert werde, alle möglichen Arten von Briefen (einschließlich Liebesbriefe, sehr zärtliche). Beinahe zu der gleichen Zeit, da ich mir diese Notizen mache, schreibe ich für einen Patienten an seine Frau. Gerade (17. Februar) ist M. de F., 17. Regiment von Connecticut, Kompanie H, von

Windmill Point ins Armory Square eingeliefert und auf Station H gelegt worden. Er ist ein intelligent aussehender Mann, hat einen ausländischen Akzent, schwarze Augen, schwarzes Haar – eine hebräische Erscheinung. Möchte seiner Frau in New Canaan, Conn., eine telegraphische Botschaft übermitteln. Ich erkläre mich bereit, das zu übernehmen – um aber sicherzugehen, setze ich mich auch noch hin, schreibe der Frau einen Brief und bringe ihn sofort zum Postamt, denn er befürchtet, sie werde herkommen, und das möchte er nicht. Er meint, er werde sicherlich bald wieder gesund.

Sonnabend, 30. Januar – Am Nachmittag das Campbell-Lazarett besucht. Szene – gründliches Reinemachen auf den Stationen, Versorgen der Männer mit frischer Wäsche, das Kleiden der Patienten auf Station 6, die nackten Oberkörper, Spaß und gute Laune, die Hemden, Schubkästen, Bettlaken etc. und das allgemeine Vorbereiten auf den Sonntag. Gab J. L. 50 Cents.

Mittwoch, 4. Februar – Besuchte das Hospital am Armory Square. Kümmerte mich intensiv um die Stationen E und D. Versorgte wie gewöhnlich alle, die darum baten, mit Papier und Umschlägen; fand zur Genüge Männer, die diese Dinge benötigten. Schrieb Briefe. Sah zwei oder drei Angehörige des 14. Brooklyner Regiments und sprach mit ihnen. Einem armen Kerl auf Station D, mit einer schrecklichen Wunde und in schlimmem Zustand, wurden einige lose Knochensplitter aus der Wunde entfernt. Die Operation war langwierig und sehr schmerzhaft, nachdem sie jedoch gut angefangen hatte, ertrug sie der Soldat mit Geduld. Er saß aufrecht, gestützt – war sehr geschwächt – hatte lange Zeit in ein und derselben Haltung gelegen (nicht nur Tage, sondern wochenlang), ein blutleeres, braunhäutiges Gesicht mit Augen voller Entschlossenheit – gehörte einem New-Yorker Regiment an. Ein außergewöhnlicher Schwarm von Stabsärzten, medizinischen Kadetten, Schwestern etc. war um sein Bett herum – ich meinte, es werde alles für ihn getan, so gut man konnte und mit Feingefühl. In einem Falle saß die Ehefrau an der Seite ihres Mannes, er war sehr schwer an Typhus erkrankt. In einem anderen Falle eine Mutter bei ihrem Sohn – sie sagte mir, sie hätte sieben Kinder, und dieser hier wäre der Jüngste. (Eine stattliche, nette, gesunde, liebenswürdige Mutter, gutaussehend, nicht sehr alt, mit einer Haube auf dem Kopf, und gekleidet wie zu Hause – welch einen Zauber sie auf der gesamten Station verbreitete!) Mir gefiel die Schwester der Station E – ich bemerkte, wie sie lange bei einem armen Teufel saß, der gerade, an jenem Morgen, zusätzlich zu seiner anderen Krankheit noch einen Blutsturz hatte – geduldig stand sie ihm bei, befreite ihn von dem Blut, indem sie ihm ein Tuch vor den Mund hielt, als er es heraushustete – er war so schwach, daß er gerade nur den Kopf auf das Kissen rollen konnte.

Ein junger Mann aus New York mit einem strahlenden, hübschen Gesicht lag schon mehrere Monate hier wegen einer höchst unangenehmen Wunde, die er am Bull Run erhalten hatte. Eine Kugel hatte ihm den Unterleib und direkt die Blase durchschlagen, vorn war sie eingedrungen und hinten wieder ausgetreten. Er hatte schwer zu leiden – das Wasser lief aus der Wunde, langsam, aber stetig, wochenlang – so daß er nahezu ständig in einer Art Pfütze lag – und es kamen noch andere Leiden hinzu. Er hatte jedoch ein kräftiges Herz. Im Moment war sein Hals entzündet (im Vergleich mit der anderen Sache kaum der Rede wert); von der Stange Hustenkaramel, die ich ihm neben ein, zwei anderen Kleinigkeiten gab, war er entzückt.

PATENTAMT-HOSPITAL

23. Februar – Nicht unerwähnt lassen darf ich das große Lazarett im Patentamt. Noch vor ein paar Wochen war die riesige Fläche des zweiten Stockwerks dieses nobelsten Washingtoner Gebäudes mit engen Reihen kranker, schwerverwundeter und sterbender Soldaten bedeckt. In drei sehr großen Saalfluchten waren sie untergebracht. Sehr oft ging ich dahin. Es war ein seltsamer, feierlicher und mit all seinen Kennzeichen von Leid und Tod irgendwie faszinierender Anblick. Mitunter ging ich auch nachts dorthin, um besondere Fälle zu beruhigen und ihnen beizustehen. Zwei der riesigen Saalfluchten sind voller hoher, massiger Glaskästen, zum Bersten gefüllt mit verkleinerten Modellen jeglicher Art, Utensilien, Maschinen oder Erfindungen, die der menschliche Geist jemals hervorgebracht hat; und mit Kuriositäten und ausländischen Geschenken. Zwischen diesen Schränken sind Lücken, vielleicht 8 Fuß breit und ziemlich tief, und darin waren die Krankenbetten aufgestellt, außer einer langen Doppelreihe quer durch die Mitte der Halle. Viele Insassen waren sehr schwere Fälle, Verwundungen und Amputationen. Rund um die Halle gab es eine Galerie, in der ebenfalls Betten aufgestellt waren. In der Tat war die Szenerie besonders nachts bei künstlicher Beleuchtung kurios. Die Glaskästen, die Betten, die Gestalten, die dalagen, oben die Galerie und der Marmorboden unter den Füßen – das Leiden und die Unerschütterlichkeit, es zu erdulden, in verschiedenen Abstufungen – von einigen gelegentliches Stöhnen, das nicht unterdrückt werden konnte – manchmal starb ein armer Teufel, das Gesicht verhärmt, die Augen wie Glas; an seiner Seite die Schwester, der Doktor auch, aber kein Freund, kein Verwandter. Bis vor kurzem waren das die „Sehenswürdigkeiten" im Patentamt. (Unterdessen sind die Verwundeten von dort verlegt worden, und es ist jetzt wieder leer.)

DAS WEISSE HAUS BEI MONDSCHEIN

24. Februar – Verlockendes, mildes Wetter. Ich wandere ziemlich viel umher, mitunter auch nachts, bei Mondschein. Richtete diese Nacht einen langen Blick auf das Haus des Präsidenten. Der weiße Portikus – die palastartigen, hohen, runden Säulen, makellos wie frisch gefallener Schnee – auch die Wände – das zarte und weiche Licht des Mondes, das den bleichen Marmor überflutet und einzigartige, matte, allmählich sich verlierende Schattierungen, nicht direkt Schatten, hervorzaubert – überall ein bleicher, transparenter, nebliger, dünner, blauer Schimmer des Mondes in der Luft – die strahlenden und zusätzlich reichlich vorhandenen Gaslaternen an und um Fassaden, Säulen, Kolonnaden etc. – alles so weiß, so makellos und überwältigend, doch auch weich – das Weiße Haus künftiger Gedichte, Träume und Dramen – da in dem lieblichen und überschwenglichen Mond – die prächtige Fassade zwischen den Bäumen unter dem strahlenden Mond, voller Wirklichkeit, voller Illusion – die Gestalten der Bäume, kahl, still, nur Stamm und Äste, tausendfach verzweigt, unter den Sternen und dem Himmel – das Weiße Haus des Landes, der Schönheit und der Nacht – Posten an den Toren und am Säulengang, schweigend, auf und ab schreitend, in blauen Mänteln – dir keineswegs den Weg versperrend, dich jedoch scharf ins Auge fassend, wohin du dich auch wenden magst.

Eine Lazarettstation

Lassen Sie mich einen Besuch besonders erwähnen, den ich bei der Gruppe barackenähnlicher, eingeschossiger Bauten, dem Campbell-Lazarett, draußen in der Ebene, an der Endstelle der damaligen Pferdebahnlinie in der 7th Street gemacht habe. Jeweils eine Station ist in einem solchen langen Gebäude untergebracht. Gehen wir auf die Station 6. Hier liegen heute, würde ich sagen, 80 bis 100 Patienten, zur Hälfte Kranke und zur Hälfte Verwundete. Der Bau besteht aus weiter nichts als Brettern, innen wohl weiß getüncht, darin die üblichen dürftig zusammengefügten eisernen Bettstellen, eng und einfach. Man geht durch den Mittelgang, links und rechts eine Reihe Betten, die Fußenden zum Gang, die Kopfenden zur Wand. In großen Öfen brennt Feuer, und das dominierende Weiß der Wände wird durch Ornamente, Sterne, Kreise etc. aus Immergrün gemildert. Mit einem Blick kann man den ganzen Bau samt seiner Bewohner überschauen, denn es gibt keine Trennwände. Von zwei, drei Betten mag man Stöhnen und andere Laute unerträglicher Leiden hören, doch zum größten Teil herrscht Stille – beinahe ein schmerzliches Fehlen jeglicher Äußerung; aber das bleiche Gesicht, die glanzlosen Augen und die feuchten Lippen sind Äußerung genug. Die meisten dieser Kranken oder Verwundeten sind offensichtlich junge Burschen vom Lande, Farmersöhne und so. Seht doch nur die großen, kräftigen Gestalten, die klaren, offenen Gesichter, die vielen, noch immer sichtbaren Beweise eines starken Körperbaus und einer gesunden Natur! Seht die geduldige und stille Art unserer amerikanischen Verwundeten, wie sie hier in solch trauriger Anhäufung liegen; Vertreter von überall aus Neuengland, aus New York, New Jersey und Pennsylvania – wirklich und wahrhaftig aus allen Staaten und Städten – zum großen Teil auch aus dem Westen! Die meisten von ihnen haben hier keine Freunde oder Bekannte – kein vertrautes Gesicht und kaum ein Wort einsichtsvoller Anteilnahme oder Ermunterung während ihrer mitunter langen und zermürbenden Krankheit oder den Qualen der sich verschlimmernden Wunden.

Ein Fall aus Connecticut

Dieser junge Mann hier im Bett Nr. 25 ist H. D. B. vom 27. Connecticuter Regiment, Kompanie B. Seine Angehörigen leben in Northford, in der Nähe von New Haven. Obwohl nicht älter als 21 oder so, ist er viel in der Welt herumgekommen, zu Wasser und zu Lande, und hat manchen Kampf erlebt, da wie dort. Als ich ihn zum erstenmal traf, war er sehr krank und hatte keinerlei Appetit. Selbst Angebote von Geld wies er zurück – sagte, er brauche nichts. Mir lag sehr daran, etwas für ihn zu tun; er gestand, daß ihn nach einem guten, selbstgemachten Reispudding gelüstete – dachte, das könnte er sich eher als alles andere schmecken lassen. Zu dieser Zeit war sein Magen sehr geschwächt. (Der Arzt, den ich konsultierte, sagte, Nahrung würde ihm eher als alles andere guttun; die Umstände aber, wenn auch besser als gewöhnlich, erfüllten ihn mit Abscheu.) Ich besorgte B. schnell seinen Reispudding. Eine Washingtonerin (Mrs. O'C.) hörte seinen Wunsch, kochte den Pudding, und ich trug ihn am nächsten Tag zu ihm. Hinterher sagte er mir, er habe drei oder vier Tage davon gelebt. Dieser B. ist ein gutes Beispiel für den jungen Amerikaner des Ostens – den typischen Yankee. Ich fand Gefallen an ihm und gab ihm eine hübsche Pfeife zum Andenken. Später erhielt er von zu Hause ein großes Paket, und da war nichts zu machen, ich mußte mit ihm essen; ich tat es auch, und es war ein sehr gutes Mahl.

Zwei Jungen aus Brooklyn

Hier auf der gleichen Station sind zwei junge Männer aus Brooklyn, Angehörige des 51. New-Yorker Regiments. Beide hatte ich zu Hause als junge Burschen gekannt, daher stehen sie mir irgendwie nahe. Einer von ihnen, J. L., liegt da mit einem amputierten Arm, der Stumpf heilt ziemlich gut. (Letzten Dezember sah ich ihn bei Fredericksburg auf dem Boden liegen, voller Blut, unmittelbar nachdem der Arm abgenommen war. Er gab sich ganz gelassen, knabberte an einem Keks in der verbliebenen Hand – machte kein Theater.) Er wird sich erholen und denkt und spricht schon davon, den Johnny Rebs zu begegnen.

Ein Tapferer der Sezession

Die großartigsten Soldaten sind nicht nur unter denen auf der einen Seite zu finden, ebensowenig nur unter denen auf der anderen. Hier ist das Beispiel eines unbekannten Südstaatlers, eines Burschen von 17 Jahren. Im Kriegsministerium war ich vor ein paar Tagen Zeuge, wie dem Minister erbeutete Flaggen vorgeführt wurden. Unter anderen präsentierte ein Soldat namens Gant vom 104. Freiwilligenregiment aus Ohio eine Rebellen-Schlachtflagge, die, wie ein Offizier mir gegenüber erwähnte, von einem Jungen, nicht älter als 17, vor die Mündung einer unserer Kanonen getragen und dort aufgepflanzt worden war, und er hatte tatsächlich mit Zaunsriegeln versucht, den Einsatz dieser Waffe zu verhindern. Er wurde getötet, und die Fahnenstange wurde durch einen Schuß einer unserer Männer zerfetzt.

Die Verwundeten von Chancellorsville

Mai 1863 – Während ich dies schreibe, beginnen die Verwundeten, die unter Hookers Kommando standen, aus dem blutigen Chancellorsville einzutreffen. Ich war bei den ersten Ankömmlingen draußen. Die mit dem Transport Beauftragten sagten mir, die schlimmen Fälle kämen noch.

Wenn das so ist, so tun sie mir jetzt schon leid, denn diese hier sind schon schlimm genug. Man muß gesehen haben, wie die Verwundeten hier abends an der Anlegestelle am Beginn der Sixth Street ankamen. Gestern abend so halb acht kamen zwei vollbeladene Boote an. Kurz nach acht ging ein anhaltender, heftiger Regenguß nieder. Die blassen, hilflosen Soldaten waren ausgeladen und lagen nun überall auf dem Kai und in unmittelbarer Nähe herum. Möglicherweise tat ihnen der Regen gut; wie dem auch sei, sie waren ihm ausgesetzt. Die wenigen Fackeln beleuchteten die Szene. Überall – auf der Kaimauer, auf dem Boden, auf allen möglichen Plätzen – liegen die Männer, auf Dekken, alten Steppdecken etc., blutige Lumpen um Köpfe, Arme, Beine gewickelt. Pfleger gibt es nur wenige und bei Nacht gar nur ein paar unausgebildete – nur einige wenige fleißige Träger und Kutscher. (Man gewöhnt sich an die Verwundeten, die Leute stumpfen ab.) Die Männer, ganz gleich in welchem Zustand, liegen da und warten geduldig, bis sie an der Reihe sind, weggetragen zu werden. Ganz in der Nähe treffen die Krankenwagen jetzt in Scharen ein, und einer nach dem anderen wird gerufen, um rückwärts heranzufahren und seine Ladung aufzunehmen. Schwere Fälle werden auf Tragen davongeschafft. Im allgemeinen machen die Männer wenig oder kein Aufsehen, welcher Art ihre Leiden auch sein mögen. Ab und zu ein Stöhnen, das sich nicht unterdrücken läßt, und hin und wieder ein Schmerzensschrei, wenn einer der Männer in den Krankenwagen gehoben wird. Heute, während ich schreibe, werden weitere Hunderte erwartet und morgen und übermorgen noch mehr und viele Tage lang so weiter. Ziemlich oft kommen bis zu tausend an einem Tage an.

Ein Nachtgefecht vor mehr als einer Woche

12. Mai – Ein Teil der Schlacht bei Chancellorsville (zweite Fredericksburg) fand vor knapp einer Woche statt. Sonnabend, Sonnabend nacht und Sonntag, unter General Joe Hooker, wenigstens einen flüchtigen Eindruck möchte ich davon vermitteln – (ein Streiflicht in einem fürchterlichen Sturm auf See – von dem ein paar Andeutungen genügen und alle Einzelheiten unmöglich sind). Während des Tages war sehr heiß gekämpft worden, und nach einer Unterbrechung am späten Nachmittag ging der Kampf am Abend weiter und hielt mit ungestümer Heftigkeit bis drei Uhr morgens an. An jenem Nachmittag hatte eine ebenso plötzliche wie heftige Attacke von Stonewall Jackson der Südarmee ungeheuren Vorteil gebracht, unsere Linien durchbrochen und war wie ein Keil in unsere Stellungen eingedrungen, ließen es jedoch beim Dunkelwerden in dieser Position bewenden. Hooker aber unternahm um elf einen tollkühnen Vorstoß, drängte die Sezessionsverbände zurück bis hinter die vorherigen Linien und nahm seine Pläne wieder auf. Dieses Nachtgemetzel war sehr aufregend und bot zahllose seltsame und schreckliche Bilder. Es wurde allgemein gekämpft, sowohl bei Chancellorsville als auch nordöstlich von Fredericksburg. (Wir hören von ein paar armseligen Kämpfen, Episoden, hastiger Flucht auf unserer Seite. Daran denke ich jedoch nicht. Ich denke an die ungestüme Tapferkeit, die allgemeine Regel.) Ein Korps, das 6., Sedgewicks, schlägt vier vernichtende und blutige Schlachten in 36 Stunden, zieht sich in großer Gefahr zurück, hat erhebliche Verluste, behauptet sich aber, kämpft mit unerbittlicher Verzweiflung unter allen Umständen, gelangt nur mit knapper Not über den Rappahannock, schaffte es jedoch. Es verlor viele, viele tapfere Männer, aber es nahm Rache, furchtbare Rache.

Aber von dem erbitterten Kampf vom Sonnabendabend, die ganze Nacht hindurch und Sonntagmorgen, wollte ich eine besondere Tagebucheintragung machen. Es war tief im Walde und ein allgemeines Gefecht. Die Nacht war sehr angenehm, bisweilen brach der Mond hervor, voll und klar, die ganze Nacht in sich so still, das erste Sommergras so üppig und auch das Laub der Bäume – doch dort tobte die Schlacht, viele der Tapferen lagen hilflos da, und ständig wurden es mehr, und mitten im Geknatter der Gewehre und dem Donnern der Kanonen (denn auch die Artillerie beteiligte sich) quoll jede Minute das rote Blut des Lebens aus Köpfen, Leibern oder Gliedmaßen hervor und sickerte über das grüne, taukühle Gras. Stellenweise fängt der Wald Feuer, und verschiedene Verwundete, die sich nicht bewegen können, werden verzehrt – über ziemlich große Flächen fegt das Feuer hinweg und verbrennt auch die Toten – einige der Männer versengen sich Haare und Bart – einige haben Brandwunden im Gesicht und an den Händen – anderen hat es Löcher in die Kleider gebrannt. Die Feuerblitze der Kanonen, die sich geschwind ausbreitenden Flammen und der Rauch, das unermeßliche Getöse – Gewehrfeuer überall, die Helligkeit fast stark genug, daß die eine Seite die andere sehen kann – der Zusammenprall, das Getrampel der Männer – das Geschrei – Handgemenge – wir hören die Schreie der Rebellen – unsere Leute schreien laut zurück, besonders wenn Hooker in Sicht ist – Kampfgetümmel, Mann gegen Mann, jede Seite stellt sich ihm, tapfer, wie vom Teufel besessen, immer wieder greifen sie uns an – tausend Heldentaten werden vollbracht, jede wert, neue, größere Gedichte darüber zu schreiben – und immer noch brennt der Wald – immer noch werden viele nicht nur angesengt – zu viele, unfähig sich zu bewegen, verbrennen in den Flammen.

Dann die Verbandsplätze – oh, Himmel, welch ein Bild! Hat das wirklich noch etwas zu tun mit *Menschlichkeit*? – diese Schlächtereien! Nicht wenige gibt es davon. Da liegen sie, auf einer Lichtung im Wald, 200 bis 300 arme Kerle – das Stöhnen, die Schreie – Geruch des Blutes, vermischt mit dem frischen Duft der Nacht, des Grases, der Bäume – welch ein Schlachthaus! Oh, wie gut es ist, daß ihre Mütter, ihre Schwestern sie nicht sehen können, daß sie sich dies nicht vorstellen können, nie vorgestellt haben. Einer ist von einer Granate getroffen, an Arm und Bein – beide werden amputiert – da liegen die nutzlosen Glieder. Einigen hat es die Beine abgerissen, einigen hat eine Kugel die Brust durchbohrt, einige haben unbeschreiblich furchtbare Wunden im Gesicht und am Kopf, alle verstümmelt, ekelerregend, zerfleischt, zerrissen, manche in den Unterleib getroffen, manche noch reine Kinder, viele Aufständische schwer verwundet. Ohne Unterschied liegen sie zwischen den anderen, werden ohne Unterschied von den Ärzten behandelt. So ist der Verbandsplatz ein Bruchstück, eine schwache Widerspiegelung jener blutigen Szene. Und bisweilen zeigt sich über allem der klare große Mond mit sanftem, ruhigem Schein. Mitten im Walde diese Szene fliehender Seelen, mitten in dem Bersten und Krachen und Getöse – der unmerklich feine Duft des Waldes und doch der beißende, erstickende Rauch – der Glanz des Mondes, der immer mal so sanft vom Himmel schaut, das Firmament so himmlisch, das Klar-Obskure da droben, jene flutenden himmlischen Ozeane und dahinter ein paar große, friedliche Sterne, die still und matt auftauchen und dann wieder verschwinden – darüber und ringsumher die Melancholie der verschleierten Nacht. Und dort auf den Landstraßen, den Feldern, jenen Wäldern dieser Kampf, wie er zu keiner Zeit und in keinem anderen Lande verzweifelter geführt worden ist – von beiden Seiten jetzt mit voller Kraft – Menschenmassen. Kein Scheingefecht, kein halbherziges Geplänkel, sondern wilde, grimmige Dämonen kämpften dort. Wagemut und Todesverachtung sind die Regel, Ausnahmen gibt es so gut wie nicht.

Welche Geschichtsschreibung, sage ich, denn wer kann es wissen, kann jemals das wahnsinnige, entschlossene Ringen der Armeen wiedergeben, in all deren großen und kleinen Abteilungen, die allesamt – wie diese hier – von Kopf bis Fuß von tollkühnen, mörderischen Absichten erfüllt sind? Wer kennt den Nahkampf – die vielen Kämpfe im Dunkeln, die schattendurchdrungenen, da und dort monddurchleuchteten Wälder – die leidenden Gruppen und Abteilungen – die Schreie, den Lärm, das Knallen der Gewehre und Pistolen – die fernen Kanonen – das Hurrageschrei, die Rufe, die Drohungen und den schrecklichen Klang der Flüche – das unbeschreibliche Durcheinander – die Befehle, Überredungskünste, Ermutigungen der Offiziere – die Teufel, die in menschlichen Herzen zu vollem Leben erwachten – den strengen Ruf: *Vorwärts, Männer, vorwärts!* – das Blitzen des blanken Degens, die lodernden Flammen und den Rauch? Und noch immer der aufgerissene, klare und bewölkte Himmel – und wieder das Mondlicht, das silberweich seine strahlenden Flecken über alles ergießt. Wer malt diese Szene, die plötzliche, hier und da einsetzende Panik am Nachmittag, in der Dämmerung? Wer malt das unaufhaltsame Vorrücken der 2. Division des plötzlich herbefohlenen 3. Korps unter Hooker selbst – jene geschwind durch die Wälder eilenden Phantome? Wer zeigt, was sich dort in den Schatten bewegt, lebendig und stark, da die Veteranen die Stellung halten, um den Namen der Armee, vielleicht sogar die Nation zu retten (und sie wurde gerettet). (Der tapfere Berry fällt noch nicht, aber der Tod hat ihn gezeichnet. Bald wird er ihm erliegen.)

Namenloser bleibt der tapferste Soldat

Bei Szenen wie diesen, frage ich mich immer, wer schreibt die Geschichte – wer kann sie denn überhaupt schreiben? Von so vielen – ja, Tausenden, in Nord und Süd, von ungenannten Helden, unbekannten Heldentaten, unglaublichen, improvisierten, erstklassigen Tollkühnheiten – wer erzählt davon? Keine Geschichtsschreibung, kein Gedicht besingt, keine Musik preist jene tapfersten aller Männer, jene Heldentaten. Weder ein offizieller Heeresbericht, noch ein Buch in der Bibliothek oder gar eine Spalte in der Zeitung gedenkt der Tapfersten von Nord oder Süd, Ost oder West. Namenlos, unbekannt bleiben nach wie vor die tapfersten Soldaten. Unsere Mannhaftesten – unsere Jungen – unsere verwegenen Lieblinge; kein Gemälde zeigt sie. Wahrscheinlich schleppt sich der Typischste unter ihnen (der zweifelsohne für Hunderte, Tausende steht), wenn er seinen Todestreffer empfangen hat, seitwärts ins Gebüsch oder ins Farnkraut – verbirgt sich dort eine Weile, durchtränkt Wurzeln, Gras und Boden mit rotem Blut – die Schlacht aber geht weiter, zieht sich zurück, wechselt den Schauplatz, fegt dahin – und dort, in Schmerz und Qual (jedoch weniger, viel weniger, als man annimmt) windet sich die letzte Lethargie um ihn wie eine Schlange. Die Augen trüben sich im Tode, niemand kümmert sich; vielleicht, eine Woche später, bei Waffenruhe, die Bestattungstruppe, oder sie macht diesen einsamen Ort nicht ausfindig, und schließlich zerfällt der tapferste Soldat zu Erde, unbestattet und unbekannt.

Einige typische Fälle

18. Juni – In einem der Lazarette lerne ich Thomas Haley kennen, 4. New-Yorker Kavallerieregiment, Kompanie M. Ein echter irischer Junge, ein herrliches Exemplar jugendlicher, physischer Mannhaftigkeit, mit Lungendurchschuß, liegt im Sterben, kam herüber in dieses Land, um Soldat zu werden, hat nicht einen einzigen Freund oder Bekannten hier, schläft im Moment fest (aber es ist der Schlaf des Todes), hat ein Schußloch in der Lunge. Zum erstenmal sah ich Tom vor drei Tagen, als er hierhergebracht wurde und hätte nicht gedacht, daß er noch zwölf Stunden leben würde (für einen zufälligen Beobachter sieht er im Gesicht jedoch recht gut aus). Er liegt da, oberhalb der Taille unbedeckt, völlig nackt, damit ihm kühler ist; ein herrlich gebauter Mann, die Sonnenbräune an Wangen und Hals noch nicht verblichen. Es erübrigt sich, mit ihm zu reden, wegen seiner schlimmen Verletzung und der Anregungsmittel, die man ihm verabreicht, und der völligen Fremdheit jedes Objektes, Gesichts, Möbelstücks etc. Der arme Kerl, selbst wenn er wach ist, macht er den Eindruck eines erschreckten, scheuen Tieres. Er schläft sehr viel oder liegt im Halbschlaf. (Manchmal dachte ich, er wußte mehr, als er zu erkennen gab.) Ich komme oft und sitze ganz still bei ihm; dann atmet er zehn Minuten lang so weich und gleichmäßig wie ein schlafendes Baby. Armer Jüngling, so stattlich, athletisch, mit üppigem, schönem, glänzendem Haar. Einmal, als ich dasaß und ihn anschaute, während er schlief, erwachte er plötzlich ohne das mindeste vorherige Anzeichen, öffnete die Augen, schaute mich lange fest an, wandte mir das Gesicht ein klein wenig zu, um besser sehen zu können – ein langer, klarer, stiller Blick – ein leichter Seufzer – drehte sich dann zurück und fiel wieder in seinen Dämmerzustand. Keine Ahnung hatte er, der arme, vom Tode umfangene Junge, von dem Herzen des Fremden, das nahe bei ihm schlug.

W. H. E., 2. Regiment von New Jersey, Kompanie F – Er leidet an Lungenentzündung. Sieben oder acht Tage lang lag er krank in dem miserablen Lazarett unterhalb Aquia Creek, bevor er hierhergebracht wurde. Von seinem Regiment war er abkommandiert worden, um dort als Pfleger zu helfen, mußte sich aber sehr bald selbst niederlegen. Ist ein älterer, im Gesicht blasser, ziemlich hagerer, grauhaariger Mann, Witwer, hat Kinder. Er äußerte einen lebhaften Wunsch nach gutem, starkem, grünem Tee. Eine vornehme Dame, Mrs. W., aus Washington schickte ihm sehr bald ein Päckchen; auch eine kleine Summe Geldes. Der Doktor emp-

fahl, ihm nach Belieben den Tee zu geben; er hatte ihn auf dem Tisch neben sich und trank ihn täglich. Er schlief sehr viel, konnte nicht viel sprechen und wurde allmählich taub. Belegte Bett 15, Station I, Armory. (Die gleiche Dame, Mrs. W., schickte dem Mann ein großes Päckchen Tabak.)
J. G. liegt in Bett 52, Station I; kommt vom 7. Pennsylvania, Kompanie B. Ich gab ihm einen kleinen Geldbetrag, etwas Tabak und Briefumschläge. Einem Mann daneben gab ich auch 25 Cents; er wurde rot im Gesicht, als ich es ihm anbot – wies es zunächst zurück; als ich aber herausfand, daß er nicht einen Cent hatte, sehr gern aber täglich die Zeitung gelesen hätte, nötigte ich es ihm auf. Augenscheinlich war er sehr dankbar, sagte aber nicht viel.
J. T. L. von der Kompanie F, 9. Regiment aus New Hamshire, liegt in Bett 37, Station I. Mag Tabak sehr. Ich versorge ihn damit, auch mit etwas Geld. Hat den Brand in den Füßen; ein ziemlich schlimmer Fall; ihm müssen höchstwahrscheinlich drei Zehen abgenommen werden. Ist ein regelrechtes Muster eines urwüchsigen, rauhen, tüchtigen Neuengländers vom Lande, der mich an jene berühmte versengte Katze erinnert, die besser war, als sie aussah.
Bett 3, Station E, Armory, hat ein großes Verlangen nach Pickles, nach irgend etwas Herzhaftem. Nachdem ich den Arzt konsultiert hatte, gab ich ihm ein Glas Meerrettich, auch ein paar Äpfel und ein Buch. Einige Lazaretthelferinnen und -helfer sind ausgezeichnet. Besonders mag ich die Schwester auf dieser Station. (Mrs. Wright – ein Jahr später traf ich sie im Mansion House Hospital in Alexandria wieder – sie ist eine perfekte Krankenschwester.)
In einem Bett ein junger Mann, Marcus Small, 7. Regiment von Maine, Kompanie K, an Ruhr und Typhus erkrankt, ziemlich kritischer Fall, spreche oft mit ihm. Er glaubt, daß er stirbt; sieht in der Tat auch so aus. Ich schreibe für ihn einen Brief nach Hause, nach Livermore, Maine, ich gestatte ihm, ein wenig mit mir zu reden, aber nicht viel, rate ihm, sich sehr ruhig zu verhalten. Meist rede ich, bleibe ein ganzes Weilchen bei ihm, da er mich an der Hand festhält, spreche mit ihm in einer ermunternden, aber langsamen, einfachen und abgewogenen Art – spreche über seinen Urlaub und seine Fahrt nach Hause, sobald er reisefähig ist.

Thomas Lindly, 1. Pennsylvanisches Kavallerieregiment, sehr schlimmer Fußdurchschuß – armer junger Mann, er leidet schrecklich, muß ständig unter Morphium gehalten werden, sein Gesicht totenblaß und glasig, leuchtende junge Augen – ich gebe ihm einen großen, schönen Apfel, lege ihn so, daß er ihn sehen kann, sage ihm, daß ich ihn am Morgen braten lasse, da er sich dann gewöhnlich etwas besser fühlt und ein kleines Frühstück zu sich nehmen kann. Zwei Briefe schreibe ich für ihn.

Gegenüber sitzt eine alte Quäkerin an der Seite ihres Sohnes, Amer Moore, 2. US-Artillerieregiment, Kopfschuß vor zwei Wochen, sehr niedergeschlagen, ziemlich vernünftig, von den Hüften an abwärts gelähmt. Er stirbt gewiß. Jeden Tag rede ich früh und abends mit ihm, aber nur sehr wenig. Er antwortet freundlich, wünscht sich nichts (bald nachdem er gekommen war, hatte er mir seine häuslichen Verhältnisse geschildert; seine Mutter war Invalide, und er fürchtete sich davor, ihr seinen Zustand mitzuteilen). Kurz nachdem sie gekommen war, starb er.

MEINE VORBEREITUNGEN FÜR BESUCHE

Während meiner Besuche in den Lazaretten fand ich heraus, daß ich einfach durch meine Anwesenheit und das Ausstrahlen gewöhnlicher Aufmunterung und Anziehungskraft mehr helfen konnte als durch medizinische Pflege oder kleine Leckerbissen oder Geldgeschenke oder irgend etwas anderes. Während des Krieges war ich physisch völlig gesund. Ich hatte es mir zur Gewohnheit gemacht, mich gründlich vorzubereiten, wenn sich die Gelegenheit dazu bot, ehe ich mich zu einer jener Touren von zwei bis vier oder gar fünf Stunden, bei Tage oder bei Nacht, auf den Weg begab, indem ich mich durch eine vorherige Ruhepause, ein Bad und ein gutes Mahl stärkte, mich frisch kleidete und so heiter dreinblickte wie nur möglich.

Prozessionen von Ambulanzen

25. Juni, Sonnenuntergang – Da ich hier sitze und diesen Abschnitt schreibe, sehe ich einen Zug von etwa dreißig riesigen vierspännigen Wagen, die als Ambulanzen genutzt werden, voller Verwundeter die 14th Street hinauffahren, vermutlich zu den Krankenhäusern Columbian, Carver und Mount Pleasant. Auf diese Art kommen die Männer jetzt herein, selten in kleinerer Anzahl, fast immer in diesen langen, traurigen Prozessionen. Den letzten Winter hindurch, während unsere Armee gegenüber Fredericksburg lag, waren ähnliche Reihen von Ambulanzen auf der 7th Street eine häufige Erscheinung, wie sie von der Dampfer-Anlegestelle aus mit Ladungen aus Aquia Creek hinauffuhren.

Gefährliche Verwundungen – Die Jungen

Die Soldaten sind fast alles junge Leute und weitaus mehr Amerikaner, als allgemein angenommen wird – ich würde sagen, neun Zehntel sind es von Geburt. Unter den Ankömmlingen von Chancellorsville finde ich sehr viele Männer aus Ohio, Indiana und Illinois. Wie gewöhnlich sind alle Arten von Verwundungen anzutreffen. Einige der Männer haben schreckliche Verbrennungen durch die Explosionen von Artilleriemunition. In einer Station liegt eine lange Reihe von Offizieren, einige mit gefährlichen Wunden. Gestern war es wahrscheinlich noch schlimmer als gewöhnlich. Es wird weiterhin amputiert – die Pfleger behandeln die Wunden. Wenn man vorbeikommt, muß man aufpassen, wohin man schaut. Neulich sah ich einen Herrn, einen Besucher, allem Anschein nach aus Neugierde auf einer der Stationen stehenbleiben und sich einen Moment umdrehen, um sich eine schreckliche Wunde, die gerade untersucht wurde, anzusehen. Er wurde blaß, im nächsten Moment fiel er in Ohnmacht und stürzte zu Boden.

Das ermutigendste Kriegsschauspiel

29. Juni – Unmittelbar vor Sonnenuntergang zog heute abend ein sehr großer Kavallerieverband vorbei – ein herrlicher Anblick! Allem Anschein nach hatten die Männer den Krieg mitgemacht. Zuerst kam eine berittene Kapelle von 16 Hörnern, Trommeln und Becken und spielte wilde militärische Melodien – das ließ mein Herz vor Freude springen. Dann die höheren Offiziere, dann (mit ihren Offizieren an der Spitze) Kompanie auf Kompanie, die machten natürlich den Hauptteil der Kavalkade aus; dann ein langer Zug von Männern, die Pferde führten, viele berittene Farbige mit Spezialpferden und eine lange Schlange Bagagewagen, jeder von vier Pferden gezogen, und schließlich eine bunte Nachhut. Es war ein ausgesprochen kriegerisches und prächtiges Schauspiel; die Säbel rasselten, die Männer sahen jung, gesund und kräftig aus; das elektrisierende Getrappel von so vielen Pferden auf der harten Straße und das galante Betragen, die stattliche Haltung und die strahlende Erscheinung von tausend und mehr hübschen jungen amerikanischen Männern – das sah sich so gut an. Eine Stunde später zog noch eine Truppe vorbei, zahlenmäßig kleiner, vielleicht 300 Mann. Sie sahen aus wie kriegserfahrene Leute, an das Schlachtfeld gewöhnte Kämpfer.

3. Juli – Heute vormittag, länger als eine Stunde, wieder lange Reihen von Kavallerie, mehrere Regimenter, edle Männer und Pferde, vier oder fünf nebeneinander. Ich sah sie in der 14th Street, von Norden her kamen sie in die Stadt. Mehrere 100 Pferde zusätzlich, einige Stuten mit Füllen, trotteten daher. (Es hatte den Anschein, als wären auch ein paar Gefangene dabei.) Immer wieder erregend, diese Kavallerieregimenter! Unsere Männer sind im allgemeinen gut beritten, fühlen sich gut, sind jung, prächtig im Sattel, ihre Decken zusammengerollt hinter ihnen, ihre Säbel rasseln an ihren Seiten. Dieses Getöse und die Bewegung und das Stampfen von vielen Pferdehufen hat eine seltsame Wirkung auf einen. Das Spiel der Hörner – gegenwärtig hört man sie in der Ferne, abgeschwächt, vermischt mit anderen Geräuschen. Dann, gerade als sie alle vorüber waren, kam eine Reihe Ambulanzen aus der anderen Richtung, bewegte sich die Fourteenth Street hinauf nach Norden, verfolgte langsam ihren Weg, beförderte eine große Zahl Verwundeter in die Lazarette.

Schlacht von Gettysburg

4. Juli – Das Wetter heute ist im großen und ganzen sehr schön, warm, von einem starken Regen letzte Nacht ist die Luft recht frisch, und es gibt keinen Staub, was für eine Stadt eine Wohltat ist. Ich sah die Parade gegen Mittag, Pennsylvania Avenue, von der Fifteenth Street an hinunter zum Capitol. Drei Regimenter Infanterie waren da (ich vermute, diejenigen, die hier Patrouillendienst tun), zwei oder drei Gemeinschaften der Odd Fellows, viele Kinder in Barouches und ein Kommando Polizisten. (Eine unnütze Belastung der Soldaten – sie haben genug auf ihrem Buckel. Man sollte ihnen lieber etwas Ruhe gönnen.) Als ich die Avenue hinunterging, sah ich ein großes, protziges Plakat an der Anschlagtafel eines Zeitungsbüros, das da bekanntgab: „Glorreicher Sieg für die Armee der Union!" Gestern und vorgestern hatte Meade Lee bei Gettysburg, Pennsylvania, geschlagen und beachtlich zurückgeworfen und 3000 Gefangene gemacht etc. (Im Nachhinein sah ich Meades Bericht – sehr bescheiden und eine Art Tagesbefehl vom Präsidenten – ziemlich religiös. In ihm dankte er Gott und rief die Leute auf, es ihm gleichzutun.) Ich ging weiter zum Armory Hospital, nahm einige Flaschen Brombeer- und Kirschsirup mit, gut und kräftig, aber harmlos. Ging auf mehrere Stationen, brachte den Soldaten die Neuigkeit von Meade und gab allen einen kräftigen Schluck von dem Sirup mit Eiswasser, ziemlich erfrischend – mixte alles eigenhändig und reichte es herum. Inzwischen lassen die Glocken von Washington ihr Abendläuten erschallen, zu Ehren des Vierten Juli, und man vernimmt die üblichen Salven der Pistolen, Knallfrösche und Kanonen der Jungen.

Ein Kavallerielager

Ich schreibe dies gegen Sonnenuntergang, eine Kavalleriekompanie im Blick, die gerade während eines Regengusses hereingekommen ist und ihr Nachtlager auf einem breiten freien Platz, einer Art Hügel, bereitet, direkt vor meinem Fenster. Da sind die Männer in ihren gelbgestreiften Jakken. Alle sind abgesessen; die befreiten Pferde stehen da mit gesenkten Köpfen und nassen Flanken; sie sollten sofort in Gruppen zur Tränke geführt werden. Schnell schießen die kleinen Zelte empor. Ich sehe bereits die Feuer lodern, mit Töpfen und Kesseln darüber. Einige Männer treiben Zeltstangen in die Erde, indem sie ihre Äxte mit kräftigen, bedächtigen Schlägen schwingen. Ich sehe große Gruppen von Pferden, Bündel von Heu, Gruppen von Männern (einige mit losgeschnalltem Säbel neben sich), ein paar Offiziere, Stapel von Holz, die Flammen der Lagerfeuer, Sättel, Geschirr etc. Rauch steigt auf, weitere Männer kommen an und sitzen ab, einige schlagen Pfähle ein und binden ihre Pferde daran; andere gehen mit Eimern nach Wasser, wieder andere schlagen Holz und so weiter.

6. Juli – Anhaltender Regen, dunkel, dicht und warm. Eine Kolonne sechsspänniger Maultierwagen ist gerade vorbeigekommen mit Pontons, großen rechtwinklig endenden Prahmen und schweren Planken, um Brücken schlagen zu können. Wir hören, daß der Potomac weiter oben über die Ufer getreten ist, und fragen uns, ob Lee wohl über ihn wieder wird zurückweichen können oder ob Meade ihn tatsächlich in Stücke hauen wird. Das Kavallerielager auf dem Hügel wird für mich pausenlos zum Beobachtungsfeld. Diesen Vormittag stehen die Pferde dort, angebunden, triefend, dampfend, ihr Heu kauend. Die Männer kommen aus ihren Zelten, ebenfalls triefend. Die Lagerfeuer sind halb am Verlöschen.

10. Juli – Immer noch das Lager gegenüber – vielleicht 50 oder 60 Zelte. Einige der Männer putzen ihre Säbel (freundliches Wetter heute), einige bürsten ihre Stiefel, andere lesen oder schreiben, wieder andere kochen, manche schlafen. An langen provisorischen Querstangen hinter den Zelten befindet sich die Kavallerieausrüstung – Decken und Mäntel sind zum Lüften darübergehängt – ich sehe die

Pferde, angebunden, fressend, fortwährend stampfend und mit dem Schwanze schlagend, um die Fliegen fernzuhalten. Lange sitze ich an meinem Fenster im dritten Stock und schaue mir die Szene an – hundert kleine Dinge geschehen da – Eigenheiten, verbunden mit dem Lager, die nicht geschildert werden könnten, keine von ihnen, ohne minutiöses Zeichnen und Ausmalen mit Worten.

Ein New-Yorker Soldat

Heute nachmittag, am 22. Juli, verbrachte ich eine geraume Zeit mit Oscar F. Wilber, Kompanie G, 154. New-Yorker Regiment, der mit chronischem Durchfall und einer schweren Verwundung darniederliegt. Er bat mich, ihm ein Kapitel aus dem Neuen Testament vorzulesen. Ich willigte ein und fragte ihn, was ich lesen sollte. Er forderte mich auf: „Wählen Sie selbst." So schlug ich den Schluß eines der ersten Evangelien auf und las die Kapitel, die die letzten Stunden Christi und die Kreuzigungsszene schildern. Der arme, dahinsiechende junge Mann bat mich, auch das nächste Kapitel zu lesen, wie Christus wieder auferstand. Ich las sehr langsam, denn Oscar war schwach. Es bereitete ihm sehr viel Freude, dennoch standen ihm die Tränen in den Augen. Er fragte mich, ob ich religiös sei. Ich antwortete: „Vielleicht nicht in der Art, mein Freund, wie Sie meinen, und doch, vielleicht ist es dasselbe." Er sagte: „Die Religion ist meine ganze Zuversicht." Er sprach über den Tod und sagte, er fürchte ihn nicht. Ich fragte ihn: „Warum, Oscar, glauben Sie nicht, daß Sie wieder gesund werden?" Er erwiderte: „Vielleicht, doch es ist nicht wahrscheinlich." Gelassen sprach er über seinen Zustand. Die Wunde war sehr schlimm und näßte stark. Außerdem hatte ihn der Durchfall entkräftet, und ich spürte, daß er schon so gut wie im Sterben lag. Er benahm sich sehr mannhaft und herzlich. Den Kuß, den ich ihm gab, als ich im Begriff war zu gehen, erwiderte er vierfach. Er gab mir die Adresse seiner Mutter, Mrs. Sally D. Wilber, Postamt Alleghany, Cattaraugus County, N. Y. Mehrere solcher Gespräche hatte ich mit ihm schon gehabt. Wenige Tage nach dem eben beschriebenen starb er.

HAUSMUSIK

8. August – Heute abend, als ich mich bemühte, ruhig zu bleiben, während ich bei einem verwundeten Soldaten im Armory Square saß, wurde ich von vergnüglichem Gesang aus einer benachbarten Station angezogen. Als mein Soldat eingeschlafen war, verließ ich ihn, ging zu der Station, woher die Musik kam, und setzte mich neben die Pritsche eines jungen Freundes aus Brooklyn, S. R., bei Chancellorsville schwer an der Hand verwundet, er hat sehr gelitten, aber in jener abendlichen Stunde war er hellwach und nahezu frei von Schmerzen. Er hatte sich auf seine linke Seite gedreht, um die Sänger besser sehen zu können, aber die Moskitonetze der benachbarten Betten behinderten die Sicht. Ich ging herum und schlug sie alle hoch, so daß er alles sehen konnte, setzte mich dann wieder zu ihm, schaute zu und lauschte. Solistin war eine junge Lazaretthelferin, die sich auf dem Melodium selbst begleitete und der sich die Schwestern der anderen Stationen anschlossen. Sie saßen da, eine reizende Gruppe, mit ihren hübschen, gesunden Gesichtern. Und ein wenig hinter ihnen standen so 10, 15 rekonvaleszente Soldaten, junge Männer, Pfleger etc., hatten Bücher in den Händen und sangen. Natürlich war es keine so große Vorstellung, als wenn die berühmten Solisten der New-Yorker Oper aufgetreten wären, doch bin ich mir nicht sicher, ob ich unter diesen Umständen dort nicht mindestens ebensoviel Freude hatte, wie bei den besten italienischen Kompositionen, dargeboten von weltberühmten Interpreten. Die Männer, die im Lazarett auf ihren Pritschen lagen (manche schwerverwundet – einige sollten sich von dort nie wieder erheben), die Pritschen selbst mit ihrer Drapierung von weißen Gardinen und die Schatten überall; dann die Stille der Leute und die Haltungen, die sie eingenommen hatten – das Ganze bot einen Anblick, dem man sich nicht entziehen konnte. Süß erhoben sich jene Stimmen und stiegen empor zu dem hohen getünchten hölzernen Dach, und heiter sandte das Dach das alles wieder zurück. Sehr schön sangen sie, meist anheimelnde alte Lieder und pathetische Hymnen zu passenden Melodien. Hier zum Beispiel:

> „Die Tage gleiten rasch dahin, und ich, ein
> pilgernd' Fremder,
> Hab' nie gehofft, sie bliebe stehn, die Zeit voll Müh
> und Plage;
> Denn ach, wir stehn an Jordans Strand, die Freunde
> ziehn vorbei,
> Und nicht mehr ferne ist die Stund', da sind auch
> wir dabei.
>
> Laßt rüsten uns, ihr Brüder mein, das ferne Heim
> erkennend,
> Und Gott, der Herr, gemahnet uns, laßt alle
> Lampen brennen;
> Denn ach, wir stehn an Jordans Strand, die Freunde
> ziehn vorbei,
> Und nicht mehr ferne ist die Stund', da sind auch
> wir dabei."

ABRAHAM LINCOLN

12. August – Den Präsidenten sehe ich fast jeden Tag, da ich zufällig dort wohne, wo er auf dem Weg von oder nach seinem Wohnsitz außerhalb der Stadt vorbeikommt. Während der heißen Jahreszeit schläft er niemals im Weißen Haus, sondern bezieht an einem gesünderen Ort Quartier, reichlich drei Meilen nördlich der Stadt, im Soldatenheim, einer militärischen Einrichtung. Heute morgen gegen halb neun sah ich ihn in der Nähe der L-Street die Vermont Avenue entlangreiten, auf seinem Weg zum Dienst. Stets wird er von 25 bis 30 Kavalleristen begleitet, die den gezogenen Säbel nach oben halten, bis über die Schultern. Man sagt, diese Leibwache entspreche nicht seinem persönlichen Wunsch, doch habe er seinen Beratern ihren Willen gelassen. Der Zug macht kein großes Aufsehen, weder mit den Uniformen noch mit den Pferden. Mr. Lincoln reitet gewöhnlich ein ziemlich großes, gutmütiges graues Pferd, trägt schlichtes Schwarz, das ein wenig verschossen und staubig ist, einen schwarzen steifen Hut, und er sieht in seinem Aufputz und allem ebenso alltäglich aus wie der einfachste Mann. Ein Leutnant mit gelben Schnüren reitet zu seiner Linken, und dahinter, immer zu zweien, folgen die Kavalleristen in ihren gelbgestreiften Röcken. Meist reiten sie in verhaltenem Trott, weil das Tempo von dem bestimmt wird, den sie begleiten. Die Säbel und Ausrüstungsstücke klirren, und die gänzlich schmucklose Eskorte erregt, da sie dem Lafayette Square zureitet, keinerlei Aufsehen; nur manch neugieriger Fremder bleibt stehen und blickt ihr nach. Sehr deutlich sehe ich Abraham Lincolns dunkelbraunes Gesicht mit den tief eingefurchten Linien, den Augen, in denen für mich stets der Ausdruck einer verborgenen tiefen Traurigkeit liegt. Wir kennen uns soweit, daß wir uns voreinander – sogar sehr herzlich – verbeugen. Mitunter fährt der Präsident auch in einem offenen Landauer hin und zurück. Auch dann wird er stets von den Berittenen mit gezogenem Säbel begleitet. Oft beobachte ich, daß er, wenn er abends nach Hause fährt – und manchmal auch morgens, wenn er zeitig in die Stadt zurückkehrt – abbiegt und sich zu dem großen stattlichen Gebäude des Kriegsministers in der K-Street begibt, um dort Sitzungen abzuhalten. Wenn er in seinem Landauer fährt, kann ich von meinem Fenster aus sehen, daß er im Wagen sitzen bleibt und Mr. Stanton herauskommt, um ihm seine Aufwartung zu machen. Bisweilen begleitet ihn einer seiner Söhne, ein Junge von zehn, zwölf Jahren, der zu seiner Rechten auf einem Pony reitet. Im Frühsommer sah ich den Präsidenten und seine Frau gelegentlich spätnachmittags eine Spazierfahrt im Landauer durch die Stadt unternehmen. Mrs. Lincoln war ganz in Schwarz gekleidet und trug einen langen Crêpeschleier. Die Equipage ist von der einfachsten Art, nur zwei Pferde, und keine besonderen. Einmal kamen sie sehr dicht an mir vorbei, und ich schaute, während sie langsam dahinfuhren, dem Präsidenten voll ins Gesicht, und sein Blick, obwohl in Gedanken versunken, war zufällig fest auf meine Augen gerichtet. Er verbeugte sich und lächelte, doch hinter seinem Lächeln bemerkte ich den eben beschriebenen Ausdruck sehr deutlich. Kein Künstler oder Gemälde hat den tiefen doch feinen und unbestimmten Ausdruck des Gesichtes dieses Mannes eingefangen. Da ist noch etwas anderes erkennbar. Dazu bedürfte es jedoch eines der großen Porträtisten von vor 200, 300 Jahren.

Hitzewelle

Seit kurzem gibt es hier sehr viel Leiden wegen großer Hitze; schon elf Tage müssen wir sie nun ertragen. Ich laufe mit einem Schirm und einem Fächer herum. Gestern sah ich zwei Fälle von Hitzschlag, einen in der Pennsylvania Avenue und den anderen in der 7th Street. Die Railroad Company der Stadt verliert täglich ein paar Pferde. Doch hat Washington einen lebhafteren August und wird am Ende sicherlich einen energischeren und befriedigenderen Sommer erlebt haben als je zuvor seit seiner Gründung. Vermutlich gibt es mehr menschliche Spannung, eine größere Zahl von Personen, die sie hervorruft, mehr Geschäftigkeit, mehr Leichtherzigkeit als jemals zuvor. Die Armeen, die sich nach Fredericksburg schnell neu formierten – marschierten, kämpften, sich bei Gettysburg aus der mächtigen Umklammerung befreiten – schwenkten, formierten sich wiederum neu, kehrten zu ihren Stellungen zurück und berührten uns weder bei ihrem Kommen, noch bei ihrem Gehen. Und Washington fühlt, daß es das Schlimmste überstanden hat; fühlt vielleicht, daß es die künftige Herrin ist. So sitzt es hier mit seinen umliegenden Anhöhen, die mit Kanonen versehen sind, und ist sich eines Charakters und einer Identität bewußt, die sich von dem Zustand von vor fünf oder sechs kurzen Wochen wesentlich unterscheiden, und ist beträchtlich fröhlicher und stolzer.

Soldaten und Gespräche

Soldaten, Soldaten, Soldaten, man trifft sie überall in der Stadt, oftmals prächtig aussehende Männer, obgleich Invaliden in abgetragenen Uniformen und an Stöcken und Krücken. Viele Gespräche führe ich mit ihnen, gelegentlich recht lange und interessante. Einer zum Beispiel will quer durch die ganze Halbinsel gekommen sein, unter McClellan – schildert mir die Kämpfe, die Märsche, die ungewohnten, schnellen Umschwünge jenes ereignisreichen Feldzuges, und gibt kurze Einblicke in viele Dinge, von denen in den offiziellen Berichten, in Büchern und Journalen nichts zu erfahren ist. Das sind in der Tat Sachen, die echt und kostbar sind. Der Mann war dort, ist seit zwei Jahren im Felde, hat ein Dutzend Kämpfe bestanden; das überflüssige Beiwerk der Rede hat er längst abgelegt, er sagt wenig, dafür aber hat alles Hand und Fuß. Ich finde sie erfrischend, diese kühnen, aufgeweckten, intuitiven jungen Amerikaner (erfahrene Soldaten trotz all ihrer Jugend). Der mündliche Vortrag und dessen Ausdruckskraft bewegt einen mehr als Bücher. Und es ist etwas Majestätisches um einen Mann, der tapfer in den Schlachten war, insbesondere, wenn er nicht sehr aus sich herausgeht, man aber wünscht, daß er sich offenbare. Immer wieder bin ich verwundert darüber, daß sie nicht mit Prahlereien über ihre „Heldentaten" aufwarten, diese alt-jungen amerikanischen Militärs. Ich habe jemanden entdeckt, der seit Kriegsbeginn alle Schlachten mitgeschlagen hat, und ich habe mit ihm über jede einzelne (in jedem Teil der Vereinigten Staaten) gesprochen und auch über viele Gefechte auf Flüssen und in Häfen. Männer aus allen Staaten der Union, ohne Ausnahme, treffe ich hier. (In der Armee der Union befinden sich mehr Südstaatler, besonders aus den Grenzstaaten, als allgemein angenommen wird.[6]) Mir kommen Zweifel, ob man sich überhaupt einen klaren Begriff von dem machen kann, was dieser Krieg eigentlich darstellt oder wie unverfälscht Amerika ist und sein Charakter, ohne die Erfahrungen, die ich durchlebe.

Der Tod eines Offiziers aus Wisconsin

Hier eine weitere charakteristische Szene jenes finstern und mörderischen Jahres 1863 aus meinen Aufzeichnungen vom Besuch des Armory Square Hospitals an einem heißen, aber angenehmen Sommertag. Auf Station H nähern wir uns dem Bett eines jungen Leutnants von einem der Wisconsiner Regimenter. Treten hier nur sacht auf den nackten Boden, denn wir spüren den Hauch des Todes über dieser Pritsche. Zum erstenmal sah ich den Leutnant, als er von Chancellorsville hierhergebracht wurde, und bin dann gelegentlich tage- und nächtelang mit ihm zusammengewesen. Bis vorletzte Nacht hatte er sich recht gut erholt, aber dann befiel ihn ein plötzlicher Blutsturz, der nicht gestoppt werden konnte und in Intervallen immer noch auftritt. Bemerke den Wasserkübel neben dem Bett mit einer Menge Blut und Fetzen von Musselin, nahezu voll; das sagt alles. Der arme junge Mann ringt unter entsetzlichen Schmerzen nach Atem, auf seinen großen dunklen Augen liegt bereits ein Schleier, und dann das Würgen in seinem Halse, schwach, aber vernehmbar. Ein Wärter sitzt bei ihm und will ihn bis zuletzt nicht verlassen, doch es kann nur wenig oder gar nichts getan werden. In ein, zwei Stunden wird er sterben, hier, ohne daß Bekannte oder Verwandte anwesend sind. Inzwischen gehen die übliche Unterhaltung und der Betrieb der Station ein Stück entfernt teilnahmslos weiter. Einige der Insassen lachen und scherzen, andere spielen Dame oder Karten, wieder andere lesen etc.

In den meisten Lazaretten habe ich bemerkt, daß, solange für einen Mann irgendeine Chance besteht, ganz gleich, wie schwer er auch verwundet sei, der Arzt und die Schwestern angestrengt arbeiten, mitunter mit einer seltsamen Hartnäckigkeit, um für sein Leben alles zu tun und ständig jemanden bei ihm zu haben, der die Anweisungen des Doktors ausführt und ihm zu jeder Minute, Tag und Nacht behilflich sein kann. Sieh den Wandschirm da! Wenn du dich im Halbdunkel des Kerzenscheins bewegst, wird eine Schwester auf Zehenspitzen hervortreten und dir ruhig, aber entschieden bedeuten, ja keinen Lärm zu machen, oder überhaupt verbieten, näher zu treten. Das Leben manches Soldaten hängt nur noch am seidenen Faden und flackert zwischen Genesung und Tod hin und her. Vielleicht ist der erschöpfte Körper gerade in diesem Moment in einen leichten Schlaf gesunken, aus dem ihn ein einziger Schritt wieder herausreißen könnte. Man muß sich zurückziehen. Die umliegenden Patienten müssen sich auf Strümpfen fortbewegen. Mehrere Male habe ich solche außerordentlichen Anstrengungen erlebt – alles darauf versessen, ein Leben der Umklammerung des Todes zu entreißen. Wenn aber diese Umklammerung einmal so fest ist, daß keinerlei Hoffnung oder Chance mehr besteht, dann gibt der Sanitätsoffizier den Patienten auf. Wenn es sich um einen Fall handelt, wo ein Stimulans Erleichterung bringt, gibt die Schwester ein Milchgetränk oder Brandy oder was immer gewünscht wird, *ad libitum.* Da wird kein Theater gemacht. Nicht ein bißchen Sentimentalismus oder Gejammer habe ich an irgendeinem Bett im Lazarett angetroffen oder im Felde, aber allgemein gelassene Indifferenz. Alles wird getan, solange irgendwelche Anstrengungen nützen können; es hat aber keinen Zweck, Gefühle oder Mühen zu vergeuden. Solange noch Aussicht besteht, ringen sie sehr – zumindest die meisten Ärzte tun das; wenn aber der Tod gewiß und augenscheinlich ist, dann räumen sie das Feld.

LAZARETTKOMPLEX

August, September und Oktober '63 – Ich habe es mir zur Gewohnheit gemacht, zu allen zu gehen, auch zur Fairfax-Akademie, Alexandria, und über die Long Bridge zu dem großen Genesungslager. Die Zeitschriften veröffentlichen regelmäßige Verzeichnisse von ihnen – lange Listen. Als Muster von nahezu allen größeren dieser Lazarette stelle man sich ein Gelände von 3 bis 20 Morgen Land vor, auf dem sich zehn bis zwölf sehr große Holzbaracken und vielleicht ein Dutzend oder 20 und mitunter noch mehr kleine Gebäude gruppieren, geeignet, 500 bis 1000 oder 1500 Personen aufzunehmen. Manchmal sind diese hölzernen Barakken oder Krankenhausstationen 100 bis 150 Fuß lang und stehen alle in einer Reihe, mitunter sogar direkt an der Straße. Andere sind so angelegt, daß sie ein riesiges V bilden; noch andere sind um ein freies Karree herum angeordnet. Alle zusammen bilden sie eine riesige Anlage, zusätzlich mit Zelten, Extrastationen für ansteckende Krankheiten, Wachlokale, Marketenderläden, das Haus des Geistlichen; in der Mitte ist meist der Bau, der die Büros des Stabsarztes und der Stationsärzte, der Verwaltungsbeamten, Angestellten etc. beherbergt. Die Stationen sind entweder durch Buchstaben bezeichnet – Station G, Station K – oder auch mit Zahlen – 1, 2, 3 etc. Jede hat ihren Stationsarzt und ihr Pflegepersonal. Insgesamt gibt es natürlich ein ziemliches Aufgebot von Belegschaftsmitgliedern, und über allen steht der Stabsarzt. Wenn hier in Washington alle diese Lazarette voll belegt sind (was schon mehrmals der Fall war), dann ist die Zahl aufgenommener Personen höher als die Einwohnerzahl Washingtons von vor zehn, fünfzehn Jahren. Während ich schreibe, habe ich das Capitol im Blick, und auf diesem Gelände sind etwa 30 oder 40 solcher Komplexe, in denen gleichzeitig 50 000 bis 70 000 Menschen untergebracht waren. Wenn ich von irgendeiner Anhöhe schaue und bei meinen Streifzügen die Gegend erkunde, benutze ich sie als Orientierungspunkte. Durch das satte Augustgrün der Bäume sehe ich die Gruppe weißer Gebäude drüben am Stadtrand; dann eine weitere Gruppe eine halbe Meile links von der ersten; dann noch eine Meile nach rechts, noch eine Meile dahinter und schließlich noch eine zwischen uns und der ersten. Wir können wirklich kaum in irgendeine Richtung schauen, ohne sie zu sehen, sie übersäen die Landschaft. Jene kleine Stadt, für das man sie halten könnte, da drüben auf der Kuppe des Hügels, ist in der Tat eine Stadt für sich, aber eine Stadt der Wunden, der Krankheit und des Todes. Es ist das Finley Hospital, im Nordosten der Stadt, auf Kendall-Green, wie man es zu nennen pflegt. Das andere ist das Campbell Hospital. Beide sind sehr große Einrichtungen. Wie ich erfuhr, haben allein diese beiden 2 000 bis 2 500 Insassen. Dann ist da das Carver Hospital, noch größer, eine befestigte und militärische Stadt, regelmäßig angelegt und von Posten bewacht. Und wieder weiter nach Osten, das Lincoln Hospital, ein noch größeres; und eine halbe Meile weiter das Emory Hospital. Läßt man das Auge weiter umherstreifen, den Fluß hinunter, nach Alexandria zu, sehen wir zur Rechten den Ort, wo sich das Lager der Rekonvaleszenten befindet, mit seinen 5 000, 8 000 oder manchmal 10 000 Insassen. Aber auch all diese sind nur ein Teil. Die Hospitäler Harewood, Mount Pleasant, Armory Square, Judiciary gehören noch dazu, und alle sind sie ziemlich groß.

Ein Bummel in stiller Nacht

20. Oktober – Heut nacht, nachdem ich um 22 Uhr das Hospital verlassen hatte (nach mehr als fünf Stunden selbst auferlegtem Dienst in ziemlicher Enge) spazierte ich eine lange Zeit durch Washington. Die Nacht war angenehm, sehr klar, hinlänglich frisch, ein sinnlicher Halbmond, schwach golden, sein Hof von transparenter blaugrauer Färbung. Ich ging die Pennsylvania Avenue hinauf und dann zur 7th Street und eine ganze Weile um das Patentamt herum. Irgendwie sah das sehr gewichtig aus, majestätisch, da in dem blassen Mondschein. Der Himmel, die Sterne, die Sternbilder, alles so strahlend, so ruhig, so ausdrücklich still, so besänftigend nach jenen Lazarettszenen. Ich wanderte hin und her, bis der feuchte Mond unterging, lange nach Mitternacht.

Seelische Eigenheiten mancher Soldaten

Gelegentlich begegne ich im Hospital oder im Camp sonderbaren Wesen, Mustern an Weltfremdheit, Desinteresse, tierischer Reinheit und Heldenhaftigkeit. Auf eine gewisse Art sind es Ahnungslose aus Indiana, Ohio oder Tennessee, auf deren Geburt sich die Stille des Himmels herabgesenkt zu haben scheint, und deren allmähliches Heranwachsen und ihr Arbeitsleben – welche Umstände, Veränderungen oder Bedrängnisse, geringe bzw. gar keine Schulbildung sie auch erfahren haben mögen – die Kraft einer seltsamen geistigen Reinheit, charakterlicher und seelischer Gesundheit begleitet hat. Oft ist etwas Verborgenes und Abstraktes ein Teil der Verhaltensweisen dieser Wesen. Ich bin ihnen in der Armee, im Camp und in den Hospitälern oft begegnet. In den westlichen Regimentern sind viele. Oft sind es junge Männer, die den Gegebenheiten und Notwendigkeiten Folge leisten – marschieren, als Soldaten dienen, kämpfen, Nahrung versorgen, kochen, auf Farmen arbeiten oder in irgendeinem Beruf, vor dem Krieg – sich ihrer Natur unbewußt (wer überhaupt ist sich seiner eigenen Natur bewußt?), ihre Kameraden verstehen nur, daß sie anders sind als der Rest, ruhiger, „etwas Seltsames umgibt sie", sie sind fähig, sich zurückzuziehen, zu meditieren und in Einsamkeit zu träumen.

Viehherden in Washington

Neben anderen Sehenswürdigkeiten gibt es den Anblick riesiger Viehherden mit ihren Treibern, die die Straßen der Stadt passieren. Einige der Männer haben die Art, ihre Rinder durch einen sonderbaren Ruf anzuführen, einen wilden, schwermütigen Schrei, ziemlich wohlklingend, anhaltend, unbeschreibbar, der Klang liegt so etwa zwischen dem Gurren einer Taube und dem Schrei einer Eule. Ich stehe gern da und schaue mir eine dieser enormen Herden an – in einiger Entfernung – (immerhin machen sie mächtig viel Staub). Stets sind Männer zu Pferde dabei, die mit Peitschen knallen und schreien – die Rinder muhen – irgendein halsstarriger Ochse oder Stier versucht zu entkommen – dann eine lebhafte Szene – die berittenen Männer, stets großartige Reiter auf guten Pferden, jagen dem Widerspenstigen nach, drehen und wenden sich – ein Dutzend berittene Treiber, ihre großen, breitkrempigen Schlapphüte, – sehr malerisch – ein weiteres Dutzend zu Fuß – jedermann mit Staub bedeckt – lange Treibstöcke in den Händen – eine riesige Herde von vielleicht 1000 Rindern – Schreien, Brüllen, Bewegung etc.

Verwirrung im Hospital

Um weitere Schwierigkeiten zu nennen: In dem Durcheinander dieser großen Armee Kranker ist es einem Fremden nahezu unmöglich, einen Freund oder Verwandten zu finden, es sei denn, er hat die genaue Adresse des Patienten. Außer der Liste, die in den hiesigen Zeitungen abgedruckt wird, gibt es noch ein oder zwei allgemeine Verzeichnisse der Lazarette, die in den Verwaltungszentralen aufbewahrt werden, sie sind jedoch alles andere als vollständig. Nie sind sie auf dem neuesten Stand, und wie die Dinge liegen – in dem täglichen Strom des Kommens und Gehens und Veränderns – ist das auch gar nicht möglich. Ich habe Fälle gekannt, wie zum Beispiel den eines Farmers, der aus dem Norden von New York hierhergekommen war, um seinen verwundeten Bruder zu finden. In gutem Glauben jagte er eine Woche lang umher und war dann gezwungen, wieder abzureisen, ohne irgendeine Spur von ihm gefunden zu haben. Zu Hause angekommen, fand er einen Brief seines Bruders mit der richtigen Adresse vor.

Draussen an der Front

Culpepper, Virginia, Februar 1864 – Hier befinde ich mich ziemlich nahe an der vordersten Front. General S., der jetzt das Oberkommando innehat (ich glaube, Meade ist abwesend, krank), hat vor drei oder vier Tagen eine starke Streitmacht aus dem Feldlager nach Süden geschickt, als beabsichtige er etwas Ernsthaftes. Bis an den Rapidan drang sie vor; dort gab es seitdem ein bißchen Manöver und auch kleinere Geplänkel, jedoch nichts von Bedeutung. Die telegraphischen Berichte vom letzten Montagmorgen übertreiben etwas, würde ich sagen. Was General S. beabsichtigt, wissen wir hier nicht; doch wir vertrauen auf diesen fähigen Kommandeur. Am Sonntag waren wir tagsüber und auch in der Nacht in einiger Aufregung (jedoch nicht gar zu sehr), nämlich als Befehl gegeben wurde, zu packen und anzuspannen und sich für die Evakuierung und den Rückzug auf Washington bereitzuhalten. Doch ich war sehr müde und ging zu Bett. In der Nacht weckten mich laute Rufe, ich erhob mich und merkte, daß sie von den obengenannten Männern kamen, die zurückkehrten. Mit einigen von ihnen unterhielt ich mich; wie immer fand ich sie voller Heiterkeit, Geduld und vieler netter kleiner Gesten, Zeichen außergewöhnlichster Mannhaftigkeit der Welt. Es war ein seltsamer Anblick, jene schattenhaften Kolonnen sich durch die Nacht bewegen zu sehen. Unbemerkt stand ich im Dunkeln und beobachtete sie lange. Der Schlamm war sehr tief. Die Männer trugen das übliche Gepäck, Mäntel, Tornister, Gewehre und Decken. Endlos zogen sie an mir vorüber, oft mit einem Lachen, einem Lied, einem fröhlichen Wort, doch nie mit Murren. Es mag merkwürdig scheinen, doch nie zuvor bin ich mir der Größe und Wahrhaftigkeit des amerikanischen Volkes in seiner Masse so bewußt geworden. So etwas wie tiefe Ehrfurcht überkam mich. Die dichten Reihen bewegten sich weder schnell noch langsam. Schon sieben, acht Meilen waren sie durch den schlüpfrigen, glitschigen Schlamm marschiert. Das tapfere 1. Korps hielt hier an. Das gleichermaßen tapfere 3. Korps marschierte weiter bis zum Standort Brandy. Die berühmten Vierzehner von Brooklyn sind hier und beschützen die Stadt. Überall sieht man ihre roten Beine in emsiger Bewegung. Sogar ihr eigenes Theater haben sie hier. Sie organisieren musikalische Veranstaltungen, alles fast perfekt gemacht. Natürlich bildet das Publikum ein einziges Gedränge. Es macht unheimlichen Spaß, eine dieser Aufführungen des 14. Regimentes zu besuchen. Ich liebe es, mich unter den Soldaten umzuschauen, und ich liebe das allgemeine Gedränge vor dem Vorhang, mehr als die Szene auf der Bühne.

Zahlung des Handgeldes

Eine Handlung, die ich jetzt hier erwähnen möchte, ist die Ankunft des Zahlmeisters mit seiner gewichtigen Kiste und die Zahlung des Handgeldes an sich länger verpflichtende Veteranen. Heute ist Major H. hier mit einem kleinen Berg Greenbacks, was die Herzen der zweiten Division des 1. Korps höher schlagen läßt. In einer wackeligen Hütte, hinter einem kleinen Tisch, sitzen der Major und der Schreiber Eldridge mit den Namenslisten vor sich und viel Geld. Ein sich länger Verpflichtender bekommt etwa 200 Dollar in bar (und reiche Raten folgen, wie die Zahltage kommen, einer nach dem andern). Der Anblick der sich ansammelnden Männer ist ziemlich erheiternd; gern stehe ich hier und schaue zu. Sie sind in gehobener Stimmung – wegen der vollen Taschen, dem bevorstehenden Urlaub, dem Besuch zu Hause. Es ist eine Szene funkelnder Augen und glühender Wangen. Der Soldat erfährt viel Düsteres und Grausames, und das hier entschädigt für manches. Major H. ist angewiesen, zuerst allen sich länger Verpflichtenden des 1. Korps ihr Handgeld und ihre Nachzahlungen auszuhändigen, und dann kommt der Rest. Man hört den eigentümlichen Klang des Raschelns der neuen, noch nicht zerknitterten Scheine zwischen den flinken Fingern des Majors und meines Freundes, des Schreibers E.

Gerüchte, Wendungen etc.

Über die Aufregung am Sonntag und die Befehle, für den Aufbruch bereit zu sein, hörte ich inzwischen, daß sie von einem umsichtigen, aber untergeordneten Kommandeur ausgingen, und die höheren Chargen wußten nichts und dachten auch nicht an eine derartige Bewegung; was glaubhaft ist. Das Gerücht und die Furcht hier kündeten von einer weiten Umgehung durch Lee und einem Angriff auf unserer rechten Flanke. Ich aber senkte meinen Blick auf den Schmutz, der damals am tiefsten und erfolgreichsten war, und zog mich gelassen zurück, um auszuruhen. Für Culpepper ist es immer noch Zeit, eine Wendung herbeizuführen. Autoritäten haben sich hier gejagt, wie Wolken an einem stürmischen Himmel. Vor der ersten Schlacht am Bull Run war das hier Sammelplatz und Ausbildungslager der Sezessionstruppen. Vor dem Haus einer Dame, die all die ereignisreichen Wendungen des Krieges entlang dieser Marschroute kämpfender Armeen erlebt hat, bleibe ich stehen. Sie ist Witwe, hat kleine Kinder und wohnt hier mit ihrer Schwester in einem großen schönen Haus. Eine Anzahl Offiziere logiert bei ihnen.

Virginia

So verfallen, schutzlos und vom Kriege zerstampft Virginia auch ist, überall, wo ich dieses Land durchstreife, muß ich doch staunen und mich wundern. Welche Möglichkeiten für Produktion, Vervollkommnung, menschliches Leben, Ernährung und Ausdehnung! Überall, wo ich in dieser alten Kronkolonie gewesen bin (welch subtile Ironie heute in dieser Bezeichnung liegt!), haben mich solche Gedanken erfüllt. Die Qualität des Bodens liegt immer noch weit über dem Durchschnitt derjenigen eines jeden Nordstaates. Und voller Weite die Landschaft, überall ferne Berge, überall günstig gelegene Flüsse. Selbst jetzt noch üppige Wälder und sicherlich geeignet für eine Fülle von Früchten, Obstgärten und Blumen. Klima und Luft, dessen bin ich nach einjährigem Aufenthalt in diesem Staat, nach Wanderungen überallhin, gewiß, sind unendlich köstlich. Und ich sollte sagen, im allgemeinen auch sehr gesund. Gehaltvoll und leicht bei Tag und bei Nacht. Die Sonne erfreut sich ihrer eigenen Stärke, sie blendet und brennt, und doch ermüdet sie mich nicht unangenehm. Es ist keine drückende tropische Hitze, sie belebt vielmehr. Die nördliche Lage mäßigt sie. Die Nächte sind oftmals unvergleichlich. Gestern abend (am 8. Februar) sah ich das erste Zeichen des neuen Mondes zusammen mit dem sich klar abzeichnenden alten Mond; Himmel und Luft waren so rein, so durchsichtig die Farbtönungen, mir schien, als hätte ich den neuen Mond nie zuvor wirklich gesehen. Es war die schmalste Sichel, wie nur irgend möglich. Zart hing sie dicht über den düsteren Schatten der Blauen Berge. Ach, wenn sie doch ein gutes Omen für diesen unglückseligen Staat wäre!

Sommer 1864

Bin wieder zurück in Washington und auf meinen regelmäßigen Runden bei Tag und bei Nacht. Natürlich gibt es viele Besonderheiten. Auf den Stationen sind hier und da immer wieder Fälle armer Kerle, die lange unter hartnäckigen Verwundungen leiden oder schwach und entmutigt sind durch Typhus oder Ähnliches; markante Fälle, die besonderer Ernährung und Einführung bedürfen. Zu diesen setze ich mich und spreche entweder mit ihnen oder versuche, sie schweigsam aufzuheitern. Das mögen sie immer sehr (und ich auch). Jeder Fall hat seine Besonderheiten und bedarf irgendwie immer neuer Anpassung. Folglich habe ich das gelernt und eine ganze Menge Krankenhausweisheit dazu. Einige der jungen Burschen, das erstemal in ihrem Leben von Hause weg, hungern und dürsten nach Zuneigung; oftmals ist dies die einzige Sache, die ihren Zustand beeinflussen kann. Die Männer möchten Bleistifte haben und etwas, in das sie schreiben können. Einfache Taschenkalender und Almanache für das Jahr 1864 mit unbedruckten Seiten durchschossen habe ich ihnen gegeben. Zum Lesen habe ich im allgemeinen ein paar alte Bildmagazine oder Zeitungen mit Geschichten – sie werden immer gern genommen. Auch die Morgen- und Abendzeitungen des Tages. Die besten Bücher verschenke ich nicht, verleihe sie aber, zunächst innerhalb einer Station, anschließend auf einer anderen und so weiter. Ich bekomme sie stets sehr pünktlich wieder zurück. Auf diesen Stationen oder im Felde, wo ich weiterhin die Runde mache, habe ich gelernt, mich auf jede Situation einzustellen, entsprechend ihrer Art oder Anforderung, wie banal, wie ernst sie auch immer sein mag, jede ist berechtigt und wahrhaftig unter ihren besonderen Umständen – nicht nur Besuche und aufheiternde Gespräche und kleine Geschenke – nicht nur das Waschen und Verbinden von Wunden (ein paar Fälle habe ich, wo der Patient will, daß niemand außer mir das tut) – sondern auch das Erläutern von Bibelstellen, Beten am Bett, Erklärung von Dogmen etc. (Ich glaube, ich sehe meine Freunde lächeln ob dieses Bekenntnisses, es ist mir aber damit ernster denn je in meinem Leben.) Im Lager und überall hatte ich die Gewohnheit, den Männern vorzulesen oder zu rezitieren. Das mochten sie sehr gern und hatten am liebsten schwungvolle poetische Stücke. Gewöhnlich kamen wir nach dem Abendessen in einer großen Gruppe zusammen und verbrachten die Zeit mit Lesen oder Reden und gelegentlich mit einem unterhaltsamen Spiel, das wir das Spiel der zwanzig Fragen nannten.

NEUORGANISIERUNG DER ARMEE, ZU AMERIKA PASSEND

Nach den Kriegsereignissen im Norden und im Süden und aus allen Überlegungen heraus, wird mir klar, daß die gegenwärtige Militärtheorie, die Praxis, die Vorschriften und die Organisation (übernommen von Europa, von feudalen Einrichtungen, natürlich mit den „modernen Verbesserungen", hauptsächlich von den Franzosen) – wenn die Offiziere auch noch generell daran glauben und sie stillschweigend befolgen –, keineswegs mehr vereinbar sind mit den Vereinigten Staaten, unserem Volk oder unserer Zeit. Was sein wird, weiß ich nicht, aber mir ist klar, daß ein vollständiger Verzicht auf das gegenwärtige System des Heeres und der Marine und ein Neuaufbau auf völlig anderen Grundlagen und zu uns passenden Zentren sich schließlich ergeben müssen, wie auch unser politisches System sich, verschieden vom feudalen Europa, errichtet auf sich selbst und aus der Sicht neuartiger, immerwährender, demokratischer Prämissen ergeben und gefestigt hat. In den Vereinigten Staaten haben wir ohne Zweifel die größte militärische Macht irgendeines Landes in der Welt, wahrscheinlich aller Länder – eine nicht ermüdende, intelligente, tapfere und zuverlässige Mannschaft. Das Problem ist, diese auf eine Art und Weise zu organisieren, die ihr vollkommen entspricht, nach den Prinzipien der Republik, und um das Beste aus ihr herauszuholen. Im gegenwärtigen Ringen sind, wie man bereits gesehen und nachgeprüft hat, vermutlich drei Viertel der Verluste, Menschenleben etc., völlig überflüssig gewesen, sinnlose Vergeudung.

Tod eines Helden

Ich frage mich, ob ich wirklich jemals einem anderen – Ihnen zum Beispiel, lieber Leser – die heiklen und schrecklichen Realitäten solcher Fälle (viele, viele passierten!) wie desjenigen, den ich jetzt erwähnen werde, nahebringen kann. Stewart C. Glover, 5. Regiment aus Wisconsin, Kompanie E – wurde am 5. Mai verwundet, in einer jener heftigen Kontroversen der Wilderness-Schlacht – starb am 21. Mai – etwa 20 Jahre alt. Er war ein kleiner, bartloser junger Mann – hervorragender Soldat – in der Tat nahezu der ideale Amerikaner seines Alters. Fast drei Jahre hatte er gedient und hätte in ein paar Tagen Anspruch auf Entlassung gehabt. Gehörte zu Hancocks Korps. Die Kämpfe wurden für diesen Tag gerade eingestellt, und der kommandierende General der Brigade ritt vorbei und forderte Freiwillige auf, die Verwundeten hereinzubringen. Glover war unter den ersten – munter ging er hinaus – während er aber einen verwundeten Sergeant zu unseren Linien trug, wurde er von einem Scharfschützen der Rebellen ins Knie geschossen; es folgten Amputation und Tod. Gewohnt hatte er bei seinem Vater, John Glover, N. Y., war aber in Wisconsin zur Schule gegangen, als der Krieg ausbrach, und dort gemustert – wurde Soldat, fand Gefallen daran, war sehr tapfer und wurde von Offizieren und Kameraden geliebt. Wie so viele Soldaten führte auch er ein kleines Tagebuch. Am Tage seines Todes schrieb er folgendes: *Heute sagt der Doktor, ich muß sterben – für mich ist alles vorbei – ach, so jung zu sterben!* Auf einer anderen Seite schrieb er an seinen Bruder: *Lieber Bruder Thomas! Ich bin tapfer gewesen, aber sündig – bete für mich!*

Lazarettszenen – Vorkommnisse

Es ist Sonntagnachmittag, mitten im Sommer, heiß und schwül und sehr still auf der Station. Kümmere mich gerade um einen kritischen Fall, er liegt schon halb in Lethargie. Nicht weit von hier, wo ich sitze, liegt ein leidender Rebell vom 8. Regiment aus Louisiana; sein Name ist Irving. Er ist schon sehr lange hier, schwerverwundet, und kürzlich mußte ein Bein amputiert werden; es geht ihm nicht besonders gut. Mir direkt gegenüber liegt ein kranker Soldat angekleidet und schläft, sein bleiches Gesicht auf dem Arm; sieht sehr zerzaust aus. An den gelben Posamenten seiner Jacke erkenne ich, daß er zur Kavallerie gehört. Vorsichtig gehe ich hinüber und finde an Hand seiner Karte heraus, daß er William Cone heißt und zum 1. Kavallerieregiment von Maine gehört; seine Leute wohnen in Skowhegan.

Eiscreme-Behandlung – An einem heißen Tag gegen Mitte Juni verordnete ich den Insassen des Carver Hospitals eine allgemeine Eiscreme-Behandlung, kaufte eine große Menge und ging in Begleitung des Doktors oder des leitenden Krankenhauswärters persönlich durch alle Stationen, um für die Verteilung zu sorgen.

Ein Vorkommnis – In einem der Gefechte vor Atlanta wurde ein Soldat der Aufständischen, von enormer Größe, augenscheinlich ein junger Mann, so entsetzlich am Kopf verletzt, daß das Gehirn zum Teil heraustrat. Er lebte noch drei Tage, auf dem Rücken liegend, genau auf der Stelle, wo er niedergefallen war. Während dieser Zeit grub er mit seiner Ferse ein Loch in den Boden, so groß, daß ein paar gewöhnliche Tornister hineingepaßt hätten. Unter freiem Himmel lag er da, und nahezu ohne Unterbrechung scharrte sein Fuß Tag und Nacht. Ein paar von unseren Soldaten brachten ihn dann in ein Haus, wo er aber nach wenigen Minuten starb.

Noch ein Vorkommnis – Nach den Schlachten von Columbia,

Tennessee, wo wir etwa 20 heftige Angriffe der Aufständischen zurückschlugen, ließen sie eine große Zahl Verwundeter zurück, die meisten in unserer Schußweite. Wann immer einer dieser Verwundeten versuchte, sich irgendwie – meistens durch Kriechen – davonzubewegen, streckten ihn unsere Männer, und da gab es keine Ausnahme, mit einer Kugel nieder. Niemanden ließen sie entkommen, wie schlimm sein Zustand auch immer sein mochte.

Ein Yankee-Soldat

Als ich an einem kühlen Oktoberabend von der Avenue in die 13th Street bog, stand ein Soldat mit Tornister und Mantel an der Ecke und fragte nach dem Weg. Wie sich herausstellte, mußten wir ein Stück in die gleiche Richtung, und so gingen wir gemeinsam weiter. Bald kamen wir ins Gespräch. Er war schmächtig und nicht mehr sehr jung, ein zäher kleiner Bursche, wie ich ihn in dem Abendlicht einschätzte, während ich ihn im Schein der Laternen, die wir passierten, flüchtig zu sehen bekam. Seine Antworten waren kurz, aber klar. Er hieß Charles Carroll, gehörte zu einem der Regimenter aus Massachusetts und war in bzw. in der Nähe von Lynn geboren. Seine Eltern lebten noch, waren aber sehr alt. Sie hatten vier Söhne gehabt, und alle waren eingezogen worden. Zwei waren vor Hunger und Elend im Gefängnis von Andersonville gestorben, und einer war im Westen getötet worden. Nur er war noch übrig. Jetzt ging er nach Hause, und aus der Art, in der er sprach, schloß ich, daß seine Militärzeit nahezu um war. Er schmiedete große Pläne, wie er mit seinen Eltern leben und sie für den Rest ihrer Tage unterstützen würde.

Unionisten als Gefangene im Süden

Michael Stansbury, 48 Jahre alt, Seemann, von Geburt Südstaatler, und dort aufgewachsen, ehemaliger Kapitän des US-Feuerschiffes „Long Shoal", stationiert bei Long Shoal Point, Pamlico Sund – obwohl Südstaatler, ein entschlossener Mann der Union – wurde am 17. Februar 1863 gefangengenommen, war nahezu zwei Jahre in Gefängnissen der Konföderierten; wurde einmal auf Befehl von Gouverneur Vance freigelassen, ein Offizier der Aufständischen aber sperrte ihn wieder ein; wurde dann nach Richmond geschickt, um ausgetauscht zu werden – statt aber ausgetauscht zu werden, wurde er zurückgeschickt (als Bürger der Südstaaten, nicht als Soldat) nach Salisbury, N. C., wo er bis vor kurzem blieb, als er unter Ausgetauschten entkommen konnte, indem er den Namen eines toten Soldaten angenommen hatte, und mit den anderen über Wilmington heraufkam. War etwa 16 Monate in Salisbury. Von Oktober '64 an befanden sich etwa 11 000 Unionisten in Gefangenenlagern im Süden; etwa 100 von ihnen waren Unionisten, die aus den Südstaaten stammten, 200 US-Deserteure. Während des vergangenen Winters schlossen sich, um ihr Leben zu retten, 1 500 Gefangene der Konföderation an, aber unter der Bedingung, nur zu Wachdiensten herangezogen zu werden. Von den 11 000 kamen nicht mehr als 2 500 zurück, 500 von ihnen waren bedauernswerte, hilflose Wesen – der Rest war noch in der Lage zu reisen. Morgens mußten oftmals bis zu 60 Tote begraben werden; der tägliche Durchschnitt lag bei etwa 40. Reguläre Ernährung war eine Mahlzeit aus Mais, Kolben und Hülse zusammen gemahlen, und hin und wieder einmal in der Woche eine Ration Sorghum-Melasse. Vielleicht einmal im Monat gab es eine winzige Ration Fleisch, öfter nicht. In dem Gefangenenlager, in dem 11 000 Mann zusammengepfercht waren, gab es nur zum Teil Zelte, nicht einmal für 2 000 Mann ausreichend. Ein großer Prozentsatz der Männer hauste in Erdlöchern, in äußerster Erbärmlichkeit. Einige kamen um vor Kälte, andere erfroren sich Hände und Füße. All die Schrecken, die benannt werden können, Hunger, Erschöpfung, Schmutz, Ungeziefer, Verzweiflung, rascher Verlust von Selbstachtung, Idiotie, Wahnsinn und häufige Morde, gab es. Stansbury hat Frau und Kind in Newbern – schrieb ihnen von hier aus – ist noch im US-Leuchtfeuerdienst – (war zu Hause in Newbern, um seine Familie zu besuchen, und bei seiner Rückkehr zum Schiff wurde er in seinem Boot gefangengenommen). Hat Männer gesehen, die nach Salisbury gebracht wurden, so kräftig wie das wahre Leben selbst – in ein paar

Wochen waren sie völlig dahin, vielfach verließ sie durch das Überdenken ihrer Lage jegliche Hoffnung. Er selbst hat einen harten, traurigen, seltsam abgestorbenen Blick, wie durch jahrelange Kälte und Dunkelheit erstarrt, wo seiner guten männlichen Natur kein Raum zur Entfaltung blieb.

Deserteure

24. Oktober – Sah eine große Gruppe zu uns Desertierter (über 300), umgeben von einem Kordon bewaffneter Posten, die Pennsylvania Avenue entlangmarschieren. Die bunteste Ansammlung, die ich je sah, jegliche Art von Aufputz, alle Arten Hüte und Mützen, viele gutaussehende junge Burschen, einige von ihnen verschämt, einige kränklich, die meisten schmutzig, die Hemden sehr schmutzig und abgetragen etc. So latschten sie einher, ohne Formation, ein riesiger unordentlicher Haufen. Ich sah einige Zuschauer lachen, mir aber war gar nicht zum Lachen zumute. Diese Deserteure sind weitaus zahlreicher, als man je gedacht hätte. Beinahe jeden Tag sehe ich Gruppen von ihnen, mitunter zwei oder drei zur gleichen Zeit, mit einer kleinen Wachmannschaft; manchmal zehn oder zwölf mit einer größeren. (Wie ich höre, betragen die Desertionen an der Front oftmals bis zu 10000 pro Monat. Einer der häufigsten Anblicke in Washington ist eine Gruppe von Deserteuren.)

Ein Streiflicht der Höllenszenen des Krieges

Während einer der letzten Bewegungen unserer Truppen im Tal (in der Nähe von Upperville, glaube ich) griff eine starke Abteilung von Mosebys berittenen Guerillas einen Verwundetentransport und die ihn begleitende Kavallerie-Eskorte an. In den Krankenwagen befanden sich etwa 60 Verwundete, darunter eine ganze Anzahl Offiziere von Rang. Die Rebellen waren in der Übermacht, und so gelang es ihnen, den Transport und Teile der Begleitmannschaft nach einer kurzen Attacke gefangenzunehmen. Kaum hatten sich unsere Männer ergeben, da begannen die Aufständischen auch schon, den Transport auszuplündern und die Gefangenen, selbst die Verwundeten, zu ermorden. Hier eine Szene oder ein Beispiel von dem, was zehn Minuten später geschah. Unter den verwundeten Offizieren in den Krankenwagen befanden sich ein Leutnant der Regulären und ein anderer von höherem Rang. Diese beiden wurden auf dem Rücken vom Wagen auf den Boden gezerrt und waren nun von einer teuflischen Menge Guerillas umringt, von denen jeder einzelne sie in die verschiedensten Körperteile stach. Einem der Offiziere wurden die Füße von Bajonetten durchbohrt und so am Boden festgenagelt. Wie man bei einer späteren Untersuchung herausfand, wiesen diese beiden Offiziere etwa 20 solcher Stiche auf; einige davon durch den Mund, ins Gesicht etc. Die Verwundeten waren (um sie besser ausrauben zu können) allesamt aus den Wagen gezerrt worden; mit einigen hatte man kurzen Prozeß gemacht, leblos und blutüberströmt lagen sie umher. Andere, noch nicht tot, aber schrecklich verstümmelt, ächzten und stöhnten. Die meisten unserer Männer, die sich ergeben hatten, waren auf diese Weise verstümmelt und hingemetzelt worden.

In diesem Augenblick griff eine Abteilung unserer Kavallerie, die dem Zug in einigem Abstand gefolgt war, die abtrünnigen Plünderer an, die sich sogleich aus dem Staube machen wollten. Die meisten entkamen auch; zwei Offiziere und 17 Gemeine jedoch ergriffen wir bei eben diesen gerade beschriebenen Verbrechen. Der Anblick bedurfte kaum der Erörterung, wie man sich vorstellen kann. Die 17 gefangenen Soldaten und die beiden Offiziere wurden für die Nacht unter Bewachung gestellt, es wurde jedoch an Ort und Stelle beschlossen, daß sie sterben sollten. Am nächsten Morgen wurden die beiden Offiziere in die Stadt an verschiedene Plätze geführt, mitten auf die Straße gestellt und erschossen. Die 17 Gemeinen wurden auf freies Feld geführt, ein wenig abseits. Sie wurden in einem offenen Karree aufgestellt, das von zwei Regimentern unserer Kavallerie gebildet wurde, von denen das eine drei Tage zuvor die blutigen Leichen dreier seiner Männer gefunden hatte, denen von Mosebys Guerillas die Kniesehnen durchgeschnitten und die dann mit den Füßen nach oben an Bäumen aufgehängt worden waren; und aus dem anderen Regiment waren erst vor kurzem zwölf Mann, nachdem sie sich ergeben hatten, erschossen und an Bäumen aufgehängt worden, und dem einen der Toten, einem Sergeanten, hatte man verhöhnende Sprüche an die Brust gesteckt. Jene drei und jene zwölf, man höre, waren von diesen Regimentern hier gefunden worden. Jetzt, den Revolver in der Hand, bildeten sie den unbarmherzigen Kordon der 17 Gefangenen. Diese hatte man in der Mitte des offenen Karrees aufgestellt, ohne Fesseln, und rief ihnen die ironische Bemerkung zu, man gebe ihnen jetzt „eine Chance". Einige versuchten davonzukommen. Doch vergebens. Von allen Seiten kamen die blauen Bohnen. Binnen weniger Minuten lagen die 17 Leichen verstreut in dem offenen Karree. Ich war neugierig zu erfahren, ob einige Soldaten der Union, einige wenige (zumindest einer oder zwei der jüngeren), es unterlassen hätten, auf die hilflosen Männer zu schießen. Nicht ein einziger! Triumphiert wurde nicht, wenig gesprochen, fast nichts, doch jeder hatte seinen Schuß abgegeben.

Die obige Szene multipliziere man mit Dutzenden, nein, mit Hunderten – stelle sie sich in all den Formen, die unterschiedliche Umstände, Individuen, Orte mit sich bringen können, vor – sehe sie im Lichte aller grausigen Leidenschaften, dem lechzenden Blutdurst des Wolfes, des Löwen – der heftig brodelnden Vulkane menschlicher Rache für einen Kameraden, einen erschlagenen Bruder – sehe sie im Lichte brennender Farmen und Haufen heißer, schwelender, schwarzer Asche – und im menschlichen Herzen stelle man sich überall schwarze, schlimmere Asche vor – dann hat man eine dunkle Ahnung von diesem Krieg.

Gaben – Gelder – Begünstigung

Da ein sehr großer Teil der Verwundeten ohne einen Cent in der Tasche von der Front zurückkehrte, entdeckte ich bald, daß es das Beste sei, was ich tun könnte, um ihre Stimmung ein wenig zu heben und ihnen zu zeigen, daß sich jemand um sie kümmerte, und ihnen praktisch eine väterliche oder brüderliche Anteilnahme bezeigte, ihnen in solchen Fällen eine kleine Summe zu geben, wobei ich stets Takt und Diskretion walten ließ. Zu diesem Zweck bekomme ich von gutherzigen Frauen und Männern aus Boston, Salem, Providence, Brooklyn und New York regelmäßig Geld. Ich beschaffe mir eine Anzahl nagelneuer Zehncent- und Fünfcentscheine und gebe, wenn ich es für angebracht halte, 25 oder 30, vielleicht auch 50 Cent, und manchmal, in einem besonderen Fall, eine noch größere Summe. Da ich dieses Thema angeschnitten habe, will ich die Gelegenheit nutzen, die finanzielle Frage zur Sprache zu bringen. Die Spenden, ausschließlich freiwillig, meist auch vertraulich, oft wie von der Vorsehung gesandt, waren sehr zahlreich und vielseitig. Da waren zum Beispiel zwei fern von hier wohnende, wohlhabende Damen, Schwestern, die mir regelmäßig, zwei Jahre lang, recht beträchtliche Summen schickten und sich daran erfreuten, daß ihre Namen geheim blieben. Dieselbe Vertraulichkeit war in der Tat eine häufige Bedingung. Einige ließen mir völlig freie Hand. Viele waren völlig Fremde. Von diesen Quellen verteilte ich in den Hospitälern als Almosenpfleger anderer zwei, drei Jahre lang in der beschriebenen Weise viele, viele tausend Dollar. Eine Sache erfuhr ich dabei überzeugend – daß unter aller angeblicher Habgier und Herzlosigkeit unserer Zeit die großmütige Wohltätigkeit der Männer und Frauen in den Vereinigten Staaten keine Grenzen kennt, sobald sie ihres Zweckes sicher sind. Noch etwas anderes wurde mir klar – während es nicht verkehrt ist, daß bares Geld den Schluß bildet, stehen Takt, lebhaftes Mitgefühl und Trost an erster Stelle und werden auch stets das Höchste sein.

Einzelheiten aus meinem Notizbuch

Einige der halb verwischten und auch schon beim Eintragen nicht sehr deutlichen Notizen von Dingen, die der eine oder andere Patient sich gewünscht hat, vermitteln eine ziemlich klare Vorstellung. D. S. G., Bett 52, möchte ein gutes Buch; hat einen entzündeten angegriffenen Hals; hätte gern ein paar Hustenbonbons; kommt aus New Jersey, 28. Regiment. C. H. L., 145. Pennsylvanisches Regiment, liegt in Bett 6 mit Gelbsucht und Wundrose; dazu noch verletzt; leichte Übelkeit im Magen; bringe ihm ein paar Orangen, auch etwas herben Gelee; kräftiger, vollblütiger junger Bursche – (nach ein paar Tagen ging es ihm besser, und jetzt ist er zu Hause auf Urlaub). J. H. G., Bett 24, möchte ein Unterhemd, eine Unterhose und Socken; hat sie schon eine ganze Weile nicht gewechselt; ist offensichtlich ein ordentlicher, reinlicher Junge aus New England – (ich besorge ihm die Sachen; ebenso einen Kamm, Zahnbürste und etwas Seife und Handtücher; anschließend stelle ich fest, daß er der Sauberste auf der ganzen Station ist). Mrs. G., Krankenschwester auf Station F, möchte eine Flasche Brandy – hat zwei Patienten, die Anregungsmittel benötigen – liegen darnieder, verwundet und völlig erschöpft. (Besorgte ihr eine Flasche erstklassigen Brandy aus den Räumen der christlichen Kommission.)

Ein Fall von der zweiten Bull-Run-Schlacht

Also, der arme John Mahay ist tot. Starb gestern. War ein schmerzhafter und sich lange hinschleppender Fall (siehe Eintragung vom 4. 2. 1863). Bin von Zeit zu Zeit bei ihm gewesen, die vergangenen fünfzehn Monate hindurch. Er hatte dem 101. New-Yorker Regiment angehört, Kompanie A, und hatte bei der zweiten Schlacht am Bull Run, August '62, einen Durchschuß in der unteren Region des Abdomens erhalten. Eine Szene an seinem Bett genügt, um die Schmerzen von nahezu zwei Jahren ahnen zu lassen. Die Blase war von einer Kugel, die seinen Körper völlig durchdrungen hatte, verletzt worden. Nicht lange danach verbrachte ich einen guten Teil des Vormittags an seinem Bett, Station E, Armary Square. Vor quälendem Schmerz rann ihm das Wasser aus den Augen, sein Gesicht war verzerrt, aber er gab keinen Laut von sich, außer hin und wieder ein tiefes Stöhnen. Heiße feuchte Tücher wurden ihm aufgelegt und brachten irgendwie Erleichterung. Armer Mahay, dem Alter nach noch fast ein Kind, doch alt genug für das Unglück. Nie hatte er elterliche Liebe erfahren, war im Säuglingsalter in eine New-Yorker Wohlfahrtsanstalt gesteckt worden und später zu einem tyrannischen Herrn in Sulivan County gekommen (die Narben von dessen Ochsenziemer und Knüppel sind immer noch auf seinem Rükken). Seine Verwundung fand ich in höchstem Grade gräßlich, denn er war ein sanfter, sauberer und liebenswerter Junge. Er fand während seines Aufenthalts im Lazarett viele Freunde, und alle mochten ihn sehr. Er hatte ein recht schönes Begräbnis.

Militärärzte –
Unzulänglichkeiten bei der Hilfeleistung

Mit allem Nachdruck muß ich den Eifer bezeugen, die Mannhaftigkeit, den Berufsgeist und die Fähigkeiten, die im allgemeinen unter den Militärärzten anzutreffen sind. Viele von ihnen, in den Lazaretten und in der Armee, sind junge Männer. Nicht viel will ich über die Ausnahmen sagen, denn davon gibt es nur wenige; (einigen dieser wenigen bin ich jedoch begegnet, und sie waren ziemlich unfähig und leichtfertig). Ständig fand ich die besten Männer und härtesten und selbstlosesten Arbeiter unter den Wundärzten in den Hospitälern. Sie sind auch voller Begabung. Hunderte von ihnen habe ich gesehen, und ich kann bezeugen, was ich sage. Es gibt aber auch ernsthafte Schwächen, Vergeudungen, eine bedauerliche Systemlosigkeit in den Kommissionen, bei den Spenden, und in all der freiwilligen und staatlichen Krankenpflege, bei den Nahrungsmitteln, der Medizin, der Ausrüstung etc. (Ich sage nicht ärztliche Behandlung, denn die Ärzte können nicht mehr tun, als menschliche Ausdauer erlaubt.) Was in den Zeitungen des Nordens auch immer als Aufbauschung erscheinen mag, es ist die reine Wahrheit. Mangelhafte Vorbereitung, kein System, keine Vorsorge, mangelnde Begabung. Ausrüstungsgegenstände sind stets reichlich vorhanden, ohne Zweifel, aber nie da, wo sie gebraucht werden, und nie die richtige Anwendung. Von all den herzzerreißenden Erfahrungen ist keine größer denn diejenige an den Tagen, die einer großen Schlacht folgen. Dutzende, Hunderte der edelsten Männer auf Erden liegen da, ohne zu klagen, hilflos, verstümmelt, kraftlos, allein und verbluten oder sterben an Erschöpfung, entweder gänzlich unberührt oder einfach hingelegt und verlassen, wenn Mittel bereitstehen sollten, sie zu retten.

ÜBERALL BLAU

In dieser Stadt, ihren Vororten, am Capitol, vor dem Weißen Haus, an den Vergnügungsstätten, auf der Avenue und all den anderen Hauptstraßen wimmelt es diesen Winter, mehr denn je zuvor, von Soldaten. Einige kommen aus den Lazaretten, einige aus den benachbarten Camps etc. Eine Quelle und noch eine, in Strömen ergießen sie sich und bilden, sollte ich sagen, das Hauptmerkmal der Menschenbewegung und Bekleidung unserer Hauptstadt. Überall findet man ihre blauen Hosen und Mäntel. Man hört das Stapfen der Krücken die Stufen zu den Büros der Zahlmeister hinauf, dort vor den Türen warten bestimmte Gruppen oft lange und überdrüssig in der Kälte. Gegen Ende des Nachmittags sieht man Männer auf Urlaub allein, mitunter in kleinen Gruppen ihren Weg zum Baltimore-Depot nehmen. Zu jeder Stunde, außer am frühen Morgen, sind Patrouillen unterwegs, besonders in den frühen Abendstunden. Sie kontrollieren Pässe und arretieren alle Soldaten, die keine bei sich führen. Einbeinige, überhaupt Schwerbehinderte fragen sie nicht, alle anderen aber halten sie an. Abends gehen sie sogar durch die Zuschauerreihen in den Theatern und verlangen von allen, auch von Offizieren, Pässe oder Ausgangsscheine.

EIN MUSTERLAZARETT

Sonntag, 29. Januar 1865 – Bin heute nachmittag im Armory Square gewesen. Die Stationen sind sehr komfortabel, neue Fußböden, und die Wände sind frisch verputzt, Muster an Sauberkeit und Ordnung. Ich bin mir nicht ganz sicher, aber im Grunde ist das in wesentlicher Hinsicht ein Musterlazarett. Ich fand mehrere Fälle alter, langwieriger Verwundungen. Ein Soldat von Delaware, William H. Millis aus Bridgeville, mit dem ich nach der Wilderness-Schlacht letzten Mai zusammen war, wo er eine sehr schlimme Verwundung an der Brust erlitten hatte, eine weitere am linken Arm, und dessen Fall (Lungenentzündung war noch hinzugekommen) den ganzen Juni und Juli sehr ernst war. Jetzt finde ich ihn schon wieder so weit, daß er leichten

Dienst übernehmen kann. In der besagten Zeit hatte er jedoch drei Wochen lang zwischen Leben und Tod geschwebt.

KINDER IN DER ARMEE

Als ich gegen Sonnenuntergang nach Hause ging, sah ich in der 14th Street einen sehr jungen Soldaten. Spärlich gekleidet, stand er unweit des Hauses, das ich gerade betreten wollte. Vor der Tür blieb ich einen Augenblick stehen und rief ihn zu mir. Ich wußte, daß ein altes Tennessee-Regiment und auch eines aus Indiana zeitweilig in neuen Baracken nahe der 14th Street untergebracht waren. Dieser Junge, fand ich, gehörte zu dem Tennessee-Regiment. Ich konnte aber kaum glauben, daß er eine Muskete tragen sollte. Kaum 15 Jahre war er alt, doch schon seit zwölf Monaten Soldat und hatte an mehreren, sogar historisch bedeutsamen Schlachten teilgenommen. Ich fragte ihn, ob ihm die Kälte nichts ausmache und ob er keinen Mantel hätte. Nein, die Kälte mache ihm nichts aus, und er hätte auch keinen Mantel, könnte aber jederzeit einen bekommen, wenn er wollte. Sein Vater wäre tot, und seine Mutter lebte in irgendeiner Ecke im Osten von Tennessee; alle Männer stammten aus diesem Teil des Landes. Am nächsten Vormittag sah ich die Regimenter von Tennessee und Indiana die Avenue hinuntermarschieren. Mein Junge gehörte zu dem ersteren, mit den anderen schritt er einher. Noch viele andere Jungen waren dabei, die auch nicht älter waren. Ich stand da und sah ihnen zu, wie sie mit langsamen, kräftigen, schweren, gleichmäßigen Schritten einhermarschierten. Es war kein Mann dabei, der älter als 30 war, der größte Teil war zwischen 15 und vielleicht 22, 23. Alle boten sie den Anblick von Veteranen, erschöpft, beschmutzt, teilnahmslos und mit einer irgendwie entspannten, trödelnden Gangart. Neben ihrer regulären Ausrüstung trugen sie häufig noch Bratpfannen, Besen etc. Alle waren sie von einer angenehmen äußeren Erscheinung; keine Spitzfindigkeiten, waren mit Intellekt auch nicht direkt gesegnet, wie aber mein Auge sie so erfaßte, als sie vorbeimarschierten, Reihe für Reihe, schien mir nicht ein einziges abstoßendes, brutales oder ausgesprochen stumpfsinniges Gesicht unter ihnen zu sein.

BESTATTUNG EINER KRANKENSCHWESTER

Hier ist ein Zwischenfall, der sich unlängst in einem der Lazarette ereignet hat. Eine Dame, Miss oder Mrs. Billings, die lange ein wirklicher Freund der Soldaten gewesen ist und Krankenschwester in der Armee, und auf eine Art dazu gekommen war, die keiner sich vorstellen kann, außer denjenigen, die darin Erfahrung haben, wurde zu Beginn des letzten Winters krank. Sie schleppte sich noch eine Weile dahin und starb schließlich im Hospital. Es war ihr Wunsch gewesen, unter den Soldaten begraben zu werden und auf militärische Art. Dieser Bitte wurde in allem entsprochen. Von Soldaten wurde ihr Sarg zu Grabe getragen, mit der üblichen Eskorte bestattet, und über dem Grab wurde ein Salut abgefeuert. Das war vor ein paar Tagen in Annapolis.

KRANKENSCHWESTERN FÜR SOLDATEN

Es gibt viele Frauen in verschiedenen Positionen hier in Washington und in den Militärstationen. Meist arbeiten sie als Helferinnen in Lazaretten; eine ganze Reihe von ihnen sind junge Damen, die als Freiwillige arbeiten. In bestimmter Hinsicht sind sie eine Hilfe und verdienen, mit Respekt erwähnt zu werden. Dann aber muß auch deutlich gesagt werden, daß nur wenige oder keine junge Dame, unter den bestehenden gesellschaftlichen Konventionen, den praktischen Erfordernissen einer Krankenschwester entspricht. Damen mittleren Alters oder gesunde, rüstige ältere Frauen, Mütter, sind immer die besten. Viele der Verwundeten müssen behandelt werden. Hundert Dinge, die nicht ignoriert werden können, kommen vor und müssen getan werden. Die Gegenwart einer mittleren oder älteren Frau, die magnetische Berührung ihrer Hände, die ausdrucksvollen Züge der Mutter, die stille Beruhigung durch ihre Anwesenheit, ihre Worte, ihr Wissen und ihre Rechte, die sie erlangt hat einzig dadurch, daß sie Kinder hatte, sind kostbare und entscheidende Qualifikationen. Ein natürliches Talent wird gebraucht und nicht nur eine elegante junge Frau an einem Tisch auf der Station. Eine der besten Pflegerinnen, die mir je begegnet ist, war eine rotgesichtige, analphabetische alte Irin; ich habe gesehen, wie zärtlich sie die armen, verwüsteten, nackten Jungen in ihre Arme genommen hat. Es gibt auch sehr viele außerordentliche, alte farbige Frauen, die prima Pflegerinnen abgeben würden.

Flüchtlinge aus den Südstaaten

23. Februar '65 – Heute sah ich eine große Prozession junger Männer von der Rebellenarmee (Deserteure werden sie genannt, aber die übliche Bedeutung dieses Wortes trifft auf sie nicht zu) die Avenue passieren. Nahezu 200 waren gestern mit dem Schiff den James River heraufgekommen. Ich stand da und sah zu, wie sie heranschlurften, auf eine langsame, müde, abgespannte Art und Weise; verhältnismäßig viele helle, blonde, hellgrauäugige junge Männer unter ihnen. Ihre Kleidung war von einer schmutzbefleckten Gleichförmigkeit; ursprünglich war sie meistens grau gewesen; einige hatten Teile von unserer Uniform an, Hosen der eine, Weste oder Mantel der andere. Ich glaube, in der Hauptsache waren es Burschen aus Georgia und North Carolina. Sie erregten nur wenig oder gar keine Aufmerksamkeit. Da ich ziemlich nahe bei ihnen stand, nickten mir mehrere gutaussehende, recht junge Burschen zu (aber ach, welches Elend ihre Erscheinung verriet!) oder sprachen mich direkt an, zweifellos lasen sie Mitleid und Väterlichkeit in meinem Gesicht, denn mein Herz war voll genug davon. Mehrere Paare schleppten sich mühsam dahin, einer den Arm um den anderen, einige sicherlich Brüder, als ob sie befürchteten, sie könnten voneinander getrennt werden. Nahezu alle sahen sie irgendwie einfach aus, doch auch intelligent. Einige hatten ein Stück alten Teppich, andere Decken und wieder andere alte Säcke um ihre Schultern. Mancher unter ihnen, hier und da, hatte ein schönes Gesicht, dennoch war es eine Prozession des Elends. Die 200 wurden von etwa einem halben Dutzend bewaffneter Posten bewacht. Im Laufe dieser Woche sah ich jeden Tag mehrere solcher Prozessionen, mal mehr, mal weniger; da sie mit dem Schiff heraufgebracht wurden. Die Regierung tut für sie, was sie kann, und schickt sie nach Norden und Westen.

27. Februar – Etwas über 300 oder 400 weitere Flüchtlinge von der konföderierten Armee kamen per Schiff herauf. Da der Tag wirklich sehr schön war (nach einer langen Periode schlechten Wetters), bin ich lange umhergewandert, ohne bestimmte Absicht, als einfach nur draußen zu sein und das zu genießen. In welche Himmelsrichtung ich auch ging, ich begegnete diesen geflohenen Männern. Ihre Kleidung ist gleichermaßen zerlumpt, abgetragen und scheckig, wie oben beschrieben. Sprach mit verschiedenen. Einige sind recht heiter und elegant, trotz all ihrer armseligen Kleidung – fühlen doch irgendwie, sie seien wer, tragen ihre alten Kopfbedeckungen recht fesch nach der Seite geschoben. Immer wieder finde ich die alten, eindeutigen Beweise – während der gesamten vergangenen vier Jahre skrupelloser Tyrannei praktizierte die Sezessionsregierung die Aushebung des gemeinen Mannes überall durch absoluten Zwang. Und der Tatsache, ob und wann die Zeit der Männer um ist, wird keinerlei Beachtung geschenkt – man entläßt sie einfach nicht aus dem Militärdienst. Ein riesiger junger Bursche, aus Georgia, mindestens 1,90 Meter groß, von gewaltigen Proportionen, gekleidet in die schmutzigsten, düstersten und besudeltesten Säcke, mit Stricken zusammengehalten, seine Hosen an den Knien nur flatternde Fetzen, stand selbstgefällig da und aß Brot und Fleisch. Sah sehr zufrieden aus. Ein paar Minuten später sah ich ihn dann gemächlich weitergehen. Es war klar, daß es nichts gab, was er sich zu sehr zu Herzen genommen hätte.

28. Februar – Als ich am militärischen Hauptquartier der Stadt vorbeikam, nicht weit entfernt vom Haus des Präsidenten, blieb ich stehen, um mich mit einigen aus der Menge der Flüchtlinge, die da herumstanden, zu unterhalten. Die äußere Erscheinung war die gleiche, wie vorher erwähnt. Mit zweien von ihnen, einer etwa 17, der andere vielleicht 25 oder 26, sprach ich eine ganze Weile. Sie waren aus North Carolina, dort geboren und aufgewachsen und hatten dort Familie. Der ältere war vier Jahre im Dienst der Aufständischen gewesen. Zunächst war er für zwei Jahre eingezogen worden. Wurde dann aber aus lauter Willkür einfach nicht entlassen. Sehr vielen in der Sezessionsarmee erging es ebenso. Nichts Deprimiertes konnte ich im Auftreten dieser Männer feststellen. Der jüngere war etwa ein Jahr Soldat gewesen; er war einberufen worden. Sie waren sechs Brüder (alle Jungen der Familie) und alle in der Armee, ein Teil als Einberufene, der andere Teil als Freiwillige. Drei waren gefallen; einer war vor etwa vier Monaten geflohen, und nun war dieser hier davongelaufen; er war ein angenehmer, gepflegt sprechender Bursche mit der eigentümlichen Ausdrucksweise von North Carolina (meinen Ohren keineswegs unangenehm). Er und der ältere waren von der gleichen Kompanie, gemeinsam geflohen und wollten auch zusammenbleiben. Sie dachten, sie könnten mit dem nächsten Transport nach Missouri kommen und dort arbeiten; waren sich aber nicht sicher, ob das klug wäre. Ich riet ihnen, lieber in einen Staat direkt im Norden zu gehen und sich fürs erste in der Landwirtschaft zu betätigen. Der jüngere hatte auf dem Schiff sechs Dollar verdient und noch etwas Tabak, den er mitgebracht hatte; drei und einen halben Dollar hatte er noch übrig. Der ältere hatte nichts; ich gab ihm eine Kleinigkeit. Wenig später traf ich John Wormley, 9. Regiment von Alabama, ein im Westen Tennessees aufgewachsener Junge, beide Eltern tot – sah aus wie einer, der noch nie viel Taschengeld gehabt hat – sprach sehr wenig – kaute in erschreckendem Maße Tabak und spuckte von Zeit zu Zeit – große, klare, dunkelbraune Augen, sehr schön – wußte nicht, was er von mir halten sollte – sagte mir schließlich, er wolle so viel, daß er sich saubere Unterwäsche besorgen könne und ein paar anständige Hosen. Machte sich nichts aus Mantel und Kopfbedeckung. Wollte eine Gelegenheit, sich ordentlich zu waschen und die Unterwäsche anzuziehen. Ich hatte das große Vergnügen, bei der Erfüllung all dieser nützlichen Vorhaben behilflich zu sein.

1. März – Immer mehr butternußbraune oder feldgraue Flüchtlinge jeden Tag. Heute kamen etwa 160, ein großer Teil davon aus South Carolina. Gewöhnlich leisten sie den Treueeid und werden dann nach Norden geschickt, nach Westen oder in den extremen Südwesten, wenn sie es wünschen. Mehrere von ihnen erzählten mir, daß die Desertionen in ihrer Armee – Männer, die unerlaubterweise nach Hause gehen – weitaus zahlreicher sind als ihre Desertionen zu unserer Seite herüber. Am späten Nachmittag sah ich eine sehr verlassen aussehende Gruppe von etwa 100 Mann, unterwegs zum Baltimore-Sammelplatz.

Das Capitol im Laternenschein

Heute abend bin ich eine Weile im Capitol, das völlig erleuchtet ist, herumgewandert. Die illuminierte Rotunde sieht sehr schön aus. Gern stehe ich an der Seite und schaue lange auf die Kuppel; irgendwie tröstet mich das. Sowohl Repräsentantenhaus wie auch Senat tagten bis spät in die Nacht. Ich schaute hinein, aber nur für ein paar Augenblicke; man war stark beschäftigt mit Gesetzesvorlagen über Steuern und die Bewilligung von Geldern. Ich ging durch die langen und prächtigen Korridore und Zimmerfluchten unter dem Senat; eine alte Gewohnheit von mir aus vergangenen Wintern und heute eine noch größere Befriedigung denn je zuvor. Nicht viele Leute da unten, gelegentlich eine huschende Gestalt in einiger Entfernung.

Feierliche Amtseinführung

4. März – Der Präsident begab sich zum Capitol. Es war gegen Mittag. Er benutzte den eigenen Wagen, kutschierte selbst und fuhr in scharfem Trab, entweder weil er dasein wollte, um Gesetze zu unterzeichnen, oder um der absurden Prozession des Musselin-Tempels der Freiheit zu entkommen. Um drei Uhr, nachdem die Veranstaltung vorüber war, sah ich ihn auf dem Rückweg. Er saß in seinem schlichten zweispännigen Landauer und sah sehr abgespannt und müde aus; die Falten der unermeßlichen Verantwortung, der schwierigen Fragen und der Forderungen von Leben und Tod schnitten wirklich tiefer denn je in sein dunkles, braunes Gesicht; unter den Furchen jedoch all die alte Güte, Empfindsamkeit, Zufriedenheit und umsichtige Klugheit. (Nie sehe ich diesen Mann, ohne zu fühlen, daß er zu denen gehört, denen man persönlich eng verbunden ist, wegen der ihm eigenen Kombination reinster herzlichster Empfindsamkeit und der urwüchsigen westlichen Form von Männlichkeit.) An seiner Seite saß sein kleiner Junge von zehn Jahren. Ich sah keine Soldaten, nur eine Menge Zivilisten mit großen gelben Tüchern um ihre Schultern ritten um den Wagen. (Bei der Inauguration vor vier Jahren ritt er hin und her, umgeben von einer dichten Menge bewaffneter Kavalleristen in Achterreihen, mit gezogenen Säbeln; und an allen Ecken der Route waren Scharfschützen postiert.) Ich sollte noch den Abschlußempfang vom Sonnabendabend erwähnen. Niemals zuvor war ein solch dichtes Gedränge vor dem Weißen Haus – all die Grünflächen angefüllt, bis hin zu den weitläufigen Gehwegen. Ich war dort, und als ich gerade im Begriff war zu gehen, geriet ich mitten in die Menge, die nach drinnen drängte – die Korridore entlang, in das blaue und die anderen Zimmer und durch den großen Raum im Osten. Menschenmassen vom Lande, einige sehr drollig. Schöne Musik von einer Marine-Band auf einem Platz etwas abseits. Ich sah Mr. Lincoln, ganz in Schwarz gekleidet, mit weißen Glacéhandschuhen und einem Frack. Pflichtgemäß empfing er die Besucher, schüttelte die Hände und sah sehr betrübt aus, als gäbe er alles darum, woanders zu sein.

Verhalten ausländischer Regierungen während des Krieges

Beim Durchsehen meiner losen Notizen stelle ich fest, daß ich das Folgende 1864 geschrieben habe. Was in diesen Jahren unserem Amerika widerfuhr, im Ausland wie zu Hause, ist in der Tat höchst sonderbar. Die demokratische Republik erweist ihm heute die schreckliche und doch glänzende Ehre auf Erfüllung des gemeinsamen Wunsches aller Nationen der Welt, seine Union solle zerbrochen, seine Zukunft zerschlagen, und es solle gezwungen werden, auf die Ebene der König- und Kaiserreiche von allgemeiner Größe überzugehen. Es gibt wohl keine Regierung in Europa, die den Krieg in diesem Land nicht mit dem glühenden Verlangen verfolgt, die Vereinigten Staaten möchten durch ihn gründlich gespalten, gelähmt und zerstückelt werden. Es gibt keine Regierung, die bei dieser Zerstückelung nicht mithelfen würde, wenn sie es wagte. Ich bin überzeugt, dies ist im Moment der sehnlichste Wunsch Englands und Frankreichs, das heißt ihrer Regierungen, und aller europäischen Nationen, das heißt ihrer Regierungen. Ich glaube in der Tat, daß das zur Zeit der ehrliche und aufrichtige Wunsch aller Nationen der Welt ist, mit der einzigen Ausnahme, der von Mexiko. Mexiko, das einzige Land, dem wir wirklich jemals Unrecht getan haben und das jetzt das einzige ist, das aufrichtig für uns und unseren Sieg betet. Ist das nicht merkwürdig? Amerika, das aus allen besteht, das von Anfang an allen freudig die offenen Arme entgegengestreckt hat, das das Ergebnis und der Rechtfertiger aller ist, Großbritanniens, Deutschlands, Frankreichs und Spaniens – alle sind sie hier vertreten – Amerika, das alle aufnimmt, der Freund, die Hoffnung, die letzte Zuflucht und generelle Heimstatt aller ist – das keinem etwas zuleide getan hat, das aber zu so vielen gütig war, zu Millionen, das Fremden und Verbannten aller Nationen Mutter wurde – diesem Land, man höre, sollte nun die entsetzliche Ehre allgemeiner Furcht und allgemeinen Hasses seitens der Regierungen zuteil werden? Sind wir empört?, beunruhigt? Fühlen wir uns gefährdet? Nein, eher unterstützt, gestärkt, konzentriert. Wir alle sind nur zu geneigt, den Blick von uns selbst abzuwenden. Europa zu beeindrucken und auf dessen Stirnrunzeln oder Lächeln achtzugeben. Diese schwere Lektion allgemeinen Hasses haben wir nötig und dürfen sie künftig nie wieder vergessen. Niemals wieder werden wir uns auf das Sittlichkeitsgefühl oder die abstrakte Freundlichkeit einer einzigen Regierung der Alten Welt verlassen.

Das Wetter – sympathisiert es mit dieser Zeit?

Ob Regen, Hitze oder Kälte und was ihnen zugrunde liegt, betroffen sind von dem, was den Menschen massenweise befällt, und seinem Spiel leidenschaftlichen Handelns folgt, stärker beansprucht als üblich und in größerem Ausmaß als üblich – ob das der Fall ist oder nicht, gewiß ist, daß es jetzt und schon seit 20 Monaten (oder noch mehr) im Nor-

den dieses amerikanischen Kontinents manch ungewöhnliche, manch beispiellose Äußerung der subtilen Welt des Äthers über uns und um uns herum gibt. Seit Beginn des Krieges, dieser weiten und tiefen nationalen Erschütterung, gibt es seltsame Analogien, außergewöhnliche Verbindungen – überwältigenden Sonnenschein oder dessen gänzliches Ausbleiben; es wachsen sogar andere Früchte aus dem Boden. Nach jeder großen Schlacht ein heftiger Sturm. Dasselbe sogar bei zivilen Ereignissen. Am vergangenen Sonnabend – ein Vormittag sich tummelnder Dämonen, finster, strömender Regen voller Wucht; und dann der Nachmittag, so still, so überströmt von der strahlenden Pracht der herrlichsten Sonne, die sich je am Himmel gezeigt hat, mit einer Atmosphäre der Anmut; so klar, daß die Sterne zu sehen waren, lange, lange vor ihrer Zeit. Als der Präsident heraustrat in den Portikus des Capitol, erschien eine wundersame kleine weiße Wolke, die einzige überhaupt am Himmel, wie ein schwebender Vogel direkt über ihm.
In der Tat, die himmlischen Mächte, die Elemente, all die meteorologischen Kräfte haben sich in den letzten Wochen ausgetobt. Solche Kapricen, abruptester Wechsel von Finsternis und Schönheit, habe ich nie gekannt. Eine Bemerkung kann man jeden Tag hören, daß (wie der letzte Sommer sich von jedem vorangegangenen unterschied in den Perioden größter Hitze) der Winter, der soeben zu Ende ging, ohnegleichen war. Bis zu dieser Stunde, da ich hier schreibe, ist es so geblieben. Im vergangenen Monat war es die meiste Zeit des Tages launenhaft, bleierne Schwere, Nebel, Abschnitte bitterer Kälte und einige schreckliche Stürme. Es gab aber auch Beispiele anderer Art. Weder Himmel noch Erde kannten jemals Schauspiele von herrlicherer Schönheit als ein paar der kürzlich vergangenen Nächte hier. Der Abendstern, die Venus, war in den frühen Abendstunden nie so groß, so klar; es scheint, als ob sie etwas gesagt hätte, als ob sie nachsichtig Verbindung hielt mit der Menschheit, mit uns Amerikanern. Fünf oder sechs Nächte war sie dem Mond sehr nahe, bis kurz vor Halbmond. Der Stern war wundervoll, der Mond wie eine junge Mutter. Der tiefblaue Himmel, die klare Nacht, das Wunder jenes großen Sternes und der junge, zunehmende Mond, der im Westen schwamm, all das ließ die Seele überströ-

men. Dann hörte ich, langsam und klar, die bedächtigen Töne eines Hornes heraufkommen aus der Stille, es klang so wohltuend durch das Mysterium der Nacht, ohne Eile, aber sicher und gewissenhaft dahinschwebend, aufsteigend, gemächlich fallend, hier und da ein lang anhaltender Ton. Das Horn, gut gespielt, verkündete Zapfenstreich in einem der Lazarette hier in der Nähe, wo die Verwundeten auf ihren Pritschen liegen (einige von ihnen sind mir sehr nahe), manch einer der kranken Jungs war in den Krieg von Illinois, Michigan, Wisconsin, Iowa etc. gekommen.

Inaugurationsball

6. März – Ich bin oben gewesen, um mir den Tanz- und den Speisesaal für den Inaugurationsball im Patentamt anzusehen; und ich konnte nicht umhin, daran zu denken, welch anderen Anblick sie meinen Augen vor einer Weile geboten hatten, belegt mit einer zusammengepferchten Menge der am schlimmsten Verwundeten des Krieges, hereingebracht von der zweiten Schlacht am Bull Run, von Antietam und Fredericksburg. Heute abend sehr schöne Frauen, Parfüm, der Zauber von Geigen, Polka und Walzer; dann die Amputation, das blaue Gesicht, das Stöhnen, die glasigen Augen des Sterbenden, die verklebten Lumpen, der Geruch nach Wunden und Blut – mancher Mutter Sohn, mitten unter Fremden, scheidet unbehütet dahin (denn die Menge der Schwerverletzten war groß, und für die Schwester war viel zu tun und viel für den Chirurgen).

Szene im Capitol

Ich kann nicht umhin, eine seltsame Szene vom Morgen des vergangenen Sonnabends (4. März) im Capitol, in der Halle der Repräsentanten, zu erwähnen. Der Tag dämmerte gerade, im Halbdunkel erschien alles verschwommen, drückend, durchnäßt. In jenem trüben Licht die Abgeordneten, nervös vom langen Arbeiten, erschöpft, einige ganz eingeschlafen und viele halb. Das Gaslicht, vermischt mit dem trüben Morgengrauen, brachte einen überirdischen Eindruck hervor. Die armen, kleinen, verschlafenen, stotternden Amtsboten, der Geruch der Halle, die Abgeordneten mit den Köpfen auf den Schreibtischen, der Klang der Stimmen, die zuweilen ungewöhnliche Intonation – auch die allgemeine geistige Atmosphäre des Abschlusses dieser wichtigen Sitzung – die starke Hoffnung, daß der Krieg bald zu Ende ist – die quälende Furcht, die Hoffnung könnte sich als falsch erweisen – die Erhabenheit der Halle selbst, mit ihrem Effekt riesiger Schatten bis hinauf zu den Paneelen über der Galerie – all das ergab ein markantes Zusammenspiel.

Mitten dahinein, wie ein Blitz aus heiterem Himmel, platzte eines der stürmischsten und krachendsten Unwetter mit Regen und Hagel, das ich je erlebt habe. Wie eine Sintflut peitschte es auf das schwere Glasdach der Halle, und der Sturm brauste und heulte. Einen Moment lang (kein Wunder) waren die nervösen und schlafenden Repräsentanten völlig fassungslos. Die Dahindämmernden erwachten voller Angst, einige stürmten zu den Ausgängen, andere schauten mit bleichen Wangen und Lippen auf zur Decke, und die kleinen Amtsboten begannen zu schreien; das war eine Szene! Aber sie war schon fast wieder vorüber, als die schlaftrunkenen Männer völlig wach waren. Sie erholten sich; das Unwetter tobte weiter, peitschend, stürmend, von Zeit zu Zeit mit lautem Getöse. Das Haus jedoch fuhr dann fort in seinen Geschäften, ich glaube, so bedächtig und mit so viel Überlegung wie eh und je in seiner Geschichte. Vielleicht hatte der Schock sein Gutes. (Man ist schließlich nicht unbeeindruckt mitten unter diesen Kongreßmitgliedern beider Häuser, daß, falls die tägliche Routine ihrer Ämter jemals durchbrochen werden sollte durch irgendein großes unvorhergesehenes Ereignis, das wirkliche Gefahr in sich birgt und höchste persönliche Eigenschaften verlangt, jene Eigenschaften im allgemeinen verfügbar wären, und das bei Männern, denen man es jetzt gar nicht zutraut.)

Ein höchst ehrbarer Nordstaatler

27. März 1865 – Sergeant Calvin F. Harlowe, 9. Korps, 1. Division, 3. Brigade, 29. Regiment von Massachusetts, Kompanie C – ein markantes Beispiel für Heldentum und Tod (manch einer mag es Großsprecherei nennen, ich aber sage *Heroismus* – in seiner erhabensten, ursprünglichsten Form) – beim letzten Angriff der Rebellentruppen auf Ford Steadman während der Nacht. Mitten in der Nacht wurde das Fort überrascht. Plötzlich aus dem Schlafe gerissen und aus dem Zelt gestürzt, fand sich Harlowe, zusammen mit anderen, in den Händen der Sezessionisten – diese verlangten, daß er sich ergebe – *Niemals, solange ich lebe,* war seine Antwort. (Natürlich war das sinnlos. Die anderen ergaben sich; die Übermacht war zu groß.) Wiederum wurde er aufgefordert, die Waffen zu strecken, diesmal von einem Captain der Rebellen. Obschon umzingelt, blieb er doch gelassen, weigerte sich erneut und forderte seine Kameraden unerbittlich auf, weiterzukämpfen, und er selbst schickte sich dazu an. Der Rebellen-Captain schoß ihn nieder – im selben Augenblick jedoch schoß er auf den Captain. Gleichzeitig fielen sie beide, tödlich getroffen. Harlowe war fast sofort tot. Kurz darauf konnten die Rebellen wieder zurückgeworfen werden. Am nächsten Tag wurde der Leichnam bestattet, bald aber wieder ausgegraben und nach Hause gebracht (Plymouth County, Mass.). Harlowe war erst 22 Jahre alt – ein großer, schlanker, dunkelhaariger, blauäugiger junger Mann – ursprünglich mit dem 29. Regiment bekannt geworden; und auf die geschilderte Weise hatte er seinen Tod gefunden, nachdem er vier Jahre im Felde gewesen war. Teilgenommen hatte er an der siebentägigen Schlacht vor Richmond, der zweiten am Bull Run, bei Antietam, der ersten von Fredericksburg, in Vicksburgh, Jackson, Wilderness und den folgenden Feldzügen – war ein so guter Soldat wie überhaupt einer, der jemals Blau getragen hat. Jeder ältere Offizier im Regiment wird das bezeugen. Obwohl so jung und von gemeinem Rang, war er doch so standhaft und tapfer wie jeder beliebige Held in den Büchern, alt oder modern – er war zu erhaben, um zu sagen: „Ich ergebe mich!" – so starb er denn. (Denk ich an solche Sachen, und ich kenne sie gut, dann treten all die unermeßlichen und verwickelten Ereignisse des Krieges, die Geschichte machen, zur Seite, und ich sehe in jenen Augenblicken nichts anderes als die Gestalt des jungen Calvin Harlowe, in jener Nacht, da er sich weigerte, zu kapitulieren.)

Verwundungen und Krankheiten

Der Krieg ist vorüber, die Lazarette jedoch sind voller denn je, von früheren und neuen Fällen. Die große Mehrzahl der Verwundungen betreffen Arme und Beine. Man findet aber auch jede andere Art von Verwundungen und an jedem Teil des Körpers. Die überwiegenden Krankheiten sind nach meiner Beobachtung Fleckfieber, Typhus, Ruhr, katarrhalische Erkrankungen und Bronchitis, Rheuma und Lungenentzündung. Das sind die schlimmsten Krankheiten, alle anderen kommen aber auch vor. Zweimal soviel Kranke wie Verwundete gibt es. Die Todesfälle belaufen sich auf sieben bis zehn Prozent derjenigen, die in Behandlung sind.[7]

Tod des Präsidenten Lincoln

16. April '65 – In meinen Notizen über jene Zeit finde ich diesen Abschnitt über den Tod Abraham Lincolns: Er hinterläßt in der Geschichte Amerikas bis jetzt nicht nur deren dramatischste Erinnerung – er hinterläßt, nach meiner Meinung, die größte, beste, charakteristischste, künstlerischste, moralischste Persönlichkeit. Nicht, daß er Fehler gehabt und sie in seiner Präsidentschaft gezeigt hätte; im Gegenteil, Ehrlichkeit, Tugend, Klugheit, Gewissen und (ein neuer Wert, unbekannt in anderen Ländern und kaum hier richtig verstanden, aber das Fundament und das Band von allem, wie die Zukunft aufs prächtigste zeigen wird) *Unionismus,* in seinem wahrsten und weitesten Sinn, bildeten das Fundament seines Charakters. Das besiegelte er mit seinem Leben. Der tragische Glanz seines Todes, läuternd, alles erhellend, formt um seine Gestalt, sein Haupt eine Aureole, die bleiben und im Laufe der Zeit immer strahlender werden wird, während die Geschichte weitergeht und die Liebe zum Lande andauert. Viele haben dieser Union beigestanden; wenn aber ein Name, ein Mann hervorgehoben werden sollte, dann ist er es, ihr Erhalter für die Zukunft. Ihn konnte man meucheln – nicht aber die Union – *ça ira*! Einer stürzt und noch einer. Der Soldat fällt, sinkt hin wie eine Woge – das Brausen des Meeres aber wird niemals vergehn. Der Tod tut sein Werk, vernichtet 100, 1000 – Präsident, General, Captain, Gemeinen – die Nation jedoch ist unsterblich.

Das Frohlocken von Shermans Armeen –
ihr plötzliches Innehalten

Als Shermans Armeen (lange nachdem sie Atlanta verlassen hatten) durch South und North Carolina marschierten – nach dem Aufbruch von Savannah und dem Eintreffen der Nachricht von der Kapitulation Lees – gingen die Männer nicht eine Meile, ohne daß fortwährend Jubelrufe aus ihren Reihen zu hören gewesen wären. In Intervallen erscholl den ganzen Tag lang die wilde Musik jener seltsamen soldatischen Schreie. Ein Regiment oder eine Brigade begann gewöhnlich, und sogleich fielen die anderen mit ein, bis schließlich ganze Korps und Armeen sich an dem wilden, jubelnden Chor beteiligten. Das war eine der charakteristischsten Äußerungen der westlichen Truppen und wurde zur Gewohnheit, da sich die Männer auf diese Weise Erleichterung verschaffen und ihren Herzen Luft machen konnten – ein Ventil für ihre Gefühle des Sieges, des wiederkehrenden Friedens etc. Morgens, mittags und nachmittags, spontan, mit oder ohne Anlaß, klangen diese gewaltigen, sonderbaren Schreie, die sich von allem anderen unterschieden und meilenweit durch die Luft widerhallten und Jugend, Freude, Wildnis, unbezähmbare Kraft und die Ideen von Vormarsch und Sieg ausdrückten, über die Sümpfe und Hochländer des Südens und erhoben sich gen Himmel. (‚Nie hat es Männer gegeben, die in Gefahr und Niederlage besser bei Laune geblieben wären – was nun sollten sie im Siege tun?' – fragte mich hinterher einer vom 15. Korps.) Diese Überschwenglichkeit hielt an, bis die Armeen in Raleigh ankamen. Dort erhielt man die Nachricht von der Ermordung des Präsidenten. Daraufhin keinerlei Rufe oder Schreie mehr, eine Woche lang. Das ganze Marschieren schien gedämpft. Es war sehr vielsagend – kaum ein lautes Wort oder Lachen in den meisten Regimentern. Eine atemlose Stille durchdrang sie alle.

KEIN GUTES PORTRÄT VON LINCOLN

Sicherlich hat der Leser Physiognomien gesehen (oftmals alte Farmer, Seeleute und so), die hinter ihrer Schlichtheit oder gar Häßlichkeit von erhabenen Punkten so zart gehalten werden, so fühlbar, daß es nahezu unmöglich ist, das wirkliche Leben ihres Gesichtes zu schildern, wie den Duft eines wilden Parfüms oder den Geschmack einer Frucht oder den leidenschaftlichen Klang einer lebendigen Stimme – solcher Art war Lincolns Gesicht, der eigentümliche Teint, diese Linien, die Augen, der Mund, der Ausdruck. Von buchstäblicher Schönheit hatte es nichts – dem Auge eines großen Künstlers aber bot es eine seltene Studie, eine Augenweide und Faszination. Die gängigen Porträts sind alle nichts wert – die meisten nur Karikaturen.

VOM SÜDEN ENTLASSENE GEFANGENE

Die aus den Gefängnissen des Südens entlassenen Kriegsgefangenen treffen jetzt ein. Eine ganze Anzahl von ihnen habe ich gesehen. Der Anblick ist schlimmer als der irgendeines Schlachtfeldes oder einer Ansammlung Verwundeter, selbst der schlimmsten Fälle. Da war (zum Beispiel) ein großer Transport per Schiff von ein paar Hundert, die man so um den 25. herum nach Annapolis gebracht hatte; von diesen allen waren nur drei imstande, ohne fremde Hilfe von Bord zu gehen. Alle anderen wurden ans Ufer getragen und hier und da niedergelegt. Können das denn *Menschen* sein – diese kleinen, fahlbraunen, totenbleichen, affenähnlichen Zwerge? Sind das wirklich keine mumifizierten, geschrumpften Leichen? Sie liegen da, die meisten von ihnen ganz still, doch mit einem entsetzlichen Blick in den Augen, ihre Lippen abgezehrt (oft nicht mehr genug Fleisch an den Lippen, um die Zähne zu bedecken). Auf dieser Erde hat es vermutlich noch keinen furchtbareren Anblick gegeben! (Es gibt Missetaten, Verbrechen, die man vergeben mag; doch das hier niemals. Es stürzt seine Täter in die schwärzeste, unentrinnbare, unendliche Verdammung. Über 50000 mußten den Hungertod sterben – Leser, hast du jemals versucht, dir vorzustellen was *Verhungern* wirklich bedeutet? – in jenen Gefängnissen – in einem Land des Überflusses?) Unbeschreibliche Gemeinheit, Tyrannei, eine sich steigernde Folge nahezu unglaublicher Beleidigungen – das war offensichtlich der Grundsatz für die Behandlung in allen Militärgefängnissen des Südens. Die Toten da sind nicht so sehr zu bedauern wie einige der Lebenden, die von dort zurückkamen – sofern sie noch als Lebende bezeichnet werden können – viele sind geistesgestört und werden nie wieder genesen.[8]

Tod eines Soldaten aus Pennsylvania

Frank H. Irwin, 93. Regiment von Pennsylvania, Kompanie E – starb am 1. Mai '65 – Mein Brief an seine Mutter: Gnädige Frau! Ohne Zweifel haben Sie und Franks Freunde von der traurigen Tatsache seines Todes im hiesigen Lazarett gehört, durch seinen Onkel oder die Dame aus Baltimore, die seine Sachen an sich genommen hat. (Selbst habe ich beide nicht gesehen, nur davon gehört, daß sie Frank besucht haben.) Ich schreibe Ihnen ein paar Zeilen – als flüchtiger Freund, der an seinem Sterbebett gesessen hat. Ihr Sohn, Korporal Frank H. Irwin, wurde am 25. März 1865 in der Nähe von Fort Fisher, Virginia, verwundet – am linken Knie, ziemlich schlimm. Er wurde nach Washington gebracht und am 28. März im Armory-Square Hospital auf Station C aufgenommen – die Wunde verschlimmerte sich, und am 4. April mußte das Bein amputiert werden, dicht über dem Knie – die Operation wurde von Dr. Bliss vorgenommen, einem der besten Chirurgen in der Armee – den gesamten Eingriff führte er eigenhändig durch – eine ganze Reihe unglücklicher Umstände war zusammengekommen – die Kugel hatte noch im Knie gesteckt. Ein paar Wochen später ging es ihm ganz gut. Häufig besuchte ich ihn und setzte mich zu ihm, denn er war froh, mich um sich zu haben. Die letzten zehn, zwölf Tage im April bemerkte ich, daß sein Fall kritisch zu werden begann. Er hatte etwas Fieber, mit Kälteschauern. Die letzte Woche im April war er die meiste Zeit fahrig – aber stets sanft und freundlich. Am ersten Mai starb er. Die eigentliche Todesursache war Pyämie (die Absorption des Eiters in den Blutkreislauf anstatt seines Ausstoßes). Frank hatte, soweit ich sehen konnte, alles Notwendige an ärztlicher Behandlung, Pflege etc. bekommen. Die meiste Zeit hat jemand bei ihm gewacht. Er war so gut und wohlerzogen und herzlich, daß ich ihn sehr gern mochte. Ich kam immer nachmittags und saß bei ihm und beruhigte ihn, und er mochte es, mich bei sich zu haben – liebte es, seinen Arm auszustrecken und seine Hand auf mein Knie zu legen – verharrte gewöhnlich eine ganze Weile so. Zum Ende zu war er unruhiger und konnte nachts nicht schlafen – phantasierte oft von seinem Regiment – in seinem Gespräch schien es mitunter, als ob seine Gefühle verletzt worden wären, dadurch, daß er von seinen Offizieren für etwas getadelt wurde, an dem er völlig unschuldig war – sagte: „Niemals in meinem Leben hätte man mich dessen für fähig gehalten, und ich war es auch nicht." Andere Male war es ihm sehr wichtig, mit, wie es schien, Kindern oder so zu sprechen, Verwandten, nehme ich an, und ihnen gute Ratschläge zu erteilen; sprach gewöhnlich recht lange zu ihnen. Die ganze Zeit, da er nicht recht bei Bewußtsein war, entschlüpfte ihm nicht ein einziges schlechtes Wort oder gar ein schlechter Gedanke. Es wurde vermerkt, daß die Unterhaltung vieler Männer bei Bewußtsein nicht halb so klar war wie Franks Phantastereien. Er schien ziemlich willens zu sterben – er war sehr schwach geworden und hatte beträchtlich gelitten und resignierte, armer Junge. Sein früheres Leben kenne ich nicht, aber ich fühle, es muß schön gewesen sein. Jedenfalls, was ich hier von ihm sah, unter den höchst unangenehmen Umständen, mit einer qualvollen Verwundung und unter Fremden, kann ich sagen, daß er so tapfer war, so gefaßt und so angenehm und herzlich, es hätte nicht vortrefflicher sein können. Und nun, wie viele andere vornehme und gute Männer, nachdem er seinem Land als Soldat gedient hat,

hat er sein Leben hergegeben. Diese Dinge sind hoffnungslos – doch es gibt da ein Wort: „Was Gott tut, das ist wohlgetan" – die Bedeutung, die darin liegt, wird sich nach angemessener Zeit der Seele dartun.
Ich dachte, vielleicht wären ein paar Zeilen über Ihren Sohn, wenn auch von einem Fremden, so doch von einem, der zuletzt mit ihm zusammen war, sinnvoll – denn ich liebte diesen jungen Mann, dessen ungeachtet, daß ich ihn nur kennengelernt hatte, um ihn sofort wieder zu verlieren. Ich bin nur ein Freund, der gelegentlich die Lazarette besucht, um die Verwundeten und Kranken ein wenig zu trösten.
W. W.

DIE ZURÜCKKEHRENDEN ARMEEN

Sonntag, 7. Mai – Als ich heute spazierenging, so ein, zwei Meilen südlich von Alexandria, stieß ich auf mehrere große Trupps der zurückkehrenden West-Armee (*Shermans Männer*, wie sie sich selbst nannten), insgesamt etwa 1000, der größte Teil von ihnen halbkrank, einige Rekonvaleszenten, auf dem Wege in ein Krankenlager. Diese Fragmente menschlicher Wesen mit der unverwechselbaren westlichen Physiognomie und Eigenart, die so langsam dahinkrochen – nach einem großen Feldzug auf diesen Weg jenseits ihrer Heimat verschlagen – bemerkte ich voller Neugierde und sprach über eine Stunde mit ihnen. Hier und da gab es einen Schwerkranken; alle jedoch waren in der Lage zu gehen, mit Ausnahme der letzteren, die zusammengebrochen und auf den Boden gesetzt worden waren, erschöpft und verzweifelt. Diesen versuchte ich Mut zu machen, sagte ihnen, daß das Lager, das sie zu erreichen hätten, nur noch ein kleines Stück Wegs über den Hügel wäre, und so brachte ich sie wieder auf die Beine, geleitete einige der am ärgsten Betroffenen ein Stück und half ihnen oder verschaffte ihnen Unterstützung durch kräftigere Kameraden.
21. Mai – Sah heute General Sheridan und seine Kavallerie; ein starker, anziehender Anblick; die meisten Männer waren jung, nur einige wenige mittleren Alters. Gutaussehende Burschen, braun, schlank und rank, in gutsitzenden Kleidern, viele trugen einen wetterfesten Umhang um ihre

Schultern. Ziemlich schnell jagten sie daher, in breiter, doch straffer Formation, alle mit Schlammspritzern bedeckt; keine Feiertagssoldaten; Brigade auf Brigade. Eine Woche lang hätte ich zuschauen können. Sheridan stand auf einer Art Tribüne unter einem großen Baum und rauchte in aller Ruhe eine Zigarre. Sein Aussehen und sein Auftreten beeindruckten mich sehr.

22. Mai – Habe einen Spaziergang unternommen, die Pennsylvania Avenue entlang und die Seventh Street, in Richtung Norden. Die Stadt ist voller Soldaten, wie losgelassen stürzen sie umher. Überall Offiziere jeden Ranges. Alle haben den wetterharten Gesichtsausdruck praktischen Dienstes. Es ist ein Anblick, dessen ich niemals müde werde. Alle Armeen (oder Teile davon) sind jetzt hier für die morgige Parade. Man sieht sie überall wie die Bienen umherschwärmen.

Die grosse Parade

Seit zwei Tagen nun ist die breite Fläche der Pennsylvania Avenue, entlang bis Treasury Hill, dann in einem Umweg um das Gebäude des Präsidenten herum, weiter bis Georgetown und über das Aquädukt, belebt von einem prächtigen Anblick: den heimkehrenden Armeen. Ich sehe zu, wie sie in breiten Reihen, die sich deutlich über die ganze Avenue erstrecken, in munterem Tempo vorbeimarschieren oder -reiten, ganze zwei Tage lang – Infanterie, Kavallerie, Artillerie – über 200 000 Mann. Ein paar Tage später einige andere Korps; und dann, wieder etwas später, ein gut Teil von Shermans gewaltiger Armee, von Charleston, Savannah etc.

Soldaten aus dem Westen

26., 27. Mai – die Straßen, die öffentlichen Gebäude und Plätze von Washington wimmeln immer noch von Soldaten aus Illinois, Indiana, Ohio, Missouri, Iowa und all den westlichen Staaten. Unablässig stoße ich auf sie und unterhalte mich mit ihnen. Oftmals sogar sprechen sie mich als erste an und legen stets enorme Geselligkeit an den Tag und sind froh über die Abwechslung, die eine Plauderei mit sich bringt. Diese westlichen Soldaten sind etwas langsamer in ihren Bewegungen und auch in ihren intellektuellen Eigenschaften nicht besonders aufgeweckt. Sie sind größer von Gestalt, haben eine ernstere Physiognomie, schauen einen fortwährend an, während sie auf der Straße vorbeimarschieren. Sind reichlich animalisch, aber recht ansehnlich. Während des Krieges bin ich zeitweilig bei dem 14., dem 15., dem 17., und dem 20. Korps gewesen. Stets fühle ich mich zu den Männern hingezogen und mag ihre persönliche Berührung, wenn wir in der Straßenbahn dicht zusammengedrängt sind, wie so häufig in diesen Tagen. Alle halten sie wunder was von General Sherman; nennen ihn „Old Bill" oder manchmal „Onkel Billy".

Ein Soldat über Lincoln

28. Mai – Als ich heute im Lazarett am Bett eines kranken Soldaten aus Michigan saß, erhob sich aus dem benachbarten Bett ein Rekonvaleszenter, kam zu mir und begann augenblicklich mit mir zu sprechen. Er war ein Mann mittleren Alters, gehörte zum 2. Regiment von Virginia, lebte aber in Racine, Ohio, und hatte dort auch seine Familie. Er sprach über Präsident Lincoln und sagte: „Der Krieg ist vorüber, und viele sind dahin. Und jetzt haben wir den besten, unbescholtensten, redlichsten Mann Amerikas verloren. Im ganzen genommen, war er der beste Mann, den dieses Land jemals hervorgebracht hat. Es gab eine Zeit, da ich nicht ganz der Meinung war, aber das war lange vor der Ermordung." Der Soldat war ganz ernst. (Im weiteren Gespräch fand ich heraus, daß er Mr. Lincoln persönlich gekannt hatte, ihm vor Jahren ziemlich nahestand.) Er war ein altgedienter Soldat, jetzt das fünfte Jahr dabei, ein Kavallerist, und hatte an einer ganzen Reihe schwerer Kämpfe teilgenommen.

Zwei Brüder, einer im Süden, einer im Norden

28., 29. Mai – Diese Nacht stand ich lange Zeit am Bett eines neuen Patienten, eines jungen Mannes aus Baltimore, etwa 19 Jahre alt, W. S. P. (2. Regiment von Maryland, Süden), sehr schwach, rechtes Bein amputiert, kann kaum schlafen, hat schon eine große Menge Morphium erhalten, das, wie gewöhnlich, mehr kostet, als es hilft. Augenscheinlich sehr intelligent und wohlerzogen – sehr herzlich – hielt meine Hand und führte sie an sein Gesicht, nicht willens, mich gehen zu lassen. Als ich noch etwas verweilte und versuchte, ihm in seinem Schmerz beizustehen, sagte er plötzlich zu mir: „Ich glaube kaum, daß Sie wissen, wer ich bin – ich möchte mich Ihnen nicht aufdrängen – ich bin ein Rebellensoldat." Ich sagte, daß ich das nicht gewußt hätte, daß es aber auch keinen Unterschied mache. Nachdem besuchte ich ihn etwa zwei Wochen lang täglich, solange er noch lebte (der Tod hatte ihn gezeichnet, und er war ziemlich allein), ich mochte ihn sehr und küßte ihn immer, und er küßte mich. Auf einer angrenzenden Station stieß ich auf seinen Bruder, einen Offizier der Union, einem rechtschaffenen und religiösen Mann (Col. Clifton K. Prentiss, 6. Korps, 6. Infanterieregiment von Maryland, verwundet bei einem der Gefechte von Petersburgh, am 2. April – siechte dahin, litt schwer, starb am 20. August '65 in Brooklyn). Beide waren in der gleichen Schlacht verwundet worden. Einer war ein strenger Unionist, der andere Sezessionist; beide fochten auf ihrer entsprechenden Seite, beide schwer verwundet und beide hier zusammengebracht nach einer Trennung von vier Jahren. Jeder starb für seine Sache.

Noch ein paar beklagenswerte Fälle

31. Mai – James H. Williams, 21, 3. Kavallerieregiment von Virginia. Ein fast ebenso markanter Fall eines kräftigen Mannes, der zu Fall gebracht wurde durch das Zusammenwirken mehrerer Krankheiten (Laryngitis, Fieber, Debilität und Diarrhöe) – herrlicher Körperbau, bleibt immer noch dunkelhäutig und erhitzt und rot von Fieber – ist ganz und gar zerstreut – das Fleisch an seiner Brust und den Armen zittert, und der Puls rast mit dreifacher Geschwindigkeit – liegt ein Großteil der Zeit in einem Halbschlaf, aber mit tiefem Ächzen und Stöhnen – ein Schlaf, in dem es keine Ruhe und Erholung gibt. Kräftig, wie er ist, und so jung, wird er doch nicht in der Lage sein, noch viele Tage diese glühende und lähmende Hitze, von gestern und heute, zu überstehen. Sein Hals ist in einem schlimmen Zustand, Zunge und Lippen ausgedorrt. Wenn ich ihn frage, wie er sich fühle, kann er gerade hervorbringen: „Ziemlich schlecht, alter Freund", und schaut mich an mit seinen großen glänzenden Augen. Vater: John Williams, Millensport, Ohio.

9., 10. Juni – Bis spät in die Nacht habe ich heute am Bett eines verwundeten Captains gesessen, einem besonderen Freund von mir, der mit einer schmerzhaften Fraktur des linken Beines in einem der Lazarette auf einer großen und zum Teil leer gewordenen Station liegt. Das Licht war gelöscht, bis auf eine kleine Kerze, weit weg von da, wo ich saß. Der Vollmond schien durch die Fenster herein und warf lange, silberne Flecken schräg auf den Boden. Alles war ruhig, auch mein Freund war still, konnte aber nicht schlafen; so saß ich bei ihm, mir gemächlich Luft zufächelnd und beschäftigt mit Betrachtungen, die aus der Situation erwuchsen der langen düsteren Station, dem wundervollen geisterhaften Mondlicht auf dem Boden, den weißen Betten, hier und da ein Insasse in hockender Gestalt, das Bettzeug zurückgeworfen. In den Lazaretten befinden sich auch ein paar Fälle von Sonnenstich und Erschöpfung vor Hitze von den letzten Paraden. Viele von ihnen sind vom 6. Korps, von der Parade in der großen Hitze vorgestern. (Manches dieser Schauspiele kostete eine beträchtliche Zahl von Männern das Leben.)

Sonntag, 10. September – Besuchte die Lazarette Douglas und Stanton. Sie sind ziemlich voll. Viele Fälle sind sehr schlimm, langwierige Verwundungen und schleichende Krankheiten. Mehr als der übliche Ausdruck der Verzweiflung steht vielen Männern im Gesicht; die Hoffnung hat sie verlassen. Ich ging durch die Stationen und führte Gespräche wie üblich. Hier sind mehrere aus der konföderierten Armee, die ich schon in anderen Lazaretten gesehen hatte, und sie erkannten mich wieder. Zwei lagen im Sterben.

Calhouns wahres Denkmal

In einem der Krankenzelte für besondere Fälle hörte ich, wie ich heute so dasaß und mich um einen frisch Amputierten kümmerte, zwei benachbarte Soldaten von ihren Pritschen aus miteinander sprechen. Einer, der mit Fieber darniederlag, dem es aber besser ging, war vor kurzem verspätet von Charleston heraufgekommen. Der andere war, was wir jetzt einen „alten Veteranen" nennen (d. h., er war ein Jugendlicher aus Connecticut, wahrscheinlich jünger als 25, die vier letzten Jahre davon hatte er im aktiven Dienst in allen Teilen des Landes verbracht). Die beiden schwatzten über das eine und das andere. Der Soldat mit Fieber sprach von C. Calhouns Denkmal, das er gesehen hatte, und beschrieb es gerade. Der Veteran entgegnete: „Ich habe Calhouns Denkmal gesehen. Was du gesehen hast, war nicht das richtige. Ich aber habe es gesehen. Es ist der verwüstete, ruinierte Süden; nahezu die ganze Generation junger Männer zwischen 17 und 30 getötet oder verkrüppelt; all die alten Familien erledigt – die Reichen verarmt, die Plantagen überwuchert von Unkraut, die Sklaven freigelassen und zu Herren gemacht, und der Name des Südstaatlers mit Schmach und Schande beladen – all das ist Calhouns wahres Denkmal."

Die Lazarette schliessen

3. Oktober – Jetzt gibt es noch zwei Lazarette. Das größere von beiden (Douglas) besuchte ich und verbrachte den Nachmittag und den Abend dort. Viele bedauernswerte Fälle, alte Verwundungen, unheilbare Krankheiten und einige Verwundete von den Schlachten im März und April vor Richmond. Nur wenigen wird bewußt, wie heftig und blutig jene Abschlußschlachten waren. Unsere Leute exponierten sich stärker als gewöhnlich; stürmten vorwärts ohne Nötigung. Dann die Südstaatler, sie kämpften voller Verzweiflung. Beide Seiten wußten, daß mit der erfolgreichen Vertreibung des Rebellenklüngels von Richmond und der Besetzung dieser Stadt durch die nationalen Truppen das Spiel aus war. Es gab ungewöhnlich viele Tote und Ver-

wundete. Von den Verwundeten sind die letzten Aufgelesenen hierher ins Hospital gebracht worden. Unter ihnen sind viele Aufständische, und ich bin heute besonders damit beschäftigt, die schlimmsten Fälle zu pflegen.
Oktober, November und Dezember '65, Sonntage – Besuchte in diesen Monaten das Harewood Hospital, draußen im Walde, angenehm und abgeschieden, reichlich zweieinhalb bis drei Meilen nördlich vom Kongreßgebäude. Die Lage ist gesundheitsfördernd, unebenes Gelände, grüne Hänge, Flecken von Eichengehölz, große und schöne Bäume. Es war eines der ausgedehntesten Lazarette, jetzt reduziert auf vier bis fünf nur teilweise belegte Stationen, die vielen anderen stehen leer. Im November war es das letzte Militärkrankenhaus, das von der Regierung aufrechterhalten wurde, all die anderen wurden geschlossen. Fälle schlimmster und meistens unheilbarer Wunden, hartnäckige Krankheiten und arme Burschen, die kein Zuhause haben, wohin sie gehen könnten, sind hier zu finden.
Sonntag, 10. Dezember – Verbringe wieder einen großen Teil des Tages in Harewood. Ich schreibe dies etwa eine Stunde vor Sonnenuntergang. Bin ein paar Minuten bis an den Rand des Gehölzes hinausgegangen, um selbst etwas durch Zeit und Ort zur Ruhe zu kommen. Es ist ein prächtiger, warmer, sonniger, stiller Nachmittag. Das einzige Geräusch macht ein Schwarm krächzender Krähen auf ein paar Bäumen, 300 Yards entfernt. Myriaden von Mücken treiben und tanzen in der Luft, in allen Richtungen. Die Eichenblätter liegen dick unter den entlaubten Bäumen und verbreiten einen strengen und köstlichen Duft. Innerhalb der Stationen ist alles düster. Dort ist der Tod. Als ich eintrat, wurde ich unmittelbar wieder mit ihm konfrontiert; mit der Leiche eines armen Soldaten, soeben an Typhus verstorben. Die Wärter hatten gerade die Glieder gerichtet, legten Kupfermünzen auf die Augen und bahrten die Leiche auf.
Die Straßen – In den vergangenen drei Jahren habe ich mich bei ausgedehnten Spaziergängen aus Washington hinaus, fünf, sieben, mitunter zehn Meilen und zurück immer sehr erholt; gewöhnlich kam mein Freund Peter Doyle mit; dem das ebensoviel Spaß macht wie mir. Großartige mondhelle Nächte über den tadellosen Militärstraßen, fest und eben. Oder die Sonntage – wir machten wunderbare Wanderun-

gen, die unvergeßlich bleiben werden. Wenigstens die Straßen, die Washington mit den zahlreichen Forts rund um die Stadt verbinden, waren ein nützliches Ergebnis des Krieges.

Echte Soldaten

Sogar mit den echten Soldaten bin ich persönlich sehr vertraut gewesen – mir scheint, wenn ich eine Liste von ihnen anlegen sollte, daß das so etwas wie ein Einwohnerverzeichnis einer Stadt ergeben würde. Nur wenige habe ich auf den vorhergehenden Seiten erwähnt – die meisten sind tot – ein paar jedoch leben noch. Da wären Reuben Farwell, aus Michigan (der kleine „Mitch"); Benton H. Wilson, Fahnenträger, 185. New-Yorker Regiment; Wm. Stansberry; Manvill Winterstein, Ohio; Bethuel Smith; Capt. Simms vom 51. New-Yorker (getötet in Petersburgh durch eine Mine); Capt. Sam. Pooley and Lieut. Fred. Mc Ready vom gleichen Regiment. Ebenfalls von diesem Regiment: mein Bruder, George W. Whitman – von Anfang bis Ende im aktiven Dienst, vier Jahre, zweimal Dienst verlängert – wurde befördert, Schritt für Schritt (mehrere Male unmittelbar nach einer Schlacht), Leutnant, Hauptmann, Major und Oberstleutnant – war bei den Kampfhandlungen von Roanoke, Newbern, der zweiten Schlacht am Bull Run, Chantilly, South Mountain, Antietam, Fredericksburg, Vicksburgh, Jackson, den blutigen Auseinandersetzungen der Wilderness, bei Spottsylvania, Cold Harbor und anschließend um Petersburgh; wurde bei letzterem Gefecht gefangengenommen und brachte vier oder fünf Monate in Gefangenenlagern der Sezessionisten zu, was er nur mit knapper Not überleben konnte. Er hatte sich ein ernstliches Fieber zugezogen durch Hunger und unzureichende Kleidung im Winter. (Welche Ereignisse das 51. New-Yorker Regiment durchlebte! Zog zeitig aus – marschierte, kämpfte überall – war in Stürmen auf See, nahezu vernichtet – stürmte Forts – durchzog Virginia kreuz und quer, Tag und Nacht, Sommer '62 – anschließend Kentucky und Mississippi – Dienst verlängert – war bei allen Gefechten und Feldzügen, wie oben erwähnt.) Ich stärke und tröste mich mit der Gewißheit, daß die Aufnahmefähigkeit für gerade solche Regimenter (Hunderte, Tausende von ihnen) in den Vereinigten Staaten unerschöpflich ist und daß es keine Gegend oder Stadt in der Republik gibt – noch eine Straße in einer beliebigen Stadt – die nicht antreten könnte und, wenn nötig, antreten würde, wann immer viele solcher echten Soldaten benötigt würden.

„Krampfhaftigkeit"

Da ich die Korrekturbögen der vorhergehenden Seiten durchhabe, kam mir ein paarmal die Befürchtung, mein Tagebuch würde sich bestenfalls als eine Reihe krampfhaft geschriebener Reminiszenzen erweisen. Nun, so sei es denn! Sie sind nur Teile der wirklichen Verwirrung, Hitze, des Qualms und der Aufregung jener Zeiten. Der Krieg selbst und der Charakter der vorherigen Gesellschaft, können in der Tat am besten mit diesem Wort beschrieben werden – *Krampfhaftigkeit.*

Bilanz dreier Jahre

Während jener drei Jahre machte ich in Lazaretten, Lagern oder im Felde mehr als 600 Besuche oder Rundgänge und suchte dabei, wie ich schätze, alles zusammengerechnet, 80 000 bis 100 000 Verwundete und Kranke auf, als Kraftspender für die Seele und auch einigermaßen für den Körper in einer Zeit der Not. Die Besuche waren unterschiedlich lang, von ein, zwei Stunden bis den ganzen Tag oder die ganze Nacht; denn bei mir besonders nahestehenden oder kritischen Fällen wachte ich im allgemeinen die ganze Nacht. Manchmal bezog ich Quartier im Lazarett und schlief oder wachte dort mehrere Nächte hintereinander. Jene drei Jahre (mit all ihren fieberhaften Erinnerungen, physischen Verlusten und beklagenswerten Anblicken) halte ich für die größte Vergünstigung und Befriedigung und selbstverständlich die tiefgründigste Lektion meines Lebens. Ich kann sagen, daß ich allen – ob aus dem Norden oder dem Süden – die meinen Weg kreuzten, Hilfe leistete und niemanden mißachtete. Diese Jahre weckten in mir ungeahnte Tiefen des Gefühls, brachte sie an den Tag und bestimmte sie. Ihnen verdanke ich die glühendsten Auffassungen von dem wahren *Ganzen* und dem Ausmaß der Staaten. Während ich in Tausenden von Fällen bei Verwundeten und Kranken aus den Neuenglandstaaten und aus New York, New Jersey und Pennsylvania und Michigan, Wisconsin, Ohio, Indiana, Illinois und aus all den westlichen Staaten war, half ich den Verwundeten und Kranken mehr oder weniger der gesamten Staaten, Norden wie Süden, ohne Ausnahme. Ich war bei vielen aus den Grenzstaaten, hauptsächlich aus Maryland und Virginia, und begegnete in jenen grausigen Jahren 1862/63 weitaus mehr Südstaatlern, insbesondere aus Tennessee, die Anhänger der Union waren, als angenommen wird. Ich war bei vielen aufständischen Offizieren und Gemeinen, die unter unseren Verwundeten lagen, und gab ihnen stets, was ich hatte, und versuchte, sie genauso aufzumuntern wie jeden anderen. Sehr viel kam ich mit Fuhrleuten der Armee zusammen, zu denen ich mich in der Tat stets hingezogen fühlte. Auch zu den schwarzen Soldaten, verwundet oder krank, und in die Lager der in das Gebiet der Unionstruppen entflohenen Negersklaven lenkte ich meine Schritte, wann immer ich in ihrer Nähe war, und tat für sie, was ich konnte.

Auch ein Schlusswort über die Million Toter

Die Toten in diesem Krieg – da liegen sie, hingestreut über die Felder und Wälder und Täler und Schlachtfelder des Südens – Virginia, die Peninsola, Malvern Hill und Fair Oaks – die Anhöhen von Chickahominy – die Terrassen von Fredericksburg – Antietam Bridge – die grausigen Schluchten von Manassass – die blutige Promenade der Wilderness – die Anzahl der *verstreuten* Toten (das Kriegsministerium schätzt die im Kampf getöteten und niemals begrabenen Soldaten der Union auf 25 000; 5 000 Ertrunkene; 15 000 von Fremden oder während des Marsches, in aller Eile, an bisher nicht wieder aufgefundenen Orten verscharrt; 2000 Gräber bedeckt von Sand und Schlamm durch Überschwemmungen des Mississippi, 3000 mit fortgerissen etc.) – Gettysburgh, der Westen, Südwesten – Vicksburgh – Chattanooga – die Gräben von Petersburgh – die zahllosen Schlachten, Camps, Lazarette überall – die Ernte der mächtigen Schnitter, Typhus, Ruhr, Entzündungen – und das Abscheulichste und Widerlichste von allem, die toten und lebenden Gräber, die Löcher von Andersonville, Salisbury, Belle-Isle etc. (nicht einmal die von Dante geschilderte Hölle und all ihr Jammer, ihre Entwürdigung, schwere Pein konnten jene Gefängnisse übertreffen) – die Toten, die Toten, die Toten – *unsere* Toten – Süd oder Nord, unser aller (alle, alle, alle stehen mir schließlich nahe) – Ost oder West – Atlantikküste oder Flußgebiet des Mississippi – irgendwohin kriechen sie, um zu sterben, allein, im Gebüsch, in tiefen Schluchten oder an Berghängen – (dort, an einsamen Orten, werden ihre Skelette, geblichenen Knochen, Haarbüschel, Knöpfe, Kleiderreste gelegentlich immer noch gefunden) – unsere jungen Männer, einst so stattlich und so froh, von uns genommen – der Sohn von der Mutter, der Mann von der Ehefrau, der liebe Freund vom lieben Freunde – die Gräberfelder in Georgia, den Carolinas und in Tennessee – die einzelnen Gräber in den Wäldern, entlang der Straßen (Hunderte, Tausende verwischt) – die Leichen trieben die Flüsse hinunter, wurden herausgefischt und vergraben (Dutzende trieben den oberen Potomac hinunter, nach Kavalleriegefechten, der Verfolgung von Lee, nach Gettysburgh) – einige liegen auf dem Grund des Meeres – die allgemeine Million und die speziellen Friedhöfe in nahezu allen Staaten – die zahllosen Toten – (das Land völlig durchtränkt, parfümiert mit den feinen Ausdünstungen ihrer sterblichen Überreste, destilliert in der Chemie der Natur, und wird so sein für immer, in jedem zukünftigen Weizenkorn und jeder Ähre und in jeder Blume, die wächst, und in jedem Atemzug, den wir machen) – nicht nur Nordstaatler zurückgelassen in südlichem Boden – Tausende, ja, Zehntausende von Südstaatlern zerfallen heute in nördlicher Erde.

Und überall entlang dieser zahllosen Gräber – überall auf den vielen Soldatenfriedhöfen der Nation (es gibt jetzt, glaube ich, mehr als 70 davon) – wie zu der Zeit in den ausgedehnten Schützengräben, den Lagerstätten der Erschlagenen, Nordstaatler und Südstaatler, nach den großen

Schlachten – nicht nur wo die vernichtende Spur in jenen Jahren vorbeizog, sondern sich seitdem in alle friedlichen Teile des Landes ausbreitend – sehen wir, und noch Generationen werden es sehen, auf Denkmälern und Grabsteinen, einzeln oder in Massen, zu Tausenden oder Zehntausenden, das bezeichnende Wort *unbekannt*.
(Auf einigen Gräberfeldern sind nahezu *alle* Toten unbekannt. In Salisbury, N. C., zum Beispiel sind nur 85 bekannt, während 12 027 unbekannt sind, und 11 700 davon sind in Schützengräben verscharrt. Diesen Ort zu kennzeichnen, ist hier auf Anordnung des Kongresses eine nationale Gedenkstätte errichtet worden – welches sichtbare, materielle Denkmal kann aber jemals das Andenken dieses Ortes gebührend bewahren?)

Der wahre Krieg wird niemals in die Literatur eingehen

Und so adieu dem Kriege. Ich weiß nicht, wie es anderen ergangen sein mag oder noch immer ergeht – für mich lag das Hauptinteresse (und liegt es in der Erinnerung noch immer) bei den einfachen Soldaten, und zwar beider Seiten, bei den Burschen in den Lazaretten und selbst bei den Toten auf dem Schlachtfeld. Für mich sind die Dinge, die den verborgenen persönlichen Charakter und die Möglichkeiten dieser Staaten zeigen, so wie sie von den zwei, drei Millionen Amerikanern jüngeren und mittleren Alters beider Armeen, des Nordens wie des Südens, verkörpert sind – und vor allem das Drittel oder Viertel der Soldaten, die während der Kämpfe verwundet oder von Krankheiten befallen wurden – von weitaus größerer Bedeutung als die verfochtenen politischen Interessen. (Da ja für ein Geschlecht soviel davon abhängt, wie es dem Tod ins Auge schaut und wie es persönliche Pein und Krankheit erträgt. Da wir ja auch aus den Gefühlsausbrüchen in kritischen Situationen, den indirekten Charakterzügen und Randbemerkungen im Plutarch viel gründlichere Aufschlüsse über die Antike erhalten als aus all ihrer offiziellen Geschichtsschreibung.)
Künftige Zeiten werden niemals die brodelnde Hölle und den schwarzen infernalischen Hintergrund der zahllosen

kleinen Szenen und Momentaufnahmen (nicht die förmliche Scheinhöflichkeit der Generale, auch nicht die wenigen großen Schlachten) des Sezessionskrieges erfahren; und das ist auch das beste – denn der wahre Krieg wird niemals in die Literatur eingehen. In der heutigen Zeit, mit ihren sentimentalen Einflüssen, laufen auch die hitzige Atmosphäre und die typischen Ereignisse jener Jahre Gefahr, total vergessen zu werden. Ich habe nachts in einem Lazarett an der Seite eines kranken Mannes gewacht, der nicht mehr viele Stunden zu leben hatte. Ich habe das Zucken und Brennen seiner Augen gesehen, als er sich aufrichtete und sich an die Grausamkeiten und Verstümmelungen erinnerte, die man seinem gefangengenommenen Bruder und später dessen Leichnam zugefügt hatte. (Man erinnere sich an den Vorfall von Upperville in den vorangegangenen Seiten – die 17 Getöteten, wie beschrieben, wurden einfach liegengelassen. Nachdem sie niedergestreckt worden waren, faßte sie keiner mehr an – man vergewisserte sich jedoch des Todes aller. Der Bevölkerung wurde es überlassen, die Leichen zu begraben oder auch nicht, ganz wie sie wollten.)

So war der Krieg. Er war keine Quadrille in einem Ballsaal. Seine innerste Geschichte wird nicht nur nie geschrieben werden – seine Praktiken, die Einzelheiten der Taten und Leidenschaften werden nicht einmal angedeutet werden. Der wirkliche Soldat der Jahre 1861 bis 1865, vom Norden wie vom Süden, in seiner Komplexität; mit seiner unglaublichen Tapferkeit, seinen Gewohnheiten, Praktiken, Neigungen, seiner Ausdrücke, seiner leidenschaftlichen Kameradschaft, seinen Begierden, seinen Unanständigkeiten, seiner herrlichen Kraft und Animalität, seinem zügellosen Wesen und hundert ungenannten Licht- und Schattenseiten der Feldlager, sage ich, werden nie beschrieben werden – dürfen und sollten es vielleicht auch nicht.

Die Aufzeichnungen bis hierher mögen ein paar verstreute Einblicke in jenes Leben gewähren, in jenes grausige innere Wesen, das der Zukunft niemals gänzlich überliefert werden wird. Der Teil des Dramas von 1861 bis 1865, der sich in den Hospitälern abgespielt hat, verdient vor allem, aufgezeichnet zu werden. Der Teil jenes vielsträngigen Dramas mit all seinen jähen und seltsamen Überraschungen, seinem Wirrwarr an Prophezeiungen, seinen Augenblicken der

Verzweiflung, der großen Furcht vor ausländischer Einmischung, den endlosen Feldzügen, den blutigen Schlachten, den mächtigen und schwerfälligen und unerfahrenen Armeen, den Aushebungen und Wohltätigkeiten – den ungeheuren Geldausgaben, einem schweren, lang anhaltenden Regen gleich – mit einer während der letzten drei Jahre des Ringens das ganze Land erfassenden, nicht endenden, allgemeinen Totenklage der Frauen, Eltern, Waisen – mit dem Kern der Tragödie, konzentriert in jenen Lazaretten – (mitunter schien es, als ob der Gegenstand der Anteilnahme des Landes, des Nordens wie des Südens, ein einziges riesiges Zentralhospital sei und alles andere nichts als Erscheinungen am Rande) – des Dramas derer, die die nicht überlieferte, ungeschriebene Historie des Krieges bildeten – so unendlich viel größer (wie die des Lebens) als die wenigen Bruchstücke und Verzerrungen, die jemals mündlich überliefert oder aufgezeichnet wurden. Man bedenke, wie vieles, durchaus Wichtiges der Vergessenheit anheimfallen wird – wie vieles, Ziviles und Militärisches bereits versunken ist – in ewigem Dunkel.

Ein Zwischenkapitel

Es verstrichen mehrere Jahre, ehe ich mein Tagebuch weiterführte. In den Jahren '66 und '67 und noch etwas danach arbeitete ich weiterhin in der Anwaltspraxis in Washington. Im Februar '73 wurde ich von einer Lähmung niedergestreckt, gab meinen Schreibtisch auf und zog nach Camden, New Jersey, wo ich in den Jahren '74 und '75 lebte, ziemlich unwohl – dann ging es mir aber allmählich wieder besser, begann, für mehrere Monate aufs Land zu gehen, an einen reizenden, abgeschiedenen und ländlichen Ort am Timber Creek, zwölf bis dreizehn Meilen vor seiner Einmündung in den Delaware River. Wohnte im Farmhaus meiner Freunde, den Staffords, ganz in der Nähe. Die Hälfte der Zeit verbrachte ich an diesem Fluß und seinen anliegenden Feldern und Pfaden. Und was mein Leben hier betrifft, so verdanke ich ihm eine teilweise Genesung (eine Art von Wieder-zu-Atem-Kommen oder Halb-Erneuerung der Lebensfrist) von der Erschöpfung von 1874 bis 1875.

Wenn die Notizen über jenes Leben im Freien doch auch so begeisternd für Sie sein könnten, lieber Leser, wie es das Erlebnis für mich war! Zweifellos wird im Verlaufe des Folgenden die Tatsache der Invalidität zwischen einigen Zeilen zutage treten (ich bezeichne mich in jenen Tagen selbst als einen *Halbgelähmten* und preise ehrfürchtig den Herrn dafür, daß es nicht noch schlimmer ist) – aber ich bekam meinen Anteil an Spaß und gesunden Stunden und werde versuchen, mich auf diese zu konzentrieren. (Der Trick ist, finde ich, seine Erwartungen und seinen Geschmack weit genug herunterzuschrauben und Kleinigkeiten so aufzubauschen, daß man sich dann schon an dem bloßen Tageslicht und dem Himmel erfreut.

Neue Themen

1876, 1877 – Mitte Mai und Anfang Juni halte ich den Wald für meinen besten Arbeitsplatz.[9] Nahezu alle folgenden Aufzeichnungen habe ich dort, auf einem Baumstamm oder -stumpf sitzend oder an ein Geländer gelehnt, niedergeschrieben. Ja, wo immer ich bin, im Winter oder im Sommer, in der Stadt oder auf dem Land – allein daheim oder auf Reisen – ich muß mir Notizen machen – (die im Alter und bei Gebrechlichkeit stark dominierende Leidenschaft, und selbst das Nahen des – doch davon darf ich noch nicht sprechen). Denn indem ich mir gewisse sanfte Gefühlsäußerungen der letzten Jahre ganz und gar verdeutliche, bin ich geneigt, mir unter der Oberfläche der folgenden Auszüge die Grundlagen einer ganz schönen Lektion vorzustellen, die ich erfahren habe. Wenn man Geschäft, Politik, Geselligkeit, Liebe und so weiter ausgekostet hat – wenn man gefunden hat, daß letztlich nichts davon befriedigt oder von Dauer ist – was bleibt dann noch? Es bleibt die Natur; um aus verborgenen Tiefen die enge Verbindung eines Mannes oder einer Frau mit dem freien Himmel, den Bäumen, Feldern, dem Wechsel der Jahreszeiten – der Sonne bei Tag und den Sternen bei Nacht hervorzubringen. Von dieser Überzeugung wollen wir ausgehen. Literatur steht so hoch und ist so scharf gewürzt, daß unsere Notizen kaum mehr zu sein scheinen als Atemzüge gewöhnlicher Luft oder

einige Tropfen Wasser. Doch das ist ein Teil unserer Lektion.
Teure, beruhigende, heilsame Stunden der Genesung – nach drei Jahren der Lähmung, die ich ans Bett gefesselt war – nach der langen Anspannung des Krieges, seinen Wunden und seinem Sterben.

Beim Betreten eines langen Farmweges

Wie jedermann seine Hobbys und Neigungen hat, so bevorzuge ich echte Farmwege, eingefriedet mit alten Kastaniengittern, graugrün, mit Moos und Flechten bewachsen, reichlich Unkraut und Dornengesträuch wächst stellenweise auf den Haufen von gelegentlich zusammengesammelten Steinen zu Füßen des Zaunes – unregelmäßige Wege dazwischen und Trampelpfade von Pferden und Kühen – all die charakteristischen Begleiterscheinungen, die in ihrer Saison die Gegend kennzeichnen und durchduften – Apfelblüten in der zweiten Aprilhälfte – Schweine, Federvieh, ein Feld August-Buchweizen, und auf einem anderen die langen wogenden Rispen des Maises – und so gehts zum Weiher, der Ausweitung des Flusses, einsam schön, mit jungen und alten Bäumen und stillen Winkeln und schönen Aussichten!

Zur Quelle und zum Bach

So führt er fast zur Quelle unter den Weiden. Wohlklingend wie sacht angestoßene Gläser – ergießt er sich in einen ansehnlichen Lauf, so dick wie mein Hals, rein und klar, heraus aus ihrem Born, wo die Böschung sich darüberwölbt wie eine große braune, struppige Augenbraue oder ein Gaumen – murmelt, murmelt unablässig; – meint natürlich etwas, sagt etwas (wenn man es doch nur übersetzen könnte!) – murmelt dort immerzu, das ganze Jahr hindurch – ohne Unterlaß. Im Sommer Unmengen von Minze und Brombeeren – der Wechsel von Licht und Schatten – gerade der rechte Ort für meine Sonnenbäder im Juli und Wasserbäder auch, hauptsächlich aber das unnachahmliche zarte Gurgeln, wenn ich an heißen Nachmittagen dort sitze.

Wie das und alles andere in mich strömt, Tag für Tag – alles verwahrt – der wilde, gerade spürbare Duft und das Gesprenkel von Blätterschatten und all die natur-medizinischen, elementar-moralischen Einflüsse dieses Ortes.

Plätschere weiter, Bächlein, mit jener dir eigenen Ausdrucksweise! Auch ich werde zum Ausdruck bringen, was ich gesammelt habe in meinem Leben und meiner Entwicklung – Angeborenes, Unterirdisches, Vergangenes – und jetzt dich. Schlängle dich deines Weges – ich geh mit dir, wenigstens eine kleine Weile. Da ich dich so häufig besuche, Saison für Saison, du kanntest mich nicht, wußtest nichts von mir (doch warum sich dessen so sicher sein? wer kann es sagen?) – ich aber will lernen von dir und bei dir verweilen – von dir empfangen, dich kopieren und drukken.

Ein frühsommerlicher Weckruf

Fort denn und den göttlichen Bogen, so straff, so lang, gelockert und entspannt! Fort von Gardine, Teppich, Sofa, Buch – von der „Gesellschaft" – vom Haus in der Stadt, von der Straße und von Fortschritt und Luxus – hin zu dem urtümlich sich schlängelnden, bereits erwähnten, bewaldeten Bach mit seinen unbeschnittenen Büschen und grasbewachsenen Ufern – fort von Verbänden, engen Schuhen, Knöpfen und dem ganzen starren Leben Zivilisierter – aus der künstlichen Umgebung von Läden, Maschinen, Ateliers, Büros, Salons – von den Schneidern und modischen Kleidern – vielleicht überhaupt von Kleidern, einstweilen, denn die sommerliche Hitze nimmt zu dort draußen in der feuchten, schattigen Einsamkeit! Fort, du Seele (laß mich einzig dich, lieber Leser, auswählen und mit dir völlig frei, ungezwungen, vertraulich reden), einen Tag und eine Nacht lang wenigstens, zurück an unser aller nackte Lebensquelle – an die Brust der großen, stillen, wilden, alles umfangenden Mutter! Ach, wie viele von uns sind so verweichlicht – wie viele sind so weit fortgegangen, daß eine Rückkehr beinahe unmöglich ist!

Doch zurück zu meinen Aufzeichnungen, die ich vom Stapel nehme, wie sie kommen, ohne besondere Auswahl. Sie verlaufen über eine Zeitspanne von ungefähr fünf, sechs Jahren. Jede wurde im Freien, an Ort und Stelle, unbekümmert mit Bleistift hingeworfen. Die Drucker werden das zu ihrem Leidwesen erkennen, da vieles in der ihnen zur Verfügung stehenden Abschrift von diesen hastig geschriebenen ersten Notizen stammt.

Ziehende Vögel um Mitternacht

Hattest du schon einmal Gelegenheit, den mitternächtlichen Flug der Vögel zu hören, wenn sie hoch über dir durch die Lüfte und die Dunkelheit ziehen und in unzählbaren Scharen ihren Früh- oder Spätsommerstandort wechseln? Das ist etwas, was man nicht wieder vergißt. Gestern nacht, kurz nach zwölf, weckte mich ein Freund, um mich auf das eigentümliche Geräusch ungewöhnlich großer Vogelschwärme aufmerksam zu machen, die (ziemlich spät in diesem Jahr) nach Norden zogen. In der Stille, dem Dunkel und dem köstlichen Odeur dieser Stunde (dem natürlichen Duft, der nur der Nacht eigen ist) war es für mich eine seltsame Musik. Man konnte die charakteristische Bewegung *hören* – ein-, zweimal, „den Schlag mächtiger Schwingen", sonst aber nur ein weiches Rauschen, lang anhaltend – manchmal ziemlich nahe, mit fortwährenden Rufen, mit Gezirp und einigen Trillern. Das Ganze dauerte von zwölf bis nach zwei. Dann und wann waren die einzelnen Arten klar zu unterscheiden; ich konnte den Reisstar heraushören, die Prachtmeise, die Weidendrossel, den Weißschopfsperling, und gelegentlich kamen von hoch oben auch die Töne des Regenpfeifers.

Hummeln

Wonnemonat Mai – Monat der schwärmenden, singenden, sich paarenden Vögel – Monat der Hummeln – Monat des blühenden Flieders (und auch mein Geburtsmonat). Es ist kurz nach Sonnenaufgang, und ich schreibe diesen Abschnitt draußen am Fluß. Das Spiel des Lichts, die Düfte, die Melodien – die Wacholderdrosseln, Schwarzohrsand-

pieper, Wanderdrosseln, wohin man auch schaut – das lärmende, klingende, natürliche Konzert. Die Untermalung bildet das nahe Klopfen eines Spechtes und das entfernte Trompetengeschmetter eines Hahnes. Dann der frische Duft nach Erde – die Farben, die zarten Grau- und schwachen Blautöne am Horizont. Das leuchtende Grün des Grases hat durch die Milde und Feuchtigkeit der beiden letzten Tage einen zusätzlichen Anstrich erhalten. Wie die Sonne am weiten, klaren Himmel ruhig aufsteigt zu ihrer Tagesreise! Wie die warmen Strahlen alles baden und küssen und beinahe glutheiß über meine Wangen streichen!
Es ist eine Weile her, seit dem Gequak der Teichfrösche und dem ersten Weiß der Hartriegelblüten. Nun sprenkelt der goldene Löwenzahn in endloser Verschwendung überall den Boden. Die weißen Kirsch- und Birnenblüten, die wilden Veilchen, die mit ihren blauen Augen aufschauen und meinen Füßen salutieren, da ich am Rande des Waldes entlangschlendere. Der rosige Glanz aufblühender Apfelbäume, das leuchtend klare Smaragdgrün der Weizenfelder, das dunklere Grün des Roggens, eine warme Geschmeidigkeit erfüllt die Luft, die Zedernsträucher überreich mit ihren kleinen braunen Zapfen bedeckt – der Sommer erwacht ganz und gar. Die Amseln sammeln sich in geschwätzigen Schwärmen auf einem Baum und erfüllen Ort und Stunde mit Lärm, da ich in ihrer Nähe sitze.
Später – Die Natur zieht feierlich vorüber, in Abteilungen, wie das Korps einer Armee. Alle haben viel für mich getan und tun es noch. An den letzten beiden Tagen jedoch sind es vor allem die großen wilden Bienen gewesen, die Hummeln oder „Brummeln", wie die Kinder sie nennen. Wenn ich vom Farmhaus hinunter zum Bach gehe bzw. humple, benutze ich den bereits erwähnten Heckenweg, dessen Zäune aus alten Riegeln bestehen. Diese haben viele Risse, Splitter, Brüche, Löcher usw., die Lieblingsdomizile dieser summenden, haarigen Insekten. Auf und ab, neben und zwischen diesen Latten schwärmen, surren und fliegen sie in Myriaden. Wenn ich gemächlich meines Weges gehe, werde ich oft von einer flirrenden Hummelwolke begleitet. Auf meinen morgendlichen, mittäglichen und abendlichen Streifzügen spielen sie eine wesentliche Rolle und beherrschen oft die Szene, auf eine Art, wie ich sie mir nie vorge-

stellt habe – nicht nur zu Dutzenden oder Hunderten, sondern zu Tausenden bevölkern sie den langen Weg. Groß, munter und flink, mit wundervollem Schwung und einem lauten, schwellenden, anhaltenden Brummen, das hin und wieder unterbrochen wird von etwas, das sich beinahe wie ein Schrei anhört, stürmen sie in schnellen, ruckartigen Bewegungen hin und her, jagen einander und vermitteln mir (kleine Dinger, die sie sind) ein neues, deutliches Gefühl für Stärke, Schönheit, Lebenskraft und Bewegung. Ist das ihre Paarungszeit? Oder was bedeutet diese Fülle, Schnelligkeit, Ungeduld und Kraftentfaltung? Als ich so dahinging, dachte ich, ein bestimmter Schwarm folge mir, nach genauerem Hinsehen jedoch wurde mir klar, daß es eine rasche Folge sich gegenseitig ablösender Schwärme war.

Ich schreibe unter einem großen wilden Kirschbaum – der warme Tag, angenehm temperiert durch einzelne Wolken und eine frische Brise, nicht zu stark und nicht zu schwach. Lange, lange sitze ich hier, eingehüllt in das tiefe musikalische Summen dieser Hummeln, die zu Hunderten hin und her schwirren, sich wiegen, mich umschwärmen – dicke Burschen mit hellgelben Röcken, großen leuchtenden, schwellenden Leibern, gedrungenen Köpfen und hauchdünnen Flügeln – fortwährend lassen sie ihr klangvolles, sanftes Gebrumm ertönen. (Liegt darin nicht eine Anregung zu einer musikalischen Komposition, zu der es der Hintergrund sein könnte? So eine Art Hummelsinfonie?) Wie mich das alles kräftigt und zur Ruhe kommen läßt, auf eine höchst wünschenswerte Weise; die freie Luft, die Roggenfelder, die Obstgärten. Die letzten beiden Tage waren, was Sonne, Wind, Temperatur, überhaupt alles betrifft, ganz tadellos; nie hat es zwei vollkommenere Tage gegeben, und ich habe sie herrlich genossen. Mein Gesundheitszustand ist etwas besser und mein Geist nicht mehr gestört. (Doch steht der Tag, da sich der schwerste Verlust und größte Kummer meines Lebens jährt, unmittelbar bevor.)

Noch eine Notiz, noch ein vollkommener Tag; morgens, von sieben bis neun, zwei Stunden vom Gebrumm der Hummeln und dem Gesang der Vögel eingehüllt. In den Apfelbäumen da drüben und einer benachbarten Zeder saßen drei, vier Zwergdrosseln, jede gab ihr Bestes, und sie tirilierten in einer Weise, wie ich es vortrefflicher nie gehört. Zwei Stunden habe ich mich ihrem Gesang hingegeben und versunken die Szene in mich aufgesogen. Beinahe jeder Vogel, stelle ich fest, hat seine besondere Zeit im Jahr – mitunter auf wenige Tage begrenzt – während der er am schönsten singt; und jetzt ist die Zeit dieser Zwergdrosseln. Mittlerweile das musikalische Schwirren und Summen der Hummeln die Gasse auf und ab. Da ich nach Hause zurückkehre, wieder ein großer Schwarm zu meiner Begleitung, wie zuvor bewegt er sich mit mir dahin.

Während ich diese Zeilen schreibe, zwei, drei Wochen später, sitze ich nahe am Bach, unter einem Tulpenbaum, 20 Meter hoch, dicht, im frischen Grün seiner jungen Reife – ein prächtiges Exemplar – jeder Zweig, jedes Blatt vollkommen. Von den Wurzeln bis zum Wipfel wimmelt es von Myriaden dieser wilden Bienen, die den süßen Saft der Blüten suchen und deren lautes, gleichmäßiges Brummen die ganze Szene, meine Stimmung und die Stunde untermalt. Diese Notiz will ich beschließen, indem ich die folgenden Verse aus Henry A. Beers Büchlein zitiere:

> Im hohen Gras dort ruhte ich,
> Wo eine trunkne Hummel sich
> Mir näherte, vom Palmwein wild.
> Kaum sich die goldne Schärpe hielt
> Um ihren Bauch, pompös gestrafft
> Von all dem honigsüßen Saft.
> Rosen-Likör und Wicken-Trank
> Erfüllten sie mit Göttersang;
> Die warme Nacht hat sie geletzt,
> Behaartes Bein mit Tau benetzt.
> Sie spielte Possen ungezählt,
> Indes im Schlaf sich dreht' die Welt.
> Oft ließ sie sich mit durstigen Lippen
> Auf Blüten nieder, Duft zu nippen.
> Auf Blättern ist sie ausgeglitten,
> Und, stolpernd über offne Blüten,
> Kopfüber in den Staub gerollt,
> Daraus sie kroch, bedeckt mit Gold.

Ein andermal die schweren Füße
An irgendeine Knospe stießen:
Nörgelnd tönt tief ihr sanfter Baß –
O arme Hummel! – aus dem Gras.

(Deutsch von Heinz Czechowski)

GITTERROST

Als ich heute in einem leichten Wagen zehn oder zwölf Meilen über Land reiste, erfreute mich nichts mehr in seiner schlichten Schönheit und Neuartigkeit (entweder hatte ich diese kleinen Dinge noch nie so gut gesehen, oder ich hatte sie vorher nie bemerkt), als jene seltsame Frucht mit ihren verschwenderischen hellgelben zollangen Troddeln von Seide oder Garn, in grenzenlosem Überfluß die dunkelgrünen Zedernbüsche sprenkelnd – in gutem Kontrast zu ihren bronzenen Büscheln. Die seidenweichen Fasern bedecken die Kuppen völlig, wie ein wilder Haarschopf auf dem Kopf einer Elfe. Auf meiner anschließenden Wanderung den Fluß hinunter pflückte ich mir einen von einem Busch und werde ihn aufheben. Diese Zedernäpfel halten sich jedoch nur eine kleine Weile und verwelken und zerbröckeln bald.

SOMMERSZENEN UND BESCHAULICHKEITEN

10. Juni – Während ich hier, 17.30 Uhr, am Fluß schreibe, kann nichts den stillen Glanz und die Frische um mich herum übertreffen. Mitten am Tag hatten wir einen schweren Regenguß mit kurzem Blitzen und Donnern; und seitdem haben wir über uns einen zwar nicht ungewöhnlichen, doch aber unbeschreiblichen Himmel (dem Wesen, nicht den Einzelheiten oder Formen nach) von transparentem Blau mit sich türmenden, von Silber gesäumten Wolken und einer strahlenden Sonne. Darunter Bäume in der Fülle ihres zarten Blattwerks – sanfte, schrille, langgezogene Vogellaute – untermalt von dem mürrischen Miauen der unzufriedenen Spottdrossel und dem lieblichen Gezwitscher zweier Eisvögel. Die letzte halbe Stunde habe ich die beiden bei ihrer üblichen Abendtummelei über und in dem Bach beobachtet; offenbar ein Vergnügen lebhaftester Art. Sie jagen einander, wirbeln umher, drehen Kreise und tauchen immer wieder munter kopfüber ins Wasser, daß es spritzt wie lauter Diamanten – um dann mit ausgebreiteten Flügeln und anmutiger Bewegung davonzuschießen, bisweilen so dicht an mir vorbei, daß ich ihren dunkelgrau gefiederten Körper und ihre milchweißen Hälse gut erkennen kann.

Duft des Sonnenuntergangs – Wachtelgesang – Die Einsiedlerdrossel

19. Juni, 16 bis 18.30 Uhr – Sitze allein am Fluß – einsam hier, aber sehr hell und lebendig – die Sonne scheint, und ein ziemlich frischer Wind bläst (ein paar schwere Schauer letzte Nacht). Gras und Bäume sehen wundervoll aus. Das Obskure verschiedener Grüntöne, Schatten, Halbschatten und das bunte Schimmern des Wassers durch die Baumlücken. Der wilde, an ein Flageolett erinnernde Gesang einer nahen Wachtel – die eben gehörte Aufregung einiger Hylas da unten im Teich – Krähen krächzen in einiger Entfernung. Eine Rotte junger Schweine wühlt in dem weichen Boden unweit der Eiche, unter der ich sitze – einige nähern sich mir schnuppernd und jagen dann grunzend davon. Und immer noch der klare Gesang der Wachtel, das Zittern der Blätterschatten über dem Papier, während ich schreibe. Der Himmel hoch oben mit weißen Wolken und der Sonne, die sich schon nach Westen neigt. Die flinken Bewegungen vieler Sandschwalben, sie kommen und gehen, haben ihre Löcher in der benachbarten Mergelbank. Der Duft von Zeder und Eiche, der intensiver wird mit dem Nahen des Abends – Geruch und Farbe des bronze-goldenen, nahezu ausgereiften Weizens – Kleefelder mit Honigduft – der noch stehende Mais mit langen und rauschenden Blättern – die großen Flächen blühender Kartoffeln, dunkelgrün, überall mit weißen Blüten verziert – die alte, borkige, ehrwürdige Eiche über mir – alles unaufhörlich vermischt mit dem Doppelgesang der Wachtel und dem Säuseln des Windes in nahen Kiefern.

Ich will aufstehen und heimkehren, doch halte ich lange inne bei einem lieblichen Epilog (ist das die Einsiedlerdrossel?) von ein paar buschigen Schlupfwinkeln da in dem Sumpf, gemächlich und tiefsinnig wiederholt und noch einmal und noch einmal. Das zu den Luftsprüngen der Schwalben, die zu Dutzenden in konzentrischen Kreisen durch die letzten Strahlen der untergehenden Sonne fliegen, wie das Aufblitzen eines ätherischen Rades.

Ein Julinachmittag am Teich

Die sengende Hitze, doch in dieser reinen Luft soviel leichter zu ertragen – die weißen und rosa Teichrosen mit ihren großen herzförmigen Blättern; das klare Wasser des Baches, die Ufer mit dichtem Buschwerk, die malerischen Buchen und die Schatten und der Rasen. Der bebende, schrille Ruf eines Vogels aus seinem Versteck, der die warme, träge, halb-wollüstige Stille unterbricht. Gelegentlich eine Wespe, Hornisse, Biene oder Hummel – sie schweben nahe an meinen Händen oder dem Gesicht, belästigen mich jedoch nicht, wie auch ich sie nicht belästige, denn sie kommen nur, prüfen und finden nichts und fliegen wieder davon. – Der weite Raum des Himmels über mir, so klar, und der Bussard dort oben, der langsam, in majestätischen Spiralen seine Kreise zieht. Dicht über dem Teich schwirren zwei große, schiefergraue Libellen mit Flügeln aus Spitze, fliegen hin und her und bleiben bisweilen in der Luft stehen, während ihre Flügel die ganze Zeit schlagen (tun sie das nicht zu meinem Vergnügen?). Der Teich selbst mit seinem schwertförmigen Schilf; die Wasserschlangen – gelegentlich eine hin- und herflatternde Amsel mit roten Tupfen auf den Schultern, die schräg vorüberfliegt. Die Laute der Einsamkeit, der Wärme, des Lichts und des Schattens – das Quaken einer Teichente. Die Grillen und Grashüpfer schweigen in der Mittagshitze, doch ich höre den Gesang der ersten Zikaden. Dann, in einiger Entfernung das Rattern und Surren einer Mähmaschine, die von Pferden in schnellem Schritt über das auf der anderen Seite des Flusses gelegene Roggenfeld gezogen wird. Was war das für ein gelber oder hellbrauner Vogel, so groß wie ein junges Huhn, mit kurzem Hals und langgestreckten Beinen, den ich soeben zwischen den Bäumen da drüben flattern und unbeholfen fliegen sah? Der zarte, doch wahrnehmbare würzige Gras- und Kleeduft in meiner Nase; und über allem, alles umschließend – meinen Blick und meine Seele – der unendliche Raum des Himmels, transparent und blau. Und dort im Westen eine Masse weißgrauer Schäfchenwolken, die die Seeleute „Makrelenschwärme" nennen. Der Himmel mit silbernen Wirbeln wie aus lockigem durcheinandergeschütteltem Haar, sich zerstreuend und weithin dehnend – ein riesenhaftes, stummes, formloses Scheinbild – und doch vielleicht die wirklichste aller Wirklichkeiten und der Gestalter aller Dinge, wer weiß?

HEUSCHRECKEN UND KATYDIDEN

22. August – Schrille Monotonie von Heuschrecken oder Laute von Katydiden. Letztere höre ich nachts, die anderen am Tage und auch in der Nacht. Das morgendliche und abendliche Trillern von Vögeln fand ich bisher wundervoll; aber diesen seltsamen Insekten kann ich mit ebensoviel Vergnügen zuhören. Gegen Mittag ist jetzt eine einzelne Heuschrecke zu hören, von einem Baum, 60 Meter von hier, wo ich schreibe – ein langes, schwirrendes, unaufhörliches, ziemlich lautes Geräusch, abgestuft in verschiedene Wirbel oder schwingende Perioden, an Intensität und Tempo zunehmend bis zu einem gewissen Punkt und dann ein flatterndes, unauffälliges Decrescendo. Jede Linie wird ein bis zwei Minuten gehalten. Die Musik der Heuschrecke paßt sehr gut zu der Szene – ergießt sich, hat Bedeutung, ist maskulin, ist wie köstlicher alter Wein, nicht süß, sondern weit besser als süß.

Die Katydiden aber – wie soll ich deren pikante Ausdrucksweise beschreiben? Auf einer Weide singt eine, direkt vor meinem offenen Schlafzimmerfenster, in 20 Meter Entfernung. In den vergangenen 14 Tagen hat sie mich jede klare Nacht in den Schlaf gewiegt. Neulich ritt ich abends 100 Ruten duch ein Stück Wald und hörte Myriaden von Katydiden – sehr eigenartig diesmal. Mir aber gefällt mein einzelner Nachbar auf dem Baum besser.

Lassen Sie mich etwas mehr über das Zirpen der Heuschrecke sagen, auch auf die Gefahr hin, daß ich mich wiederhole: Ein langes chromatisches Crescendo wie eine um und um wirbelnde Messingscheibe, die Welle auf Welle Töne aussendet, beginnend mit einem gemäßigten Schlag oder Takt, rapide ansteigend in Tempo und Betonung zu einem Punkt größter Energie und Bedeutsamkeit und dann rasch und anmutig abfallend – aus. Nicht die Melodie eines Singvogels – weit davon entfernt, der durchschnittlich Musikalische mag meinen, ohne Melodie. Für das feinere Ohr aber sicherlich eine eigene Harmonie; monoton – aber welch ein Rhythmus in dem grellen Zirpen steckt, immer rundherum, wie eine Zimbel oder wie herumwirbelnde Messingringe.

Was ein Baum uns lehrt

1. September – Um das zu veranschaulichen, sollte ich wohl weder den größten noch den malerischsten Baum auswählen. Hier habe ich jetzt einen meiner Lieblingsbäume vor mir, einen schönen Tulpenbaum, ziemlich gerade, an die 30 Meter hoch und unten einen guten Meter stark. Welche Kraft, Lebensfülle, Ausdauer! Welch stumme Beredsamkeit. Was für Anzeichen von Gelassenheit und *Sein,* im Gegensatz zu der menschlichen Art des bloßen *Scheins.* Und dann die Eigenschaften eines Baumes, die beinahe emotionalen, spürbar künstlerischen, heroischen; so unschuldig und harmlos, und doch so wild. Er *ist,* doch sagt er nichts. Wie er in seiner ausdauernden und heiteren Gelassenheit jedem Wetter trotzt, während jener ungestüme kleine Wicht, der Mensch, bei jedem bißchen Regen oder Schnee nach drinnen rennt. Die Wissenschaft (oder vielmehr die Halbgelehrsamkeit) spottet über Reminiszenzen an Dryaden, Waldnymphen und sprechende Bäume. Wenn diese auch nicht sprechen, so tun sie doch etwas ebenso Gutes wie das meiste Gesprochene und Geschriebene, wie Dichtung und Kanzelwort – oder sie tun es gar ein gut Teil besser. Ich möchte in der Tat annehmen, daß jene alten Erinnerungen an Dryaden genauso wahr sind, wahrscheinlich sogar tiefgründiger als jede andere überkommene Erinnerung. („Hör auf damit", wie die Großmäuler sagen, „und bleib auf dem Teppich.") Geh und setz dich in einen Hain oder Wald zu einem oder mehreren dieser stummen Gefährten, lies diese Zeilen und denke darüber nach!

Eine Lektion von dem harmonischen Ganzen eines Baumes – vielleicht die größte moralische Lehre überhaupt, die Erde, Steine, Tiere uns erteilen, ist eben jene Lehre der Inhärenz dessen *was ist,* ohne die geringste Rücksicht darauf, was der Betrachter (Kritiker) meint oder sagt, oder ob es ihm gefällt oder nicht. Welche Krankheit in jedem einzelnen von uns, in unserer Literatur, Erziehung, Haltung gegenüber dem anderen (ja sogar gegenüber uns selbst) steckt, ist schlimmer, weiterverbreitet als eine krankhafte Sorge um den *Schein* (meist gar um einen sehr flüchtigen Schein) und keinerlei oder fast keinerlei Sorge um die gesunden, langsam wachsenden, dauerhaften, wirklichen Bestandteile eines Charakters, von Büchern, Freundschaft oder Ehe – der unsichtbaren Grundlagen und Bindeglieder der Menschheit? (Wie die allgemeine Grundlage, der Nerv, der große Sympathikus, das Eigentliche der Menschheit, das jedem Ding seinen Stempel aufprägt, notwendigerweise unsichtbar ist.)

4. August, 18 Uhr – Licht und Schatten und seltene Effekte auf dem Blattwerk der Bäume und im Gras – transparente Schattierungen von grün, grau usw., alles in der blendenden Pracht des Sonnenuntergangs. Die klaren Sonnenstrahlen fallen jetzt auf vielerlei neue Stellen, auf die gepolsterten, zerfurchten, bronzefarbenen unteren Stammteile, die mit Ausnahme dieser Stunde immer im Schatten liegen – sie überfluten ihre junge und alte säulenartige Rauheit mit vollem Licht, erschließen mir neue, verblüffende Züge eines stummen, rauhen Zaubers, die dicke Borke, den Ausdruck argloser Unempfindlichkeit, mit manch einer Beule und manchem Knorren, von denen ich vorher nichts wußte. Angesichts der Offenbarungen eines solchen Lichtes, einer solch außergewöhnlichen Stunde, einer solchen Stimmung wundert man sich nicht mehr über die alten Fabeln (warum eigentlich Fabeln?) von Menschen, die vor lauter Liebe zu den Bäumen erkrankten, ekstatisch ergriffen von der mystischen Wirklichkeit der unwiderstehlichen stillen Kraft in ihnen – einer *Kraft,* die am Ende vielleicht die letzte, vollkommenste, höchste Schönheit ist.

Bäume, die mir hier vertraut sind

Eichen (viele Arten – ein kräftiger alter Bursche, vital, grün, dicht, fünf Fuß stark am unteren Stamm; jeden Tag sitze ich darunter)
Zedern, reichlich
Tulpenbäume *(Liriodendron* aus der Familie der Magnoliengewächse – in Michigan und im Süden von Illinois habe ich welche gesehen, 40 Meter hoch und zweieinhalb Meter dick am unteren Stamm[10]; lassen sich schwer verpflanzen; lassen sich am besten direkt von Samen aufziehen – die Holzfäller nennen sie Gelbe Pappeln)
Platanen
Gummi- und Tupelobäume

Buchen
Schwarz-Walnußbäume
Sassafrasbäume
Weiden
Trompetenbäume
Persimonen
Ebereschen
Hickorybäume
Ahorn, viele Arten
Robinien
Birken
Hartriegel
Kiefern
Ulmen
Kastanien
Linden
Espen
Fichten
Weißbuchen
Lorbeer
Stechpalmen

HERBSTLICHE BEIGABEN

20. September – Unter einer alten Schwarzeiche, prächtig, grün und wohlriechend, mitten in einem Hain, den die Albic-Druiden sich würden ausgewählt haben – eingehüllt in die Wärme und das Licht der mittäglichen Sonne und Schwärme tanzender Insekten unter dem rauhen Krächzen vieler Krähen, 100 Ruten entfernt – sitze ich hier, zurückgezogen, nehme alles in mich auf und genieße es. Der Mais, aufgestapelt zu kegelförmigen Mieten, rotbraun gefärbt und welk, ein großes Feld, dicht übersät mit rot-goldenen Kürbissen, ein angrenzendes mit Kohl, sehr schön, so grün und perlweiß, meliert durch viel Licht und Schatten, Streifen von Melonen in ihrem bauchigen Oval und großen, silbern gemaserten, gekräuselten, breiten Blättern und manche herbstliche Anblicke und Geräusche in der Nähe – das entfernte Gegacker einer Schar Perlhühner – und über alles streicht die Septemberbrise, mit schwermütigen Kadenzen in den Spitzen der Bäume.

Ein anderer Tag – Der Boden nach allen Seiten bestreut mit den *Überbleibseln* eines Sturmes. Der Timber-Fluß, da ich langsam seine Ufer abschreite, hat abgenommen und zeigt Auswirkungen vom turbulenten Anschwellen während des letzten Äquinoktialsturmes. Wie ich mich so umschaue, registriere ich: Pflanzen und Büsche, Buckel, Pfade, gelegentliche Stümpfe, einige oben geglättet (manche benutze ich als Rastplätze, und auf einem notiere ich soeben diese Zeilen) – zahlreiche Wildblumen, kleine weiße, sternförmige Dinger, oder das Kardinalrot der Lobelie oder die kirschförmigen Samen der Perennialrose oder die vielrankigen Weinstöcke, die sich um die Stämme der Bäume nach oben winden.

1., 2. und 3. Oktober – Jeden Tag in der Abgeschiedenheit unten am Fluß. Heute (3.) eine klare Herbstsonne und von Westen eine Brise, während ich hier sitze, die Wasseroberfläche vor mir vom Winde hübsch gekräuselt. Auf einer kräftigen alten Buche an der Ecke, morsch und sich neigend, nahezu in den Fluß stürzend, jedoch am Leben und voller Blätter, rennt ein graues Eichhörnchen, die bemoosten Äste erforschend, auf und ab, wedelt mit dem Schweif, springt auf den Boden, setzt sich auf sein Hinterteil, als es mich sieht (ein Darwinscher Fingerzeig?), und dann rast es wieder den Baum hinauf.

4. Oktober – Wolkig und kühl; Anzeichen des nahenden Winters. Hier aber angenehm, dicht fallen die Blätter, der Boden ist bereits voll von ihnen; prächtige Färbung, gelb in allen Tönen, hell- und dunkelgrün, Schattierungen vom schwächsten bis zum kräftigsten Rot – alles gemildert durch das allgegenwärtige Braun der Erde und Grau des Himmels. So, der Winter kommt; und ich bin noch immer krank. Hier sitze ich, mitten unter all diesen hübschen Sehenswürdigkeiten und vitalen Einflüssen und gebe mich jenem Gedanken hin mit seinen umherirrenden Vermutungen.

Der Himmel – Tage und Nächte – Glückseligkeit

20. Oktober – Ein klarer, frischer Tag – trockene und bewegte Luft, reich an Sauerstoff. Von den gesundmachenden stillen, schönen Wundern, die mich umgeben und durchdringen – Bäume, Wasser, Gras, Sonnenlicht und der erste Frost – betrachte ich heute insbesondere den Himmel. Er ist von jenem zarten, transparenten Blau, das nur dem Herbst eigen ist, und die einzigen Wolken sind kleinere oder größere weiße, die ihre ruhige, seelenvolle Bewegung der großen Wölbung widmen. Den ganzen Vormittag über (sagen wir von sieben bis elf) bleibt er von reinem, doch lebendigen Blau. Da aber der Mittag naht, wird er heller, zwei, drei Stunden lang sogar ziemlich grau – dann eine Weile noch blasser, bis zum Sonnenuntergang – den ich, geblendet, durch die Lücken einer Kuppe großer Bäume betrachte – Feuerpfeile und das prachtvolle Spiel von hellgelb, leberbraun und rot mit einem gewaltigen silbernen Leuchten schräg auf dem Wasser – die transparenten Schatten, die Lichtstrahlen, das Funkeln und die lebhaften Farben, die alle jemals gemalten Bilder übertreffen.

Ich weiß nicht warum oder wieso, aber es scheint mir vor allem der Himmel zu sein (bisweilen denke ich, obwohl ich den Himmel natürlich jeden Tag meines Lebens gesehen habe, ich hätte ihn nie zuvor wirklich geschaut), dem ich in diesem Herbst einige außerordentlich zufriedene Stunden verdanke – sollte ich nicht gar sagen, vollkommen glückliche? Wie ich gelesen habe, hat Byron unmittelbar vor seinem Tode zu einem Freunde gesagt, er habe in seinem ganzen Leben nur drei glückliche Stunden gekannt. Und deutet nicht die alte deutsche Legende von der Glocke des Königs auf dasselbe hin? Während ich draußen im Walde war und den herrlichen Sonnenuntergang durch die Bäume sah, dachte ich an Byron und die Geschichte von der Glocke, und mich erfaßte die Idee, daß ich eine glückliche Stunde durchlebte. (Obwohl ich vielleicht meine schönsten Augenblicke niemals zu Papier bringe; wenn sie kommen, wage ich es nicht, den Zauber dadurch zu zerstören, daß ich mir Notizen mache. Ich gebe mich einfach der Stimmung hin, lasse ihr ihren Lauf, der mich in stiller Begeisterung davonträgt.)

Was überhaupt ist Glück? Ist dies eine seiner Stunden oder etwas dergleichen? – so unfaßlich – ein bloßer Hauch, ein schwindender Farbton? Ich bin nicht sicher, so laßt mich den Zweifel zu meinen Gunsten auslegen! Hast Du in Deiner Klarheit, in Deinen azurnen Tiefen Medizin für einen Fall wie mich? (Ach, die körperliche Zerrüttung und mein geplagter Geist die letzten drei Jahre!) Und träufelst Du sie jetzt sacht, geheimnisvoll durch die Lüfte unsichtbar auf mich herab?

Nacht des 28. Oktobers – Die Himmel ungewöhnlich transparent – Myriaden von Sternen – das breite Band der Milchstraße mit ihrem Ausläufer, nur in sehr klaren Nächten zu sehen. Jupiter, der soeben im Westen versinkt, sieht aus wie ein großer, zufällig hingeworfener Klecks und hat einen kleinen Stern als Begleiter.

> Gehüllt in sein weißes Gewand
> Trat in die runde, offene Arena langsam der
> Brahmane
> Und hielt ein kleines Kind an seiner Hand
> Wie der Mond den Planeten Jupiter am
> wolkenlosen nächtlichen Firmament.
> *Altes Hindu-Gedicht*

Anfang November – Der schon beschriebene Farmweg endet in einer weiten, über 20 Morgen großen Hochlandwiese, die sich leicht nach Süden neigt. Hier bin ich es gewohnt, morgens oder bei Sonnenuntergang spazierenzugehen, um den Himmel zu betrachten oder auf mich wirken zu lassen. Von dieser freien Fläche erfährt meine Seele heute den ganzen Vormittag ein unbeschreiblich beruhigendes und weitendes Gefühl durch die klare blaue Wölbung über allem, wolkenlos, nichts Ungewöhnliches, nur Himmel und Sonne. Deren wohltuende Begleiterscheinungen, herbstliche Blätter, die kühle, trockene Luft, der zarte Duft – in der Ferne krächzende Krähen – zwei große, langsam und majestätisch kreisende Bussarde hoch droben – das gelegentliche Flüstern des Windes, manchmal ziemlich sanft, dann wieder durch die Bäume streichend. Eine Gruppe Landarbeiter, die auf einem nahe gelegenen Feld Maisstroh verladen, und die geduldigen, wartenden Pferde.

Farben – ein Kontrast

Solch ein Spiel von Farben und Lichtern, verschiedenen Jahreszeiten, unterschiedlichen Stunden des Tages – die Linien des fernen Horizonts, wo die verblassende Landschaft sich im Himmel verliert. Als ich zur Neige des Tages langsam den Pfad hinaufhinke, ergießt sich ein unvergleichlicher Sonnenuntergang in flüssigem Saphir und geschmolzenem Gold, Strahl für Strahl, durch die Reihen des langblättrigen Maises zwischen mir und dem Westen.

Ein anderer Tag – Das kräftige Dunkelgrün der Magnolien und der Eichen, das Grau der Sumpfweiden, die matte Färbung von Bergahorn und Schwarz-Walnuß, das Smaragdgrün der Zedern (nach dem Regen) und das helle Gelb der Buchen.

8. November '76

Der Vormittag bleiern und bewölkt, weder kalt noch naß, doch mit Anzeichen von beiden. Während ich hier hinunterhinke und mich an den stillen Teich setze, wie unterscheidet sich das doch alles von der Aufregung, unter der jetzt in den Städten Millionen Menschen auf die Nachricht der gestrigen Präsidentschaftswahlen warten oder das Ergebnis erfahren und diskutieren – an diesem ruhigen Ort unbeachtet, unbekannt.

Krähen und wieder Krähen

14. November – Da ich hier sitze, am Fluß, nach meinem Spaziergang auszuruhen, badet mich ein warmer Hauch von der Sonne. Keinerlei Geräusch, außer dem Schreien von Krähen, und keinerlei Bewegung, nur deren schwarze fliegende Formen da oben, wiedergegeben in dem Spiegel des Teiches da unten. Heute sind die Krähen wirklich charakteristisch für die ganze Szene, ihr unablässiges Krächzen, ferner oder näher, und ihre zahllosen Scharen, die von Ort zu Ort schwirren und mitunter beinahe den Himmel verdunkeln durch ihre Unzahl. Als ich einen Moment am Ufer sitze und dies hier schreibe, sehe ich ihr schwarzes, scharfgeschnittenes Spiegelbild tief unten durch den wäßrigen Spiegel fliegen, einzeln, zu zweit, in langen Reihen. Die ganze letzte Nacht hörte ich den Lärm von ihrem großen Schlafplatz in einem angrenzenden Gehölz.

Ein Wintertag am Meeresstrand

Eine heitere Dezember-Mittagsstunde verbrachte ich unlängst am Strande von New Jersey, den ich nach einer reichlich einstündigen Eisenbahnfahrt über Camden und Atlantic erreichte. Beizeiten war ich aufgebrochen, gestärkt von einem hervorragenden Kaffee und einem kräftigen Frühstück. (Bereitet von den Händen, die ich so liebe, denen meiner Schwester Lou. Wieviel besser doch Speise und Trank da schmecken, einem bekommen und einen stärken. Das macht einem dann vermutlich den ganzen Tag behaglich.) Auf den letzten fünf, sechs Meilen führte unser Weg durch eine breite Region von Salzgraswiesen, unterbrochen durch Lagunen und überall von Wasserläufen durchschnitten. Der Duft von Riedgras, köstlich für meine Nase, erinnerte mich an die „Maische" und die südliche Bucht meiner heimatlichen Insel. Zufrieden hätte ich bis in die Nacht hinein durch diese flachen und duftenden See-Prärien reisen können. Von halb zwölf bis zwei war ich nahezu ununterbrochen am Strand oder in Sichtweite des Ozeans, lauschte seinem rauhen Rauschen und sog die erfrischende und willkommene Brise tief in mich ein. Als erstes eine geschwinde Fahrt von fünf Meilen über den festen Sand – die Räder unseres Wagens hinterließen kaum Spuren in ihm. Dann, nach dem Dinner (da wir fast zwei Stunden Zeit hatten), ging ich in eine andere Richtung davon (traf oder sah kaum einen Menschen), und als ich ein Gebäude erreichte, das die Empfangshalle einer alten Badeanstalt gewesen zu sein scheint, hatte ich eine sehr weite Sicht – anheimelnd, erfrischend, unbehindert – ein trockenes Gebiet von Ried und Indianerhirse unmittelbar vor mir und um mich herum. Weite, simple, ungeschmückte Weite. Entfernte Schiffe und der weit entfernte, gerade noch sichtbare nachhängende Rauch eines hereinkommenden Dampfers; etwas deutlicher in Sicht, Vollschiffe, Briggs, Schoner, die meisten von ihnen nahmen den kräftigen und beständigen Wind voll in ihre Segel.

Reiz und Zauber dort liegen in Meer und Ufer! Wie man in ihrer Unschuld, ja Leere verweilen kann! Was ist das in uns, das uns aufwühlt, indirekt und direkt? Die Weite der Wellen und des grauweißen Strandes, salzig, monoton, ohne Empfindungen – solch eine völlige Abwesenheit von Kunst, Büchern, Eleganz – so unbeschreiblich tröstlich selbst an diesem Wintertag – grimmig, doch so fein aussehend, so geistig – voller emotionaler, verborgener Tiefe, subtiler als alle Dichtung, Malerei, Musik, die ich jemals gelesen, gesehen, gehört habe. (Doch, um gerecht zu sein, vielleicht ist es, weil ich jene Gedichte gelesen und jene Musik gehört habe.)

STRANDGEDANKEN

Schon als Knabe hatte ich die Vorstellung, den Wunsch, ein Stück, vielleicht ein Gedicht über die Meeresküste zu schreiben, jene erregende Scheidelinie, jene Berührungs- und Verbindungsstelle, wo das Feste sich mit dem Flüssigen vermählt, jenes merkwürdige, lauernde Etwas (als welches zweifellos jede objektive Form dem subjektiven Geist letzten Endes erscheint), das weit mehr bedeutet als sein bloßer erster Anblick, großartig wie dieser auch ist – das Wirklichkeit mit dem Ideal vereint und das ein Teil des anderen werden läßt. Stunden-, tagelang streifte ich in meiner Jugend und den ersten Mannesjahren auf Long Island die Küste von Rockaway oder Coney Island oder weiter östlich nach den Hamptons oder Montauk entlang. Einmal, erinnere ich mich noch gut, spürte ich an letzterem Ort (nahe dem alten Leuchtturm, nichts als das Auf und Nieder der Wogen vor Augen, so weit das Auge reichte), daß ich eines Tages ein Buch über dieses schwankende, geheimnisvolle Thema schreiben müsse. Später, besinne ich mich, wie das Gestade, statt ein besonderer lyrischer oder epischer oder überhaupt literarischer Versuch zu werden, als ein unsichtbarer *Einfluß,* ein beherrschendes Maß und Kriterium meines Werkes sich meiner bemächtigen sollte. (An dieser

Stelle möchte ich jungen Schriftstellern einen Wink geben. Ich bin mir nicht sicher, doch habe ich unbewußt die gleiche Regel auch bei anderen Gewalten, außer dem Meer und seinem Gestade, befolgt – ich habe, statt sie wie jeden beliebigen toten Gegenstand dichterisch zu gestalten, sie als für formale Behandlung zu groß gemieden – ich war völlig zufrieden, wenn ich indirekt zeigen konnte, daß wir einander begegnet waren und uns durchdrungen hatten, wenn auch nur einmal, so doch genügend – daß wir einander wirklich in uns aufgenommen haben und einander verstehen.)

Es gibt einen Traum, ein Bild, das seit Jahren in Abständen (mitunter recht langen, doch mit der Zeit mit Sicherheit wieder) still vor mir ersteht, und ich glaube wirklich, Fiktion, die dieses Bild ist, hat es doch in großem Umfange Eingang gefunden in mein praktisches Leben – ganz gewiß jedoch in meine Schriften und hat sie geformt und ihnen Farbe verliehen. Es besteht aus nicht mehr und nicht weniger als einem Streifen endlosen, weißbraunen Sandes, fest und glatt und breit, und dem Ozean, der ihn unaufhörlich, majestätisch überspült, dem langsamen Gleichmaß der Brandung, dem Rauschen und Zischen und Schäumen und manch einem dumpfen Schlag wie von einer tieftönenden großen Trommel. Diese Szene, dieses Bild, steht seit Jahren immer wieder vor mir. Manchmal erwache ich in der Nacht und kann es ganz deutlich hören und sehen.

Zum Gedenken an Thomas Paine

(Gehalten am 28. Januar '77 in der Lincoln Hall, Philadelphia, anläßlich des 140. Geburtstages von T. P.) – Vor etwa 35 Jahren wurde ich in New York, in der Tammany Hall, die ich damals fleißig besuchte, zufällig mit Thomas Paines vielleicht engstem Freund und gewiß treuestem Kameraden seiner späteren Jahre gut bekannt, einem bemerkenswerten, feinen alten Herrn, Colonel Fellows, an den man sich noch, vermittels einiger einzelner Überbleibsel jener Zeit und jenes Ortes, erinnern mag. Wenn Sie gestatten, gebe ich zunächst eine Beschreibung des Colonels. Er war groß, von militärischer Haltung, Alter etwa 78, sollte ich meinen,

Haar weiß wie Schnee, glattrasiert im Gesicht, sehr ordentlich gekleidet, Frack aus blauem Tuch mit Metallknöpfen, Weste aus Büffelleder, mausgraue Beinkleider, Hals, Brust und Handgelenke zeigten das weißeste Linnen. In allen Lebenslagen feine Manieren; ein guter, aber nicht übermäßiger Redner, immer noch gut bei Verstande, ausgeglichen und lebendig und ungetrübt wie eh und je. Obgleich alt, hatte er sich eine ziemlich eiserne Gesundheit bewahrt. Zum Zwecke des Broterwerbs – denn er war arm – hatte er einen Posten als Konstabler beim Obersten Gericht. Ich dachte ihn mir immer sehr malerisch, am Rande der Menge, einen Stab haltend, mit seiner aufrechten Gestalt und seinem prächtigen, entblößten, dicht behaarten, kurzgeschorenen weißen Kopf. Die Richter und die jungen Anwälte, in deren Gunst er immer stand und die ihm stets mit Ehrfurcht begegneten, pflegten ihn Aristides zu nennen. Unter ihnen herrschte die allgemeine Ansicht, daß, falls männliche Redlichkeit und der Trieb nach absoluter Gerechtigkeit irgendwo im Rathaus von New York City oder der Tammany Hall lebendig geblieben seien, sie bei Colonel Fellows zu finden wären. Er liebte junge Leute und hatte Vergnügen daran, sich mit ihnen gemütlich, bei einem geselligen Glas Punsch nach der Arbeit zu unterhalten (bei solchen Gelegenheiten trank er niemals nur ein Glas), und es war bei wiederholten Zusammenkünften dieser Art im Hinterzimmer der alten Tammany jener Tage, daß er mir viel über Thomas Paine erzählte. Bei einer unserer Unterredungen gab er mir einen kurzen Bericht über Paines Krankheit und Tod. Kurzum, ich habe mich bei diesen Gesprächen überzeugt, daß, während mein alter Freund, mit all seinen deutlichen Vorzügen den Autor des „Gesunden Menschenverstandes" geistig, moralisch und emotionell beurteilt und mir außerdem ein gutes Bild seiner Erscheinung und seines Wesens entworfen hat, er sich des wahrhaftigen Maßstabes seines inneren Charakters bedient hat.

Paines praktische Haltung und auch ein Großteil seiner theoretischen Überzeugungen war eine Mischung französischer und englischer Schule des vorigen Jahrhunderts, und zwar das Beste von beiden. Wie die meisten Leute von gestern trank er jeden Tag ein, zwei Gläschen, war aber kein Trinker, geschweige denn ein Alkoholiker. Er lebte einfach und sparsam, aber recht gut – war immer heiter und liebenswürdig, vielleicht gelegentlich ein wenig barsch und hatte sehr positive Ansichten über Politik, Religion und so weiter. So arbeitete er gut und weise für die Staaten in der schwierigen Periode ihrer Geburt und trug zu ihrem Gepräge bei. Für mich steht das außer Frage. Ich wage nicht zu sagen, wieviel von dem, dessen unsere Union sich heute erfreut – ihre Unabhängigkeit – ihr unerschütterlicher Glaube an und ihre wahrhaftige Praxis von fundamentalen Menschenrechten – und die Trennung ihrer Regierung von aller klerikaler und superstitiöser Herrschaft – ich wage nicht zu sagen, wieviel von all dem Thomas Paine zu verdanken ist, aber ich bin geneigt zu sagen, eine gute Portion ganz bestimmt.

Doch ich wollte ja weder in eine Analyse noch in eine Lobrede auf diesen Mann verfallen. Ich wollte Sie ein, zwei Generationen zurückversetzen und Ihnen auf Umwegen einen flüchtigen Blick vermitteln – und auch eine sehr ernste und ich glaube, authentische Meinung, nein vielmehr Überzeugung jener Zeit darbringen, die Frucht der Unterredungen, die ich erwähnt habe, von Fragen und Kreuzverhören, verdichtet durch meine besten Informationen seither, daß Thomas Paine eine edle Persönlichkeit war, was sich in seiner äußeren Erscheinung zeigte, seinem Gesichtsausdruck, der Stimme, der Kleidung, dem Auftreten und in dem, was man besonders in den späteren Jahren sein Fluidum und seinen Magnetismus nennen könnte. Dessen bin ich mir sicher. Auf die widerwärtigen und törichten Erfindungen, die man sich immer noch über die Umstände seines Ablebens erzählt, kann man nur erwidern, es ist eine unumschränkte Tatsache, daß er so, wie er auf seine Art ein gutes Leben geführt hat, auch starb, ruhig und beherrscht, wie es sich für ihn geziemte. Der entstehenden Union hatte er auf die edelste Weise gedient – ein Dienst, dessen Nutzen heute jeder Mann, jede Frau und jedes Kind in unseren 38 Staaten in einem bestimmten Maße genießt, und ich für meinen Teil werde sein Andenken stets in Ehren halten, willig und ehrfurchtsvoll. Wie wir alle wissen, fordert es die Zeit – wird das jemals anders sein –, daß Amerika lernt, seinen erlesensten Besitz, das Vermächtnis seiner guten und getreuen Männer besser zu verbreiten, daß es ihr Andenken wohl bewahre, wenn es unumstritten ist oder – wenn nötig, daß es nicht aufhöre, die Wolken zu zerstreuen, die sich auf ihren Ruhm gelegt haben, und ihn unablässig zu neuerem, wahrerem und strahlenderem Glanz poliere.

Zweistündige Fahrt im Eis

3. Februar '77 – Von 16 bis 18 Uhr versucht, den Delaware zu überqueren (wieder zu Hause in Camden), nicht in der Lage, die Anlegestelle durch das Eis hindurch zu erreichen. Unser Boot ist fest und stark und geschickt geführt, aber alt und launisch und kümmert sich wenig um sein Ruder. (Kraft, so wichtig in Poesie und Krieg, ist auch bei einem Dampfschiff im Winter das Wichtigste, um mit umfangreichem Packeis fertigzuwerden.) Mehr als zwei Stunden stießen und lavierten wir umher; die unsichtbare Ebbe, flau, aber unwiderstehlich, trug uns gegen unseren Willen oft weit weg. Beim ersten Anflug der Dämmerung dachte ich, wie ich mich so umsah, es könne sich keine frostigere, arktischere, grimmigere, bedrückendere Szene darbieten. Alles war jedoch klar zu sehen; meilenweit nach Norden und Süden Eis, Eis, Eis, meist geborsten, aber auch einige große Blöcke, und kein freies Wasser in Sicht. Die Ufer, Piers, Oberflächen, Dächer, alle Schiffe mit Schnee bedeckt. Ein matter winterlicher Schleier, eine passende Begleiterscheinung, hing über der endlosen weißen Weite und verlieh ihr lediglich einen Hauch von Stahlblau und Braun.

6. Februar – Als ich wieder mit dem 18-Uhr-Schiff heimwärts fahre, sind die transparenten Schatten überall angefüllt von gemächlich und ein wenig schräg fallenden, ungewöhnlich spärlichen, aber sehr großen Schneeflocken. An den Ufern, nah und fern, in Abständen der Schein von gerade aufleuchtenden Gaslaternen. Das Eis begegnet uns manchmal in kleinen Hügeln, manchmal in treibenden Schollen, durch die unser Schiff knirschend zieht. Das Licht ist durchdrungen von jenem eigentümlichen leichten Abendnebel, unmittelbar nach Sonnenuntergang, der manchmal ziemlich entfernte Objekte so deutlich erscheinen läßt.

ANKÜNDIGUNGEN DES FRÜHLINGS – ERHOLUNG

10. Februar – Heute das erste Zwitschern, man könnte fast sagen Singen eines Vogels. Dann bemerkte ich am offenen Fenster, wie ein paar Bienen in der Sonne umhersurrten und -summten.

11. Februar – In dem zarten Rosa und matten Gold des schwächer werdenden Lichts an diesem schönen Abend hörte ich das erste Summen und die erste Ankündigung des erwachenden Frühlings – sehr leise, ob in der Erde oder den Wurzeln oder vom Aufbruch von Insekten, ich weiß es nicht, doch konnte ich es vernehmen, als ich an einem Geländer lehnte (ich war für eine Weile auf dem Lande) und lange zum westlichen Horizont schaute. Dann wandte ich mich nach Osten und sah, wie der Sirius, da die Schatten länger wurden, in strahlender Pracht zum Vorschein kam. Und der große Orion; und ein wenig nach Nordosten der Große Wagen, auf seinem Heck stehend.

20. Februar – Eine Stunde, gegen Sonnenuntergang, allein und vergnügt am Teich, trainierte Arme, Oberkörper, den ganzen Körper an einer kräftigen jungen Eiche, stark wie mein Handgelenk, fast vier Meter hoch – ziehe und drücke, atme die gesunde Luft ein. Nachdem ich eine Weile mit dem Baum ringe, kann ich spüren, wie sein junger Saft und seine Kraft aus dem Boden hervorquellen und durch mich hindurchströmen, von Kopf bis Fuß, wie der Wein der Gesundheit. Dann, als Ergänzung und zur Abwechslung, stürze ich mich in meine stimmlichen Übungen, schreie pathetische Stücke hinaus, Gefühle, Schmerz, Unwillen etc. von gängigen Poeten und Dramen – oder pumpe meine Lungen auf und singe die wilden Melodien und Refrains, die ich von den Schwarzen im Süden gehört habe, oder patriotische Lieder, die ich in der Armee lernte. Ich lasse das Echo erschallen, kann ich Ihnen sagen! Als die Dämmerung fiel, in einer Pause dieser Ausbrüche, klang von irgendwo auf der anderen Seite des Baches das Huu-uu-uuh einer Eule, weich und schwermütig (Und ich bildete mir ein, ein wenig sarkastisch.), wiederholte es vier- oder fünfmal, entweder um für die Neger-Songs Beifall zu spenden – oder vielleicht als ironischer Kommentar zu dem Schmerz, Zorn oder Stil der gängigen Poeten.

Eine menschliche Eigenheit

Wie kommt es, daß man in all der Gelassenheit und Einsamkeit des Alleinseins, weit draußen hier im Schweigen des Waldes, allein, oder wie ich fand, in der Wildnis der Prärie oder der Stille der Berge, nie völlig frei ist von dem instinktiven Gefühl, sich umdrehen zu müssen (Ich bin es nie, und andere erzählen mir im Vertrauen, daß es ihnen auch so geht.), nach jemandem, der plötzlich auftaucht oder aus dem Erdboden emporwächst oder hinter einem Baum oder Fels hervortritt? Ist das ein von den wilden Tieren oder seinen weit zurückliegenden primitiven Vorfahren ererbtes und nachwirkendes Überbleibsel ursprünglicher Wachsamkeit des Menschen? Auf keinen Fall ist es Nervosität oder Furcht. Es scheint, daß vielleicht etwas Unbekanntes in jenen Büschen oder an einsamen Orten lauert. Nein, und das ist ganz gewiß, dort ist – etwas vitales, ungesehen Gegenwärtiges.

Eine nachmittägliche Szene

22. Februar – Letzte Nacht und heute verregnet und trübe, bis weit in den Nachmittag, als der Wind umschlug, die Wolken sich geschwind verzogen wie Gardinen, die man aufzieht, es aufklarte und dabei der hübscheste, imposanteste, wunderbarste Regenbogen erschien, den ich jemals gesehen habe, ganz und gar vollkommen, sehr hell an seinen Enden auf der Erde, unermeßliche Effusionen leuchtenden Dunstes ausbreitend, violett, gelb, olivgrün, in alle Richtungen da droben, durch die die Sonne ihre Strahlen warf. Ein unbeschreiblicher Ausdruck von Farbe und Licht, so prachtvoll, doch so zart, wie ich es noch nie zuvor erlebt hatte. Dann seine Dauer: eine volle Stunde verging, bevor das letzte jener Erdenden verschwand. Der Himmel erstrahlte hinterher in durchsichtigem Blau, mit vielen weißen Wölkchen. Dazu ein Sonnenuntergang, der die ästhetischen und seelischen Empfindungen erfüllte und beherrschte – köstlich, zart, vollkommen. Ich beende diese Notizen am Teich; es ist gerade noch Licht genug, um durch die abendlichen Schatten die westlichen Reflexionen im Spiegel der Wasseroberfläche, mit umgekehrten Abbildungen von Bäumen, sehen zu können. Hin und wieder ein springender Hecht, Ringe auf dem Wasser.

Die Tore öffnen sich

6. April – Tatsächlich fühlbarer Frühling, oder die Anzeichen davon. In strahlendem Sonnenschein sitze ich am Rande des Flusses, die Oberfläche leicht vom Winde gekräuselt. Alles ist Einsamkeit, morgendliche Frische, Unachtsamkeit. Gesellschaft leisten mir meine beiden Eisvögel, sie segeln, wenden, stürmen los, tauchen – manchmal launisch getrennt – dann wieder im gemeinsamen Flug. Wieder und wieder höre ich ihr gutturales Zwitschern; eine Weile lang nichts anderes als diesen eigentümlichen Laut. Gegen Mittag erwärmen sich andere Vögel. Der schrille Gesang der Wanderdrossel und eine musikalische Passage in zwei Teilen, der eine ein klares deliziöses Gurgeln verschiedener anderer Vögel, die ich nicht einordnen kann. Dazu gesellt sich (ja, jetzt eben höre ich es) der andere, ein tiefes Quaken in Intervallen von ein paar ungeduldigen Hylas am Teichrand. Dann und wann das kräftige Rauschen einer recht steifen Brise in den Bäumen. Dann wirbelt ein armes kleines totes Blatt – lange vom Frost umfangen – von irgendwo im Sonnenschein in einer wilden Befreiungsorgie gen Himmel, und stürzt schließlich hinunter ins Wasser, das es festhält und bald außer Sicht trägt. Die Büsche und Bäume sind noch kahl, die Buchen aber tragen zum größten Teil ihre dürren gelben Blätter der letzten Saison noch, zahlreiche Zedern und Fichten sind noch grün und das Gras nicht ohne Hinweise auf kommende Fülle. Und über allem eine wunderschöne Kuppel von klarem Blau, das Spiel des Lichtes, das kommt und geht, und große Herden von Schäfchenwolken schwimmen so still.

Die gewöhnliche Erde, der Boden

Auch der Boden – überlasse die See und die Luft, woran ich mich auch manchmal versuche, der Feder und Tinte anderer – verspüre jetzt den Wunsch, den gewöhnlichen Boden zum Gegenstand zu nehmen – nichts anderes. Der braune Boden hier (gerade zwischen Winterschluß und Eröffnung des Frühlings und der Vegetation) – der Regenschauer in der Nacht und der frische Duft am nächsten Morgen – die roten Würmer, die sich aus dem Boden winden – die abgestorbenen Blätter, das hervordringende Gras und das verborgene Leben darunter – das Bestreben, etwas zu beginnen – an geschützten Stellen bereits ein paar Blümelein – die entfernte smaragdgrüne Erscheinung von Winterweizen- und Roggenfeldern. Die noch nackten Bäume mit deutlichen Lücken bieten Aussichten, die im Sommer versteckt sind – das zähe Brachfeld und die Pflüger, der kräftige Junge, der seinen Pferden ermunternd zupfeift –, und dort die dunkle fette Erde, in langen schrägen Streifen umbrochen.

Vögel, Vögel, nochmals Vögel

Ein wenig später – strahlendes Wetter – eine ungewöhnliche Melodiosität dieser Tage (die letzten im April und die ersten im Mai) von den Amseln; eigentlich sämtliche Arten von Vögeln – fliegen, pfeifen, hüpfen oder sitzen auf Bäumen. Nie zuvor habe ich so viele gesehen, gehört oder bin mitten unter ihnen gewesen und wurde dermaßen überflutet und durchtränkt von ihnen und ihren Verrichtungen, wie in diesem gegenwärtigen Monat. Solche Unmengen von ihnen! Lassen Sie mich eine Liste von denen aufstellen, die ich hier antreffe:

Amseln (im Überfluß)	Feldlerchen (im Überfluß)
Ringeltauben	Spottdrosseln (im Überfluß)
Eulen	Kuckucke
Spechte	Wasserläufer (im Überfluß)
Königsvögel	Erdfinken
Krähen (im Überfluß)	Nachtreiher

Zaunkönige	Grundrötel
Eisvögel	Raben
Wachteln	Schlammläufer
Truthahngeier	Adler
Hühnerbussarde	Goldspechte
Goldfinken	Fischreiher
Drosseln	Meisen
Schilfrohrsänger	Holztauben

Zeitig kamen die

Wacholderdrosseln	Feldlerchen
Regenpfeifer	weißbauchige Schwalben
Kiebitze	Strandläufer
Wanderdrosseln	Weidendrosseln
Waldschnepfen	Flicker

STERNENHELLE NÄCHTE

21. Mai – Zurück in Camden. Wiederum beginnt eine jener ungewöhnlich transparenten, sternenübersäten, blauschwarzen Nächte, wie um zu zeigen, daß, wie üppig und pompös der Tag auch sein mag, doch etwas übriggelassen ist für den Nicht-Tag, das ihn noch übertreffen kann. Das ungewöhnlichste, feinste Beispiel der lange hinausgezogenen Dämmerung von Sonnenuntergang bis 21 Uhr. Ich ging hinunter an den Delaware, hinüber und wieder herüber. Venus wie glänzendes Silber weit oben im Westen. Die große, bleiche, dünne Sichel des Neumondes, eine halbe Stunde hoch, der matt hinter eine einsame Wolke sank und dann wieder zum Vorschein kam. Arktus direkt über mir. Von Süden her wehte ein lindes, nach See duftendes Lüftchen. Die Dämmerung, die milde Kühle, mit jedem Merkmal der Szene, unbeschreiblich wohltuend und kräftigend – eine jener Stunden, die der Seele einen Fingerzeig geben, unmöglich, in Worte zu fassen. (Ach, wo wäre denn Nahrung für das Seelische ohne die Nacht und die Sterne?) Die leere Weite der Luft und das verhüllte Blau des Firmaments schienen Wunder genug.

Als die Nacht vorrückte, änderte sie ihren Charakter und wechselte ihr Gewand zu noch größerer Pracht. Beinahe war ich mir einer deutlichen Erscheinung bewußt: Natur schweigend nahe. Das große Sternbild der Wasserschlange streckte seine Windungen über mehr als die Hälfte des Himmels. Der Schwan, mit ausgebreiteten Schwingen, flog die Milchstraße hinunter. Die Nördliche Krone, der Adler, die Leier, alle hoch droben auf ihrem Platz. Vom ganzen Himmelsgewölbe schossen Punkte von Licht, mit mir in Verbindung, durch das klare Blauschwarz herunter. All der übliche Bewegungssinn, das ganze tierische Leben schienen abgelegt, schienen erdichtet zu sein; eine sonderbare Macht, wie die gelassene Ruhe der ägyptischen Götter, ergriff Besitz, nicht weniger mächtig wie unfaßbar. Vorher hatte ich viele Fledermäuse gesehen, im lichten Halbdunkel balancierend, ihre schwarzen Gestalten über den Fluß hinüber- und herüberschnellend; jetzt aber waren sie allesamt verschwunden. Der Abendstern und der Mond waren untergegangen. Wachsamkeit und Frieden senkten sich still herab durch die fließenden Schatten des Alls.

26. August – Strahlend der Tag, und meine Stimmung ein gleichmäßiges *Sforzando*. Dann kommt die Nacht, anders, unaussprechlich tiefsinnig, mit ihrer sanften und temperierten Pracht. Venus steht im Westen, mit einem wollüstigen Glanz, in diesem Sommer bisher ungezeigt, Mars steigt früh empor, und der rote mürrische Mond, zwei Tage nachdem er voll war; Jupiter auf dem Nachtmeridian, und der lange, schräg liegende Skorpion streckt sich, voll zu sehen, im Süden, den Antares im Nacken. Mars geht nun um als Oberlehnsherr des Himmels; diesen ganzen Monat hindurch gehe ich nach dem Essen hinaus und beobachte ihn; mitunter stehe ich um Mitternacht auf, um einen weiteren Blick auf seinen unvergleichlichen Glanz zu werfen. (Wie ich höre, hat kürzlich ein Astronom mit dem neuen Washington-Teleskop herausgefunden, daß der Mars ganz gewiß einen Mond, wenn nicht gar zwei, hat.) Matt und fern, am Firmament jedoch nahe, geht Saturn ihm voran.

KÖNIGSKERZEN ÜBER KÖNIGSKERZEN

Große, stattliche Königskerzen, da der Sommer voranschreitet, von samtiger Beschaffenheit und leuchtender grünlich-graubrauner Farbe, wachsen überall auf den Feldern. Am Boden zunächst große Rosetten, breitblättrige Büschel, acht, zehn, zwanzig Blätter an einer Pflanze – haufenweise auf dem Stück Brachfeld von 20 Morgen am Ende des Weges und besonders am Zaun. Dann, noch dicht am Boden, aber bald aufschießend – Blätter, so breit wie meine Hand, und die unteren zweimal so lang – so frisch und taufeucht am Morgen – Stengel, jetzt vier bis fünf oder gar sieben bis acht Fuß hoch. Die Farmer, finde ich, halten die Königskerze für erbärmliches Unkraut, ich aber habe eine Vorliebe für sie entwickelt. Jegliches Ding hat seine Bestimmung, einschließlich der Beeinflussung von allem anderen – in der letzten Zeit denke ich manchmal, alles konzentriere sich für mich in diesem kräftigen, gelb blühenden Unkraut. Wenn ich früh am Morgen den Farmweg hinuntergehe, halte ich vor seinem weichen, wolligen Vlies am Stamm und den breiten Blättern inne, die von unzähligen Diamanten glitzern. Jedes Jahr, nun schon den dritten Sommer, sind sie und ich zurückgekehrt; in so langen Zwischenräumen stehe oder sitze ich unter ihnen, träumend – verwoben mit den übrigen vielen Stunden und Stimmungen partieller Rehabilitation – mein gesunder oder kranker Geist hier dem Frieden so nahe, wie man nur sein kann.

ENTFERNTE KLÄNGE

Die Axt des Holzfällers, der gleichmäßige dumpfe Schlag eines einzelnen Dreschflegels, das Krähen eines Hahnes auf dem Bauernhof (mit dauernden Erwiderungen von anderen Höfen) und das Muhen der Rinder – vor allem aber, ob fern, ob nah – der Wind weht einem durch die hohen Baumwipfel oder die niedrigen Büsche so gelinde um Gesicht und Hände an diesem lindernd-hellen Mittag, dem kühlsten seit langer Zeit (2. September) – ich will nicht sagen *seufzend*, denn für mich ist das stets ein fester, gesunder, munterer Ausdruck, obschon eine Monotonie, so doch mit vielen Variationen, schnell oder langsam, kräftig oder zart. Der Wind in dem Fichtenwäldchen da drüben – wie er rauscht! Oder an der See, ich kann ihn mir in diesem Augenblick vorstellen, hohe Wogen schlagend, mit weit fliegenden Spritzern von Schaum, und das ungebundene Heulen und der Geruch nach Salz – und jener ungeheure Widerspruch mit all seiner Handlung und Ruhelosigkeit irgendwie einen Sinn ewiger Ruhe vermittelnd.

Weitere Beigaben – Allein Sonne und Mond hier und zu dieser Zeit. Wie bei Tage, niemals herrlicher, die prächtige, gebieterische Weltkugel, so gewaltig, so glühend, liebend heiß – so ein niemals prächtigerer Mond in den Nächten, besonders den letzten drei, vier. Auch die großen Planeten – Mars, nie zuvor so flammend hell, so lodernd-groß, mit leichter gelber Tönung (die Astronomen sagen – ist das wahr? – uns näher als irgendwann einmal in den vergangenen 100 Jahren) und wohlauf, Lord Jupiter (eine kleine Weile her dicht beim Mond) und im Westen, nachdem die Sonne versinkt, die wollüstige Venus, nun schlaff und ihrer Strahlen beraubt, wie nach einem himmlischen Exzeß.

EIN SONNENBAD – NACKTHEIT

Sonntag, 27. August – Einen weiteren Tag ziemlich frei von ausgesprochener Schwäche und Pein. Es scheint in der Tat, als ob Frieden und Nahrung vom Himmel zart in mich sickern, wie ich mich langsam diese Wege hinuntermühe und über die Felder, in der gesunden Luft – da ich hier sitze, allein mit der Natur – offene, stumme, geheimnisvolle, tief versinkende, doch greifbare ausdrucksvolle Natur. Ich verschmelze mit der Szene, mit dem vollkommenen Tag. An dem klaren Bach finde ich zu innerer Ruhe, durch sein sanftes Gurgeln an der einen Stelle und das heisere Murmeln eines drei Fuß hohen Falles an einer anderen. Kommt, ihr Unglücklichen, in denen noch verborgene Vorzüge stecken – kommt und empfangt die sicheren tugendhaften Kräfte von Fluß, Wald und Feld! Zwei Monate (Juli und August '77) habe ich sie eingesogen, und sie beginnen, einen

neuen Menschen aus mir zu machen. Jeden Tag Zurückgezogenheit – jeden Tag mindestens zwei, drei Stunden Frieden, Baden, keine Gespräche, keine Bindungen, keine Kleidung, keine Bücher, keine *Manieren.*
Soll ich Ihnen sagen, werter Leser, worauf ich meine bereits ziemlich wiederhergestellte Gesundheit zurückführe? Daß ich nahezu zwei Jahre so gut wie keine Medizin und Drogen nehme und täglich an der frischen Luft bin. Letzten Sommer fand ich ein besonders abgeschiedenes kleines Tal, abgesperrt auf der einen Seite durch meinen Fluß, ursprünglich einmal eine große Mergelgrube, jetzt verlassen und versehen mit Sträuchern, Bäumen, Gras, einer Gruppe Weiden, einer sich hinziehenden Böschung und einer Quelle mit köstlichem Wasser, das mitten durch die Grube läuft, mit zwei, drei kleinen Kaskaden. Hierher zog ich mich jeden heißen Tag zurück und tue das auch in diesem Sommer. Hier erkenne ich den Sinn der Worte jenes alten Freundes, der gesagt hatte, er wäre selten weniger allein, wenn er allein wäre. Nie zuvor war ich der Natur so nahe; nie zuvor kam sie so nah zu mir. Nach alter Gewohnheit kritzelte ich dort von Zeit zu Zeit etwas nieder, beinahe automatisch, Stimmungen, Erscheinungen, Stunden, Färbungen und Skizzen. Lassen Sie mich hauptsächlich die Zufriedenheit dieses gegenwärtigen Vormittags festhalten, so heiter und ursprünglich, so konventionell außerordentlich, natürlich.
Etwa eine Stunde nach dem Frühstück lenke ich meine Schritte hinunter zu den Schlupfwinkeln der eben erwähnten Schlucht, die ich mit gewissen Drosseln, Spottdrosseln etc. ganz für mich hatte. Ein leichter Südwestwind blies durch die Wipfel der Bäume. Es war gerade der rechte Ort und die richtige Zeit für mein adamisches Luftbad und das Bürsten von Kopf bis Fuß. Die Sachen an einen Ast in der Nähe gehängt, einen alten breitkrempigen Strohhut auf dem Kopf und leichte Schuhe an den Füßen, hatte ich nicht eine schöne Zeit in den letzten beiden Stunden! Zuerst mit den starr-elastischen Borsten die Arme kratzen, Brust und Seiten, bis sie puterrot werden, dann Baden einzelner Körperteile in dem klaren Wasser des fließenden Baches alles ohne Hast, mit vielen Unterbrechungen und Pausen. Alle paar Minuten barfuß umherstapfen im nahe gelegenen

schwarzen Schlamm als salbungsvolles Schlammbad für meine Füße – ein flüchtiges zweites und drittes Abspülen in dem kristallklaren fließenden Wasser – abreiben mit dem wohlriechenden Handtuch. Langsame sorglose Spaziergänge auf dem Grasflecken auf und ab in der Sonne, unterbrochen von gelegentlichem Ausruhen und weiterem Bürsten. Manchmal führe ich meinen Rollstuhl von Ort zu Ort, da mein Gebiet hier ziemlich weitläufig ist, fast 100 Ruten, fühle mich ziemlich sicher vor Zudringlichkeiten (es würde mich aber auch keineswegs nervös machen, falls zufällig mal jemand kommen sollte).

Als ich langsam über das Gras lief, schien die Sonne stark genug, um den Schatten zu werfen, der sich mit mir bewegte. Irgendwie schien ich identisch zu werden mit allem und jedem, was mich umgab, in seiner Beschaffenheit. Die Natur war nackt, und ich war es auch. Ich war zu faul, besänftigt und zu vergnügt-gelassen, um darüber nachzudenken. Doch irgendwie hätte ich in dieser Art denken können. Vielleicht ist die innere, nie verlorene Beziehung, die wir zur Erde haben, zum Licht, der Luft, den Bäumen etc. nicht zu erfassen nur mit den Augen und dem Verstand, sondern nur mit dem gesamten Körper, den ich nicht mehr geblendet oder verbunden haben will als die Augen. Süße, gesunde, stille Nacktheit in der Natur! – ach, wenn die arme, kranke, lüsterne Menschheit in den Städten dich doch wieder wirklich kennenlernen würde! Ist Nacktheit denn nicht unanständig? Nein, nicht an sich. Es sind eure Gedanken, eure Sophisterei, eure Scheu, eure Schicklichkeit, die unanständig sind. Solche Stimmungen treten in Erscheinung, wenn unsere Kleider nicht nur unangenehm zu tragen, sondern selbst unanständig sind. Vielleicht haben diejenigen, die noch nie die heitere Lust zu Nacktheit in der Natur verspürt haben (und wie viele Tausende das sind!), noch nie wirklich gewußt, was Reinheit ist – noch was Glauben oder Kunst oder Gesundheit wirklich sind. (Vermutlich kam der ganze Lehrplan erstklassiger Philosophie, Schönheit, Heroismus, Form, veranschaulicht durch die alte hellenische Rasse – die höchste Höhe und tiefste Tiefe, die die Zivilisation auf diesen Gebieten kennt –, von ihrer natürlichen und religiösen Idee von Nacktheit.) Auf viele solcher Stunden in den letzten beiden Sommern führe ich meine teilweise Rehabilitation hauptsächlich zurück. Manch braver Mann mag es für Geistesschwäche oder eine halbverrückte Art halten, seine Zeit so zu verbringen und zu denken. Vielleicht ist es das auch.

Die Eichen und ich

5. September '77 – Ich schreibe dieses um 11 Uhr unter dem Schutz einer dichten Eiche am Ufer, unter der ich Zuflucht vor einem plötzlichen Regen genommen habe. Hier herunter kam ich (den ganzen Morgen hatten wir verdrießliches Nieseln gehabt, vor einer Stunde hatte es aber aufgehört) wegen der eben erwähnten täglichen einfachen Übungen, die ich so mag, um an jenem jungen Hickory-Bäumchen da draußen zu ziehen, um seinen festen, jedoch biegsamen geraden Stamm hin und her zu schwingen und sich ihm zu ergeben, um in meine alten Sehnen vielleicht etwas von seiner Elastizität, seinem Saft und seiner Kraft zu bekommen. Ich stehe auf dem Torf und mache diese Übungen, mäßig schnell und mit Unterbrechungen, nahezu eine Stunde lang und inhaliere dabei in tiefen Zügen die frische Luft. Wenn ich an dem Fluß wandere, habe ich drei bis vier günstige natürliche Rastplätze, wo ich mich ausruhe – außer einem Stuhl, den ich mit mir führe, vorsichtshalber. An anderen geeigneten Stellen habe ich, neben dem gerade erwähnten Hickory, kräftige und biegsame Äste von Buche oder Stechpalme in leicht zu erreichender Entfernung für meine übliche Gymnastik für Arme, Brust- und Rumpfmuskeln ausgesucht. Schon bald kann ich Kraft und Elastizität in mir aufsteigen fühlen, wie das Quecksilber im Thermometer, wenn es warm wird. Ich halte mich liebkosend an Ästen oder schlanken Bäumen fest, in der Sonne und im Schatten, ringe mit ihrer unschuldigen Standhaftigkeit und weiß, die Kraft daraus fließt von ihnen in mich. (Oder vielleicht tauschen wir uns gegenseitig aus – vielleicht wissen die Bäume mehr von alldem, als ich jemals gedacht.)
Nun aber wohlig gefangengehalten, hier unter der großen Eiche – der Regen rinnt, der Himmel mit dunklen Wolken bedeckt – nichts außer dem Teich auf der einen Seite und einem Flecken Gras auf der anderen, gesprenkelt mit den

milchig weißen Blüten der wilden Möhre – das Geräusch einer Axt, geschwungen auf irgendeinem entfernten Holzplatz – gleichwohl, in dieser stumpfsinnigen Szene (wie die meisten Leute wohl sagen würden), warum bin ich da (fast) glücklich hier und so allein? Warum würde jegliches Eindringen, sogar von Leuten, die ich mag, den Zauber zerstören? Aber bin ich denn allein? Zweifellos kommt eine Zeit – für mich ist sie vielleicht schon gekommen – da man, mit seinem ganzen Sein und besonders dem emotionalen Teil, jene Identität zwischen seinem subjektiven Selbst und der objektiven Natur fühlt, was Schelling und Fichte so gern und eindringlich empfehlen. Wie das ist, weiß ich nicht, doch ich spüre hier oft, daß etwas anwesend ist – in reinen Stimmungen bin ich mir dessen gewiß, und weder Chemie noch das Denken noch Ästhetik werden die mindeste Erklärung geben. Die ganzen vergangenen zwei Sommer hat es meinen kranken Körper und meine Seele gestärkt und gehegt, wie niemals zuvor! Hab' Dank, unsichtbarer Arzt, für deine stille köstliche Medizin, deine Tage und Nächte, dein Wasser und deine Luft, das Gestade, das Gras, die Bäume und selbst das Unkraut!

Ein Fünfzeiler

Während ich mich, vom Regen dazu gezwungen, unter dem Dach meiner berühmten Eiche aufhielt (völlig trocken und behaglich gegenüber dem Prasseln der Tropfen ringsherum), habe ich die Stimmung dieser Stunde in einem kleinen Fünfzeiler eingefangen, den ich Ihnen nicht vorenthalten möchte:

> Allein mit der Natur,
> Empfangend und entspannt,
> Destillier' ich die Zeit,
> Was und wo es auch sei,
> Über Vergangenem Vergeßlichkeit.

Können Sie es verstehen, lieber Leser? Und wie gefällt es Ihnen?

Der erste Frost – Erinnerungen

Wo ich stehenblieb, sah ich den ersten leichten Frost, auf meinem morgendlichen Spaziergang, am 6. Oktober; über allem noch Grünen war ein zarter blaugrauer Schleier gebreitet, der der ganzen Landschaft einen neuen Anblick verlieh. Nur wenig Zeit hatte ich, das zu bemerken, denn die Sonne ging ohne Wolken und angenehm warm auf, und als ich den Farmweg entlang zurückkehrte, hatte es sich in glitzernde feuchte Flecke verwandelt. Wie ich so gehe, bemerke ich die platzenden Schoten des Wollgrases (Hundsgift sagt man hier dazu) mit seidig glänzendem Inneren und dunklen rotbraunen Samen – ein aufgeschrecktes Kaninchen. Wegen ihres Duftes pflücke ich eine Handvoll der balsamischen Immortellen und stecke sie in meine Hosentasche.

Tod dreier junger Männer

20. Dezember – Irgend etwas veranlaßte mich heute, über den Tod junger Menschen nachzudenken – keineswegs traurig oder sentimental, sondern ernsthaft, realistisch, vielleicht ein wenig künstlerisch. Lassen Sie mich die folgenden drei Fälle aus der Masse persönlicher Notizen darlegen, über denen ich seit geraumer Zeit sitze, allein in meinem Zimmer, und resümiere und darüber brüte, an diesem regnerischen Nachmittag. Wen berührte das Thema nicht? Dann weiß ich nicht, wie es anderen ginge, für mich jedenfalls gibt es da nicht nur nichts Trübsinniges oder Depressives in solchen Fällen – im Gegenteil, als Reminiszenzen finde ich sie besänftigend, erfrischend, kräftigend.

Erastus Haskell – (Ich kopiere nahezu wortgetreu einen Brief, den ich während des Sezessionskrieges, vor 16 Jahren, in einem der Lazarette selbst geschrieben habe.) *Washington, 28. Juli 1863* – Lieber M.! Diesen Brief schreibe ich im Hospital, während ich bei einem kranken Soldaten am Bett sitze. Es ist kaum zu erwarten, daß es noch viele Stunden dauern wird. Er hatte ein schweres Los – scheint erst 19 oder 20 Jahre alt zu sein – Erastus Haskell, 141. Regiment von New York, Kompanie K. Er war etwa ein Jahr draußen und mehr als die Hälfte der Zeit krank oder halb krank, war unten auf der Peninsula, wurde abkommandiert in die Kapelle als Querpfeifer. Als er krank war, sagte der Arzt, er solle mit den anderen Schritt halten – (arbeitete und marschierte wahrscheinlich zu viel). Er ist schüchtern und scheint mir ein sehr sensibler Junge zu sein, hat feine Manieren, beklagt sich nie, lag auf der Peninsula krank in einem alten Speicher: Typhus. Wurde in der ersten Juliwoche hierhergebracht – Reise sehr schlecht, keine rechte Unterbringung, keine Nahrung, nichts als mörderisches Gerüttel und soweit unbekleidet, daß selbst ein Gesunder hätte krank werden müssen. Diese schrecklichen Reisen richten viele zugrunde. – Kam hier am 11. Juli an. Ein stiller, dunkelhäutiger, spanisch aussehender Junge mit großen, sehr dunklen blauen Augen, sonderbar aussehend. Doktor F. hier nahm seine Krankheit auf die leichte Schulter – sagte, er würde sich bald erholen etc. Ich aber war völlig anderer Meinung und teilte das F. wiederholt mit (von Anfang an kam ich deshalb fast in Streit mit ihm). Er aber lachte und hörte mir gar nicht zu. Vor etwa vier Tagen teilte ich dem Doktor mit, meiner Meinung nach würde er den Jungen ohne Zweifel verlieren. F. aber lachte mich wiederum aus. Am nächsten Tag änderte er seine Meinung – ich hatte den Chefarzt des Standortes mitgebracht. Dieser sagte, der Junge würde vermutlich sterben, sie wollten jedoch hart um ihn kämpfen.

Die letzten beiden Tage liegt er nun da und ringt nach Atem – ein bejammernswerter Anblick. Seit seiner Ankunft bin ich manchen Tag und manche Nacht bei ihm gewesen. Er leidet sehr an Hitze, sagt wenig oder gar nichts, ist zerstreut und die letzten drei Tage von Zeit zu Zeit abwesend, kennt mich allerdings noch, nennt mich „Walter" – (ruft den Namen manchmal immer und immer und immer wieder, in sich selbst versunken, abwesend). Sein Vater lebt in Breesport, Chemung County, N. Y., ist Mechaniker und hat eine große Familie – ist ein solider, religiöser Mann; auch die Mutter lebt noch. Ich habe ihnen geschrieben und werde ihnen heute wieder schreiben. Erastus hat seit Monaten nicht ein einziges Wort von zu Hause erhalten.

Während ich hier sitze und Ihnen, M., schreibe, wünschte

ich, Sie könnten die ganze Szene sehen. Dieser junge Mann liegt in meiner Reichweite, flach auf seinem Rücken, seine Hände über der Brust gefaltet, sein dichtes schwarzes Haar kurzgeschoren; er döst vor sich hin, atmet schwer, jeder Atemzug ein Krampf – es sieht so entsetzlich aus! Er ist ein feiner Kerl – ich glaube, es besteht keine Hoffnung mehr für ihn. Oftmals ist eine ganze Weile niemand bei ihm. Ich bin hier sooft wie möglich.

William Alcott, Feuerwehrmann. *Camden, November 1874* – Vorigen Montag nachmittag kamen seine Witwe, seine Mutter, Verwandte, Kameraden der Feuerwehr und seine anderen Freunde (ich war einer davon, allerdings erst in letzter Zeit, aber unsere Freundschaft wurde fest und tief, in den Tagen und Nächten jener acht Wochen rapiden Verfalls im Stuhle und am Totenbett) zu der Beerdigung dieses jungen Mannes zusammen, der hier großgeworden und gut bekannt war. Es gibt wahrscheinlich nichts Besonderes zu berichten, ich wollte auch nur ein paar Worte zu seiner Erinnerung sagen. Er schien mir kein ungeeignetes Muster an Charakter und Milieu jener Masse des durchschnittlichen, guten amerikanischen Geschlechts zu sein, das beständig steigt und fällt unterhalb dieser Schlacke des Ausbruchs an der Oberfläche. Stets sehr ruhig im Betragen, ordentlich in Person und Kleidung, gutgelaunt, pünktlich und fleißig bei seiner Arbeit, bis er nicht länger arbeiten konnte. Er lebte sein gleichmäßiges, ausgeglichenes, bescheidenes Leben in dessen anspruchslosem Bereich, zweifellos dessen unbewußt. (Dennoch meine ich, gab es Gefühlsbewegungen und Intellekt, unentwickelt jedoch, aber weitaus tiefer, als seine Bekannten jemals erwartet hätten – oder gar er selbst.) Er war keineswegs ein Schwätzer. Seinen Ärger, wenn er welchen hatte, behielt er für sich. So wie er in seinem Leben niemals unzufrieden war, beklagte er sich auch während seiner letzten Krankheit nicht. Er war eine jener Personen, die, während ihre Gefährten niemals daran dachten, ihm irgendein besonderes Talent oder eine Begabung beizumessen, doch völlig unbewußt, Billy Alcott wirklich liebten.

Auch ich liebte ihn. Schließlich, nachdem ich ziemlich lange bei ihm war – nach Stunden und Tagen des Ringens nach Atem, größtenteils bewußtlos (Denn obwohl die Schwindsucht, die in seinem Organismus steckte, zu galoppieren anfing, war noch eine starke Vitalität in ihm, und er rang in der Tat vier, fünf Tage mit dem Tode, bevor es zu Ende war.), spät in der Nacht, am Mittwoch, dem 4. November, wo wir still um sein Bett herumstanden, da stockte sein Atem – ein tiefer Atemzug, eine Pause, ein schwacher Seufzer – noch einer – ein flacher Atemzug, ein weiterer Seufzer – wieder eine Pause und dann noch ein Zucken – und das Gesicht des armen, abgezehrten jungen Mannes (er war gerade 26) kippte sanft, im Tode, auf meine Hand, auf das Kissen.

Charles Caswell – (Ich extrahiere das Folgende wörtlich aus einem Brief an mich vom 29. September, von meinem Freund John Burroughs aus Esopus-on-Hudson, New York State.) „S. war nicht da, als Dein Bild kam, besuchte seinen kranken Bruder Charles, der inzwischen gestorben ist – ein Ereignis, das mich sehr berührt hat. Charlie war jünger als S. und ein sehr attraktiver junger Bursche. Er arbeitete bei meinem Vater, und zwar seit zwei Jahren. Irgendwie war er das beste Exemplar eines jungen Landarbeiters, das ich je gekannt habe. Du hättest ihn ganz gewiß gern gehabt. Er war wie eines Deiner Gedichte. Mit seiner enormen Kraft, seinem blonden Haar, seinem Frohsinn und seiner Zufriedenheit, seinem umfassenden guten Willen und seinem stillen, mannhaften Wesen hatte er kaum seinesgleichen. Er wurde von einem alten Arzt ermordet. Er hatte Bauchtyphus, und der alte Narr ließ ihn zweimal zur Ader. Er lebte, um die Krankheit zu erschöpfen, hatte aber nicht die Kraft, sich wieder zu erholen. Nahezu die ganze Zeit war er ohne Besinnung. Am Morgen (er starb dann am Nachmittag) stand S. über ihm, und Charlie legte seine Arme S. um den Hals, zog sein Gesicht herunter und küßte ihn. S. sagte, er habe gewußt, daß das Ende nahe war. (S. war Tag und Nacht bei ihm, bis zuletzt.) Als ich im August zu Hause gewesen war, war Charlie gerade auf dem Hügel beim Mähen, und es war ein wunderbares Bild, ihn durch das Korn gehen zu sehen. Alle Arbeit schien ihm Spiel zu sein. Er hatte keinerlei Untugenden, ebensowenig wie die Natur, und wurde von allen, die ihn kannten, geliebt.

Ich habe Dir darum von ihm geschrieben, weil solche jungen Männer zu Dir gehören; er war von Deiner Art. Ich wünschte, Du hättest ihn gekannt. Er hatte die Anmut eines Kindes und die Stärke, den Mut und die Schnelligkeit eines jungen Wikingers. Seine Eltern sind arm; sie haben eine Farm mit unebenem, hartem Boden. Die Mutter hilft dem Vater auf dem Feld, wenn die Arbeit drückt. Sie hatte zwölf Kinder."

Februartage

7. Februar 1878 – Gleißende Sonne heute, mit leichtem Dunst, warm genug und doch herb, da ich hier sitze, unter freiem Himmel, an meinem Zufluchtsort auf dem Lande, unter einer alten Zeder. Seit zwei Stunden wandere ich müßig umher, durch die Wäldchen und um den Teich, meinen Stuhl hinterherzerrend, suche mir ausgewählte Flecken aus, um ein Weilchen zu rasten – dann auf und langsam weiter. Alles ist hier Frieden. Natürlich keine der sommerlichen Stimmen, keine Vitalität; heute sogar kaum winterliche Stimmen. Ich unterhalte mich, indem ich mich im Rezitieren übe und die Wandlungen all der stimmlichen und alphabetischen Laute erschallen lasse. Nicht einmal ein Echo; nur das Krächzen einer einzelnen Krähe in einiger Entfernung. Der Teich glänzt, liegt flach ausgebreitet, ohne Kräuselung – ein riesiger Claude-Lorraine-Spiegel, in dem ich den Himmel studiere, das Licht, die blattlosen Bäume und gelegentlich eine Krähe, mit schlagenden Flügeln hoch droben fliegend. Auf den braunen Feldern sind ein paar weiße Flecken von Schnee verblieben.

9. Februar – Nach einstündigem Umherstreifen ziehe ich mich nun zurück, ruhe mich aus, sitze nahe am Weiher in einem warmen Winkel, geschützt vor der Brise, kurz vor Mittag. Die *emotionalen* Aspekte und Einflüsse der Natur! Auch ich, wie der Rest, fühle diese modernen Tendenzen (von all den vorherrschenden Begriffen, der Literatur und von Gedichten), alles in Pathos, Langeweile, Morbidität, Unzufriedenheit, im Tod befangen. Doch wie klar es für mich ist, daß jene nicht die rechten Ergebnisse sind, keineswegs Einflüsse der Natur, sondern der eigenen verdrehten, kranken oder einfältigen Seele. Hier, inmitten dieser wilden, freien Szenerie, wie gesund, wie froh, wie sauber und lebhaft und lieblich!

Hoher Nachmittag – Einer meiner Schlupfwinkel befindet sich südlich der Scheune, und hier sitze ich jetzt, auf einem Balken, und wärme mich noch in der Sonne, vor dem Wind geschützt. Ganz in meiner Nähe sind Rinder, die mit Maisstengeln gefüttert werden. Gelegentlich kratzt oder leckt eine Kuh oder vielmehr ein junger Bulle (wie stattlich und verwegen er ist!) das andere Ende des Balkens, auf dem ich sitze. Der frische Geruch von Milch ist wahrnehmbar, auch der Duft nach Heu, von der Scheune her. Das unaufhörliche Rascheln der trockenen Maisstengel, das tiefe Heulen des Windes um die Giebel der Scheune, das Grunzen der Schweine, das entfernte Pfeifen einer Lokomotive und gelegentliches Krähen von Hähnen sind die Geräuschkulisse.

19. Februar – Gestern abend war es kalt und frostig, klar und fast windstill. Der Vollmond scheint, und die Sternbilder und kleinen und großen Sterne breiten sich fein aus. Sirius, sehr hell, steigt zeitig empor, ihm voran der mannigfach umringte Orion, funkelnd, gewaltig, schwertbewaffnet und mit seinen Hunden im Gefolge. Die Erde war hartgefroren und ein steifer Glanz von Eis über dem Teich. Von der ruhigen Herrlichkeit der Nacht gefesselt, unternahm ich einen kurzen Spaziergang, wurde jedoch von der Kälte zurückgetrieben. Zu streng für mich auch um 9 Uhr; als ich heute morgen herauskam, drehte ich sogleich wieder um. Aber jetzt, kurz vor Mittag, bin ich den Farmweg hinuntergegangen, wurde auf dem ganzen Weg von der Sonne durchwärmt (Diese Farm hat eine angenehme Südlage.), und hier bin ich, sitze im Schutze einer Böschung, dicht am Wasser. Wacholderdrosseln fliegen bereits umher, und ich höre viel Zirpen und Zwitschern und zwei, drei wirkliche Gesänge, eine ganze Weile lang in der mittäglichen Brillanz und Wärme. (Da! Das ist ein rechtes Jubilieren, das da kühn und wiederholt an den Tag kommt, als ob der Sänger es beabsichtigt hätte.) Dann, da es Mittag wird, der schrille Triller der Wanderdrossel – für mein Ohr der herrlichste Vogelgesang. In Intervallen, wie Latten und Lücken an einem Zaun (außer dem leisen Murmeln an jedwedem Ort – wenn auch schwach –, doch für ein feines Ohr stets wahrnehm-

bar, das gelegentliche Knirschen und Krachen des Eises über dem Fluß, wie um den Sonnenstrahlen Platz zu machen – manchmal mit tiefen Seufzern – manchmal mit unwilligem, störrischem Ziehen und Schnauben.
(Robert Burns schreibt in einem seiner Briefe: „Da ist kaum ein irdisches Objekt, das mir mehr gibt. Ich weiß nicht, ob ich es Vergnügen nennen soll, aber was mich begeistert, was mich entzückt, das ist, an einem trüben Wintertag auf der geschützten Seite eines Waldes spazierenzugehen, und den stürmischen Wind zwischen den Bäumen heulen und über die Ebene tosen zu hören. Für mich ist es die beste Zeit der Andacht." Einige seiner charakteristischen Gedichte wurden in solcher Szenerie und zu solcher Jahreszeit geschrieben.)

Eine Feldlerche

16. März – Feiner, klarer, blendender Morgen, die Sonne eine Stunde hoch, die Luft noch ganz schön scharf. Welches Gepräge mein ganzer Tag von dem Gesang der Feldlerche, die auf einem Zaunspfahl in 20 Ruten Entfernung sitzt, im voraus empfängt! Zwei oder drei reine, einfache Töne, in Intervallen wiederholt, voll sorgloser Zufriedenheit und Hoffnung. Mit der ihr eigentümlichen, flimmernden Bewegung und dem schnellen und geräuschlosen Schlagen der Flügel steigt sie auf, läßt sich auf einem anderen Pfahl nieder und wieder auf einen anderen, viele Minuten flimmernd und singend.

Sonnenuntergang

6. Mai, 17 Uhr – Dies ist die Stunde wundersamer Effekte in Licht und Schatten – genug, um einen Koloristen rasend werden zu lassen. Lange Strahlen geschmolzenen Silbers fallen horizontal durch die Bäume. (Diese stehen nun in leuchtendstem, zartestem Grün.) Jedes Blatt und jeder Zweig des unendlichen Laubwerks ist ein erleuchtetes Wunder. Dann liegen die Strahlen ausgestreckt in dem jugendlich-reifen, unendlichen Gras und verleihen den Halmen nicht nur gesammelte, sondern auch eigene Pracht, die zu einer anderen Stunde völlig unbekannt ist. Ich kenne besondere Stellen, wo ich diese Effekte in höchster Vollendung erlebe. Ein heller Fleck liegt auf dem Wasser, ist vielfältig gekräuselt und blinkt, verläuft in schnell sich vertiefenden schwarz-grünen düster-transparenten Schatten und mit Unterbrechungen das ganze Ufer entlang. Diese bringen durch prächtige Strahlen horizontalen Feuers, die durch die Bäume auf das Gras fallen, während die Sonne versinkt, Effekte hervor – immer absonderlicher, immer herrlicher, überirdischer, reicher und blendender.

Gedanken unter einer Eiche – ein Traum

2. Juni – Das ist der vierte Tag eines finsteren nordöstlichen Unwetters – Sturm und Regen. Vorgestern hatte ich Geburtstag. Mein 60. Lebensjahr hat begonnen. An jedem Tag des Unwetters komme ich, mit Überschuhen und von einem wasserundurchlässigen Umhang geschützt, regelmäßig an den Teich herunter und lasse mich unter dem Dach der mächtigen Eiche bequem nieder. Hier sitze ich nun und schreibe diese Zeilen. Die dunklen, rauch-schwarzen Wolken wälzen sich in ungestümer Lautlosigkeit quer über den Himmel; um mich herum rauschen die zartgrünen Blätter; der Wind läßt nicht nach in seiner rauhen, wohltuenden Musik über meinem Kopf – mächtiges Raunen der Natur! Hier in der Abgeschiedenheit habe ich jetzt über mein Leben nachgedacht – Ereignisse, Daten zusammengefügt wie Glieder einer Kette, weder betrübt noch heiter, aber irgendwie hier und heute unter der Eiche, im Regen, mit einem ungewöhnlichen Sinn für Tatsachen.

Dessenungeachtet, meine gewaltige Eiche – stark, vital, grün – am unteren Stamm ein Meter fünfzig dick. Ich sitze sehr oft in ihrer Nähe oder unter ihr. Dann der Tulpenbaum, ganz in der Nähe – der Apollo des Waldes – schlank und anmutig, doch robust und sehnig, unnachahmlich in der Anordnung seines Laubwerkes und der Ausbreitung der Äste; als ob die wunderschöne, lebensprühende belaubte Kreatur gehen könnte, wenn sie nur wollte. (Neulich hatte ich eine Art Traum-Trance, in dem ich meine Lieblingsbäume heraustreten und auf und ab und herumpromenieren sah, sehr eigenartig – einer beugte sich herunter, als er an mir vorbeischritt, und flüsterte: *All das tun wir nur dies eine Mal, ausnahmsweise, nur für dich.*)

KLEE- UND HEUDUFT

3., 4., 5. Juli – Klares, heißes, günstiges Wetter – bisher ein guter Sommer – Klee und Gras sind jetzt zum größten Teil gemäht. Der vertraute köstliche Duft füllt Scheunen und Wege. Wenn man jetzt so dahinspaziert, sieht man die Felder in gräulichem Weiß mit einer leichten Spur Gelb, das lose aufgeschichtete Getreide, die langsam fahrenden Wagen und Bauern auf den Feldern, mit kräftigen Jungen, die Garben aufladen. Der Mais beginnt gerade zu blühen. Überall in den mittleren und südlichen Staaten seine lanzenartige Schlachtordnung, zahlreich, sich biegend, prunkend – lange, glänzende dunkelgrüne Federbüsche für den großen Reiter, die Erde. Ich höre den munteren Gesang meiner alten Bekannten, der Tommywachtel; für den Ziegenmelker ist es jedoch schon zu spät, obschon ich vorletzte Nacht noch einen einzelnen Nachzügler gehört habe. Ich beobachte den weiten, majestätischen Flug eines Truthahngeiers, manchmal hoch oben, dann wieder so tief, daß die Konturen seiner Gestalt zu erkennen sind, sogar seine ausgebreiteten Federn, die sich gegen den Himmel abheben. Einige Male habe ich hier am frühen Abend einen Adler im Tiefflug gesehen.

EIN UNBEKANNTER

15. Juni – Heute bemerkte ich einen neuen großen Vogel von der Größe einer nahezu ausgewachsenen Henne. Ein stolzer, am Körper weißer, an den Schwingen dunkler Habicht – ich vermute, ein Habicht, seinem Schnabel und allgemeinen Aussehen nach – nur hat er einen klaren, lauten, recht musikalischen, seltsam glockenhaften Ruf, den er ständig in Intervallen von einem hohen, abgestorbenen Baumwipfel, der über das Wasser hinausragt, wiederholt.

Saß da eine lange Zeit, und ich beobachtete ihn vom gegenüberliegenden Ufer. Dann schoß er nach unten, strich ziemlich dicht über den Fluß – stieg langsam auf, ein großartiger Anblick, und segelte mit sicheren, weit gespreizten Schwingen, keinerlei Flügelschlag, zwei-, dreimal den Teich auf und nieder, ganz in meiner Nähe, in klarer Sicht kreisend, wie extra zu meinem Vergnügen. Einmal kam er ziemlich dicht über meinen Kopf; deutlich sah ich seinen krummen Schnabel und die harten, rastlosen Augen.

Vogelstimmen

Wieviel Musik (wild, einfach, primitiv – zweifellos, aber so herb-süß) in dem bloßen Pfeifen steckt! Es macht vier Fünftel der Laute aus, die Vögel von sich geben. Sie verwenden alle Arten und Stile. Die letzte halbe Stunde, während ich hier sitze, wiederholt so ein gefiederter Bursche, weit weg im Gebüsch immer wieder, was ich eine Art von pochendem Pfeifen nennen würde. Und jetzt eben ist ein Vogel etwa von der Größe einer Wanderdrossel erschienen, ganz maulbeerrot, flattert im Gebüsch hin und her – Kopf, Flügel, Körper tiefrot, nicht sehr leuchtend – kein Gesang, wie ich gehört habe.

16 Uhr: Um mich herum ist ein regelrechtes Konzert im Gange: Ein Dutzend verschiedene Vögel legt sich energisch ins Zeug. Es hat gelegentlich geregnet, und das Wachstum überall zeigt seinen belebenden Einfluß. Während ich das hier zum Schluß bringe und auf einem Holzklotz dicht am Rande des Teiches sitze, höre ich in einiger Entfernung viel Zirpen und Trillern, und ganz in der Nähe singt ein gefiederter Einsiedler köstlich im Gehölz – nicht viele Töne, aber voller Musikalität von nahezu menschlicher Harmonie – und setzt das lange Zeit fort.

Rossminze

22. August – Nicht ein einziges menschliches Wesen und kaum eines in Sicht. Nach meinem kurzen halbtägigen Bad sitze ich ein wenig hier, melodiös rauscht der Bach zu den chromatischen Tönen einer verdrießlichen Spottdrossel irgendwo im Gebüsch. Auf meinem Marsch hierher vor zwei Stunden, durch die Felder und den alten Farmweg entlang, blieb ich stehen und betrachtete bald den Himmel, bald das eine Meile entfernte Gehölz auf dem Hügel und dann wieder den Apfelgarten. Welch ein Kontrast zu den Straßen von New York oder Philadelphia! Überall große Streifen von dunkelblühender Roßminze, die einen würzigen Geruch in der Luft verbreitet (besonders abends). Überall der blühende Wasserdost und die Rosenblüte der Wilden Bohne.

Zu dritt

14. Juli – Meine zwei Eisvögel kommen immer noch häufig zum Teich. In der strahlenden Sonne, der Brise und der angenehmen Temperatur heute mittag sitze ich hier an einem der murmelnden Bäche, tauche eine französische Wasserfeder in das klare Kristall und benutze sie, um diese Zeilen zu schreiben, beobachte wieder die gefiederten Zwei, wie sie fliegen und sich über dem Wasser tummeln, so dicht, daß sie beinahe die Oberfläche berühren. Wir scheinen in der Tat nur zu dritt zu sein. Seit knapp einer Stunde schaue ich ihnen träge zu und bin mit ihnen verbunden, während sie davonstürmen und wenden und ihre Flugfiguren manchmal bis weit die Bucht hinauf absolvieren, verschwinden sie für ein paar Augenblicke, kehren dann flugs wieder zurück und vollführen den größten Teil ihres Flugs in meinem Sichtbereich, als ob sie wüßten, daß ich ihre Vitalität, Geistigkeit, Redlichkeit und die geschwinden, entschwindenden, köstlichen Bewegungslinien schätze und in mich aufnehme, außerdem die stumme Spannung, die sie für mich über dem Gras, den Bäumen und dem blauen Himmel erzeugen. Währenddessen plätschert und plätschert der Bach, und die Schatten der Zweige sprenkeln den Sonnenschein um mich her, und der frische Westnordwest säuselt in den dichten Büschen und den Wipfeln der Bäume.

Zwischen den schönen und interessanten Dingen, die nun an diesem einsamen Ort recht zahlreich zum Vorschein kommen, bemerke ich den Kolibri, die Libelle, mit ihren Flügeln von schiefergrauem Flor, und viele Arten schöner und einfacher Schmetterlinge, die müßig zwischen den Pflanzen und wilden Blumen umherflattern. Das Wollkraut ist aufgeschossen aus seinem Nest breiter Blätter zu einem langen Stengel, mitunter fünf, sechs Fuß hoch aufragend, jetzt besetzt mit Knospen von goldenen Blüten. Die Wolfsmilch (ich sehe ein großes, prachtvolles rötlichgelbes und schwarzes Insekt an einer Pflanze, während ich schreibe) steht in Blüte, mit ihren zarten roten Rändern; und es gibt verschwenderische Büschel einer federartigen Blüte, die auf spitz zulaufenden Stengeln im Winde wehen. Viele davon sehe ich hier und überall, wo ich umherziehe oder sitze. Die letzte halbe Stunde gibt ein Vogel im Busch einen einfachen, süßen, melodiösen Gesang von sich. (Ich bin davon überzeugt, daß einige Vögel hier nur zu meinem besonderen Vergnügen singen, umherfliegen und flirten.)

Der Tod von William Cullen Bryant

New York City – Kam am 13. Juni aus Philadelphia mit dem 14-Uhr-Zug nach Jersey City und zufällig zu meinen Freunden Mr. und Mrs. J. H. J. und in ihr großes Haus, große Familie (und weite Herzen), unter ihnen fühle ich mich wie zu Hause, in Frieden – dort draußen an der 5th Avenue, nahe der 86th Street, ruhig, luftig, mit Blick auf den dichtbewaldeten Rand des Parkes, viel Raum und Himmel, Vögel zwitschern, die Luft ist relativ frisch und frei von Gerüchen. Zwei Stunden vor meiner Abreise sah ich die Ankündigung von William Cullen Bryants Begräbnis und verspürte den starken Wunsch, daran teilzunehmen. Vor über 30 Jahren hatte ich Mr. Bryant gekannt, und er war besonders freundlich zu mir gewesen. Hin und wieder hatten wir uns im Laufe der Jahre getroffen und miteinander geplaudert. Ich hielt ihn für sehr gesellig auf seine Weise und für einen Mann, an den man sich halten konnte. Beide waren wir tüchtige Wanderer, und als ich in Brooklyn arbeitete, kam er so manches Mal herüber, mitten am Nachmittag, und wir unternahmen meilenweit gemeinsame Streifzüge bis es dunkel wurde, hinaus in Richtung Bedford oder Flatbush. Bei diesen Gelegenheiten beschrieb er mir genau einige Schauplätze in Europa – die Städte, deren Aussehen, Architektur, Kunst – besonders in Italien, wohin er recht oft gereist war.

14. Juni – Die Beisetzung – Und so liegt der gute, lautere, noble alte Bürger und Dichter da in dem geschlossenen Sarg – und dies ist sein Begräbnis. Eine feierliche, eindrucksvolle, einfache Szene für den Geist und die Sinne. Die einzigartige Versammlung grauer Häupter, berühmter Persönlichkeiten, die schön vorgetragene Hymne und andere Musik, die Kirche, düster sogar jetzt, am nahenden Mittag, in ihrem Licht, gemildert von den bunten Fenstern, die deutliche Lobrede auf den Barden, der die Natur so zärtlich liebte und ihre Geheimnisse so inniglich besang und mit diesen passenden, wohlbekannten Zeilen endete:

> Ich starrte auf den prächt'gen Himmel,
> Und auf die grünen Berge rund,
> Und dachte, wenn dereinst ich käme
> Zur Ruhe in den Grund,
> Es wär dann schön, im blühenden Juni,
> Wenn Bächlein murmeln ihre Melodie,
> Und auch im Hain ein froher Klang,
> Es grabe dann des Küsters Hand
> Ein Grab mir in den kühlen Sand.

Den Hudson hinauf

20. Juni – Auf der „Mary Powell"; genoß alles Vorüberziehende. Der herrlich milde Sommertag, gerade warm genug – das ständig wechselnde, aber immerzu schöne Panorama auf beiden Seiten des Flusses – (fuhr fast 100 Meilen) – die hohen steilen Wände der steinernen Palisaden – das eindrucksvolle Yonkers und das eindrucksvolle Irvington – die nicht enden wollenden Berge, meist in rundlichen Linien, bedeckt mit frischem Grün – die Ferne hüllt sich wie große Schultern in einen blauen Schleier – das häufige Grau und Braun der hoch aufschießenden Felsen – der Fluß selbst, mal etwas schmaler, dann wieder etwas breiter. Die weißen Segel so vieler Schaluppen, Jachten etc., einige nah, andere fern, die rasche Folge hübscher Dörfer und Städte (unser Boot ist ein geschwinder Reisender und macht selten Halt), Race – das malerische West Point und in der Tat überall das Ufer entlang die kostspieligen und oftmals betürmten Herrenhäuser, beständig zur Schau gestellt in irgendeiner heiteren lichten Farbe, zwischen den Bäumen – das alles bildet die Szenerie.

GLÜCK UND HIMBEEREN

21. Juni – Da bin ich, am Westufer des Hudson, 80 Meilen nördlich von New York, nahe Esopus, in dem stattlichen, geräumigen, zwischen Geißblattgewächsen und Rosen versteckten Landhaus von John Burroughs. Dieser Ort, die wunderbaren Junitage und -nächte (angenehm frisch), die Gastlichkeit von J. und Mrs. B., die Luft, das Obst (besonders meine Lieblingsspeise: Johannisbeeren und Himbeeren, gemischt, eingezuckert, frisch und reif vom Busch – ich pflücke sie selbst). Das Zimmer, in dem ich schlafe, das tadellose Bett, das Fenster, das einen weiten Blick über den Hudson und das gegenüberliegende Ufer bietet, so herrlich gegen Sonnenuntergang, und die rollende Musik der RR-Züge, weit drüben. Die friedliche Ruhe, die frühe, von der Venus angekündigte Morgendämmerung, die stille Pracht des Sonnenaufgangs, das Licht und die Wärme, unbeschreiblich herrlich, in denen ich (sobald die Sonne hoch genug steht) mich mit der Frottierbürste kräftig reibe und kratze. Ein Extrascheuern auf dem Rücken durch Al. J., der mit uns hier ist – all das flößt meinem gebrechlichen Körper neues Leben ein für den Tag. Dann, nach ein paar kräftigen Zügen frischer Morgenluft, der köstliche Kaffee von Mrs. B. mit Sahne, Erdbeeren und einem kräftigen Frühstück.

Das Muster einer Tramp-Familie

22. Juni – Heute nachmittag begaben wir uns (J. B., Al. und ich) auf eine herrliche Spazierfahrt über Land. Die Landschaft, die unaufhörlichen Steinwälle (einige von ehrwürdigem Alter, von Flechten überzogen), die vielen schönen Robinien, die murmelnden Wasserläufe, die oft jäh über Steine abstürzen – das und noch vieles mehr. Glücklicherweise sind die Straßen hier hervorragend (wie sie sein müssen), denn es geht überall bergauf oder bergab und mitunter ziemlich steil. B. hat ein erstklassiges Pferd, kräftig, jung, genauso sanft wie es schnell ist. Am Flußufer von Ulster County entlang findet man sehr viel Brachland und viele Berge in einer verschwenderischen Üppigkeit wilder Blumen und Büsche, und es scheint mir, als hätte ich noch nie zuvor Bäume von größerer Lebensfülle gesehen: beeindruckende Hemlocktannen, zahlreiche Robinien, prächtiger Ahorn und der Balsamstrauch, der sein Aroma verbreitet. Auf Feldern und an Straßenrändern ungewöhnliche Mengen langstieliger Gänseblümchen, weiß wie Milch und gelb wie Gold.

Wir begegneten ziemlich vielen Tramps, einzeln oder in Paaren. Ein Trupp, eine kleine Familie in einem klapprigen Einspänner, mit ein paar Körben, offensichtlich ihre Arbeit und ihr Gewerbe. Der Mann saß vorn auf einem niedrigen Brett und kutschierte. Die dürre Frau an seiner Seite hatte ein gut eingewickeltes Baby in ihren Armen, doch seine kleinen roten Füße und noch ein Stück der Beine schauten heraus und zeigten direkt auf uns, als wir vorüberfuhren. Hinten im Wagen sahen wir zwei (oder drei) kleine Kinder hocken. Das war ein eigenartiger, fesselnder, ziemlich trauriger Anblick. Wenn ich allein gewesen wäre und zu Fuß, wäre ich stehengeblieben und hätte mit ihnen ein wenig geplaudert. Auf unserem Rückweg jedoch, fast zwei Stunden später, trafen wir sie wieder, an einem einsamen, freien Platz, ein Stück weiter, an derselben Straße. Der Wagen stand an der Seite. Es war ausgespannt. Gewiß bereiteten sie ihr Nachtlager. Das Pferd graste friedlich in der Nähe. Der Mann war mit dem Wagen beschäftigt, der Junge hatte etwas trockenes Holz zusammengetragen und entfachte nun ein Feuer. Nachdem wir ein kleines Stück weitergefahren waren, begegneten wir der Frau, die noch unterwegs war. Wegen ihrer großen Sonnenhaube konnte ich das Gesicht nicht sehen, doch irgendwie verrieten ihre Figur und ihr Gang Elend, Schrecken, Armut. Den in Lumpen gehüllten, halbverhungerten Säugling hatte sie immer noch auf dem Arm, und in den Händen hielt sie zwei, drei Körbe, die sie vermutlich zum nächsten Haus tragen wollte, um sie zu verkaufen. Ein kleines, barfüßiges, vielleicht fünfjähriges Mädchen mit schönen Augen trottete hinter ihr her und hielt sich an ihrem Kleid fest. Wir hielten an, fragten nach den Körben und kauften sie. Als wir bezahlten, hielt sie ihr Gesicht unter der Haube versteckt. Dann fuhren wir weiter, hielten jedoch bald wieder an, und Al. (dessen Mitgefühl augenscheinlich erwacht war) ging zurück zu der kampierenden Gruppe, um noch einen Korb zu kaufen. Er erhaschte einen Blick von ihr und sprach ein Weilchen mit ihr. Augen, Stimme und Verhalten waren die eines Leichnams, der nur durch elektrische Impulse bewegt wird. Sie war recht jung – der Mann, mit dem sie reiste, mittleren Alters. Arme Frau – welche Geschichte, welches Schicksal lag jenem unbeschreiblich ängstlichen Gang, den glasigen Augen und der hohlen Stimme zugrunde?

MANHATTAN VON DER BUCHT HER

25. Juni – Kehrte gestern abend nach New York zurück. War heute draußen auf dem Wasser, um in der weiten Bucht zu segeln. Südöstlich von Staten Island – rauhe, wogende See und ungehinderte Sicht – die weite Fläche von Sandy Hook, die Höhen von Navesink und die vielen ein- und auslaufenden Schiffe. Zwischen ihnen hindurch kamen wir herauf, in voller Sonne. Besonders ich genoß die letzten ein, zwei Stunden. Eine mäßige Brise hatte eingesetzt; über der Stadt jedoch und dem nahen Wasser lag ein leichter Schleier, der nichts verbarg, sondern die Schönheit eher vergrößerte. Von meinem Standort aus, da ich mitten in der leichten Brise schreibe und die Temperatur von der See gemildert wird, kann sicherlich nichts auf Erden großartiger sein. Zur Linken der North River mit seiner weiten Aussicht – in der Nähe drei, vier Kriegsschiffe, friedlich vor

Anker; die Jersey Side, die Ufer von Weehawken, die Palisaden und das allmählich entschwindende Blau, das sich in der Ferne verliert. Zur Rechten der East River, die von Masten gesäumten Ufer, die großen, obeliskartigen Türme der Brücke, auf jeder Seite einer, im Dunst, doch klar zu erkennen: zwei gigantische Brüder, die freie, graziöse, verkettende Schlingen hoch über die reißende, ungestüme Strömung da unten schleudern. (Es ist gerade der Übergang von Flut zu Ebbe.) Überall ist die große Wasserfläche bedeckt – nein, nicht bedeckt, sondern dicht übersät – wie der Himmel mit Sternen – mit allen Arten und Größen von Segel- und Dampfschiffen, regelmäßig verkehrenden Fähren, ankommenden und auslaufenden Küstenschiffen, großen Ozeandampfern, stahlgrau, modern, eine Pracht an Größe und Kraft, beladen mit dem unabschätzbaren Wert menschlichen Lebens und kostbarer Waren. Und hier und da und vor allem jene verwegenen, krängenden Dinger voller Anmut und Wunder, jene weißen und getönten, flink dahinschießenden Fischvögel (ich frage mich, ob Küste und Meer irgendwoanders sie übertreffen kann), immer mit ihren schräg liegenden Rundhölzern und ihrer ungestümen, reinen, falkenhaften Schönheit und Bewegung – erstklassige New-Yorker Schaluppen und Schoner segeln an diesem herrlichen Tag auf der freien See und in gutem Wind. Und da mitten heraus ragt das an Größe alles überragende, von Schiffen gesäumte, moderne, amerikanische und doch fremdartig orientalische V-förmige Manhattan mit seiner kompakten Masse, seinen Türmen, seinen die Wolken berührenden Gebäuden im Zentrum – das Grün der Bäume und all das Weiß, Braun und Grau der Architektur, gut aufeinander abgestimmt, wie ich sehe, unter dem Wunder eines klaren Himmels. Herrliches, himmlisches Licht da oben und Junidunst über allem da unten.

Menschliches und heroisches New York

Der übliche subjektive Anblick von New York und Brooklyn – (wird die Zeit nicht bald kommen, da die beiden verwaltungsmäßig vereint sein und Manhattan heißen werden?) – was ich das menschliche Innere und Äußere dieser großen brodelnden ozeanischen Bevölkerung nennen mag, so wie es sich mir bei diesem Besuch darstellt, ist für mich das Beste von allem. Nach einer mehrjährigen Abwesenheit (mit dem Ausbruch des Sezessionskrieges bin ich weggegangen und bin nie zu einem längeren Aufenthalt wieder hier gewesen) betrachte ich wieder voller Neugierde die Menge, die Straßen, die ich so gut kenne, den Broadway, die Fähren, die West Side der Stadt, die vielgeliebte Bowery. So habe ich menschliche Erscheinungen und menschliches Verhalten, wie man es da überall sieht, und auch an den Kais und in dem ununterbrochenen Verkehr der Pferdebahnen oder der überfüllten Ausflugsdampfer oder in der Wall Street und der Nassau Street am Tage, an den Vergnügungsplätzen bei Nacht – brodelnd und wirbelnd, in ständiger Bewegung wie seine Umgebung, die aus unterschiedlichen Gewässern besteht – unendliche Menschheit in all ihren Phasen – auch Brooklyn – in den letzten drei Wochen in mich aufgenommen. Nicht nötig, ausführlich darauf einzugehen – es genügt zu sagen, daß (mit aller Nachsicht für die Schatten und Seitenlichter einer Millionenstadt) die kurzgefaßte Summe der Eindrücke, die menschlichen Qualitäten dieser riesigen Städte tröstlich für mich ist, sogar heroisch, fern jeglicher Darstellung. Wachsamkeit, allgemein schöner Körperbau, klare Augen, die einen offen anschauen, eine einzigartige Kombination von Zurückhaltung und Selbstbeherrschung gepaart mit Gutmütigkeit und Freundlichkeit – ein allgemein geltender Spielraum von geziemenden Verhaltensregeln, Geschmack und Intellekt, sicherlich einmalig auf Erden – und ein greifbares Zutagetreten jener persönlichen Kameradschaft, der ich mit Erwartung entgegensehe als die subtilste, stärkste zukünftige Kraft dieser vielfältigen Union – sind nicht nur hier in diesen mächtigen menschlichen Kanälen ständig sichtbar, sondern sie bilden die Regel und den Durchschnitt. Heute, würde ich sagen – und fordere damit Zyniker und Pessimisten bei genügender Kenntnis all der Ausnahmen heraus –, gibt ein verständnisvolles und scharfsichtiges Studium der gegenwärtigen Bevölkerung von New York den direktesten Beweis für erfolgreiche Demokratie und für die Lösung des Widerspruchs zwischen der Befähigung des freien und vollkommen entwickelten Individuums und der großen Masse.

Alt, lahm und krank denke ich seit Jahren über manch einen Zweifel und manche Gefahr für diese, unsere Republik nach, und obwohl ich weiß, was dazu an Gegenteiligem gesagt werden kann, finde ich in diesem New-Yorker Besuch und dem täglichen Kontakt und dem engen Verhältnis zu der Myriade seiner Menschen, im Ausmaß von Ozeanen und deren Fluten, die beste, wirkungsvollste Medizin, der meine Seele je teilhaftig wurde. Finde den großartigsten Platz zur Ansiedelung und die herrlichste Umgebung von Land und Wasser, die der Erdball bietet – nämlich Manhattan Island und Brooklyn, die in der Zukunft zu einer Stadt verschmelzen werden, einer Stadt von hervorragender Demokratie inmitten prächtiger Umgebung.

Stunden für die Seele

22. Juli 1878 – Lebe wieder draußen auf dem Lande. Ein wunderbares Zusammentreffen von allem, das manchmal die Stunden nach Sonnenuntergang zauberhaft erscheinen ließ – so nah und doch so fern. Vollkommene oder nahezu vollkommene Tage, stelle ich fest, sind gar nicht so ungewöhnlich; aber die Kombinationen, die vollendete Abende hervorbringen, sind selten, sogar im Laufe eines ganzen Lebens. Heute abend haben wir eine dieser vollkommenen Erscheinungen. Der Sonnenuntergang ließ alles sehr klar hervortreten; die größeren Sterne waren zu sehen, sobald es die Schatten erlaubten. Kurz nach acht erschienen drei, vier große schwarze Wolken, dem Anschein nach aus verschiedenen Richtungen und jagten in kräftigen Wirbeln, doch ohne Getöse dahin, entzogen das Firmament nach allen Seiten hin den Blicken und kündigten ein heftiges Wärmegewitter an. Doch Sturm, Wolken, Schwärze und alles – so plötzlich, wie sie gekommen waren, verschwanden sie auch wieder; und von kurz nach neun bis elf waren die Atmosphäre und die ganze Erscheinung da oben in jenem Zustand außergewöhnlicher Klarheit und Herrlichkeit, von dem ich gerade gesprochen habe. Im Nordwesten drehte sich der Große Wagen mit seinen beiden hinteren Sternen, Dubhe und Merak, um den Stella Polaris. Etwas südlich, ganz im Osten war das Sternbild des Skorpions vollständig zu sehen, und der Antares glühte ihm im Nacken. Das Ganze beherrschend, schwamm der majestätische Jupiter, vor anderthalb Stunde aufgegangen, im Osten – (kein Mond bis nach elf). Ein großer Teil des Himmels schien von großen Phosphorflecken übersät zu sein. Man konnte tiefer hinein- und weiter hindurchschauen als üblich; die Himmelskörper standen dicht wie die Ähren des Weizens auf dem Feld. Nicht, daß da irgendeine besondere Pracht gewesen wäre – nichts auch nur annähernd so klar, wie ich es in strengen Winternächten gesehen habe, aber ein merkwürdiger Glanz über allem, der in die Augen drang, in Sinne und Seele. Letztere wurde sehr davon berührt. (Ich bin davon überzeugt, daß es in der Natur Stunden gibt – besonders in der Atmosphäre, Morgen- und Abendstunden, die sich direkt an die Seele richten. In dieser Hinsicht übertrifft die Nacht alles, was der prächtigste Tag je bieten könnte.) Wenn sie es noch nie zuvor getan, dann verkündeten die himmlischen Mächte gerade jetzt die Herrlichkeit Gottes. Vollkommen war der Himmel der Bibel, Arabiens, der Propheten, der ältesten Dichtung. Da, in Abstraktion und Stille (ich war hinausgegangen, um die Szene ganz in mich aufzunehmen, um ja den Zauber nicht brechen zu lassen.), die Fülle, die Entrückung, Lebenskraft, das lockere, deutliche Gedränge der Sterne an der ausgedehnten Wölbung hoch droben, sanft in mich eingesogen, sich so frei erhebend, unendlich hoch, nach Osten, Westen, Norden, Süden sich erstreckend – und ich – nichts als ein Punkt in dem Zentrum auf Erden –, nehme alles in mich auf.

Als wäre es wirklich zum ersten Male, so senkte die Schöpfung ihre milde, unsagbare Lektion in mich hinein und durch mich hindurch, hinaus – oh, so unendlich weit hinaus! – über alle Kunst, Bücher, Predigten oder Wissenschaft, alt oder neu. Die Stunde des Geistes – die Stunde der Religion – die sichtbare Eingebung Gottes in Raum und Zeit – jetzt einmal deutlich angezeigt, falls es nie wieder geschehen sollte. Die Himmel über und über von Unsagbarem erfüllt. Die Milchstraße wie eine übermenschliche Symphonie, eine Ode universeller Unbestimmtheit, Wort und Ton verschmähend – eine lodernde Flamme der Gottheit, adressiert an die Seele. Alles still – die unbeschreibliche Nacht und die Sterne – weit weg und still.

Die Morgendämmerung – 23. Juli – Dieser Morgen, ein oder zwei Stunden vor Sonnenaufgang, brachte ein Schauspiel auf dem gleichen Hintergrund hervor, doch von ganz anderer Schönheit und Bedeutung. Der Mond hoch am Himmel, fast noch voll, erstrahlt hell. Luft und Himmel sind schamlos klar, Minerva gleich, jungfräulich kühl – nicht die Spur von Sentiment oder Mysterium oder undefinierbarer leidenschaftlicher Ekstase – nicht die religiöse Bedeutung, das mannigfaltige Ganze, destilliert und sublimiert in einem wie in der gerade beschriebenen Nacht. Jeder Stern jetzt scharfgeschnitten, zeigt sich als das, was er ist, da in dem farblosen Äther. Der Charakter des verkündeten Morgens, unaussprechlich angenehm und frisch und klar, aber einzig von ästhetischer Bedeutung und von Reinheit ohne Sentiment. Die Nacht habe ich beschrieben – doch soll ich mich an die wolkenlose Dämmerung wagen? (Welch zartes Band besteht zwischen der Seele und dem Anbruch des Tages? Sie sind einander gleich, und doch sind nicht zwei Nächte oder Morgen jemals völlig gleich.) Ein gewaltiger Stern, nahezu unheimlich in seiner Effusion und weißen Pracht, mit einigen langen, ungleichen radialen Strahlen von diamantenem Glanz, ergießt sich auf die Erde durch die frische Morgenluft – eine solche Stunde, und dann das Aufgehen der Sonne!

Der Osten – Welch ein Thema für ein Gedicht! Wirklich, wo gibt es ein genaueres, großartigeres? Wo ein stärker idealistisch-reales, subtileres, sinnlich köstlicheres? Der Osten erfüllt alle Länder, alle Zeiten, Völker; berührt alle Sinne, hier, unmittelbar, jetzt – und ist doch so unbeschreiblich weit weg – solch eine Rückschau: Der Osten, lang sich hinstreckend, sich selbst verlierend, der Orient, die Gärten Asiens, der Schoß der Geschichte und des Gesanges, bringt unaufhörlich jene seltsamen, düsteren Kavalkaden hervor:

> Gerötet von Blut, gedankenvoll, in Träumerei
> versunken, von Leidenschaft erhitzt,
> Von Düften erregt, in weiten und wallenden
> Gewändern,
> Mit sonnenverbranntem Antlitz, empfindsamer
> Seele und funkelnden Augen.

Immer der Osten – alt, unermeßlich alt! Und doch der gleiche hier – der unsere doch, frisch wie eine Rose, jeden Morgen, in jedem Leben, heute – jetzt und immerdar.
17. September – Noch eine Darstellung des gleichen Themas – wieder unmittelbar vor Sonnenaufgang (eine von mir bevorzugte Stunde). Der klare graue Himmel, ein schwacher Glanz in dem matten Leberbraun des Ostens, das kühle, frische Aroma und die Feuchtigkeit. Rinder und Pferde grasen da draußen auf den Feldern, wieder die Venus, zwei Stunden hoch. Für Geräusche sorgen die zirpenden Grillen im Gras, das Geschmetter von Hähnen und das entfernte Krächzen einer frühen Krähe. Still steigt über den dichten Rand von Zedern und Kiefern jene blendende, rote, transparente Flammenscheibe, und die schwachen Fetzen von weißem Dunst schwellen ab in die Auflösung.
Der Mond – 18. Mai – Gestern abend ging ich zeitig zu Bett, wachte aber kurz nach zwölf wieder auf, und nachdem ich mich eine Weile schlaflos und ziemlich aufgeregt herumgewälzt hatte, stand ich auf, zog mich an, machte mich auf den Weg und spazierte die Gasse hinunter. Vollmond, vor reichlich drei, vier Stunden aufgegangen – ein paar leichte und weniger leichte Wolken wälzen sich träge – Jupiter, gerade eine Stunde hoch, im Osten, und hier und da, über den ganzen Himmel verstreut, zufällig ein paar Sterne, die auftauchen und wieder verschwinden. So, hübsch verschleiert und vielfältig – die Luft mit jenem Duft von Frühsommer, keineswegs feucht oder rauh. Von Zeit zu Zeit taucht Luna gleichgültig auf, für Minuten und in herrlichstem Glanz, dann wieder zum Teil verhüllt. Weit entfernt ließ ein Ziegenmelker unablässig seinen Gesang erschallen. Das waren jene stillen Stunden zwischen eins und drei.
Diese seltene nächtliche Szene, wie bald sie mich zur Ruhe finden ließ! Gibt es da nicht noch etwas den Mond betreffend, irgendeine Beziehung oder Eigenschaft, die noch kein Gedicht oder die Literatur überhaupt je eingefangen hat? (In sehr alten und frühesten Balladen bin ich auf Zeilen oder Bemerkungen gestoßen, die das vermuten lassen.) Nach einer Weile verschwanden die Wolken, und als der Mond weiterglitt, rief er schimmernde und sich wandelnde, köstliche Farbeffekte von klarem Grün und lohfarbenem Dunst hervor. Lassen Sie mich diese Notiz mit einem Zitat

schließen – (irgend jemand schrieb am 16. Mai 1878 in der „Tribune"):
„Keiner wird je des Anblicks von Frau Luna müde. Göttin, die sie ist, durch die Gabe ihrer ewigen Schönheit, ist sie eine wirkliche Frau durch ihr Zartgefühl – sie kennt den Reiz, den es hat, sich selten sehen zu lassen, überraschend zu erscheinen und nur ein Weilchen zu bleiben; niemals trägt sie zwei Nächte lang das gleiche Kleid, nicht einmal eine ganze Nacht hindurch auf nur eine Weise. Sie empfiehlt sich den prosaischen Leuten mit ihrer Nützlichkeit und läßt von Dichtern, Künstlern und der Schar von Verehrern in allen Ländern ihre Nutzlosigkeit anbeten; sie gibt sich her zu jeglicher Symbolik und für jedes Emblem, ist Dianas Bogen und Venus' Spiegel und Marias Thron. Sie ist eine Sichel, eine Scheibe, eine Augenbraue, sein Gesicht oder ihr Gesicht, von ihr oder ihm gesehen; ist die Hölle des Verrückten, der Himmel des Poeten, das Spielzeug des Babys, das Studium des Philosophen; und während die Bewunderer ihren Fußstapfen folgen und an ihren reizenden Blicken hängen, weiß sie, wie sie ihr frauliches Geheimnis bewahrt – ihre andere Seite – nicht erraten und nicht erratbar."

Noch ein Zusatz – 19. Februar 1880 – Kurz vor 22 Uhr. Wieder kalt und völlig klar, das Schauspiel droben, Richtung Südwest, von wunderbarer und übervoller Herrlichkeit. Der Mond in seinem dritten Viertel – die Sternenhaufen Hyaden und Plejaden und der Planet Mars dazwischen – als weit ausgestrecktes Kreuz das ägyptische X (Sirius, Prokyon und die Hauptsterne in den Sternbildern Argo, Taube und Orion); direkt im Nordosten der Bärenhüter mit Arkturus an seinem Knie, eine Stunde hoch, am Himmel emporsteigend, ehrgeizig groß und funkelnd, als beabsichtige er, mit Sirius das Supremat über alle Sterne zu beanspruchen.

Mit der Empfindung der Sterne und des Mondes empfange ich in solchen Nächten die ganze Spanne und Unbestimmtheit von Musik und Poesie, verschmolzen in höchster geometrischer Genauigkeit.

Strohfarbene und andere Geschöpfe

4. August – Ein schöner Anblick! Von hier, wo ich im Schatten sitze – es ist ein warmer Tag, die Sonne strahlt von einem wolkenlosen Himmel, fast ist es Mittag –, kann ich über ein gemähtes Kleefeld (der zweite Schnitt) von zehn Morgen schauen. Die verwelkenden roten Blüten und Tupfen von Augustbraun sprenkeln dicht das überwiegende Augustgrün. Über allem flattern Myriaden von hellgelben Schmetterlingen, meist halten sie sich dicht am Boden, flattern auf und nieder und hin und her und verleihen der Szene eine seltsame Belebung. Diese eindrucksvollen, beseelten Insekten! Strohgelbe Geschöpfe! Gelegentlich verläßt einer von ihnen seine Gefährten und steigt, bisweilen spiralförmig, bisweilen in gerader Linie, empor in die Luft, flattert höher und höher, bis er buchstäblich außer Sicht ist. Auf dem Farmweg, den ich gerade entlangging, bemerkte ich eine Stelle, wohl zehn Fuß im Quadrat, wo sich mehr als hundert versammelt hatten, und ein Gelage veranstalteten, einen wirbelnden Tanz, ein Schmetterlingsvergnügen, sich windend und kreisend, auf und nieder, kreuz und quer, ohne gewisse Grenzen zu überschreiten. Diese kleinen Geschöpfe waren alle in den letzten Tagen und ganz plötzlich geschlüpft und treten nun sehr zahlreich auf. Wenn ich draußen sitze oder spazierengehe, so sehe ich, kaum daß ich mich umschaue, immer irgendwo zwei (immer zwei) in amouröser Tändelei durch die Luft flattern. Dann ihre unnachahmliche Färbung, ihre Zartheit, besondere Bewegung – und dann die seltsame Art, daß häufig einer die Menge verläßt und aufsteigt, empor in den freien Himmel, und offenbar nicht wieder zurückkehrt. Wie ich so über das Feld schaue, überall das sanfte Flimmern dieser gelben Flügel. Viele schneeweiße Blüten der wilden Möhre beugen sich anmutig auf ihren langen dünnen Stengeln, während das entfernte gutturale Gekreisch einer Schar von Perlhühnern gellend, doch irgendwie musikalisch an meine Ohren dringt. Und nun das leise Grollen eines Wärmegewitters im Norden, und immer das sacht ansteigende und fallende Brausen des Windes in den Wipfeln von Ahorn und Weiden.

20. August – Schmetterlinge über Schmetterlinge! Sie nehmen den Platz ein, den die Hummeln drei Monate lang innegehabt haben und die nun nahezu verschwunden sind. Sie flattern hin und her, alle Arten, weiße, gelbe, braune, purpurne – hin und wieder kommt auch ein ganz prachtvoller Bursche daher, langsam, auf Flügeln, die mit jeder Farbe bekleckst sind, wie die Palette eines Malers. Über dem Spiegel des Weihers bemerke ich viele weiße, die ihrem müßigen, kapriziösen Flug nachgehen. Unweit der Stelle, wo ich sitze, wächst ein hochstämmiges Kraut mit einer verschwenderischen Fülle scharlachroter Blüten, auf die sich die schneeweißen Insekten niederlassen und mit ihnen tändeln, manchmal vier oder fünf von ihnen zur gleichen Zeit. Gelegentlich besucht auch ein Kolibri eben diese Pflanze, und ich beobachte, wie er kommt und geht, zierlich umherbalanciert und schimmert. Diese weißen Schmetterlinge geben einen neuen hübschen Kontrast zu dem reinen Grün des Augustlaubwerkes (erst unlängst hatten wir ein paar ergiebige Regengüsse) und zu der gleißenden Wasserfläche des Teiches. Solche Insekten kann man sogar zähmen; ich habe hier einen großen hübschen Nachtfalter, er kennt mich und kommt zu mir; er hat es gern, auf meiner ausgestreckten Hand zu sitzen.

Ein anderer Tag, später – Ein stattliches, zwölf Morgen großes Feld reifen Kohls mit dem vorherrschenden Farbton von Malachitgrün, und darüber und dazwischen, kreuz und quer Myriaden von Kohlweißlingen. Als ich heute den Weg heraufkam, sah ich eine lebende Kugel von ihnen – zwei, drei Fuß im Durchmesser, Dutzende zusammengeschart, rollten sie förmlich durch die Luft, zusammengefügt zu der Form eines Balles, etwa zwei Meter über dem Boden.

Eine Nachterinnerung

25. August, 9 bis 10 Uhr – Ich sitze am Rande des Teiches, alles ist still, die helle, polierte Wasserfläche vor mir ausgebreitet – das Blau des Himmels und die weißen Wolken – und ab und an der Widerschein eines über das Wasser fliegenden Vogels. Gestern war ich bis Mitternacht mit einem Freund hier draußen. Alles ein Wunder an Herrlichkeit: die Pracht der Sterne und der vollendete Vollmond, die vorüberziehenden Wolken, silbern und leuchtend lohfarben, dann und wann nebelhafte, beleuchtete, vom Winde gejagte Wolkenfelder – und schweigsam neben mir mein lieber Freund. Die Schatten der Bäume und Streifen des Mondlichts auf dem Gras – die sanft wehende Brise und der beinahe fühlbare Duft des reifenden Maises in der Nähe. Die schläfrige und geistige Nacht, unsagbar reich, zart, suggestiv – etwas, das ganz und gar die Seele durchzieht und noch lange danach die Erinnerung nährt.

Wilde Blumen

Das war, und ist es noch, eine große Zeit für wilde Blumen. Unmengen von ihnen säumen die Wege durchs Gehölz, begrenzen die Ränder der Wasserläufe, wachsen überall entlang der alten Zäune und breiten sich in Hülle und Fülle über die Felder aus. Eine achtblättrige goldgelbe Blüte, hell und leuchtend, mit einem braunen Schopf in der Mitte, fast von der Größe eines halben Silberdollars, ist hier sehr häufig. Gestern, auf einer ausgedehnten Ausfahrt, fiel sie mir überall auf, dicht säumt sie die Ufer des Baches. Dann gibt es da eine andere hübsche Pflanze, über und über mit blauen Blüten bedeckt (das Blau von den alten chinesischen Teeschalen, hochgeschätzt von unseren Großtanten), immer wieder bleibe ich stehen, um sie zu bewundern – ein wenig größer als ein Zehncentstück und sehr zahlreich. Weiß jedoch ist die dominierende Farbe. Die wilde Möhre, von der ich gesprochen habe; auch die wohlriechende Immortelle. Aber auch alle anderen Farbtöne und Schönheiten sind vertreten, besonders auf den zahlreichen Flächen von halboffener Zwergeiche und Zwergzeder hierherum – wilde Astern aller Farben. Ungeachtet des Frosthauches, gegen den die unempfindlichen kleinen Dinger sich in all ihrer Blüte behaupten. Auch die Blätter der Bäume, einige von ihnen, beginnen, sich gelb, graubraun oder mattgrün zu färben. Die tiefe Weinfarbe des Sumach und der Gummibäume ist bereits zu sehen und das Strohgelb von Hartriegel und Buche. Lassen Sie mich die Namen nennen von einigen dieser beständigen Blüten und freundlichen Kräuter, mit denen ich hierherum bei meinen Spaziergängen in der einen oder anderen Jahreszeit Bekanntschaft geschlossen habe:

wilde Azalee	Löwenzahn
Alpenrose	Schafgarbe
Apfelrose	Mädchenauge
Goldrute	Ackererbse
Rittersporn	Geißblatt
früher Krokus	Holunder
Kalmus (große Mengen davon)	Kermesbeere
Klettertrompete	Sonnenblume
wohlriechender Majoran	Kamille
Schlangenwurzel	Veilchen
Salomonssiegel	Klematis
Melisse	Blutkraut
Minze (sehr viel)	Virginische Magnolie
wilde Pelargonie	Wolfsmilch
wilder Heliotrop	Gänseblümchen (viele)
Klette	Margerite

Eine zu lange unterlassene Geste der Höflichkeit

Das eben erwähnte erinnert mich an etwas. Da die Individuen, die ich in der Hauptsache zu porträtieren pflege, gewiß von Leuten vernachlässigt worden sind, die Bilder von ihnen, Bücher, Gedichte über sie machen – widme ich, als schwachen Beweis meiner Dankbarkeit für viele friedvolle und beschauliche Stunden während meines Leidens (und keineswegs sicher, ob sie nicht irgendwie von dem Kompliment Wind bekommen haben), widme ich also die zweite Hälfte dieses Tagebuches den

Bienen	Ringelnattern
Amseln	Krähen
Libellen	Grasmücken
Sumpfschildkröten	Moskitos
Königskerzen, Rainfarnen,	Schmetterlingen
der Pfefferminze	Wespen und Hornissen
Nachtfaltern (großen und	Spottdrosseln (und allen
kleinen, einige prächtige	anderen Vögeln)
Burschen)	Zedern
Glühwürmchen (Millionen von	Tulpenbäumen (und allen

ihnen schwärmen, unbeschreiblich seltsam und eindrucksvoll, nachts über Weiher und Fluß) anderen Bäumen) und den Orten und Erinnerungen jener Tage und des Flusses.

Delaware River – Tage und Nächte

5. April 1879 – Mit der Rückkehr des Frühlings zum Himmel, den Lüften, den Wassern des Delaware verabschieden sich die Möwen. Niemals werde ich es müde, ihrem freien und leichten Flug in Spiralen zuzuschauen oder wie sie schweben, fast ohne mit den Flügeln zu schlagen, nach unten schauen mit gekrümmtem Schnabel oder nach Nahrung ins Wasser tauchen. Die Krähen, den ganzen Winter über mehr als genug, sind ebenfalls mit dem Eis gewichen. Keine von ihnen ist mehr zu sehen. Wieder aufgetaucht sind die Dampfschiffe – in Eile, frisch und hübsch gestrichen für die Sommerarbeit – die Columbia, die Edwin Forrest (die Republic noch nicht), die Reybold, die Nelly White, die Twilight, die Ariel, die Warner, die Perry, die Taggart, die Jersey Blue – sogar die schwerfällige alte Trenton – nicht zu vergessen jene allgegenwärtigen kessen kleinen Bullpups des Stromes, die Schleppdampfer.

Aber lassen Sie mich die Sache zusammenfassen und ordnen: der Fluß selbst, der ganze Weg zum Meer; Cape Island auf der einen Seite und Henlopen Light auf der anderen; die breite Bucht aufwärts in Richtung Norden und so nach Philadelphia und weiter nach Trenton; die Sehenswürdigkeiten, mit denen ich aufs beste vertraut bin (da ich ein gut Teil meiner Zeit in Camden verbringe, sehe ich die Dinge von dieser Warte aus); die großen, stolzen, schwarzen Ozeandampfer, die ein- und auslaufen; die weite Entfernung hier zwischen den beiden Städten, unterbrochen durch Windmill Island; ein gelegentliches Kriegsschiff vor Anker, manchmal ein Ausläufer mit seinen Geschützen und Luken und den Booten und den braungesichtigen Matrosen und den regelmäßigen Ruderschlägen und den lustigen Haufen an „Besuchstagen"; die zahlreichen großen, schönen dreimastigen Schoner. (In den letzten Jahren eine bevorzugte

Bauart der Marine in dieser Gegend.) Einige von ihnen sind neu und sehr elegant mit ihren weiß-grauen Segeln und gelben Kiefernmasten. Die in günstigem Wind dahinziehenden Schaluppen – gerade sehe ich eine heraufkommen, unter vollen Segeln, ihr Gaffelsegel leuchtet in der Sonne, hoch und malerisch – welch vollendete Schönheit zwischen Himmel und Wasser! Die bevölkerten Anlegestege die Stadt entlang – die Flaggen verschiedener Nationalitäten, das entschlossene englische Kreuz auf blutrotem Grund, die französische Trikolore, das Banner des großen norddeutschen Reiches und die italienischen und spanischen Farben. Manchmal, nachmittags, die ganze Szene belebt von einer Flotte von Jachten, die fast in Windstille langsam von einer Regatta in Gloucester zurückkehrt; der zierliche, schnittige Zolldampfer „Hamilton" in der Mitte des Flusses, mit seinen achtern zur Schau getragenen senkrechten Streifen – und, wenn ich die Augen nach Norden wende, die langen Fahnen wolkig-weißen Dampfes oder schmutzig-schwarzen Rauches, sich weit hinziehend, fächerförmig, im Westsüdwestwind von den Küsten von Kensington oder Richmond herüber.

Szenen auf Fähre und Fluss – Letzte Winternächte

Dann die Camden-Fähre. Welche Heiterkeit, Abwechslung, Leute, Geschäftigkeit bei Tage. Was für wohltuende, stille, wunderbare Stunden bei Nacht, meist ganz mit mir allein auf dem übersetzenden Schiff – allein das Deck abschreitend, vorn oder achtern. Welche Verbindung zu den Wassern, der Luft, dem ausgezeichneten *Chiaroscuro* – dem Himmel und den Sternen, die nicht ein Wort sprechen, keines für den Verstand, doch so beredt, so kommunikativ für die Seele. Und die Fährleute wissen wenig davon, wieviel sie mir bedeuten, Tag und Nacht, wie viele Spannen von Gleichgültigkeit, Langeweile und Debilität sie und ihre rauhe Art mir vertrieben haben. Und die Lotsen – die Kapitäne Hand, Walton und Giberson am Tage und nachts der Kapitän Olive; Eugene Crosby hat mich mit seinem kräftigen jungen Arm gestützt und über die Lücken in der Brücke geführt, über Hindernisse, sicher an Bord. Fürwahr, alle meine Fährfreunde – Kapitän Frazee, der Aufsichtsführende, Lindell, Hiskey, Fred Rauch, Price, Watson und ein Dutzend mehr. Und die Fähre selbst mit ihren eigentümlichen Szenen: mitunter Kinder, plötzlich geboren in den Wartehäusern (– und das mehr als einmal); manchmal ein Maskenball in der Nacht, mit einer Kapelle, tanzend und wirbelnd wie Verrückte auf dem breiten Deck, in den Phantasiekostümen; manchmal ein Astronom, Mr. Whitall (der mich sofort in einer lebenden Lektion an Punkten um die Sterne herum aufstellt und alle Fragen beantwortet); manchmal eine fruchtbare Familie, acht, neun, zehn, sogar zwölf Mann! (Als ich gestern mitfuhr, warteten Mutter, Vater und acht Kinder in dem Fährhaus, irgendwo nach Westen unterwegs.)

Die Krähen habe ich bereits erwähnt. Vom Schiff aus beobachte ich sie stets. Tagsüber spielen sie in winterlichen Szenen am Fluß eine wichtige Rolle. Überall bilden diese schwarzen Kleckse in dieser Jahreszeit einen scharfen Kontrast zu Schnee und Eis, mitunter fliegen oder flattern sie, mitunter treiben sie auf kleineren oder größeren Schollen den Strom hinab. Eines Tages war der Fluß fast frei – nur eine einzelne lange Kette gebrochenen Eises ergab einen schmalen Streifen, der länger als eine Meile ziemlich rasch die Strömung hinuntertrieb. Auf diesem weißen Streifen waren die Krähen versammelt, Hunderte von ihnen – eine drollige Prozession („wie ein Trauerzug", war der Kommentar von jemandem).

Die Empfangshalle dann, für die wartenden Passagiere – durch und durch veranschaulichtes Leben. Nehmen wir ein Märzbild, das ich vor zwei, drei Wochen flüchtig hingeworfen habe. Nachmittag, etwa halb vier, es beginnt zu schneien. Im Theater findet eine Matinee statt – von Viertel bis um fünf kommt ein Strom von Damen, die nach Hause wollen. Nie kannte ich einen geräumigeren Saal, um eine buntere, lebendigere Szene vorzustellen: ansehnliche, adrett gekleidete Frauen und Mädchen aus Jersey. Zu Dutzenden strömten sie fast eine Stunde lang herein, die leuchtenden Augen und glühenden Gesichter, die aus der frischen Luft hereinkamen, ein Anflug von Schnee auf Hüten und Kleidern beim Eintreten, das Warten von fünf bis zehn Minuten, das Schwatzen und Lachen (Frauen können sich

177

unter sich vortrefflich amüsieren, mit sehr viel Witz, Lunches, heiterer Ungezwungenheit). Lizzie, die zuvorkommende Warteraumdame, das Schlagen der Glocken und die Dampfsignale der ablegenden Schiffe mit ihren rhythmischen Unterbrechungen und Untertönen – die heimischen Bilder, Mütter mit Floren von Töchtern (ein bezaubernder Anblick). Kinder, Bauern, die Eisenbahner in ihren blauen Kleidern und Mützen – all die verschiedenartigen Charaktere von Stadt und Land, deutlich erkennbar oder angedeutet. Draußen dann ein verspäteter Passagier, der wie wahnsinnig rennt und dem Boot nachspringt. Bis sechs Uhr hat sich der menschliche Strom nach und nach verdichtet: ein Drängen von Fahrzeugen, Rollwagen, aufgetürmten Eisenbahnkisten, jetzt eine Herde Rinder, die eine ziemliche Aufregung verursacht, mit dicken Stöcken schlagen die Treiber auf die dampfenden Seiten der erschreckten Tiere ein. In der Empfangshalle Geschäftemachen, Flirten, Liebe, *Eclaircissements*, Heiratsanträge – der liebenswürdige, ernstgesichtige Phil kommt mit seinem Bündel Nachmittagszeitungen herein – oder Jo oder Charley (der vorige Woche in das Dock gesprungen ist und eine beleibte Dame vor dem Ertrinken gerettet hat), um den Ofen nachzufüllen, nachdem er ihn mit einem langen Schüreisen gereinigt hat.

Neben all dieser „menschlichen Komödie" bietet der Fluß Nahrung höherer Art. Hier sind ein paar Notizen vom vergangenen Winter, an Ort und Stelle flüchtig niedergeschrieben.

Eine Januarnacht – Schöner Ausflug über den weiten Delaware heute nacht. Flut ziemlich hoch, dann starke Ebbe. Fluß, kurz nach acht, voller Eis, zum größten Teil gebrochen, ein paar große Schollen jedoch machen unser stark gebautes Dampfschiff dröhnen und beben, da es mit ihnen zusammenstößt. In dem hellen Mondenschein erstrecken sie sich fremdartig, gespenstisch, silbern, matt schimmernd, so weit ich sehen kann. Stoßend, zitternd, mitunter zischend wie tausend Schlangen ruft die Gezeitenströmung, da wir mit ihr oder gegen sie fahren, einen stattlichen Unterton hervor, der zu der Szene paßt. Die Herrlichkeit hoch droben, unbeschreiblich; doch irgendwie hochmütig, beinahe herablassend in der Nacht. Nie ist mir mehr verborgene Empfindung, beinahe *Leidenschaft* in jenen stillen, unendlichen Sternen da oben ins Bewußtsein gedrungen. In solcher Nacht kann man verstehen, warum seit den Tagen der Pharaonen oder Hiobs die Kuppel des Himmels übersät mit Planeten subtilste schärfste Kritik an menschlichem Stolz, Ruhm und Ehrgeiz hervorbringt.

Eine weitere Winternacht – Ich kann mir nichts *Erfüllenderes* vorstellen, als auf dem weiträumigen, festen Deck eines kraftvollen Schiffes zu stehen, das sich in klarer, kühler, herrlicher Mondnacht stolz und bezwingend durch dieses dicke, steinharte, glitzernde Eis drängt. Der gesamte Fluß ist nun davon überzogen, einige Eisschollen sind riesig. Etwas sehr Unheimliches liegt über der Szene, zum Teil liegt das an der Beschaffenheit des Lichtes mit seinem Anflug von Blau, dem lunaren Zwielicht – nur die großen Sterne behaupten sich im Schein des Mondes. Schneidende Luft, gut für Bewegung, trocken, voller Sauerstoff. Und das Gefühl von Kraft – der beständige, nichts achtende, gebieterische Drang unserer neuen Maschine, da sie sich durch die großen und kleinen Schollen ihren Weg bahnt.

Noch eine – Zwei Stunden brauchte die Fähre hinüber und wieder zurück, aus reinem Vergnügen fuhr ich mit, nur so zum Spaß. Himmel und Fluß haben sich mehrfach verändert. Ersterer hielt eine Weile lang zwei riesige fächerförmige Staffelungen lichter Wolken, durch die Frau Luna sich hindurcharbeitete und nun strahlte, einen Hof von hellem, transparentem Braun um sich hatte und die ganze Unermeßlichkeit mit reinem, nebelhaftem Hellgrün überflutete, durch das sie, wie durch einen erleuchteten Schleier mit gemessener weiblicher Bewegung zog. Dann, auf der nächsten Tour, war der Himmel völlig klar, und Luna zeigte sich in all ihrer Pracht. Der Große Wagen im Norden, mit dem Doppelstern in der Deichsel, viel deutlicher als gewöhnlich. Dann die glänzende Spur des Lichtes im Wasser, tanzend und sich kräuselnd. Solche Metamorphosen; solche Gemälde und Gedichte, unnachahmlich!

Noch eine – Unter den vorteilhaften Bedingungen, die sich mir auf dem Schiff bieten, studiere ich die Sterne. (Es ist Ende Februar und wieder außergewöhnlich klar.) Hoch oben, gen Westen, die Plejaden, sie funkeln in zartem Glanz am milden Himmel. Aldebaran, der die V-förmigen Hyaden führt – und über mir Kapella mit ihren Kindern.

Am majestätischsten von allen, in voller Pracht im hohen Süden, Orion, weit ausgedehnt, Hauptdarsteller auf der himmlischen Bühne, mit der strahlenden gelben Rosette um die Schultern und den drei Königen – und ein wenig nach Osten, Sirius, gelassen, arrogant, der erstaunlichste Einzelstern. Spät ging ich an Land (von der Schönheit und der Wohltat der Nacht konnte ich nicht lassen). Wie ich so dastand oder gemächlich umherging, hörte ich die widerhallenden Rufe der Eisenbahner im Bahnhof von West Jersey, die Züge, Lokomotiven etc. rangierten; inmitten der allgemeinen Stille sonst und einem gewissen Etwas in der akustischen Natur der Luft schwebten musikalische, emotionale Effekte, die ich früher nie für möglich gehalten hätte. Lange verweilte ich und lauschte ihnen.

Nacht des 18. März '79 – Eine der ruhigen, angenehm kühlen, ungemein klaren und wolkenlosen Vorfrühlingsnächte – die Atmosphäre hat wieder das seltene gläserne Blauschwarz, das die Astronomen so lieben. Abends um acht war die Szene da oben – ihre unzweifelhafte weihevolle Schönheit – unübertrefflich. Im Westen die Venus, nahe daran unterzugehen, von einer Größe und einem Glanz, als versuchte sie, sich selbst zu übertreffen, bevor sie versinkt. Strotzender mütterlicher Himmelskörper – wieder hänge ich an dir. Du erinnerst mich an jenen Frühling, der der Ermordung Abraham Lincolns vorausging; ruhelos suchte ich die Ufer des Potomac auf, die Washington City säumen, schaute dir da oben zu, entrückt, schwermütig wie ich selbst:

> Als wir gingen auf und ab in dem dunklen Blau, so mystisch,
> Als wir gingen still in transparenter dunkler Nacht,
> Als ich sah, du wolltest etwas sagen, als du dich neigtest zu mir, Nacht für Nacht,
> Als du dich senktest vom Himmel sacht herab, fast wie an meine Seite (während all die andern Sterne zuschauten),
> Als wir zusammen wandelten in weihevoller Nacht.

Mit der dahinscheidenden Venus, groß bis zuletzt und strahlend noch am Rande des Horizonts, präsentiert die riesige Kuppel ein herrliches Schauspiel. Gerade nach Sonnenuntergang war der Merkur zu sehen – ein seltener Anblick. Nun ist der Arkturus erschienen, direkt nordöstlich. In gelassenem Glanz behaupten all die Sterne des Orion den Ehrenplatz auf dem Meridian im Süden – mit dem Hundsstern, ein wenig links davon. Und nun geht soeben Spika auf, spät, niedrig und zart verschleiert. Castor, Regulus und die anderen scheinen alle ungewöhnlich hell (bis zum Morgen weder Mars noch Jupiter oder der Mond). Von den Ufern des Flusses herüber blinken viele Lampen, zwei oder drei riesige Schornsteine, ein paar Meilen entfernt, speien ständig Flammen wie Vulkane aus und erhellen ringsum alles – und mitunter ein elektrisches oder ein Kalklicht, ein strahlendes Dante-Inferno in fernen Wellen, fürchterlich, geisterhaft mächtig. Gern sehe ich in den Nächten Ende Mai den kleinen Leuchtbojen der Fischer zu – so hübsch, so verträumt – wie Irrlichter schaukeln sie sanft und einsam auf der Oberfläche des dunklen Wassers, schwimmen in der Strömung.

Der erste Frühlingstag auf der Chestnut Street

Der Winter lockert seinen Griff und erlaubt uns einen ersten Vorgeschmack auf den Frühling. Während ich schreibe, ersteht noch einmal die Milde und Heiterkeit des gestrigen Nachmittags, die (nach dem Morgennebel, der einen besseren Hintergrund gab, durch Kontrast) die Chestnut Street – sagen wir zwischen Broad und der 4th – in jeglicher Hinsicht, mit all ihren Läden und der bunt gekleideten Menschenmenge allgemein in vorteilhafterem Licht zeigte als die drei vorangegangenen Monate. Zwischen eins und zwei machte ich dort einen Spaziergang. Zweifellos gab es auch eine Menge notleidender Geschöpfe entlang der Gehsteige, doch sahen neun Zehntel des in Myriaden sich regenden menschlichen Panoramas blühend, wohlgenährt und wohlversorgt aus. Auf alle Fälle war es gut, gestern auf der Chestnut Street gewesen zu sein. Die ambulanten Händler auf den Gehsteigen („Manschettenknöpfe, drei Stück fünf Cent"), der hübsche kleine Kerl mit seinen Vogelstimmenpfeifen, die Spazierstock-, Spielzeug-, Zahnstocherverkäufer, die alte Frau, die inmitten einer Menschenmenge auf den kalten Steinplatten hockte, mit ihrem Korb voller Zündhölzer, Nadeln, Bänder. Die junge Negermutter, die mit ihren beiden kleinen kaffeebraunen Zwillingen auf dem Schoß dasaß und bettelte, die Schönheit des von seltenen Blumen strotzenden Wintergartens, prunkende rote und gelbe, schneeweiße Lilien, unglaublich herrliche Orchideen im Baldwin-Haus unweit der Twelfth Street, der Anblick von feinem Geflügel, Rindfleisch, Fisch in den Restaurants, die Porzellangeschäfte mit Geschirr und Figürchen, die köstlichen Südfrüchte, die dahinkriechenden Pferdebahnen mit ihrem Geklingel, die plumpen, wie Droschken aussehenden schnell gefahrenen einspännigen Postwagen, voll besetzt mit kommenden und gehenden Briefträgern, gesunden, schönen, stattlich aussehenden Männern in grauen Uniformen. Die teuren Bücher, Bilder, Antiquitäten in den Schaufenstern, der hünenhafte Polizist an fast jeder Ecke – all das wird mir wohl in Erinnerung bleiben als Charakterzüge der bedeutendsten Straße Philadelphias. Die Chestnut Street ist, wie ich festgestellt habe, nicht ohne ihr besonderes Gepräge und ihren eigenen Reiz, selbst dann, wenn man sie mit den Prachtstraßen anderer Städte vergleicht. In Europa bin ich nie gewesen, doch bin ich im Laufe der Jahre mit der größten Hauptverkehrsstraße New Yorks (vielleicht der Welt), dem Broadway, sehr vertraut geworden und kenne als Spaziergänger einigermaßen die St. Charles Street in New Orleans, die Tretmont Street in Boston und die breiten Trottoirs der Pennsylvania Avenue in Washington. Natürlich ist es schade, daß die Chestnut Street nicht zwei- oder dreimal breiter ist, doch zeigt sie an schönen Tagen eine Lebendigkeit, Bewegung und Vielfalt, was nicht so leicht zu überbieten ist. (Funkelnde Augen, menschliche Gesichter, Anziehungskräfte, wohlgekleidete Frauen, die auf und ab promenieren, die Unmengen schöner Dinge in den Schaufenstern – sind sie nicht überall in der zivilisierten Welt etwa die gleichen?)

> Gesichter huschen flink vorbei!
> Mal sanft, mal wild, mal voller Haß;
> Dies strahlt, von allen Sorgen frei,
> und jenes ist von Tränen naß.

Vor ein paar Tagen hatte eines der sechsstöckigen Bekleidungshäuser hier entlang ein Schaufenster als Pferch gestaltet und reichlich saftigen Klee und Heu hineingegeben (draußen konnte ich den Duft riechen), auf dem zwei prächtige, fette Schafe ruhten, in voller Lebensgröße, aber noch jung – die schönsten Geschöpfe ihrer Art, die ich je gesehen habe. Lange, lange blieb ich mit der Menge stehen, um sie zu betrachten – eines lag und käute wieder, das andere stand und schaute heraus, mit von dichten Locken umsäumten geduldigen Augen. Ihre Wolle von einer hellen Lohfarbe mit Strähnen von glänzendem Schwarz – alles in allem ein sonderbarer Anblick inmitten dieser belebten Promenade von Dandys, Dollars und Textilien.

Den Hudson hinauf nach Ulster County

23. April – Fort von New York, auf eine kleine Besuchsreise. Verließ das gastliche Quartier meiner liebenswerten Freunde, Mr. und Mrs. J. H. Johnston, wo ich mich wie zu Hause fühlen konnte, nahm das 16-Uhr-Schiff, den Hudson aufwärts, so an die 100 Meilen. Sonnenuntergang und Abend sehr schön. Genoß besonders die Stunde, nachdem wir die Anlegestelle von Cossens passiert hatten, die Nacht erhellt von der Sichel des Mondes und der Venus, schwimmen jetzt in schwachem Schein und versteckt von den hohen Felsen und Hügeln des westlichen Ufers, an dem wir uns dicht hielten. (Ich werde die nächsten zehn Tage in Ulster County und seiner Umgebung verbringen und abends spazierenfahren, den Fluß betrachten und kurze Wanderungen unternehmen.)

24. April – Mittag – Noch ein bißchen mehr, und die Sonne wäre bedrückend. Die Bienen fliegen aus und sammeln von Weiden und anderen Bäumen ihre Nahrung. Ich beobachte, wie sie zurückkehren, durch die Luft fliegen oder sich auf den Bienenstöcken niederlassen, ihre Schenkel bedeckt mit dem gelben Futter. In der Nähe singt eine einzelne Wanderdrossel. In Hemdsärmeln sitze ich da, blicke von einem Erkerfenster auf die schläfrige Szene – leichter Dunst, die Fishkill Hills in der Ferne, draußen auf dem Fluß eine Schaluppe mit geneigtem Großsegel und zwei, drei kleine Fischerboote. Drüben auf den Schienen lange Güterzüge, manchmal schwer beladen mit walzenförmigen Petroleumtanks, 30, 40, 50 Waggons in einem Zug. Schnaufend rumpeln sie in voller Sicht dahin, der Lärm jedoch ist gedämpft durch die Entfernung.

Tage bei J. B. – Torffeuer – Frühlingsgesänge

26. April – Bei Sonnenaufgang der reine, klare Ton der Feldlerche. Eine Stunde später ein paar Laute, vereinzelt und schlicht, jedoch lieblich und vollendet, vom Buschsperling – gegen Mittag der schrille Triller der Wanderdrossel. Heute haben wir die angenehmste, wohltuendste, durchdringendste Wärme – ein wunderschöner Schleier durchzieht die Luft, Flimmern, zum Teil durch die Hitze und zum Teil durch die Torffeuer überall auf den Farmen. Eine Gruppe von zartem Ahorn schlägt in aller Ruhe aus und bringt karmesinrote Spitzen hervor, den ganzen Tag über summt es von geschäftigen Bienen. Die weißen Segel von Schaluppen und Schonern gleiten den Fluß auf und ab; an dem gegenüberliegenden Ufer fast ständig ein langer Zug mit schwerem Rollen oder leisem Gebimmel. Die frühesten wilden Blumen in Wald und Feld, der würzige Erdbeerbaum, das blaue Leberblümchen, die zarte Anemone und die hübschen weißen Blüten des Blutkrautes. Gemächlich schweife ich umher und entdecke sie so. Wenn ich die Straßen entlanggehe, sehe ich gern die Feuer der Farmer, die hier und da das trockene Unterholz, Torf und irgendwelche Rückstände verbrennen. Wie der Qualm dahinkriecht, flach am Boden, sich aufrichtet, allmählich aufsteigt, davonzieht und sich schließlich auflöst. Ich liebe diesen beißenden Geruch. Ein paar Wölkchen streifen gerade meine Nase – sie sind mir willkommener als französisches Parfüm.

Sehr zahlreich sind die Vögel, von einer bestimmten Sorte oder zwei, drei Sorten. Wie seltsam, zunächst nicht ein Anzeichen von ihnen, doch plötzlich ein warmer, überschwenglicher, sonniger April-(oder auch März-)tag – und siehe, da sind sie, flattern von Zweig zu Zweig oder Zaun zu Zaun, singen, einige paaren sich, beginnen zu bauen. Die meisten von ihnen sind jedoch *en passant* – 14 Tage, einen Monat in dieser Gegend und dann auf und davon. Wie in allen Phasen wahrt die Natur ihren vitalen, unerschöpflichen, immerwährenden Lauf. Immerhin, sehr, sehr viele Vögel halten sich die meiste Zeit der Saison hier auf – jetzt ist ihre Paarungszeit und die Periode des Nestbaus. Ich sehe Krähen, Möwen und Habichte über den Fluß fliegen. Ich höre den Nachmittagsschrei der letzteren, die dahinschießen, sich auf den Horsten einrichten. Bald wird hier der Stärling zu hören sein und das gellende *Miau* der Spottdrossel; auch der Königsvogel, der Kuckuck und die Grasmücken werden kommen. Überall gibt es drei besonders charakteristische Frühlingsgesänge: den der Feldlerche, so süß, so munter und vorlaut (als ob sie sagte: „Siehste nit?" oder „Kannst nit verstehn?"); die heiteren, sanften, menschlichen Töne der Wanderdrossel (schon seit Jahren versuche ich, einen Ausdruck oder eine kurze Wendung zu finden, die diesen Ruf wiedergeben oder beschreiben) und das amouröse Pfeifen des Goldspechts. Insekten gibt es hier gegen Mittag in großen Massen.

29. April – Als wir unmittelbar nach Sonnenuntergang gemächlich den Weg entlangfuhren, vernahmen wir den Gesang der Walddrossel! Lautlos blieben wir stehen und hörten lange zu. Diese köstlichen Töne – eine melodische, ungekünstelte, spontane, schlichte Hymne, wie von dem Flötenregister einer Orgel wehte durch die Dämmerung – hallte angenehm von dem steilen Felsen wider, wo an seinem Fuße in einem Versteck von dichten jungen Bäumen der Vogel saß und unsere Sinne, unsere Seelen erfüllte.

BEGEGNUNG MIT EINEM EREMITEN

Auf einem meiner Streifzüge die Berge hinauf begegnete ich einem wirklichen Einsiedler; er lebte an einem einsamen Ort, der kaum zu erreichen war, felsig, herrliche Aussicht, mit einem kleinen Flecken Land von zwei Ruten im Quadrat. Ein Mann am Beginn des mittleren Alters, in der Stadt geboren und aufgewachsen, nach dem Schulbesuch Reisen durch Europa und Kalifornien. Zunächst begegnete ich ihm zweimal unterwegs und führte ein kleines Gespräch mit ihm; dann, das dritte Mal, bat er mich, noch ein

Stück weiter zu kommen und in seiner Hütte auszuruhen (eine fast beispiellose Ehre, wie ich später von anderen erfuhr). Er entstammte einer Quäkerfamilie – glaube ich – sprach mit leichter und bescheidener Freimütigkeit, offenbarte aber sein Leben nicht oder seine Geschichte oder seine Tragödie oder was sonst immer es war.

Ein Wasserfall in Ulster County

Diese Notiz schreibe ich in einer wilden Landschaft von Wäldern und Bergen, wohin wir gekommen sind, um einen Wasserfall zu besichtigen. Noch nie habe ich schönere Exemplare von Schierling gesehen und in solcher Fülle! Viele von ihnen sind sehr groß, einige alt und ehrwürdig. Solch ein Gefühl ihnen gegenüber, verschwiegen und wirr – was ich abgehärtet und in Frieden gelassen nenne – eine reichhaltige Unterlage von Farnen, Eibensprößlingen und Moosen, allmählich von frühen Sommerblumen betupft. Alles umschlossen von dem monotonen, aber angenehmen Rauschen des rauhen, ungestümen, reichen Wasserfalles: die grünlich-gelbbraunen, dunkel-transparenten Wasser, die rasant mit Fetzen von milchig-weißem Schaum die Felsen hinabstürzen. Ein Strom von davoneilendem Bernstein, neun Meter breit, weit hinten in den Bergen und Wäldern entsprungen, stürzt nun massig herab – alle 100 Ruten ein Fall und mitunter drei bis vier in solch einer Entfernung. Ein urzeitlicher Wald, druidisch, einsam und wild, keine zehn Besucher im Jahr, überall zerbrochene Felsen, dunkel, dichtes, belaubtes Unterholz, ein förmlich greifbarer wilder und zarter Wohlgeruch.

Walter Dumont und seine Medaille

Wie ich gestern die Landstraße entlangbummelte, blieb ich plötzlich stehen, um einem Mann aus der Nähe zuzuschauen, der ein holperiges, steiniges Feld mit einem Joch Ochsen pflügte. Bei einer Arbeit wie dieser gibt es gewöhnlich viel Hü und Hott, Aufregung und fortwährendes Geschrei und Flüche. Mir fiel jedoch auf, wie anders, wie leicht und wortlos, doch entschlossen und gekonnt das Werk dieses jungen Pflügers war. Sein Name war Walter Dumont, Farmer und Sohn eines Farmers, der für seinen Lebensunterhalt arbeitete. Vor drei Jahren, als der Dampfer „Sunnyside" in einer bitterkalten Nacht hier am Westufer Schiffbruch erlitten hatte, fuhr Walter in seinem Boot hinaus. Er war der erste, der Hilfe leistete, einen Weg durch das Eis bis zum Ufer bahnte, ein Seil festband, hervorragende Arbeit leistete, sehr wendig und geschickt, kühn der Gefahr trotzte, zahlreiche Menschenleben rettete. Ein paar Wochen danach, als er eines Abends gerade in Esopus war, mitten unter der üblichen, im Laden und in der Post herumlungernden Menge, da traf für den stillen Helden die Anerkennung in Form einer unerwarteten amtlichen Goldmedaille ein. An Ort und Stelle wurde sie ihm verliehen, er jedoch errötete, zögerte, sie entgegenzunehmen, und brachte keinen Laut hervor.

Sehenswürdigkeiten des Hudson River

Es war ein glücklicher Einfall, die Hudson-River-Eisenbahn direkt am Ufer entlang zu bauen. Die günstige Lage wird bereits von der Natur geliefert; eine Seite kann mit Sicherheit belüftet werden – und man ist niemandem im Wege. Immerzu sehe, höre ich, wie die Lokomotiven und Waggons irgendwo da drüben rumpeln, dröhnen, lodern, qualmen, Tag und Nacht – kaum eine Meile entfernt und bei Tage gut zu sehen. Ich mag beides, den Anblick und auch das Geräusch. Expreßzüge donnern und blitzen dahin; Güterzüge, meistens sehr lange, es können nicht weniger als hundert am Tage sein. Nachts sieht man weit unten die Scheinwerfer sich nähern, gleichmäßig kommen sie wie ein Meteor herauf. Der Fluß hat nachts seine besonderen Reize. Die Alsenfischer fahren in ihren Booten hinaus und werfen die Netze aus – einer sitzt vorn und rudert, und einer steht achtern aufrecht und läßt es durch seine Finger gleiten. Ihren Kurs markieren sie mit kleinen Schwimmern, die Kerzen tragen. Diese übermitteln, wie sie so über das Wasser gleiten, ein unbeschreibliches Gefühl und doppelten Glanz. Nachts sehe ich auch gern den Schleppzügen mit ihren blinkenden Lichtern zu und höre das heisere Schnaufen der Dampfer oder erhasche die schattenhaften Umrisse von Schaluppen und Schonern, Phantomen gleich, weiß, still, undeutlich da draußen. Dann der Hudson in klarer Mondnacht.

Eine Sehenswürdigkeit aber ist am großartigsten. Mitunter erscheint, in furchtbarstem Sturm, Regen, Hagel, Schnee, ein großer Adler über dem Fluß, dann segelt er mit sicheren und jetzt dem Wind überlassenen Schwingen – stets dem heftigen Wind begegnend, ihn manchmal durchdringend oder dann und wann buchstäblich auf ihm *reitend*. Es ist, als ob man eine erstklassige Naturtragödie oder ein Heldenepos liest oder Kriegstrompeten hört. Der prächtige Vogel genießt das Getöse, ist ihm angepaßt und ihm sogar gleich, vollendet es so artistisch. Er regt die Schwingen, die Stellung von Kopf und Hals – sein unwiderstehlicher, gelegentlich bunter Flug, jetzt eine Drehung, nun eine Aufwärtsbewegung, die schwarzen, treibenden Wolken, die aufgebrachte Brandung da unten, das Rauschen des Regens, das Pfeifen des Windes (vielleicht das Zusammenstoßen, das Ächzen des Eises). Er laviert oder hält inne – nun, wie die Dinge liegen, überläßt er sich zur Abwechslung dem Winde, bewegt sich mit ihm mit solcher Geschwindigkeit – und nun, da er die Kontrolle wieder übernimmt, kommt er gegen ihn wieder herauf, Herr der Situation und des Sturmes, Herr inmitten von Macht und wildem Vergnügen.

Manchmal (wie gerade jetzt, während ich schreibe) höre ich mitten an einem sonnigen Nachmittag, wenn der alte Dampfer „Vanderbilt" heranpirscht, deutlich seine rhythmischen, patschenden Schaufeln. An langen Trossen zieht er ein immenses und mannigfaltiges Aufgebot hinter sich her („Eine alte Sau mit ihren Ferkeln", wie das Flußvolk dazu sagt). Zuerst kommt ein großer Kahn, mit einem darauf errichteten Haus und Masten, die bis über das Dach reichen, dann Schleppkähne, ein langgezogener, umfangreicher Schleppzug, fest zusammengefügt, der Kahn in der Mitte mit einer hohen Stange, an der eine große und aufgeputzte Flagge prangt, andere mit den nahezu unvermeidlichen Leinen zum Trocknen aufgehängter frisch gewaschener Wäsche, zwei Schaluppen und ein Schoner seitwärts von dem Schleppzug – wenig und noch dazu widriger Wind – drei lange, dunkle, leere, die Nachhut bildende Lastkähne. Leute sind auf den Schiffen: müßige Männer, Frauen mit Sonnenhauben, Kinder; qualmende Ofenrohre.

Zwei Stadtgebiete, gewisse Stunden

New York, *24. Mai '79* – Vielleicht bietet kein Viertel dieser Stadt (ich bin vor kurzem zurückgekehrt) eine brillantere, lebhaftere, auffallendere menschliche Vorstellung an diesen schönen Mainachmittagen als die beiden, die ich jetzt nach persönlicher Erfahrung beschreiben möchte. Erstens: Das Gebiet, das die 14th Street umfaßt (besonders das kurze Stück zwischen Broadway und 5th Avenue), mit Union Square und was daran grenzt und wieder eine halbe Meile den Broadway zurück. Die Alleen hier sind breit, die Abstände zwischen den Häusern geräumig und frei – jetzt überflutet vom flüssigen Gold der letzten beiden Stunden kräftigen Sonnenscheins. Das ganze Gebiet muß gegen fünf Uhr, an den Tagen meiner Beobachtungen, von 30000 bis 40000 adrett gekleideten Leuten bevölkert sein. Alle sind in Bewegung, viele gutaussehend, viele hübsche Frauen, oft Jugendliche und Kinder, die letzteren in Gruppen mit ihren Kindermädchen, auf den Trottoirs überall enges Gedränge und dichtes Durcheinander (doch keinerlei Kollision, kein Ärger), Massen leuchtender Farben, Bewegung und geschmackvolle Toiletten; (gewiß, die Frauen ziehen sich besser an als jemals zuvor, und die Männer auch). Als ob New York an diesen Nachmittagen zeigen wollte, was es zu bieten hat: seine Menschen, ihren Körperbau und Gesichtsausdruck und die zahllose Fülle von Bewegung, Textilien, Glanz, persönlichen Reiz und Glück.

Zweitens: Ebenfalls zwischen 17 und 19 Uhr, die Strecke von der 5th Avenue, der ganze Weg vom Central Park, der an der 59th Street endet, die 14th hinunter, besonders die hohe Steigung an der 40th Street entlang und den Berg hinunter. Ein Strom von Pferden und prächtigen Kutschen, nicht zu Dutzenden, sondern zu Hunderten und Tausenden – die breite Avenue vollgestopft davon – ein sich bewegendes, glitzerndes, hastendes Gedränge, mehr als zwei

Meilen lang. (Ich wundere mich, daß es zu keinem Stau kommt, aber ich glaube, das wird es wohl nie.) Im ganzen ergibt das alles für mich den wunderbaren Anblick von New York. Gern begebe ich mich auf einen der Schauplätze in der 5th Avenue und gelange dorthin, indem ich mich dem eiligen Strom entgegenwerfe. Ich bezweifle, ob London oder Paris oder irgendeine andere Stadt in der Welt eine solche Lustbarkeit auf Rädern zu bieten hat, wie ich sie hier fünf-, sechsmal an diesen schönen Mainachmittagen gesehen habe.

Spaziergänge und Gespräche im Central Park

16. bis 22. Mai – Nahezu jeden Tag besuche ich den Central Park, sitze da, streife gemächlich umher oder reite. In diesem Monat zeigt sich der ganze Ort von seiner besten Seite, die Bäume in voller Blüte, das viele Weiß und Rosa der blühenden Büsche, das Smaragdgrün des überall hervorsprießenden Grases, gelb betupft mit Löwenzahn. Die besonderen hier im Überfluß vorhandenen grauen Felsbrocken, charakteristisch für diesen Boden, meilenweit sind sie zu finden – und über allem die Schönheit und Reinheit unseres sommerlichen Himmels, an drei von vier Tagen. Wie ich so dasitze, friedlich, am frühen Nachmittag, unweit der 90th Street, kommt der Polizist C. C., ein junger Bursche, gut gewachsen und von sandfarbenem Teint, herüber und stellt sich direkt neben mir auf. Gleich freunden wir uns an und schwatzen miteinander. Er ist New-Yorker, hier geboren und aufgewachsen, und als Antwort auf meine Fragen erzählt er mir vom Leben eines New-Yorker Parkpolizisten. (Während er spricht, hält er Augen und Ohren wachsam offen, gelegentlich hält er inne und begibt sich zu Stellen, von wo er die ganze Straße auf und ab und auch die angrenzenden Gebiete sehen kann.) Die Bezahlung ist $ 2,40 pro Tag (sieben Tage in der Woche) – die Männer treten an und arbeiten acht Stunden hintereinander, das ist alles, was von ihnen verlangt wird in 24 Stunden. Das Amt hat mehr Risiken, als man sich vorstellen mag. Wenn z. B. ein Gespann oder ein Pferd davonrennt (was täglich passiert), wird von jedem erwartet, nicht nur zur Stelle zu sein, sondern seine

Sicherheit zu riskieren und den wildesten Gaul oder mehrere aufzuhalten – (*Mach es,* und denk nicht an deine Knochen oder dein Gesicht.). Pfeife auch Alarm, daß andere Schutzmänner das Signal weitergeben können und die Fahrzeuge den Weg auf- und abwärts gewarnt werden können. Verletzungen der Männer kommen immer wieder vor. Es bedarf ständiger Wachsamkeit und unbeugsamer Härte. (Wenige würdigen – habe ich oft gedacht – die odysseische Tüchtigkeit, den Heldenmut, das schnelle Handeln bei unvorhergesehenen Ereignissen, die praktische Veranlagung, die unbewußte Hingabe und den Heroismus unter unseren jungen amerikanischen Männern und Arbeitern – den Feuerwehrleuten, den Eisenbahnern, den Männern auf den Dampfern und Fähren, der Polizei, den Schaffnern und Fuhrleuten – dem ganzen großartigen Querschnitt unseres Volkes, in Stadt und Land.) Immerhin ist es wertvolle Arbeit; und alles in allem, die Mitglieder der Parkpolizei lieben sie. Sie nehmen teil am Leben, und die Erregung hält sie aufrecht. Es gibt nicht so viele Schwierigkeiten, wie vielleicht angenommen werden könnte, mit Tramps, Rowdys oder damit, die Leute „vom Rasen fernzuhalten". Die schlimmsten Unannehmlichkeiten der ständig im Park Angestellten sind Sumpffieber, Erkältungen und dergleichen.

Ein schöner Nachmittag von vier bis sechs

10000 Fuhrwerke sausen an diesem wunderschönen Nachmittag durch den Park. Welch ein Anblick! Und ich habe alle gesehen – ganz aus der Nähe und wie es mir beliebte. Private Landauer, Droschken und Coupés, schöne Pferde – Schoßhunde, Bedienstete, Moden, Ausländer, Kokarden an Hüten, Verzierungen und Applikationen – die ganze ozeanische Flut von New Yorks Wohlstand und „Lebensart". Es war ein eindrucksvolles, abwechslungsreiches, nicht endenwollendes Schauspiel in großem Format, voller Aktion und Farbe in der Schönheit des Tages, seiner strahlenden Sonne und in einer leichten Brise. Ganze Familien, Pärchen, einzelne Kutscher – selbstverständlich durchweg elegant gekleidet – viel „Stil" (doch vielleicht wenig oder gar nichts, sogar in dieser Richtung, das sich selbst völlig gerechtfertigt hätte). Durch die Fenster von zwei, drei der reichsten Wagen sah ich beinahe leichenhafte Gesichter, so totenbleich und teilnahmslos. In der Tat wies die ganze Angelegenheit weniger vom echten Amerika auf, den Geist als auch die Haltung betreffend, als ich von solch einem ausgesuchten Massenspektakel erwartet hätte. Ich finde, daß es als Beweis für den unbegrenzten Wohlstand, die Muße und die eben erwähnte „Lebensart" entsetzlich wäre. Was ich jedoch in jenen Stunden sah (ich nutzte zwei weitere Gelegenheiten, zwei weitere Nachmittage, um die gleiche Szene zu beobachten), bestätigt meinen Eindruck, den ich bei jedem weiteren Anblick unserer hochtrabenden, allgemeinen oder recht außergewöhnlichen Phasen von Wohlstand und Lebensart in diesem Lande erhalte – nämlich, daß seine Vertreter befangen sind, viel zu bewußt, eingehüllt in zu viele überlebte Konventionen, und weit davon entfernt, glücklich zu sein –, daß nichts in ihnen ist, worum wir, die wir arm sind und einfach, sie zu beneiden brauchen, und daß, anstelle des beständigen Duftes von Gras und Wald und Küste, ihr typisches Odeur von Seifen und Essenzen stammt, vielleicht sehr kostbar und von einem Friseur ist und in wenigen Stunden sowieso schal und muffig wird.

Vielleicht war die Schau am Reitweg die schönste. Viele Gruppen (vorzugsweise zu dritt), einige Paare, einige Einzelpersonen, viele Damen, häufig in vollem Galopp dahinpreschende Pferde oder Gesellschaften – in der Regel schöne Reiter und ein paar wirklich erstklassige Tiere. Als der Nachmittag zur Neige ging, nahm die Zahl der Fuhrwerke ab, die Zahl der Reiter jedoch schien zuzunehmen. Sie blieben lange – ich sah einige bezaubernde Gestalten und Gesichter.

AUSLAUFEN DER GROSSEN DAMPFER

15. Mai – Dreistündiger Ausflug heute nachmittag, von zwölf bis drei. Begleitete die „City of Brussels" durch die Bucht hinunter bis zu den Narrows, um einiger Freunde willen, die unterwegs nach Europa sind, um ihnen einen herzlichen Abschied zu bereiten. Unser lebhafter kleiner

Schlepper, die „Seth Low", hielt sich dicht an der großen schwarzen „Brussels", bisweilen auf der einen, bisweilen auf der anderen Seite, stets mit ihr auf gleicher Höhe oder drängte sogar voraus (wie das vollblütige Pony, das den königlichen Elefanten begleitet). Die ganze Angelegenheit war von Anfang an eine lebhafte, schnell vorüberziehende, charakteristische New-Yorker Szene: die große gutaussehende, adrett gekleidete Menge am Ende des Kais; Männer und Frauen kommen, um ihre Freunde abreisen zu sehen und ihnen eine glückliche Reise zu wünschen. Das Gewimmel der Passagiere an der Reling, Gruppen von bronzegesichtigen Matrosen, Offiziere in Uniform auf ihren Posten, die gelassenen Kommandos, als das Schiff pünktlich auf die Minute behende ablegt und ausläuft, die bewegten Gesichter, die Adieus und wehenden Taschentücher und viel Lachen und ein paar Tränen am Kai, die erwidernden Gesichter, Lächeln, Tränen und wehende Taschentücher vom Schiff.

(Was kann zarter und feiner sein als dieses Spiel der Gesichter bei solchen Gelegenheiten in diesen empfindsamen Mengen? Was gibt es, das einem mehr ans Herz ginge?) Das stolze, stetige, geräuschlose Durchdringen der Wogen durch den großen Ozeandampfer auf seinem Weg die Bucht hinunter. Ein paar Meilen begleiteten wir ihn und wendeten dann, unter einem Durcheinander wilder Hurrarufe, geschrienen Abschiedsgrüße, ohrenbetäubender Dampfpfiffe, Handküsse und dem Winken mit den Taschentüchern.

Dieses In-See-Stechen der großen Dampfer, mittags oder nachmittags – es gibt keine bessere Medizin, wenn man apathisch oder lethargisch ist. Gern gehe ich mittwochs und samstags hinunter – an diesen Tagen besonders – um sie und die Menschenmenge an den Kais zu sehen, die ankommenden Passagiere, die allgemeine Aufregung und Rührigkeit, die begierigen Blicke, die klaren Stimmen (Eine weitgereiste Ausländerin, eine Musikerin, sagte mir neulich, sie sei der Ansicht, eine amerikanische Menschenmenge habe die schönsten Stimmen der Welt.), das ganze Aussehen der großen, gefälligen schwarzen Schiffe selbst mit ihren zwei- oder dreifarbig (in breiten Streifen) gestrichenen Seiten – eingerahmt von unserer Bucht mit dem blauen Himmel

hoch droben. Zwei Tage nach dem erwähnten sah ich die
„Britannic", die „Donau", die „Helvetia" und die „Schiedam" hinausdampfen, alle nach Europa – ein großartiger Anblick.

Zwei Stunden auf der „Minnesota"

Von sieben bis neun an Bord des Schulschiffes der Vereinigten Staaten, der „Minnesota", die im North River vor Anker liegt. Captain Luce schickte uns gegen Sonnenuntergang seine Gig an den Fuß der 23rd Street und empfing uns an Bord mit der Gastfreundlichkeit eines Offiziers und der Herzlichkeit eines Seemanns. Auf der „Minnesota" befinden sich mehrere 100 Jungen, um für einen effektiven Einsatz in der staatlichen Marine ausgebildet zu werden. Diese Idee gefällt mir sehr; und soweit ich es heute gesehen habe, gefällt mir auch die Art, wie diese Idee auf diesem Schiff realisiert wird. Unten, auf dem Batteriedeck, hatten sich nahezu 100 Jungen versammelt, um uns eine Probe ihrer Gesangsübungen vorzuführen, einer von ihnen begleitete sie dabei auf dem Melodium. Sie sangen voller Inbrunst. Das Beste jedoch war ihr Anblick selbst. Bevor das Singen begann, ging ich zu ihnen hinüber und unterhielt mich zwanglos mit ihnen. Sie kamen aus allen Staaten; ich fragte nach den Südstaatlern, konnte aber nur einen ausfindig machen, einen Jungen aus Baltimore. Sie waren im Alter von 14 und 19 oder 20 Jahren. Alle sind gebürtige Amerikaner und haben eine strenge medizinische Untersuchung zu bestehen; gutgewachsene Jungen, muskulös, strahlende Augen, die einen offen anschauen, gesund, intelligent, keine Niete unter ihnen, auch keine Leisetreter – in jedem die Verheißung eines Mannes. Mein Lebtag bin ich bei vielen öffentlichen Zusammenkünften von Jungen und Alten gewesen, von Schulen und Colleges, aber ich gestehe, noch nie bin ich so befriedigt, so erquickt worden (sowohl von der Tatsache der Schule selbst und der ausgezeichneten Probe unseres Landes, unserer zusammengewürfelten Rasse, als auch der Hoffnungen auf ihre gute allgemeine Tüchtigkeit, ihre Zukunft), wie von der Ansammlung junger Männer aus allen Teilen der Vereinigten Staaten auf

diesem Schulschiff der Marine. („Werden denn auch Menschen dort sein?" war die trockene und prägnante Erwiderung Emersons einem Mann gegenüber, der ihn mit statistischem Material und statistischen Möglichkeiten einer westlichen oder pazifischen Region vollgestopft hatte.)
26. Mai – wieder an Bord der „Minnesota". Lieutenant Murphy hat mich freundlicherweise in seinem Boot abgeholt. Genoß besonders diese kurzen Fahrten hin und her – die Matrosen, gebräunt, kräftig, so aufgeweckt und begabt aussehend, legten sich kräftig in die Riemen, kriegsmarinemäßig, als sie mich hinüberruderten. Die Jungen sah ich in Kompanien mit kleinen Waffen exerzieren; hatte ein Gespräch mit Chaplin Rawson. Um 11 Uhr versammelten wir uns alle um einen langen Tisch in der großen Messe zum Frühstück – ich unter den übrigen – eine herzliche, reiche, gastliche Angelegenheit in jeder Hinsicht – viel zu essen und vom Besten; wurde bekannt mit verschiedenen neuen Offizieren. Dieser zweite Besuch, mit seinen Beobachtungen, Gesprächen (zwei bis drei, wahllos und zufällig, mit den Jungen), bestätigten meine ersten Eindrücke.

Vollendete Sommertage und -nächte

4. August – Vormittag – während ich unter einer Weide im Schatten sitze (habe mich wieder aufs Land zurückgezogen), badet und spielt ein Vogel müßig mitten im Bach, beinahe in meiner Reichweite. Offensichtlich fürchtet er mich nicht, hält mich für eine Begleiterscheinung der benachbarten Erderhebungen, des freien Buschwerks und der wilden Pflanzen. *6 Uhr abends* – Die letzten drei Tage sind vollendet gewesen, für diese Jahreszeit (vor vier Nächten ergiebige Regenfälle mit heftigem Blitzen und Donnern). Ich schreibe dies, während ich am Fluß sitze und meine beiden Eisvögel bei ihrem abendlichen Sport beobachte. Die kräftigen, wunderbaren, fröhlichen Kreaturen! Da sie umherfliegen und kreisen, schimmern ihre Flügel in den flachen Sonnenstrahlen. Gelegentlich tauchen sie und spritzen im Wasser, dann wieder fliegen sie weite Strecken den Bach auf und ab. Wo immer ich gehe, über Felder, durch Gassen, abseitige Orte, steht die weiß blühende wilde

Möhre in voller Pracht, ihre zarten Bällchen, wie Schneeflocken, krönen ihre schlanken Stengel, die graziös in der Brise schwingen.

Ausstellungsgebäude – neues Rathaus – Flussreise

Philadelphia, 26. August – Der gestrige und der heutige Abend von unübertroffener Klarheit, nach zweitägigem Regen; Mond und Sterne prächtig. Unterwegs in Richtung des großen Ausstellungsgebäudes im Westen Philadelphias, sah, daß es erleuchtet war und dachte, ich sollte mal hineinschauen. Es wurde gerade ein Ball gegeben, volkstümlich, aber nett; viele junge Paare tanzten Walzer und Quadrille – Musik von einer guten Streichkapelle. Bei dem Anblick und der Musik, kleinen Spaziergängen die geräumigen Säle auf und ab – dem Ausruhen in einem Sessel und dem längeren Betrachten des großartigen hohen Daches mit seinen reizenden und zahlreichen Arbeiten aus Eisenstangen, Winkeln, grauer Farbe, Spielen von Licht und Schatten, die sich in schwachen Umrissen verlieren – dem Genießen (während der Pausen der Streichkapelle) vorzüglicher Soli und rollender Kapricen der großen Orgel auf der anderen Seite des Gebäudes, dem Erblicken einer schattenhaften Figur oder einer Gruppe oder einem Liebespaar, die dann und wann einen näheren oder entfernteren Gang passierten – verbrachte ich über eine Stunde.

Als wir nach Hause zurückkehrten – wir fuhren in einem offenen Sommerwagen die Market Street hinunter – hielt uns zwischen 15th und Broad etwas auf, und ich stieg aus, um das neue, zu drei Fünfteln gebaute, marmorne Gebäude, das Rathaus mit seinen großartigen Proportionen besser sehen zu können: eine majestätische und wunderschöne Erscheinung da in dem Mondschein – vollständig überflutet, Fassaden, unzählige silberweiße Linien und gemeißelte Köpfe und Friese, von zartem Glanz – still, geheimnisvoll, schön – nun, ich weiß, daß dieses herrliche Bauwerk, wenn es einmal fertig ist, niemals jemanden so beeindrucken wird, wie es mich beeindruckt hat in ebendiesen 15 Minuten.

Seit dieser Nacht bin ich schon lange wieder am Fluß. Ich

betrachte die C-förmige Nördliche Krone (mit dem Stern Alshacca, der in einer Nacht vor ein paar Jahren so plötzlich, alarmierend aufflackerte). Der Mond in seinem dritten Viertel und fast die ganze Nacht zu sehen. Und da, wie ich nach Osten schaue, meine lange abwesenden Plejaden, erfreulicherweise wieder zu sehen. Eine Stunde lang genieße ich die wohltuende und Leben spendende Szene und dazu das leise Plätschern der Wellen – geräuschlos gehen immer weitere Sterne im Osten auf.

Als ich den Delaware überquere, erzählt mir einer der Matrosen, F. R., wie vor ein paar Stunden eine Frau über Bord gesprungen und ertrunken ist. Es geschah in der Mitte des Fahrwassers – sie stürzte sich vom vorderen Teil des Schiffes, das dann über sie hinging. Auf der anderen Seite, in dem rasch dahinfließenden Wasser, sah er sie auftauchen, die Arme und die geschlossenen Hände hochwerfen (weiße Hände und entblößte Unterarme, die im Mondschein aufblitzten), und dann versank sie. (Später fand ich heraus, daß dieser junge Bursche prompt ins Wasser gesprungen, der armen Kreatur nachgeschwommen war und – wenn auch ohne Erfolg – die größten Anstrengungen unternommen hatte, um sie zu retten. Diesen Teil der Geschichte jedoch hat er mir nicht erzählt.)

Schwalben auf dem Fluss

3. September – Bewölkt und naß und Wind direkt von Ost; Luft ohne eigentlichen Nebel, aber sehr mit Feuchtigkeit geladen – dankbar für eine Abwechslung. Am Vormittag bemerkte ich beim Überqueren des Delaware eine ungewöhnliche Zahl von Schwalben im Fluge. Sie kreisten, stürmten dahin, anmutig, kaum zu beschreiben, dicht an der Wasseroberfläche. Dicht um unser Fährschiff herum flogen sie, als es festgemacht am Kai lag; und als wir ausliefen, beobachtete ich ihre flink gewendeten Schleifen jenseits der Molenköpfe und über dem breiten Strom, tief fliegend, kreuz und quer. Obwohl ich schon mein ganzes Leben lang Schwalben gesehen hatte, schien es, als hätte ich nie zuvor deren eigenartige Schönheit und ihren prägenden Charakter in der Landschaft erkannt. (Vor einiger Zeit, als ich in einer großen alten Scheune diesen Vögeln eine Stunde lang bei ihrem Fluge zusah, erinnerte ich mich an den 22. Gesang der Odyssee, wo Odysseus die Freier erschlägt und damit die Dinge *ins reine* bringt und Minerva, in Gestalt einer Schwalbe, durch den Raum der Halle fliegt, sich hoch auf einen Balken setzt, behaglich dem Gemetzel zuschaut und sich in ihrem Element fühlt, frohlockend, vergnügt.)

Beginne eine lange Fahrt nach Westen

In den folgenden drei bis vier Monaten (September bis Dezember '79) unternahm ich eine ganz ordentliche Reise nach Westen, machte halt in Denver, Colorado, und drang tief genug in das Gebiet der Rocky Mountains vor, um mir eine gute Vorstellung davon machen zu können. Verließ Philadelphia eines Abends nach neun Uhr, mitten im September, in einem komfortablen Schlafwagen. Fuhr so 200, 300 Meilen durch Pennsylvania; morgens zum Frühstück in Pittsburgh. Herrlicher Blick auf die Stadt und Birmingham – Nebel und Dunst, Rauch, Hochöfen, Flammen, verfärbte Holzhäuser und eine riesige Ansammlung von Kohleschiffen. Gegenwärtig ein Stück schöne Gegend, der nördliche Zipfel (Panhandle) von West-Virginia, und über den Fluß nach Ohio. Am Tage durch Ohio hindurch – dann Indiana – und so in Schlaf gerüttelt für eine zweite Nacht, fliege wie ein Blitz durch Illinois.

Im Schlafwagen

Welch ein wildes, eigenartiges Vergnügen, nachts in meiner Koje in dem luxuriösen Salonwagen zu liegen, gezogen von dem mächtigen Baldwin – der mich umfaßt und auch erfüllt mit der geschwindesten Bewegung und der ruhelosesten Kraft! Es ist spät, Mitternacht vielleicht oder schon später, Entfernungen schmelzen zusammen wie durch Zauberei, da wir durch Harrisburg, Columbus, Indianapolis rasen. Das Element der Gefahr verleiht der ganzen Sache Würze. Weiter geht es, rumpelnd und polternd, mit unseren kräftigen wiehernden Lauten, die von Zeit zu Zeit zu hören sind, oder Trompetenstößen in die Dunkelheit. Vorbei an Wohnstätten von Menschen, den Farmern, Scheunen, Vieh – den stillen Dörfern. Und der Waggon selbst, der Schlafwagen, mit zugezogenen Vorhängen und kleingedrehten Lampen, in den Betten die Schlafenden, viele von ihnen Frauen und Kinder, und weiter, weiter, weiter wie der Blitz fliegen wir durch die Nacht – wie seltsam es klingt und wie süß sie schlafen! (Man sagt, der Franzose Voltaire habe zu seiner Zeit die große Oper und das Kriegsschiff als die bemerkenswertesten Illustrationen des Wachstums der Menschheit und des Fortschritts der Kunst über primitiven Barbarismus hinaus bezeichnet. Wenn dieser geistreiche Philosoph heute hier und in dem gleichen Wagen wäre, vollendet versorgt mit Betten und Nahrung, unterwegs von New York nach San Franzisko, würde er sicher seine Meinung ändern und einen unserer amerikanischen Schlafwagen als Beispiel wählen.)

Der Staat Missouri

Die Strecke von 960 Meilen, von Philadelphia nach St. Louis, hätten wir in 36 Stunden zurücklegen sollen, nach etwa zwei Dritteln der Strecke hatten wir jedoch eine Kollision und schlimmen Schaden an der Lokomotive. Das warf uns natürlich zurück. So blieb ich diesmal nur über Nacht in St. Louis und setzte sodann meine Reise nach Westen fort. Als ich durch Missouri an einem schönen Frühherbsttag fuhr, die gesamte Strecke mit der St.-Louis-und-Kansas-City-Northern-Eisenbahn, da dachte ich, meine Augen hätten noch nie Szenen von größerer ländlicher Schönheit gesehen. Mehr als 200 Meilen hintereinander wellige Prärie, landwirtschaftlich vollkommen, mit Pennsylvania- und New-Jersey-Augen betrachtet, und hier und da mit herrlichem Gehölz versehen. Doch so fein das Land auch ist, es ist nicht der beste Teil; (unter der oberen Schicht liegt eine von undurchdringlichem Lehm und festem Untergrund, die das Wasser nicht durchläßt, „das Land ersäuft bei feuchtem Wetter und verbrennt bei trockenem", wie ein zynischer Farmer mir erzählte). Im Süden gibt es reichere Landstriche, die schöneren Gegenden des Staates sind aber vielleicht doch die nordwestlichen Counties. Alles in allem jedoch bin ich mir sicher (jetzt und nach allem, was ich seither gesehen und erfahren habe), daß Missouri, was das Klima, den Boden, die geographischen Gegebenheiten, Weizen, Gras, Bergwerke, Eisenbahnen anlangt und in jeder wichtigen materiellen Hinsicht, in der vordersten Reihe der Union zu finden ist. Hinsichtlich Missouris politischem und sozialem Gepräge habe ich so manches gehört, einiges davon ist ziemlich besorgniserregend – mir sollte aber nicht bange sein, sicher und bequem weiterzukommen, überall unter den Missourianern. Sie bauen eine ganze Menge Tabak an. Zu dieser Jahreszeit sieht man Unmengen dieser hellgrünlich-grauen Blätter, aufgefädelt und zum Trocknen auf provisorische Gestelle oder Reihen von Stangen aufgehängt. Ähnelt sehr dem, östlichen Augen vertrauten, Wollkraut.

LAWRENCE UND TOPEKA, KANSAS

Wir hatten die Absicht, eine Weile in Kansas zu bleiben, als wir jedoch dort ankamen, trafen wir auf einen Zug und eine Menge gastfreundlicher Einwohner, die bereit waren, uns nach Lawrence zu bringen, wozu ich mich denn auch entschloß. Meine herrlichen Tage in L., zusammen mit Judge Usher und seinen Söhnen (besonders John und Linton), echten Weststaatlern von der prächtigsten Sorte, werde ich nicht so bald vergessen. Auch nicht die gleichgearteten Tage in Topeka. Und ebensowenig die brüderliche Güte meiner RR.-Freunde dort und die Stadt- und Staatsbeamten. Lawrence und Topeka sind große, geschäftige, recht ländliche, hübsche Städte. Zwei oder drei längere Ausflüge unternahm ich in die Umgebung von Topeka, von einem feurigen Gespann über glatte Straßen gezogen.

Die Prärien

Und eine nicht gehaltene Rede
Auf einer großen Volksversammlung in Topeka – silbernes Jubiläum des Staates Kansas, 15000 bis 20000 Leute – war fälschlicherweise angekündigt worden, ich würde ein Gedicht vortragen. Da man mich offensichtlich mit besonderer Aufmerksamkeit behandelte und ich gefällig sein wollte, schrieb ich eilends die folgende kurze Rede nieder. Unglücklicherweise (oder zum Glück) amüsierte und unterhielt ich mich mit den U.-Boys, und wir hatten ein hervorragendes Dinner, daß die Stunden so schnell verstrichen und ich vergaß, zum Meeting hinüberzufahren und meine kurze Rede zu halten. Hier aber ist sie: „Meine Freunde, eure Programmzettel kündigen an, ich würde ein Gedicht vortragen; nun habe ich aber kein Gedicht – habe keines für diese Gelegenheit geschrieben. Und ich kann ehrlich sagen, ich bin froh darüber. Unter diesem in Septemberschönheit strahlenden Himmel, inmitten dieser einzigartigen Landschaft, an die ihr gewöhnt seid, die für mich aber neu ist, diese endlosen und majestätischen Prärien, in der Unabhängigkeit und Tatkraft und dem gesunden Enthusiasmus dieser vollkommenen westlichen Atmosphäre und dem herrlichen Sonnenschein, da scheint es mir, ein Gedicht wäre beinahe eine Impertinenz. Wenn ihr aber gern ein paar Worte von mir hören möchtet, dann sollte ich über ebendiese Prärien sprechen; denn von all den gegenständlichen Erscheinungen, die ich auf diesem, meinem wirklich ersten Besuch im Westen sehe oder gesehen habe, beeindrucken sie mich am stärksten. Da ich geschwind hierhergebraust bin, mehr als 1000 Meilen, durch das schöne, redliche Ohio, durch Indiana und Illinois, wo man Mais anbaut, durch das weite Missouri, in dem es alles gibt; da ich eure entzückende Stadt während der letzten beiden Tage in groben Zügen kennengelernt habe, und indem ich auf dem Grand Hill stehe, bei der Universität, und meinen Blick über die weiten Ausdehnungen lebendigen Grüns nach allen Richtungen schweifen lasse – bin ich erneut aufs tiefste beeindruckt, ich sage es und wiederhole es noch einmal, für den Rest meines Lebens aufs tiefste beeindruckt von der Gestalt des Bodens eurer westlichen Welt – das riesige Etwas, das

sich bis in seine eigene Unermeßlichkeit erstreckt, Grenzenlosigkeit, wie es sie in diesen Prärien gibt, das Reale und Ideale miteinander verbindend, und schön wie ein Traum.

Ich frage mich in der Tat, ob die Leute dieses inneren Westens von Amerika wissen, wieviel erstklassige *Kunst* sie in diesen Prärien haben. Wie einzigartig, ursprünglich und euch gehörend. Wie viele Einflüsse auf das Gepräge eurer künftigen Generationen, offen, patriotisch, heroisch und neu davon ausgehen! Wie völlig sie übereinstimmen mit dem Land, mit der erhabenen, herrlichen, gewaltigen Monotonie des Himmels und dem Ozean mit seinem Wasser! Wie befreiend, wohltuend, stärkend sind sie für die Seele?

Haben klugerweise nicht sie unsere führenden modernen Amerikaner Lincoln und Grant hervorgebracht? Einflußreiche Männer, die aus dem Volke kamen – die Vordergründe ihres Charakters alles in allem praktisch und real, doch (für diejenigen, die Augen haben zum Sehen) mit den feinsten Hintergründen des Ideals, hoch aufragend, wie nur irgend. Und sehen wir in ihnen nicht Vorahnungen der zukünftigen Geschlechter, die diese Prärien bevölkern werden?

Indessen sind die Yankee- und Atlantikstaaten und jeder andere Teil, Texas und die den Südosten flankierenden Staaten und der Golf von Mexiko, das Reich an der Pazifikküste, die Territorien und Seen und die Kanadalinie (noch ist es nicht die Zeit, doch der Tag wird kommen, da ganz Kanada dazugehören wird) – gleichermaßen, vollständig und unzerstörbar diese Nation, das *sine qua non* der menschlichen, politischen und kommerziellen Neuen Welt. Aber dieses begünstigte zentrale Gebiet von (rund gerechnet) 2000 Quadratmeilen scheint, vom Schicksal bestimmt, die Heimstatt von – wie ich es nennen würde – Amerikas charakteristischen Ideen und auch charakteristischen Realitäten zu sein."

Weiter nach Denver – Ein Grenzzwischenfall

Die Reise von 500, 600 Meilen von Topeka nach Denver führte mich durch eine bunte Vielfalt der Landschaft, unverkennbar, aber alles fruchtbar, westlich, amerikanisch und großartig. Eine lange Strecke folgen wir dem Lauf des Kansas Rivers (der alte Name, Kaw, gefällt mir besser), einer Gegend von sehr fruchtbarer dunkler Erde, berühmt für ihren Weizen und Golden Belt genannt. Dann folgen Ebenen auf Ebenen, Stunde um Stunde – Ellsworth County, das Zentrum des Staates –, wo ich einen Moment innehalten muß, um eine charakteristische Geschichte aus früheren Tagen zu erzählen. Schauplatz: genau diese Stelle, die ich gerade passierte, Zeit: 1868. In einer Rauferei während einer öffentlichen Versammlung in der Stadt hatte A. auf B. geschossen und ihn schwer verletzt, aber nicht getötet. Die ehrenwerten Herren von Ellsworth konferierten miteinander und entschieden, daß A. eine Strafe verdient habe. Da sie ein gutes Beispiel geben und ihren Ruf begründen wollten, alles andere denn eine lynchende Stadt zu sein, beriefen sie ein formloses Gericht und brachten die beiden Männer zu einem Untersuchungsverfahren vor seine Schranken. Sobald die Verhandlung begann, wurde der Verwundete nach vorn geführt, um seine Aussage zu machen. Indem er seinen Feind in Gewahrsam und unbewaffnet sah, ging er plötzlich wie eine Furie auf ihn los und schoß ihn durch den Kopf – schoß ihn tot. Die Sitzung wurde sofort geschlossen, und die Mitglieder führten den Mörder B. einmütig hinaus, verwundet, wie er war, und hängten ihn, ohne ein Wort der Debatte.

In angemessener Zeit erreichen wir Denver, von Anfang an verliebte ich mich in diese Stadt, und dieses Gefühl wird immer stärker, je länger ich mich dort aufhalte. Einer meiner schönsten Tage war ein Ausflug, via Platte Canyon, nach Leadville.

Eine Stunde auf dem Gipfel des Kenosha

Notizen aus den Rocky Mountains, zum größten Teil während einer Tagestour mit der South-Park-Eisenbahn hingekritzelt, auf der Rückfahrt von Leadville und vor allem in der Stunde, da wir (sehr zu meiner Zufriedenheit) auf dem Gipfel des Kenosha aufgehalten wurden. Während der Nachmittag voranschreitet, eröffnet sich mir unter der strahlenden Sonne in dieser klaren Luft noch nie Geschautes, eine weite Pracht. Doch ich sollte mit dem Morgen beginnen.

Nach zehn Meilen Bahnfahrt von Denver durch die Dunkelheit ganz früh am Morgen erreichten wir den Platte Cañon gerade zur Dämmerung, ein angemessener Aufenthalt am Eingang des Cañons und ein gutes Frühstück, das aus Eiern, Forelle und leckeren Plinsen bestand – dann, als wir weiterfahren und tief in die Schlucht gelangen, all die Wunder, Schönheit, Ursprünglichkeit der Landschaft – der wilde Bach, seine Quellen im Schnee, der nun ständig neben uns dahinrauscht. Die blendende Sonne und das Morgenlicht auf den Felsen, diese Biegungen und Neigungen der Gleise, die sich um Ecken winden oder bergauf und bergab. Ferne, flüchtige Anblicke Hunderter Gipfel, gigantischer Ketten, die sich nach Norden und Süden erstrecken – der gewaltige, zu Recht so benannte Felsendom und, während wir dahineilen, weitere ähnliche, einfache, monolithische Riesen.

Eine ichbezogene „Entdeckung"

„Ich habe das Gesetz meiner Gedichte gefunden", war das unausgesprochene, aber immer deutlicher werdende Gefühl, das mich überkam, als ich Stunde um Stunde durch diese rauhe, doch heiter ursprüngliche Einsamkeit fuhr. Diese Fülle der Elemente, das völlige Fehlen von Kunst, dieses entfesselte Schauspiel ursprünglicher Natur, der Abgrund, die Schlucht, der kristallklare Gebirgsbach, sich wiederholende Linien, Hunderte Meilen weit. Die breite Linienführung und völlige Gelöstheit, die phantastischen Formen, die, getaucht in transparente Schattierungen von

Braun, schwachem Rot oder Grau, manchmal 300, 600 oder 700 Meter hoch aufragen. Auf ihren Spitzen ruhen da und dort gewaltige Felsmassen und verbinden sich mit den Wolken, so daß nur ihre Umrisse, von nebligen, lila Schleiern verhangen, zu sehen sind. („In den großartigsten Erscheinungen der Natur", sagt ein alter holländischer Schriftsteller, ein Geistlicher, „in der Tiefe des Ozeans – wenn das möglich wäre – oder den zahllosen, des Nachts darüber wogenden Welten denkt ein Mensch an sie, wägt alles, nicht um ihretwillen oder des Abstrakten, ab, sondern in bezug auf seine eigene Persönlichkeit und darauf, wie sie ihn beeinflussen oder welchen Anstrich sie seinem Schicksal geben mögen.")

Neue Empfindungen – neue Freuden

Wir folgen dem Bach von Bernstein und Bronze, der in seinem Bett dahinrauscht, mit seinen zahlreichen Kaskaden und schneeweißem Schaum. Wir jagen durch den Cañon. Berge, nicht nur zu beiden Seiten, sondern, wie es scheint, bis wir herankommen, auch direkt vor uns. Jede Rute ein neues Bild, und jedes fordert Beschreibung heraus. An die nahezu senkrechten Wände klammern sich Kiefern, Zedern, Fichten, karmesinrote Sumachbüsche, Flecken wilden Grases – doch alles beherrschend, diese emporragenden Felsen, Felsen, Felsen, getaucht in eine zarte Farbenpracht, und darüber der klare Herbsthimmel. Neue Empfindungen, neue Freuden scheinen sich entfaltet zu haben. Man sage, was man will, ein typischer Rocky-Mountain-Cañon oder eine endlos sich erstreckende meerhafte Weite der Great Plains von Kansas oder Colorado können in der menschlichen Seele unter günstigen Umständen die großartigsten und subtilsten Elementarerregungen auslösen, zum Ausdruck bringen, gewiß jedoch erwecken, wie das all die Marmortempel und -skulpturen von Phidias bis Thorvaldsen – alle Gemälde, Gedichte, Erinnerungen, ja selbst die Musik wahrscheinlich niemals vermögen.

Dampfkraft, Telegraphen etc.

Bei einem zehnminütigen Aufenthalt in Deer Creek steige ich aus, um die unvergleichliche Kombination von Berg, Felsen und Wald zu genießen. Da wir weitereilen, erscheint der gelbe Granit im Sonnenschein, mit natürlichen Turmspitzen, Minaretten, burgartigen Gebilden hoch oben, dann folgen lange Strecken von senkrecht aufragenden Palisaden, nashornfarben – dann Gummigutt. Stets das schönste Vergnügen – die Atmosphäre Colorados, frisch, doch hinreichend warm. Anzeichen der ruhelosen Ankunft des Menschen und seiner Pioniertaten, hart ist das Gesicht der Natur – zu Dutzenden verlassene Stollen, seitlich in die Berge getrieben, die Blockhütten, der Telegraphenmast, der Rauch eines improvisierten Feuers im Kamin oder im Freien. In Abständen kleine Ansiedlungen von Holzhäusern oder Gruppen von Landvermessern oder Telegraphenbauern mit ihren komfortablen Zelten. Dereinst ein Amt in einem Zelt, von wo aus man eine Botschaft per Elektrizität an jeden beliebigen Ort rund um die Welt schicken konnte! Ja, bestimmte Anzeichen des Menschen der jüngsten Zeit, die unerschrocken mit diesen entsetzlichen Erscheinungen der alten Weltordnung ringen. An verschiedenen Orten dampfgetriebene Sägemühlen mit ihren Stößen von Balken und Brettern und den paffenden Pfeifen. Gelegentlich dehnt sich der Platte Cañon in eine grasbewachsene Ebene von ein paar Morgen. An einem solchen Ort, wo wir gegen Ende anhalten und ich aussteige, um mir die Beine zu vertreten, steigt, da ich himmelwärts schaue oder nach den Spitzen der Berge, ein riesiger Habicht oder Adler (ein seltener Anblick hier) müßig auf, segelt im Äther dahin, sinkt jetzt tief herab und kommt ziemlich nahe, steigt dann wieder empor, in majestätisch-gleichgültigen Kreisen – immer höher, gen Norden und allmählich außer Sicht.

Amerikas Rückgrat

Diese Zeilen schreibe ich buchstäblich auf dem Gipfel des Kenosha, wohin wir am Nachmittag zurückgekehrt sind und jetzt eine Ruhepause einlegen, 3000 Meter über dem

Meeresspiegel. Aus dieser immensen Höhe gesehen, breitet
sich der South Park 50 Meilen weit vor mir aus. Gebirgsketten und Gipfel in jeder erdenklichen Perspektive, in jeder
Färbung umsäumen den Blick in höherer, mittlerer und
weit-matter Entfernung oder verblassen am Horizont. Wir
haben nun die Rockys erreicht, sind etwa 100 Meilen so in
den ersten Gebirgszug (Hayden nennt ihn Front Range)
eingedrungen; und obwohl diese Ketten sich in jeder Richtung, vor allem nach Norden und Süden, über Tausende
und aber Tausende von Meilen erstrecken, habe ich einige
der höchsten gesehen und weiß nun wenigstens, wie sie beschaffen sind und wie sie aussehen. Nicht nur sie allein,
denn sie sind typisch für weite Strecken und Gebiete des
halben Erdballs – sie sind in der Tat die Wirbelsäule oder
das Rückgrat unserer Hemisphäre. Wie die Anatomen sagen, ist der Mensch nur eine mit Kopf, Füßen, Brust und
Gliedmaßen versehene Wirbelsäule; genauso ist, in gewisser Weise, die ganze westliche Welt nichts anderes als eine
Erweiterung dieser Gebirge. In Südamerika sind es die Anden, in Mittelamerika und Mexiko die Kordilleren, und in
unseren Staaten laufen sie unter verschiedenen Namen – in
Kalifornien als Coast Range und Cascade Range, dann weiter östlich als Sierra Nevada – aber hauptsächlich und zentraler als die eigentlichen Rocky Mountains mit zahlreichen
Erhebungen wie zum Beispiel den Peaks Lincoln, Grey,
Harvard, Yale, Long und Pike, alle über 4000 Meter hoch.
(Im Osten die höchsten Gipfel der Alleghanies, der Adirondacks, der Catskills und der White Mountains reichen von
700 bis 1800 Meter – nur der Mount Washington, in dem
letztgenannten Gebirge, ist 2100 Meter hoch.)

Die Parks

Inmitten von allem hier liegen solch herrliche Kontraste
wie die tiefen Talbecken der Nord-, Mittel- und Südparks
(auf einer Seite des letzteren befinde ich mich gerade und
schaue über ihn hin), jeder hat die Ausmaße von einem großen ebenen, nahezu quadratischen, grasreichen, westlichen
County, eingefaßt von Mauern und Bergen, und jeder Park
die Quelle eines Flusses. Diejenigen, die ich angebe, sind

die größten in Colorado, doch ist dieser gesamte Staat und auch Wyoming, Utah, Nevada und das westliche Kalifornien, durch ihre Sierras und tiefen Schluchten hindurch, reichlich gekennzeichnet durch ähnliche weite Flächen und Lichtungen, viele der kleineren von paradiesischer Schönheit und Vollkommenheit mit ihren Bergausläufern, Wasserläufen, ihrer Atmosphäre und unvergleichlichen Färbungen.

KUNSTMERKMALE

Unsinn, sage ich wiederum, nach Europa zu reisen, die Ruinen feudaler Burgen oder die Überreste des Kolosseums oder königliche Paläste zu besuchen – wenn man *hierher*kommen kann. Und Abwechslung hat man auch; nach den Prärien von 1000 Meilen in Illinois und Kansas – flache und weite Gebiete von Mais und Weizen für zehn Millionen Volksfarmen in der Zukunft – beginnen hier in jeder erdenklichen Form und Gestalt diese nicht-utilitaristischen Säulen, die es mit dem Himmel aufnehmen, von denen eine Schönheit, ein Schrecken, eine Macht ausgehen, wie sie Dante oder Michelangelo wohl kaum ahnen konnten. Ja, ich glaube, der Chylus von Poesie und Malerei, und auch Rhetorik und sogar Metaphysik und Musik, die zur neuen Welt paßt, muß unserem Land, um schließlich assimiliert zu werden, erste und nährende Besuche abstatten.
Gebirgsflüsse – Der geistige Kontrast und die Verklärung der ganzen Gegend bestehen für mich zum großen Teil in ihren niemals fehlenden besonderen Wasserläufen – der Schnee von unzugänglichen höheren Regionen schmilzt und läuft ständig die Schluchten herunter. Es geht nichts über das Wasser geruhsamer Ebenen oder Flüsse mit bewaldeten Ufern und Rasen oder irgend etwas dieser Art anderswo. Die Formen, die dieses Element in das Antlitz der Erde gräbt, vermag kein Künstler restlos zu verstehen, der nicht diese eigenartigen Bäche studiert hat.
Atmosphärische Effekte – Vielleicht aber, da ich in die Runde schaue, liegt der seltenste Anblick von allem in den atmosphärischen Färbungen. Die Prärien – wie ich sie auf meiner Reise hierher durchquert habe – und diese Berge und

Parks scheinen mir neues Licht und neuen Schatten zu bieten. Überall die atmosphärischen Abtönungen und unnachahmlichen himmlischen Effekte; nirgendwoanders solche Perspektiven, solch transparentes Lila und Grau. Manchen ausgezeichneten Landschaftsmaler könnte ich mir vorstellen, manchen feinen Koloristen, der, nachdem er eine Weile hier draußen skizziert hat, all seine vorherigen Arbeiten, die nur stereotype Ausstellungsamateure entzücken, als konfus, unerfahren und gekünstelt verwirft. Vor den Augen erstreckt sich eine unendliche Vielfalt; hoch oben das nackte weißliche Braun oberhalb der Baumgrenze; an gewissen fernen Plätzen Flecken von Schnee das ganze Jahr hindurch; (keine Bäume, keine Blumen, keine Vögel in jenen frostigen Höhen). Während ich schreibe, sehe ich die Schneeregion durch den blauen Dunst, schön und weit weg. Deutlich erkenne ich die Schneefelder.

Denver-Impressionen

Durch das lange anhaltende Halbdunkel der prächtigsten Abende hindurch kehrten wir nach Denver zurück, wo ich mich noch mehrere Tage aufhielt, müßig forsche, Eindrücke aufnahm, mit denen ich diese Notizen abklingen lassen möchte, indem ich angebe, was ich dort sah. Das Beste waren die Menschen, drei Viertel von ihnen groß, tüchtig, ruhig, munter amerikanisch. Und Geld! Hier wird es gemacht! Draußen in den Schmelzhütten (den größten und modernsten für Edelmetalle in der Welt) sah ich lange Reihen von Kübeln und Pfannen, bedeckt von sprudelnd kochendem Wasser und gefüllt mit reinem Silber, vier bis fünf Zoll stark, ein Wert von vielen 1000 Dollar in einer Pfanne. Der Vorarbeiter, der mich führte, schöpfte es unbekümmert mit einer kleinen Holzschaufel ab, als ob er Bohnen umrührte. Dann große Silberbarren, das Stück 2000 Dollar wert, Dutzende von Stapeln, 20 im Stapel. An einer Stelle in den Bergen, in einem Bergwerks-Camp, hatte ich vor ein paar Tagen rohe Barren im Freien auf dem Boden liegen sehen, wie die Pyramiden des Zuckerbäckers bei einem pompösen Dinner in New York. (Solch ein leckerer Bissen, um mit Feder und Tinte eines armen Autoren darüberhinzu-

fahren – und ich muß hier einfügen, daß das Silberprodukt von Colorado und Utah mit dem Goldprodukt von Kalifornien, New Mexiko, Nevada und Dakota sich auf einen Zuwachs zur Münze der Welt von nahezu 100 Millionen Dollar pro Jahr belaufen.)
Eine große Stadt, dieses Denver, schön angelegt: Laramie Street und 15th, 16th und Campa Street und noch andere besonders schöne, manche mit hohen Lagerhäusern aus Stein und Eisen und Fenstern aus Flachglas – all diese Straßen mit kleinen Kanälen von Gebirgswasser, das an den Seiten entlangläuft. Viele Menschen, „Busineß", Modernität – doch nicht ohne einen gewissen würzigen, wilden, ganz besonderen Beigeschmack. Eine Stätte schneller Pferde (viele Stuten mit ihren Füllen), und ich sah Massen von großen Windhunden für die Antilopenjagd. Hier und da Gruppen von Bergleuten, manche kommen in die Stadt, andere brechen auf, sehr malerisch.
Eine der hiesigen Zeitungen befragte mich und berichtete, was ich aus dem Stegreif gesagt habe: „Ich habe in allen großen Städten des atlantischen Drittels der Republik gelebt oder sie besucht – Boston, Brooklyn mit seinen Hügeln, New Orleans, Baltimore, das erhabene Washington, das ausgedehnte Philadelphia, das wimmelnde Cincinnatti und Chicago und seit 30 Jahren in jenem Wunder, umspült von eilenden und funkelnden Gezeiten, meinem New York, nicht nur die City der Neuen Welt, sondern der ganzen Welt – aber, Neuling in Denver, der ich bin, und mich durch seine Straßen schlängele, seine Luft atme, erwärmt von seinem Sonnenschein, und nun erst seit drei, vier Tagen über mich ergießen lasse – Was es da an menschlichem wie auch an atmosphärischem Ozon gibt! – da komme ich mir so vor, wie wenn ein Mann Leuten zufällig begegnet, sich für sie erwärmt und kaum weiß, warum. Auch ich weiß kaum, warum, aber als ich die Stadt in dem leichten Nachmittagsschleier Ende September betrat, seine Luft geatmet, nachts gut geschlafen habe, müßig gewandert und geritten bin, die Kommenden und Gehenden in den Hotels beobachtet und die klimatische Anziehungskraft dieser merkwürdig attraktiven Region gespürt habe, ist in mir beständig ein Gefühl der Zuneigung zu diesem Ort gewachsen, das, unvorhergesehen wie es ist, so deutlich und stark wurde,

daß ich mich unbedingt dazu äußern muß."
Soviel über meine Gefühle für die Städtekönigin der Ebenen und der Gipfel, wo sie in ihrer wunderbaren, außergewöhnlichen Atmosphäre sitzt, mehr als 1700 Meter über dem Meeresspiegel, mit Wasser versorgt durch Gebirgsbäche. Nach Osten schaut man über die Prärien, die sich über 1000 Meilen hin erstrecken, und westwärts hat man bei Tage ständig den Anblick unzähliger Gipfel, eingehüllt in ihre violetten Schleier. Ja, ich habe mich in Denver verliebt und verspüre sogar den Wunsch, meine letzten Tage dort zu verbringen.

Ich wende mich nach Süden – dann wieder nach Osten

Verlasse Denver früh um acht mit der Rio-Grande-Eisenbahn in Richtung Süden. Die Berge sind, wie es scheint, in nächster Nähe und ständig in Sicht, leicht verschleiert zwar, doch immer noch klar und sehr majestätisch – ihre Kegel, Farben, Steilwände heben sich deutlich gegen den Himmel ab – Hunderte, wie es scheint Tausende endloser Ketten. Ihre Kuppen und Hänge sind über 100 Meilen unter der Herbstsonne mehr oder minder schwach in jenes Blaugrau gehüllt – das seelenvollste Bild wirklicher Natur, das ich je erblickt oder für möglich gehalten habe. Gelegentlich nimmt das Licht an Intensität zu und erzeugt einen Kontrast von gelblichem Silber auf der einen Seite und dunkelschattigem Grau auf der anderen. Lange habe ich mir den Pikes Peak angeschaut und war ein wenig enttäuscht. (Ich muß wohl etwas Überwältigendes erwartet haben.) Unser Blick über die Ebenen zur Linken reicht weit, hier und da Einzäunungen, häufig Kakteen und wilder Salbei und weidende Rinderherden. So geht es etwa 120 Meilen bis Pueblo. In dieser Stadt steigen wir in die bequeme und gut ausstaffierte Atchison-Topeka-und-Santa-Fé-Eisenbahn und fahren nun nach Osten.

Unerfüllte Wünsche – der Arkansas River

Ich hatte mir gewünscht, das Gebiet des Yellowstone Rivers zu besuchen – wollte besonders den Nationalpark sehen und die Geysire und das „Zauberer"- oder Koboldland dieser Gegend. Freilich, in Pueblo, dem Wendepunkt, war ich ein wenig unentschlossen, wollte mich durch den Veta-Pass schlängeln, über die Santa-Fé-Linie weiter südwestwärts nach New Mexiko, aber ich wendete und wandte meine Nase gen Osten – ließ hinter mir die reizenden Kostproben von Südost-Colorado, Pueblo, den Mount Bald, die Spanish Peaks, die Sangre de Christos, die Mile-Shoe-Curve (von der mir mein alter Freund auf der Lokomotive sagte, sie sei „die bedeutendste Eisenbahnkurve des Universums"), das Fort Garland auf den Ebenen, Veta und die drei großen Gipfel der Sierra Blanca.

In dieser gesamten Region spielt der Arkansas River eine bedeutende Rolle – ich sehe ihn oder sein hochaufragendes felsiges nördliches Ufer meilenweit und überquere ihn häufig nach beiden Richtungen, da er sich windet und krümmt wie eine Schlange. Die Ebenen variieren hier noch mehr als üblich – manchmal Dutzende von Meilen eine lange unfruchtbare Strecke, dann über die gleiche Entfernung grün, fruchtbar und voller Gras. Einige sehr große Schafherden. (Man wünscht sich neue Wörter, wenn man über diese Ebenen und den ganzen inneren amerikanischen Westen schreibt – die Begriffe *weit, groß, riesig* etc. sind nicht ausreichend.)

Ein stiller kleiner Begleiter – das Mädchenauge

An dieser Stelle muß ich ein Wort über einen kleinen Begleiter sagen, der selbst jetzt vor meinen Augen steht. Auf meiner ganzen Reise von Barnegat bis zum Pikes Peak bin ich von einer reizenden blühenden Freundin oder besser gesagt, Millionen Freundinnen, begleitet worden – von nicht mehr und nicht weniger als einer verwegenen kleinen gelben fünfblättrigen September- und Oktoberblume, die, glaube ich, überall in den mittleren und nördlichen Vereinigten Staaten wächst. (Ich hatte sie schon am Hudson und auf Long Island gesehen und an den Ufern des Delaware und in New Jersey, wie vor Jahren den Connecticut aufwärts und einmal im Herbst am Lake Champlain.) Auf dieser Reise nun folgte sie mir überallhin, mit ihrem dünnen Stengel und Augen von Gold, von Cape May bis Kaw Valley und so durch die Cañons und über die Ebenen. In Missouri sah ich riesige Flächen, die durch sie leuchteten. Nach West-Illinois hin wachte ich eines Morgens im Schlafwagen auf, und das erste, das ich sah, als ich die Vorhänge meines Abteils zurückzog und hinausschaute, waren ihr hübsches Gesicht und der sich beugende Nacken.

25. September – Früh am Morgen – noch immer gen Osten, nachdem wir Sterling, Kansas, verlassen, wo ich einen Tag und eine Nacht blieb. Die Sonne ist vor etwa einer halben Stunde aufgegangen; nichts kann frischer und schöner sein als diese Zeit, diese Region. Ich sehe eine ziemlich große Fläche meiner gelben Blume in voller Blüte. In Abständen Tüpfel hübscher zweistöckiger Häuser, während wir vorbeieilen. Über dem unermeßlichen Gebiet, flach wie ein Brett, reicht die Sicht bei klarer Luft 20 Meilen weit nach jeder Richtung. Herbstliches Graubraun und rötlich-braungelbes Blätterwerk dominieren, spärliche Heuschober und Gehöfte unterbrechen die Landschaft. Da wir vorbeirumpeln, fliegen Scharen von Präriehühnern auf. Ein herrliches Land, zwischen Sterling und Florence. (Erinnerungen an E. L., meinen alten, jungen Soldatenfreund aus Kriegszeiten, seine Frau und seinen Jungen in S.)

Die Prärien und die Great Plains in Poesie

(Nach Reisen durch Illinois, Missouri, Kansas und Colorado) – Großartig wie der Gedanke, daß das Kind zweifellos schon geboren ist, das 100 Millionen Menschen sehen wird – die glücklichsten und fortschrittlichsten der Welt – die diese Prärien, die Great Plains und das Mississippital bevölkern werden, konnte ich mich nicht des Gedankens erwehren, daß es noch großartiger wäre, alle diese unnachahmlichen amerikanischen Gebiete im Schmelztiegel eines vollkommenen Gedichts oder anderen ästhetischen Werkes miteinander verschmelzen zu sehen, völlig westlich, frisch und

grenzenlos – ganz und gar unser eigen, ohne die Spur oder den Geschmack europäischer Erde, Erinnerung, nach Buchstaben oder Geist. Meine Tage und Nächte, während ich hier unterwegs bin – welch eine Aufmunterung! Nicht die Luft allein und der Sinn von ungeheurer Größe sind es, sondern jede lokale Sehenswürdigkeit und jedes Charakteristikum. Überall etwas Charakteristisches: Kakteen, Federnelken, Ellengras, wilder Salbei; die entschwindende Perspektive und die ferne Kreislinie des Horizonts zu jeder Zeit am Tage, besonders vormittags, der klare, reine, kühle, verfeinerte Nährstoff für die Jungen, vorher ziemlich unbekannt; die schwarzen Flecken und Streifen nach Flächenbränden; die tief gepflügte Furche der „Brandwache"; die schrägliegenden Schneereiter, überall entlang errichtet, um im Winter die Gleise vor wehendem Schnee zu schützen; die Präriehunde und die Antilopenherden; die eigenartigen „trockenen Flüsse"; gelegentlich ein „Unterstand" oder Gehege; Fort Riley und Fort Wallace; jene Städte der nördlichen Ebenen (wie Schiffe auf See), Eagle-Tail, Coyote, Cheyenne, Agate, Monotony, Kit Carson und überall die Ameisenhaufen und die Büffelsuhlen, stets die Rinderherden und die Cowboys („Cow-punchers"), für mich eine fremdartige, interessante Klasse, mit blanken Augen wie Habichte, ihren wettergebräunten Gesichtern und ihren breitkrempigen Hüten – offenbar ständig auf dem Rücken der Pferde, mit lockersitzenden Waffen, schnell gezogen und geschwungen, wenn sie reiten.

Die Spanish Peaks – Abend auf den Plains

Zwischen Pueblo und Bents Fort, südwärts, erhasche ich im Zauber einer klaren Nachmittagssonne außerordentlich schöne Ansichten von den Spanish Peaks. Wir sind im Südosten Colorados – passieren riesige Rinderherden, während unsere erstklassige Lokomotive mit uns dahineilt – zwei-, dreimal überqueren wir den Fluß Arkansas, dem wir viele Meilen folgen und von dem ich herrliche Anblicke genieße, mitunter eine recht lange Strecke seine steinigen, steil aufragenden, nicht sehr hohen, palisadenhaften Ufer und dann seine schlammigen Niederungen. Wir passieren Fort Lyon, viele Häuser aus Luftziegeln, grenzenloses Weideland, angemessen gesprenkelt mit Rinderherden, zur rechten Zeit im Westen die untergehende Sonne, ein Himmel überall wie durchsichtige Perlen, und so wird es Abend über den Great Plains. Eine friedliche, tiefsinnige, grenzenlose Landschaft, die senkrechten Felsen des nördlichen Arkansas, im Zwielicht gefärbt – eine dünne Linie von Violett am südwestlichen Horizont –, die leichte Kühle und das zarte Aroma, ein verspäteter Cowboy mit einem widerspenstigen Glied seiner Herde. Ein Auswandererwagen, der sich noch ein Stück weiterplagt, die Pferde langsam und müde – zwei Männer, offenbar Vater und Sohn, trotten zu Fuß dahin – und um alles herum das unbeschreibliche *Chiaroscuro* und Gefühl (tiefgründiger als alles an der See) auf dem Weg durch diese endlose Wildnis.

AMERIKAS CHARAKTERISTISCHE LANDSCHAFT

Um generell von dem Leistungsvermögen und der sicheren Bestimmung für die Zukunft dieses Plain- und Präriegebietes (größer als jedes beliebige europäische Königreich) zu sprechen: Es ist das unerschöpfliche Land von Weizen, Mais, Wolle, Flachs, Kohle, Eisen, Rind- und Schweinefleisch, Butter und Käse, Äpfel und Trauben – ein Land von zehn Millionen noch unbestellter Farmen. Für das Auge ist es im Moment noch wild und unproduktiv, Experten jedoch sind der Ansicht, daß darauf, wenn es bewässert wird, leicht genügend Weizen angebaut werden kann, um die ganze Welt zu versorgen. Dann zur Landschaft (ich äußere meine eigenen Gedanken und Gefühle): Obschon ich weiß, daß man allgemein der Ansicht ist, daß der Yosemite, die Niagarafälle, der obere Yellowstone und ähnliches die größten Naturschauspiele böten, bin ich mir dessen nicht so sicher, denn die Prärien und Plains, wenn auch auf den ersten Blick weniger überwältigend, hinterlassen einen tieferen Eindruck, erfüllen den ästhetischen Sinn stärker, haben gegenüber allem übrigen den Vorrang und bilden Nordamerikas charakteristische Landschaft.

Was mich während dieser ganzen Reise mit all ihren Sehenswürdigkeiten und Abwechslungen wirklich am meisten beeindruckte und woran ich mich am längsten erinnern werde, das sind eben diese Prärien. Tag für Tag und Nacht für Nacht offenbaren sie sich meinen Augen, all meinen Sinnen – dem ästhetischen am meisten – still und umfassend. Selbst ihre einfachsten statistischen Angaben haben etwas Erhabenes.

Der bedeutendste Strom der Erde

Das Tal des Mississippi und seiner Nebenflüsse (dieser Strom und seine Gehilfen umschließen einen großen Teil der Frage) erfassen mehr als 1 200 Quadratmeilen, den größeren Teil der Prärien. Er ist bei weitem der bedeutendste Strom auf dem Erdenrund und scheint nach einem bestimmten Plan angelegt zu sein. Langsam fließt er von Norden nach Süden, durch ein Dutzend Klimazonen, vollkommen geeignet zur heilsamen Inbesitznahme durch den Menschen. Seine Mündung ist das ganze Jahr hindurch eisfrei und sein Lauf eine sichere, billige Handelsstraße durch den ganzen Kontinent und Durchfahrt von der nördlichen gemäßigten zur tropischen Zone. Nicht einmal der mächtige Amazonas (obwohl größer an Volumen) in seinem Verlauf von West nach Ost – nicht der Nil in Afrika, die Donau in Europa oder die drei großen Flüsse von China können sich mit ihm messen. Nur das Mittelmeer hat eine ebensolche Rolle in der Geschichte und die gesamte Vergangenheit hindurch gespielt, wie der Mississippi dazu ausersehen ist, sie in Zukunft zu spielen. Durch seine Gebiete, bewässert und zusammengefügt durch seine Seitenarme, den Missouri, den Ohio, den Arkansas, den Red River, den Yazoo, den St. Francis und andere, verbindet er bereits 25 Millionen Menschen miteinander, nicht nur die friedlichsten und geschäftstüchtigsten, sondern auch die ruhelosesten und kriegerischsten auf Erden. Sein Tal oder Bereich konzentriert rasch die politische Macht der Amerikanischen Union. Fast glaubt man, er *ist* die Union – oder wird sie bald sein. Nimm ihn weg, mit seinen Einflüssen, und was wäre übrig? Von den Wagenfenstern aus, durch Indiana hindurch, Illinois, Missouri oder einige Tage hintereinander auf der Topeka-und-Santa-Fé-Linie, im Süden von Kansas und überall, wo immer ich fuhr, Hunderte und Tausende von Meilen durch diese Region, weideten sich meine Augen an einfachen und fetten Fluren. Einige von ihnen waren zum Teil bewohnt, aber weitaus, weitaus unberührter, ungepflügt – und vieles davon reizender und fruchtbarer in seiner ungepflügten Unschuld als die schönen und kostbaren Felder der reichsten Farmen von New York, Pennsylvania, Maryland oder Virginia.

ANALOGIEN ZU DEN PRÄRIEN – DIE BAUMFRAGE

Das Wort Prärie ist französischen Ursprungs und bedeutet nichts anderes als Wiese. Die gewaltigen Gegenstücke unserer nordamerikanischen Plains sind die Steppen von Asien, die Pampas und Llanos von Südamerika und vielleicht die Sahara von Afrika. Manch einer nimmt an, die Ebenen wären ursprünglich die Betten von Seen gewesen; andere schreiben das Fehlen von Wäldern den Feuern zu, die nahezu alljährlich darüber hinwegstreichen. (Nach allgemeiner Ansicht die Ursache für Nachsommer.) Die Baumfrage wird bald sehr ernst werden. Wenn die Ebenen an der Atlantikküste, das Gebiet der Rocky Mountains und der südliche Teil des Mississippitals auch sehr gut bewaldet sind, gibt es hier Gebiete von Hunderten und Tausenden von Meilen, wo entweder nicht ein Baum wächst oder oftmals sinnlose Zerstörung gewütet hat. Die Angelegenheit der Kultivierung und Ausbreitung von Wäldern mag sich Denkern aufdrängen, die die kommenden Generationen der Präriestaaten im Auge haben.

LITERATUR DES MISSISSIPPITALES

Als ich an einem regnerischen Tag in Missouri lag, um nach einem ordentlich langen Streifzug auszuruhen – versuchte ich mich zuerst an einem dicken Band „Milton, Young, Gray, Bettie und Collins", den ich dort gefunden hatte, gab es aber als sinnlose Sache bald wieder auf – erfreute mich jedoch eine Weile, wie schon oft, an Walter Scotts Gedichten „Lied des letzten Minnesängers", „Marmion" u. a. – Ich unterbrach die Lektüre, legte das Buch beiseite und erwog in Gedanken ein Gedicht, das zur rechten Zeit der von Leben strotzenden Gegend, in der ich mich jetzt befand und die ich kurz kennengelernt hatte, Ausdruck verleihen und sie bestätigen sollte. Wo immer in den Vereinigten Staaten man sich befindet, bedarf es lediglich der Überlegung eines Augenblicks, um deutlich genug zu erkennen, daß all die weitverbreiteten akademischen Poeten und Bücherschreiber, die entweder aus Großbritannien importiert oder hier nachgeahmt und gar noch übertroffen werden, unseren Staaten fremd sind, wenn sie auch in großer Zahl von uns gelesen werden. Um aber vollends zu verstehen, wie ausgesprochen sie sich im Gegensatz zu unserer Zeit und unserem Land befinden, wie klein und verkrampft sie sind und welche Anachronismen und Absurditäten sie für amerikanische Verhältnisse auf vielen ihrer Seiten darstellen, so braucht man nur eine Zeitlang in Missouri, Kansas oder Colorado zu leben oder diese Staaten zu bereisen und mit Land und Leuten bekannt zu werden.

Wird jemals der Tag kommen – ganz gleich, wielange es dauern mag – da jene Muster und Idole von den britischen Inseln – und selbst die wertvollsten Traditionen der Klassik – nur noch Erinnerungen und Studienobjekte sein werden? Der reine Atem, die Ursprünglichkeit, die unendliche Fülle und Weite, die eigenartige Mischung von Zartheit und Kraft, von Beständigkeit, von Realität und Ideal und all der einzigartigen und erstklassigen Elemente dieser Prärien, der Rocky Mountains, des Mississippi und des Missouri – werden sie jemals Gegenstand unserer Poesie und Kunst und auf eine gewisse Weise deren Norm sein? (Mitunter denke ich, daß schon allein der Ehrgeiz meines Freundes Joaquin Miller, sie einzuführen und zu veranschaulichen, ihn über alle anderen erhebt.)

Unlängst befand ich mich auf einem Dampfer in der New-Yorker Bucht, genoß den Sonnenuntergang über den dunkelgrünen Höhen von Navesink und betrachtete diesen unnachahmlichen Küstenstreifen, die Schiffe und das Meer rings um Sandy Hook. Kaum ein, zwei Wochen sind vergangen, und meine Augen sehen die schattigen Umrisse der Spanish Peaks. Auf den mehr als 2000 Meilen, die dazwischen liegen, vollzieht sich trotz der unendlichen und paradoxen Vielfalt der Prozeß einer merkwürdigen und völligen Erhärtung, Vereinigung und Gleichsetzung. Doch feiner und weitreichender und dauerhafter verbindend (um eine solche Vereinigung zu bewirken) als die Gesetze der Staaten oder die allen gemeinsame Grundlage des Kongresses und Obersten Gerichtshofs oder das unerbittliche Aneinanderschweißen durch unsere nationalen Kriege oder die stählernen Bande unserer Eisenbahnen oder all die formenden und verschmelzenden Prozesse unserer materiellen und geschäftlichen Entwicklung, der vergangenen wie der gegenwärtigen, wäre meiner Meinung nach ein großes pulsierendes, lebensvolles, phantasievolles Werk oder eine Reihe von Werken oder eine ganze Literatur, für die die Plains, die Prärien und der Mississippi mit der ganzen Weite seines vielgestaltigen Tales der konkrete Hintergrund sein sollten. Und Amerikas Menschen, ihre Leidenschaften, Anstrengungen, Hoffnungen, hier und heute – ein *Eclaircissement*, das es auf der Bühne der Neuen Welt ist und sein wird, in dem Drama von Krieg, Abenteuer und Entwicklung aller bisherigen Zeiten – all das sollte das züngelnde Feuer, das Ideal sein.

Der Artikel eines Interviewers

17. Oktober '79 – Heute druckt eine der Zeitungen von St. Louis die folgenden zwanglosen Bemerkungen von mir über amerikanische, insbesondere westliche Literatur: „Gestern sprachen wir bei Mr. Whitman vor, und nach ein wenig oberflächlicher Konversation fragten wir ihn abrupt: ,Glauben Sie, wir sollten eine ausgesprochen amerikanische Literatur haben?' ,Mir scheint', sagte er, ,daß unsere Arbeit zur Zeit darin besteht, die Grundlagen einer großen Nation in Industrie, Landwirtschaft, Handel zu legen und in ein Verkehrsnetz und in alles, was dem Wohlstand riesiger Menschenmassen und Familien dient, außerdem Freiheit der Rede, der Religion etc. Das haben wir erreicht und sind dabei, es nun in größerem Maße als je zuvor durchzusetzen, und Ohio, Illinois, Indiana, Missouri, Kansas und Colorado scheinen mir die Saat und das Feld dieser Tatsachen und Ideen zu sein. Materieller Wohlstand in allen seinen mannigfaltigen Formen in Verbindung mit den Dingen, die ich erwähnt habe, gegenseitige Verständigung und Freiheit, sollten zuerst beachtet werden. Wenn diese durchgesetzt und verwurzelt sind, dann wird man damit beginnen können, eine Literatur, die unserer würdig ist, abzugrenzen. Unsere amerikanische Überlegenheit und Lebenskraft stekken in der Masse unseres Volkes, nicht in einem besitzenden Stand wie in der Alten Welt. Größe und Stärke unserer Armee während des Sezessionskrieges waren in den Mannschaften zu finden, und so ist es mit der ganzen Nation. Andere Länder schöpfen ihre Lebenskraft aus wenigen, aus einer Klasse, wir aber schöpfen sie aus der Masse unseres Volkes. Unsere führenden Männer sind nicht von besonderer Bedeutung und sind es nie gewesen, aber der durchschnittliche Amerikaner ist großartig. Einmalig in der Geschichte. Manchmal denke ich, auf allen Gebieten, Literatur und Kunst eingeschlossen, wird das der Weg sein, auf dem sich unsere Überlegenheit zeigen wird. Nicht bedeutende Einzelpersonen oder große Führer werden wir haben, sondern eine im Querschnitt großartige Masse, einmalig groß.'"

DIE FRAUEN DES WESTENS

Kansas City – Nicht so sehr zufrieden macht mich das, was ich von den Frauen der Präriestädte sehe. Diese Zeilen schreibe ich, müßig in einem Laden in der Main Street in Kansas sitzend, und eine strömende Menge eilt vorbei. Die Damen (dasselbe gilt für Denver) sind alle modisch gekleidet und haben den Anschein von „Vornehmheit" in Gesicht, Manier und Bewegung. Sie verfügen jedoch nicht, weder Körperbeschaffenheit noch Mentalität betreffend, über eine hohe heimische Originalität des Geistes oder Körpers (wie sie die Männer jedenfalls haben). Sie sind „intellektuell" und elegant, sehen jedoch aus, als litten sie an Verdauungsstörungen und wirken allgemein recht wie Puppen; ihr Ehrgeiz besteht offenbar darin, ihre östlichen Schwestern zu kopieren. Etwas völlig anderes und Fortschrittlicheres muß erscheinen, was der prächtigen Männlichkeit des Westens entspricht und sie vervollständigt, sie aufrechterhält und weiterführt.

Der stille General

28. September '79 – General Grant traf gestern, nachdem er die Welt bereist hat, wieder zu Hause ein – landete in San Francisco mit dem Schiff „City of Tokyo". Was für ein Mann er ist! Welch eine Entwicklung er genommen hat! Welch ein Beispiel sein Leben darstellt! Welch ein Beispiel der uns allen geläufigen Fähigkeiten amerikanischer Individualität. Zynische Kritiker fragen sich, was die Leute an Grant finden, um solchen Rummel um ihn zu veranstalten. Sie behaupten (und das ist zweifellos wahr), daß er kaum die durchschnittliche literarische und schulische Bildung unserer Tage besitzt und absolut kein ausgesprochenes Genie ist oder eine herkömmliche hohe Stellung irgendwelcher Art innehat. Korrekt: aber er steht als Beweis dafür, wie ein durchschnittlicher westlicher Farmer, Mechaniker, Schiffer von den Wogen der Umstände – vielleicht Kapricen – in eine Position von unglaublicher militärischer und staatsbürgerlicher Verantwortung gehoben wurde (in der Geschichte gab es keine schwierigere, nicht die eines geborenen Monarchen, die größer gewesen wäre, aber auch geeigneter für Angriff und Mißgunst), wie er seine Schritte schicklich und beständig durch alles hindurchlenkte, Jahr für Jahr das Land und sich selbst erfolgreich und in Ehren behauptete, über eine Million bewaffneter Männer kommandierte, mehr als 50 große Schlachten schlug, acht Jahre lang ein Land regierte, größer als alle Königreiche Europas zusammengenommen – und sich dann zurückzog. Still (mit einer Zigarre im Mund) eine Weltreise unternahm, die Höfe und Koterien mit ihren Zaren und Mikados und prächtigstem Glanz und Etiketten besuchte, und das ebenso gleichmütig, wie er sich nach dem Dinner in einem Hotel von Missouri in der Säulenhalle die Füße vertrat. All das ist es, was die Leute mögen, und ich auch. Mir scheint, er übersteigt selbst Plutarch. Wie die alten Griechen sich seiner bemächtigt hätten! Nur ein einfacher Mann – keine Kunst, keine Poesie – nur praktischer Sinn, die Fähigkeit zu tun oder es zu versuchen, sein Bestes zu tun, in allem, was ihm übertragen wurde. Ein gewöhnlicher Händler, Geschäftsmann, Gerber, Farmer von Illinois, General der Republik in ihrem schrecklichen Kampf mit sich selbst, in dem Krieg der versuchten Sezession, dann

Präsident (eine Aufgabe des Friedens, schwieriger als der Krieg selbst), nichts Heroisches, wie die Autoritäten meinen und doch der größte Held. Die Götter, die Vorsehung, scheinen sich auf ihn konzentriert zu haben.

Präsident Hayes' Reden

30. September – Präsident Hayes ist in den Westen gekommen, ziemlich ungezwungen fährt er von Ort zu Ort, mit seiner Frau und einem kleinen Gefolge von hohen Offizieren, empfängt Ovationen und richtet täglich und manchmal zweimal am Tage Ansprachen an das Volk.
Diesen Ansprachen – alle aus dem Stegreif, und mancher mag sie für kurzlebig halten – fühle ich mich veranlaßt, eine Notiz zu widmen. Sie sind scharfsinnige, gefällige Reden von Angesicht zu Angesicht, über einfache Themen, nicht zu tiefsinnig; aber sie bieten mir ein paar verbesserte rhetorische Ideen – die einer neuen, passenden Theorie und Praxis dieser Kunst, ziemlich abweichend von den klassischen Regeln und unseren Tagen, unseren Gelegenheiten der amerikanischen Demokratie und der zusammenströmenden Bevölkerung des Westens entsprechend. Ich höre, wie kritisiert wird, sie seien unter aller Würde, für mich jedoch sind sie genau das, was sie sein sollen, alle Umstände ins Auge fassend, von wem sie kommen, und an wen sie gerichtet sind. Sein Ziel ist es, die Staaten dichter zusammenzuschließen und zu verbrüdern, sie zu materieller und industrieller Entwicklung zu ermutigen, ihre inneren Eigenheiten zu mildern und auszudehnen und alle und jeden mit dem unwiderstehlichen Doppelband von Handel und menschlicher Kameradschaftlichkeit zu verknüpfen.
Von Kansas City fuhr ich weiter nach St. Louis, wo ich bei meinem Bruder T. J. W. und meinen lieben Nichten fast drei Monate blieb.

Notizen von St. Louis

Oktober, November und Dezember '79 – Die besonderen Eigenschaften von St. Louis sind seine Lage, sein absoluter Wohlstand (die langen Anhäufungen von Zeit und Handel, dauerhafte Reichtümer, vermutlich daher ein höherer Durchschnitt als in jeder anderen Stadt), die unvergleichliche Weite seiner günstigen Umgebung mit ausgedehnten Plateaus für eine zukünftige Erweiterung, und der große Staat, in dem es die führende Stellung einnimmt. Es vereint vortrefflich nördliche und südliche Eigenschaften, vielleicht auch einheimische und ausländische, ist das Sammelbecken des gesamten Gebietes von Mississippi und Missouri, und seine amerikanische Spannung verträgt sich gut mit seinem deutschen Phlegma. 4th, 5th und 3rd Street sind Ladenstraßen, prunkhaft, modern, großstädtisch, mit eilenden Menschenmengen, Fahrzeugen, Pferdebahnen, Getöse, vielen Leuten, kostbaren Waren, Flachglasfenstern, eisernen Fronten, oftmals fünf oder sechs Stockwerke hoch. Alles kann man in St. Louis kaufen (wie überhaupt in den meisten großen Städten des Westens), genauso prompt und billig wie auf den Märkten am Atlantik. Oft kann man, wenn man in der Stadt umhergeht, Erinnerungsstücke alter, sogar verfallener Zivilisation sehen. An verschiedenen Orten im Westen ist das Wasser nicht gut; man wird hier jedoch durch viel sehr guten Wein und unerschöpfliche Mengen des besten Bieres in der Welt ausgesöhnt. Es gibt riesige Schlachthäuser für Rinder und Schweine – und ich sah Herden von Schafen, 5000 in einer Herde. (In Kansas City hatte ich eine Konservenfabrik besucht, die das ganze Jahr hindurch im Schnitt 2500 Schweine pro Tag tötet und für den Export verarbeitet. Eine weitere in Atchison, Kansas, mit den gleichen Ausmaßen; andere, fast gleiche, überall. Und ebenso große hier.)

Nächte auf dem Mississippi

29., 30. und 31. Oktober – Wunderschön, mit dem prächtigsten Vollmond, überwältigend und silberweiß. In letzter Zeit habe ich den Fluß jede Nacht besucht, und zwar dort, wo ich die Brücke im Mondschein sehen konnte. Sie ist in der Tat ein Bauwerk von Perfektion und unübertrefflicher Schönheit, dessen ich niemals überdrüssig werde. Der Fluß ist zur Zeit sehr flach; heute bemerkte ich, daß sein Blau viel klarer aussieht als gewöhnlich. Ich höre das leichte Geplätscher, die Luft ist frisch und kühl und die Sicht stromauf oder -ab wunderbar klar in dem Mondschein. Ich bin ziemlich spät draußen: Es ist so faszinierend, traumhaft. Die kühle Nachtluft, all die Einflüsse, die Stille mit jenen weit entfernten, ewigen Sternen tut mir gut. Seit einiger Zeit bin ich ziemlich krank. Und daher fast in der Mitte unseres Landes diese nächtlichen Betrachtungen am Mississippi.

ÜBER UNSER EIGENES LAND

„Nach dem Essen sollst du ruh'n oder tausend Schritte tun", sagt ein altes Sprichwort und fügt dann trocken hinzu, „und wenn möglich, dann gehe über eigenes Land." Ich frage mich, ob irgendeine andere Nation außer unserer die Gelegenheit für solch einen Bummel wie diesen bietet. Hat sie überhaupt eine vorhergehende Zeit je geboten? Keiner, so stelle ich fest, fängt an, die wirkliche Geographie, Demokratie, Unzerstörbarkeit der amerikanischen Union in der Gegenwart zu erkennen oder in der Zukunft für möglich zu halten, bis er nicht diese zentralen Staaten erforscht und sich eine Weile aufmerksam in deren Prärien oder inmitten ihrer geschäftigen Städte und dem mächtigen Vater der Gewässer aufgehalten hat. Ein Ritt von 2000, 3000 Meilen „über eigenes Land" mit kaum einer Unterbrechung wäre bestimmt an keinem anderen Ort als in den Vereinigten Staaten möglich und in keiner vorhergehenden Epoche. Wer sehen möchte, was Eisenbahn bedeutet und wie Zivilisation und Fortschritt sich von ihr herleiten – wie sie der Eroberer der unberührten Natur ist, die sie dem Menschen nutzbar macht, im Kleinen wie im Großen – der muß hierher ins Landesinnere kommen.

Am 5. Januar 1880 kehrte ich in Richtung Osten nach Hause zurück, nachdem ich hin und her und im Zickzack 10000 Meilen und mehr zurückgelegt hatte. Bald faßte ich meine Erfahrungen während meiner Zurückgezogenheit in den Wäldern oder am Fluß oder meine Bummel durch Städte zusammen und schrieb eine gelegentliche Abhandlung, wie im folgenden zu sehen ist.

EDGAR POES BEDEUTUNG

1. Januar '80 – Bei der Bestimmung dieses Leidens, Menschheit genannt, – um einstweilen vorauszusetzen, was eine Hauptstimmung der Persönlichkeit und der Werke Poes ist – habe ich gedacht, daß Poeten, wo auch immer sie in der Rangliste stehen, die markantesten Eigenschaften aufweisen. Wenn man alle Künstler zusammennimmt, Musiker, Maler, Schauspieler und so weiter, und jeden einzelnen und alle von ihnen als Speichen oder Spurkranz jenes furios sich drehenden Rades – Poesie, dem Zentrum und der Achse des Ganzen –, betrachtet, wo sonst mögen wir so gut die Ursachen, Entwicklungen, Kennzeichen der Zeit ergründen – die Umstände und Gebrechen der Epoche?
Man wird mir allgemein zustimmen, daß es nichts Besseres für Mann oder Frau gibt, als ein vollkommenes und erhabenes Leben, moralisch ohne Fehl und Tadel, wohlausgeglichen in Tätigkeit, körperlich gesund und rein, das dem mitfühlenden, dem menschlichen emotionalen Element sein gebührendes Maß, und nicht mehr, einräumt. Ein Leben, das bei all dem nicht hastet, doch unermüdlich ist, unermüdlich bis zum Ende. Und doch gibt es noch ein Persönlichkeitsmodell, weit wertvoller, im künstlerischen Sinne (der das Spiel von Licht und Schatten mag), wo der vollkommene Charakter, das Gute, das Heroische, obwohl niemals erreicht, nie aus dem Auge verloren wird, sondern durch Versäumnisse, Kummer, zeitweiligen Verfall immer aufs neue wiederkehrt, und während oft gebrochen, haftet es leidenschaftlich, so lange, wie Geist, Muskeln, Stimme der Macht gehorchen, die wir Willenskraft nennen. Diese Art Persönlichkeit sehen wir mehr oder weniger in Burns, Byron, Schiller und George Sand. Wir sehen sie aber nicht in Edgar Poe. (All dies ist das Ergebnis der Lektüre eines neuen Bandes seiner Gedichte, in den letzten drei Tagen, mit Unterbrechungen – ich hatte ihn mitgenommen auf meine Streifzüge hinunter an den Teich und ihn dort nach

und nach von Anfang bis Ende durchgelesen.)
Während Poe den Dienst, den ein Dichter zu leisten vermag, wie zu Beginn ausgeführt, ganz gewiß exemplifiziert, bietet er persönlich doch einen völligen Kontrast und Widerspruch dazu.
Beinahe ohne das erste Anzeichen eines moralischen Prinzips oder der Wirklichkeit und ihres Heroismus oder die einfacheren Regungen des Herzens veranschaulichen Poes Verse eine eindringliche Gabe für technische und abstrakte Schönheit, wobei mit der Kunst zu reimen übertrieben wird, ein unverbesserlicher Hang zu nächtlichen Themen, ein bitterer Unterton hinter jeder Seite – und nach letzter Einsicht gehören sie wahrscheinlich unter die elektrischen Lichter phantasievoller Literatur, brillant und blendend, doch ohne Leidenschaft. Eine unbeschreibliche Faszination liegt über dem Leben und den Erinnerungen des Poeten, wie auch über seinen Gedichten. Für einen, der ihre zarte Rückschau bewerkstelligen könnte, würden die letzteren zweifellos eine enge Übereinstimmung zwischen der Geburt des Autors, seinem Vorleben, seiner Kindheit und Jugend, seiner Körperbeschaffenheit, seiner sogenannten Erziehung und Bildung, seiner Studien, Gefährten und Freunde, den literarischen und gesellschaftlichen Kreisen von Baltimore, Richmond, Philadelphia und New York jener Zeiten ergeben – nicht nur die Orte und Umstände an sich, sondern oft, sehr oft als seltsames Vonsichweisen all dessen und Rückzug.
Das Folgende, aus einem Bericht im „Washington Star" vom 16. November 1875, mag jenen etwas bieten, die sich noch etwas weiter um meinen Standpunkt gegenüber dieser interessanten Gestalt und deren Einfluß auf unsere Zeit kümmern möchten (In jenen Tagen fand in Baltimore eine erneute Beisetzung der sterblichen Überreste Poes statt und die Einweihung eines Denkmals über dem Grab.):

„,Der alte Graubart' weilte seinerzeit gerade zu einem Besuch in Washington und fuhr hinüber nach Baltimore, und obwohl er an einer Lähmung erkrankt war, willigte er ein, heraufzuhumpeln und auf der Plattform still Platz zu nehmen, aber er weigerte sich, irgendeine Rede zu halten, indem er sagte: ‚Ich habe einen starken Drang verspürt, her-

überzukommen und heute persönlich hier zu sein im Andenken an Poe, dem ich gefolgt bin, ich habe jedoch nicht den mindesten Impuls, eine Rede zu halten, und dem, meine lieben Freunde, muß ebenfalls entsprochen werden.' In einem zwanglosen Kreis jedoch sagte Whitman bei einer Unterhaltung nach den Feierlichkeiten: ‚Eine lange Zeit, und bis vor kurzem hatte ich eine Abneigung gegenüber Poes literarischem Werk. Für die Poesie wünschte und wünsche ich immer noch die klar scheinende Sonne und die frisch wehende Luft – die Stärke und Macht von Gesundheit und nicht von Delirium, selbst mitten in der stürmischsten Leidenschaft – und stets mit dem Hintergrund immerwährender Tugenden. Diesen Forderungen hat sich Poes Genie nicht unterworfen, es hat jedoch eine besondere Anerkennung für sich erobert, und auch ich bin dazu übergegangen, sie vollständig zu akzeptieren, und schätze sie und ihn.
In einem Traum, den ich einst hatte, sah ich ein Schiff auf See um Mitternacht in einem Sturm. Es war kein großes vollgetakeltes Schiff, auch kein majestätischer Dampfer, der standhaft durch die heftige Brise steuerte, sondern es schien eine dieser herrlichen kleinen Segeljachten zu sein, die ich in den Wassern rund um New York oder aufwärts im Long Island Sund so oft habe vor Anker liegen, so munter schaukeln sehen können – nun flog sie unkontrolliert, mit zerfetzten Segeln und gebrochenen Masten durch den wilden Hagel, die Winde und Wellen der Nacht. An Deck war eine schlanke, schöne Gestalt, ein blasser Mann, der sich offenbar an all dem Schrecken, der Düsternis und der Verwirrung erfreute, dessen Zentrum und Opfer er war. Jene Gestalt meines umheimlichen Traumes mag für Edgar Poe stehen, seinen Geist, sein Schicksal und seine Gedichte – selbst alles gespenstische Träume.'"

Vieles mehr könnte gesagt werden, mich aber verlangte es am meisten, den Gedanken auszuwerten, den ich an den Anfang gesetzt habe. Durch seine bekannten Dichter, die Wertmesser eines Zeitalters, werden die Schwachpunkte seiner Dämme, seine unterirdischen Strömungen (oft bedeutsamer als die größten an der Oberfläche) unfehlbar angezeigt. Das Übermäßige und das Unheimliche, das von den Poesieliebhabern des 19. Jahrhunderts so außerordentlich Besitz ergriffen hat – was bedeutet das schon? Die unvermeidliche Tendenz von poetischer Kultur zu Morbidität, abnormer Schönheit, die Krankhaftigkeit allen formalen Denkens und Raffinements an sich, der Verzicht auf die dauerhaften und demokratischen Wirklichkeiten aus erster Hand, Körper, Erde und See, Geschlecht und dergleichen, und der Ersatz von etwas für sie aus zweiter und dritter Hand – welche Beziehungen haben sie zu gegenwärtigem pathologischem Studium?

BEETHOVENS SEPTETTE

11. Februar '80 – Ein gutes Konzert heute abend im Foyer des Opernhauses in Philadelphia – eine kleine, jedoch erstklassige Kapelle. Niemals drang Musik tiefer in mich, tat mir wohl und erfüllte mich – niemals bewies sie so ihre die Seele entflammende Macht, ihre Unmöglichkeit der Erläuterung. Besonders beim Vortrag eines von Beethovens meisterhaften Septetten durch die wohlausgewählten und perfekt kombinierten Instrumente (Violine, Viola, Klarinette, Horn, Cello und Kontrabaß) wurde ich davongetragen, sah viele Wunder und nahm sie in mich auf. Lieblich hingegeben. Manchmal war es, als lachte die Natur auf einem Hügel im Sonnenschein; feierliche und feste Monotonie wie vom Wind. Ein Horn klang durch das Dickicht eines Waldes und seine ersterbenden Echos. Besänftigendes Fließen von Wellen, plötzlich aber hochwogend, aufgebracht peitschend, rollend, schwer. In Abständen durchdringendes Gelächter hervorstoßend; hin und wieder unheimlich, wie die Natur selbst ist in gewissen Stimmungen – in der Hauptsache aber spontan, ungezwungen, unbekümmert. Oft wie die Gefühlsregungen schutzloser Kinder, die spielen oder schlafen. Es tat mir gut, selbst das Beobachten der Geiger, wie meisterhaft sie ihren Bogen führten – jede Bewegung ein Genuß. Ich gestattete mir, wie ich es manchmal tue, aus mir selbst herauszutreten. Mir kam der Einfall eines weitläufigen Haines singender Vögel und in ihrer Mitte ein einfaches harmonisches Duo, zwei menschliche Seelen, die beständig ihre Tiefsinnigkeit, Fröhlichkeit geltend machen.

Ein Fingerzeig der wilden Natur

13. Februar – Als ich heute den Delaware überquerte, sah ich einen großen Zug Wildgänse direkt über mir, nicht sehr hoch, in V-Form angeordnet. Er hob sich von den Mittagswolken, die eine helle Rauchfarbe angenommen hatten, ab. Hatte einen vorzüglichen, wenn auch nur flüchtigen Anblick von ihnen und dann von ihrem Zug immer weiter nach Südosten, bis sie allmählich verschwanden. (Mein Augenlicht ist im Freien mit seinen Entfernungen noch erstklassig, zum Lesen jedoch benutze ich eine Brille.) Wundersame Gedanken überkamen mich in den zwei, drei Minuten oder weniger, als ich diese Geschöpfe den Himmel durchdringen sah – das weite, luftige Reich, selbst das vorherrschende Rauchgrau überall. (Es schien keine Sonne.) Die Wasser unten – der rasche Flug der Vögel, die nur eben für eine Minute erschienen – gaben mir einen solchen Fingerzeig der ganzen Weite der Natur mit ihrer ewigen unverfälschten Frische, ihren noch nie besuchten Winkeln von Meer, Himmel, Ufer – und dann verschwanden sie in der Ferne.

Durch die Wälder bummeln

8. März – Dieses hier schreibe ich wieder draußen auf dem Lande, allerdings an einem anderen Fleck, sitze auf einem Holzklotz im Walde, warm, sonnig, mittags. Bin hier umhergebummelt, tief zwischen den Bäumen, Stämmen hoher Kiefern, Eichen, Hickorys mit dichtem Unterholz von Lorbeer und Weinstöcken. Der Boden ist überall mit Bruchstücken bedeckt, abgestorbenen Blättern, gebrochenen Ästen, Moos – alles abgelegen, uralt, wild. Pfade (wenn man sie so nennen darf) führen hierher und dorthin; wie sie angelegt sind, weiß ich nicht, denn hierher scheint niemand zu kommen, weder Mensch noch Tier. Temperatur heute etwa 60 Grad Fahrenheit, der Wind streicht durch die Kronen der Kiefern. Ich sitze und lausche sehr lange seinem heiseren Seufzen da oben und der *Stille*, abgewechselt durch zielloses Umherstreifen auf den alten Wegen und Pfaden und durch Übungen (Ziehen) an jungen Bäumen, um meine Gelenke vor dem Steifwerden zu bewahren. Hüttensänger, Wanderdrosseln, Feldlerchen beginnen sich zu zeigen.

Nächster Tag, 9. – Ein Schneesturm am Morgen und fast den ganzen Tag hindurch. Ich machte dennoch einen Spaziergang von zwei Stunden, der gleiche Wald, dieselben Pfade, inmitten von fallenden Flocken. Kein Wind, doch das musikalische, tiefe Rauschen in den Kiefern, ziemlich stark, sonderbar, wie ein Wasserfall, jetzt etwas schwächer und nun wieder hervorbrechend. Alle Sinne – Gesicht, Gehör, Geruch – köstlich belohnt. Jede Schneeflocke lag da, wohin sie gefallen war, auf Immergrün, Stechpalmen, Lorbeer etc., die zahlreichen Blätter und Zweige bedeckt, weiß aufgebauscht, umgrenzt von smaragdenen Randlinien. Die hohen, geraden Säulen der vielen Kiefern mit bronzener Krone – ihr leichter harziger Duft, der sich vermischte mit dem des Schnees. (Denn alles hat seinen Geruch, sogar der Schnee, wenn man ihn nur entdecken kann – keine zwei Orte, kaum zwei Stunden lang, wo auch immer, gleichen einander. Wie verschieden der Duft des Mittags von dem der Mitternacht ist oder der des Winters von dem des Sommers oder der eines windigen von dem eines stillen Augenblicks.)

EINE ALTSTIMME

9. Mai, Sonntag – Heute abend bei meinen Freunden, den Js., zu Besuch – ein gutes Abendessen, dem ich tüchtig zusprach, lebhafte Plauderei zwischen Mrs. J., mir und J. Als ich anschließend noch etwas draußen saß, konnte ich in der Abendluft von der Ecke gegenüber den Kirchenchor und die Orgel mit Luthers Lied *Ein feste Burg* hören, sehr schön. Die Luft war erfüllt von einem klangvollen Alt. Fast eine halbe Stunde lang – es gab eine ganze Reihe englischer Stanzen – ertönte die Musik da in der Dunkelheit, entschlossen und nicht überstürzt mit langen Pausen. Die vollen Silberstrahlen der Leier erhoben sich leise über den dunklen Dachfirst. Mannigfaltig farbige Lichter von den bunten Fenstern brachen durch die Schatten der Bäume.

Und unter allem – unter der Nördlichen Krone hoch droben und in der frischen Brise hier unten und dem *Chiaroscuro* der Nacht der angenehme volle Alt.

NIAGARA

4. Juni '80 – Für das bewußte Erfassen eines großen Bildes, Buches oder Musikstückes, von Architektur oder großartiger Landschaft, oder – wenn das zum erstenmal geschieht – sogar des alltäglichen Sonnenscheins oder der Umgebung oder vielleicht sogar des Mysteriums der Identität, des kuriosesten Mysteriums überhaupt, da kommt es zu einigen glücklichen fünf Minuten des Lebens eines Menschen inmitten eines zufälligen Zusammentreffens von Umständen und bringt in einem kurzen Aufblitzen den Gipfelpunkt der Jahre des Lesens, Reisens und Denkens. Dieses bot mir heute gegen zwei Uhr nachmittags der Niagara, seine herrliche Heftigkeit der Bewegung, Farbe und majestätische Anordnung in einem kurzen, unbeschreiblichen Anblick. Sehr langsam überquerten wir die Suspension Bridge, blieben nirgends direkt stehen. Klar war der Tag, sonnig und still, und ich draußen auf der Plattform. Deutlich waren die Fälle zu erkennen, eine Meile entfernt, aber sehr klar und ohne Getöse – kaum ein Murmeln. Der herabstürzende Fluß grün und weiß, tief unter mir; die dunklen hohen Ufer, der reichlich vorhandene Schatten, viele bronzene Zedern im Schatten und all die immense Materialität mildernd, wölbt sich hoch oben ein klarer Himmel mit ein paar weißen Wolken, klar, bezaubernd, still. Kurz und ebenso beschaulich wie kurz war jenes Bild. Erinnerungen verbleiben stets danach. So sind die Dinge in der Tat, die ich im Gedächtnis bewahre, die seltenen gesegneten Stunden meines Lebens, an die ich mich erinnere, die vergangen sind: der heftige Sturm auf See, den ich einst in einiger Entfernung von Fire Island an einem Wintertag sah; der ältere Booth in Richard in jener berühmten Nacht vor 40 Jahren in der alten Bowery oder Alboni in der Kinderszene in Norma. Oder nächtliche Bilder, an die ich mich erinnere, auf den Feldern nach den Schlachten in Virginia oder das besondere Empfinden von Mondenschein und Sternen über den Great Plains im Westen von Kansas oder mit einer steifen Brise und einer guten Jacht die New York Bay weg von Navesink hinaufzujagen. Zu diesen zähle ich fortan den Anblick an jenem Nachmittag, das vollendete Zusammenspiel, jenes fünfminütige vollkommene Versunkensein in den Niagara – nicht das große, majestätische Prachtstück für sich allein, sondern vollendet durch seine ganze vielfältige, vollständige, unerläßliche Umgebung.

Ausflug nach Kanada

Um ein wenig zurückzublenden: Ich verließ Philadelphia, 9th und Green Street, am 3. Juni, 20 Uhr, in einem erstklassigen Schlafwagen auf der Lehigh-Valley-(Nord-Pennsylvania)-Route durch Bethlehem, Wilkesbarre, Waverly und so (auf der Erie-Route) weiter, durch Corning nach Hornellsville, wo wir 8 Uhr morgens ankamen und ein reichhaltiges Frühstück einnahmen. Ich muß sagen, noch nie habe ich eine so gute Nacht auf einer Eisenbahnstrecke zugebracht – eben, fest, Minimum an Gerüttel, und die Geschwindigkeit gepaart mit Sicherheit. So, ohne umzusteigen, bis Buffalo und von dort nach Cliften, wo wir am frühen Nachmittag ankamen; dann weiter nach London, Ontario, Kanada in weiteren vier, insgesamt weniger als 22 Stunden. Ich wohne in dem gastlichen Hause meiner Freunde Dr. und Mrs. Bucke, in dem weitläufigen und bezaubernden Garten und den Rasenplätzen des Heimes.

Sonntag mit geistig Behinderten

6. Juni – Ging hinüber zum Gottesdienst (episkopal) in die Heilanstalt, er wurde in einer hohen, ziemlich großen Halle im dritten Stock abgehalten. Schlichte Dielen, Wände getüncht, viele billige Stühle, kein Ornament, keine Farbe, doch alles peinlich sauber und angenehm. Etwa 300 Personen anwesend, in der Hauptsache Patienten. Alles, die Ge-

bete, eine kurze Predigt, die feste, klangvolle Stimme des Geistlichen und vor allem, ohne sie eingehend zu schildern, *diese Zuhörerschaft,* beeindruckte mich tief. Mir wurde unweit der Kanzel ein Sessel angeboten, setzte mich mit dem Gesicht zu der bunten, doch vollkommen wohlerzogenen und ordentlichen Gemeinde. Die drolligen Kleider und Häubchen von einigen Frauen, verschiedene sehr alt und grau, hier und da wie die Köpfe auf alten Bildern. Oh, die Blicke, die aus diesen Gesichtern kamen! Da waren einige, die ich wahrscheinlich nie wieder vergessen werde. Keineswegs ausgesprochen abstoßend oder gräßlich – wunderlich genug, wie ich sie noch nie gesehen habe. Unsere gewöhnliche Menschlichkeit, meine und eure, allerorten: „Das gleiche alte Blut – das gleiche rote, fließende Blut"; doch hinter den meisten ein angedeutetes Arsenal solcher Stürme, solcher Verwüstungen, solcher Mysterien, Feuer, Liebe, Unbill, Gier nach Reichtum, religiöser Probleme, Leiden – widergespiegelt von jenen irren Gesichtern (jetzt jedoch vorübergehend so ruhig wie stille Wasser). All das Weh und Leid von Leben und Tod – jetzt ging von jedem das andächtige Element aus – war das nicht in der Tat *der Friede Gottes, der höher ist als alle Vernunft,* so seltsam das auch klingen mag? Ich kann nur sagen, daß ich lange und forschend meine Augen umherschweifen ließ, als ich da saß, und der Augenblick schien noch nie dagewesene Gedanken, unentwirrbare Probleme erstehen zu lassen. Ein sehr schöner Chor, mit Harmoniumbegleitung. Nach der Predigt sangen sie „Lead, kindly light". Viele sangen dieses schöne Lied mit, zu dem der Geistliche das einführende Bibelwort las: *„Und der Herr zog vor ihnen her, am Tage in einer Wolkensäule, um sie den rechten Weg zu führen, und bei Nacht in einer Feuersäule, um ihnen zu leuchten."*
Ein paar Tage danach begab ich mich unter der besonderen Obhut von Dr. Beemer in das „Refraktärgebäude" und besuchte fast alle Stationen der Männer und Frauen. Seitdem habe ich noch weitere Besuche in der Anstalt und den dazugehörigen Häuschen gemacht. Soweit ich sehen konnte, gehört diese zu den fortschrittlichsten, vortrefflichsten und liebenswürdig und zweckmäßig geführten von allen seiner Art in Amerika. Sie ist eine Stadt in sich selbst mit vielen Gebäuden und 1000 Einwohnern.

Ich erfahre, daß Kanada und besonders diese große und dichtbevölkerte Provinz, Ontario, in allen Departements die allerbesten und zahlreichsten Wohltätigkeitseinrichtungen besitzt.

Reminiszenz an Elias Hicks

8. Juni – Heute ein Brief von Mrs. E. S. L., Detroit, in einer kleinen Postrolle, begleitet von einem seltenen alten, eingravierten Kopfbild von Elias Hicks (von einem Porträt in Öl, gemalt von Henry Inman für J. V. S., muß vor 60 Jahren gewesen sein oder mehr, in New York). In dem Brief war unter anderem der folgende Auszug über E. H.: „Als Kind habe ich so oft seinen Predigten zugehört und saß mit meiner Mutter auf geselligen Zusammenkünften, wo er der Mittelpunkt war und jedermann mit seiner Konversation so erfreute und rührte. Wie ich höre, erwägen Sie, über ihn zu schreiben oder zu sprechen, und ich frage mich, ob Sie wohl ein Bild von ihm haben. Da ich zwei besitze, schicke ich Ihnen eines."

Grossartiges natürliches Wachstum

Einige der liberalen Zeitungen hier diskutieren die Frage einer Zollunion zwischen den Vereinigten Staaten und Kanada. Es wird vorgeschlagen, eine Union zu bilden für kommerzielle Zwecke, um ganz und gar die Zollgrenze mit ihren doppelten Reihen von Zollbeamten abzuschaffen, die jetzt zwischen den beiden Ländern existieren, und einen gemeinsamen Tarif zu vereinbaren und den Erlös aus diesem Tarif zwischen den beiden Staaten auf der Basis der Bevölkerungszahl zu teilen. Man spricht davon, daß ein großer Prozentsatz der Kaufmannschaft von Kanada diesen Schritt begrüßen würde, da sie der Meinung sind, er würde wesentlich das Geschäftsleben des Landes fördern, indem er die Restriktionen, die gegenwärtig den Handel zwischen Kanada und den Staaten behindern, beseitigen würde. Diejenigen, die der Maßnahme entgegenstehen, glauben, daß sie den materiellen Wohlstand des Landes zwar vertiefen, aber die Bindungen zwischen Kanada und England lockern würden. Dieser Gedanke macht den Wunsch nach kommerzieller Prosperität zunichte. Ob dieser Gedanke auf die Dauer dem Druck, dem er ausgesetzt ist, standhalten kann, ist die Frage. Viele sind der Ansicht, daß schließlich kommerzielle Überlegungen die Oberhand gewinnen müssen. Man scheint sich überhaupt generell darüber einig zu sein, daß solch ein Zollverein oder eine allgemeine Zollunion in der Praxis den kanadischen Provinzen mehr Vorteile bringen würde als den Vereinigten Staaten. (Für mich scheint es nur noch eine Frage der Zeit zu sein, daß Kanada früher oder später zwei, drei große Staaten bildet, die wie die übrigen Teile der Amerikanischen Union gleichberechtigt und unabhängig sind. Der St. Lawrence und die Seen sollen keine Grenze sein, sondern ein großer binnenländischer Kanal.)

Die St.-Lawrence-Linie

20. August – Ich muß vorausschicken, daß meine drei, vier Monate in Kanada unter anderem dazu beabsichtigt waren, eine Erforschung der Linie des St. Lawrence vom Oberen See bis zum Meer vorzunehmen (Die Ingenieure hier bestehen darauf, das Ganze als einen Strom zu betrachten, über 2000 Meilen lang, die Seen, den Niagara und alles miteingeschlossen.), daß ich mein Programm aber nur teilweise realisiert habe; aber für die 700, 800 Meilen, die ich soweit zurückgelegt habe, finde ich, daß die *kanadische Frage* durch diese riesige Wasserlinie mit ihren erstklassigen Gegebenheiten für Handel, Menschlichkeit und vieles mehr absolut kontrolliert wird. Ich schreibe dies hier, nahezu 1000 Meilen nördlich von meinem Ausgangspunkt, Philadelphia, auf dem Wege nach Montreal und Quebec inmitten von Regionen, die noch weitaus extremer sind an Grimmigkeit, wilder Schönheit und einer Art stiller und heidnischer *Entsetzlichkeit,* gleichwohl christlich, bewohnbar und zum Teil fruchtbar, als vielleicht irgendeine andere auf Erden. Das Wetter bleibt hervorragend; manch einer mag es ein wenig kühl finden, ich aber trage meinen alten grauen Überzieher und finde es gerade richtig. Die Tage sind voller Sonnenstrahlen und Sauerstoff. Die meisten Vor- und Nachmittage verbringe ich auf dem Vorderdeck des Dampfers.

Der ungebändigte Saguenay

Diese dunklen Wasser aufwärts, über 100 Meilen – immer energisch, tief (Hunderte Fuß, mitunter Tausende), immer mit hohen felsigen Ufern, grün und grau – zeitweilig ein wenig wie verschiedene Stellen des Hudson, jedoch stärker ausgeprägt und herausfordernder. Die Berge steigen höher auf – ihre Kette ist weniger unterbrochen. Der Fluß ist gerader und fließt entschlossener, und seine Färbung, obschon dunkel wie Tinte, ungemein poliert und glänzend unter der Augustsonne. Dieser Saguenay unterscheidet sich wirklich von allen anderen Flüssen, hat andere Effekte, ein verwegeneres, heftigeres Spiel von Licht und Schatten. Von einem seltenen Reiz des Alleinseins und der Schlichtheit. (Wie die Orgelweise zu Mitternacht in dem alten spanischen Kloster in „Die Favoritin" – eine einzige Melodie, schlicht, monoton und ungeschmückt – aber unbeschreiblich eindringlich, großartig und meisterhaft.) Hervorragend geeigneter Ort für Echos: Während unser Dampfer am Kai von Tadousac festgemacht hatte und wartete und Dampf abließ, war ich mir sicher, eine Kapelle von einem Hotel oben auf den Felsen zu hören – glaubte sogar, ein paar Melodien zu erkennen. Erst als das Dampfablassen aufhörte, wußte ich, was es gewesen war. Dann, bei Cape Eternity und Trinity Rock, erzeugte der Lotse mit seiner Pfeife ähnlich unglaubliche Wirkungen, Echos, unbeschreiblich geheimnisvoll, als wir draußen in der stillen Bucht unter deren Schatten lagen.

Das Vorgebirge Eternity und Trinity

Doch die großen, stolzen, stillen Berge selbst. Ich bezweifle, ob irgendwelche Aussichtspunkte oder Hügel oder historisch bedeutsame Stätten oder irgend etwas dieser Art irgendwo in der Welt sie übertrifft – ich schreibe direkt vor ihnen, von Angesicht zu Angesicht. Sie sind sehr einfach, nicht sehr aufsehenerregend – mir jedenfalls haben sie keinen Schrecken eingejagt – aber sie schleichen sich einem für immer ins Gedächtnis. Sie stehen dicht beieinander, Seite an Seite, jeder ein Berg, ragen steil aus dem Saguenay auf. Ein guter Werfer könnte mit nur einem Stein beide im Vorbeifahren treffen, zumindest scheint es so. In ihrer Form jedoch unterscheiden sie sich, und zwar ebensosehr wie ein körperlich vollkommener Mann und eine körperlich vollkommene Frau. Cape Eternity ist kahl, steigt, wie gesagt, jäh aus dem Wasser empor, zerklüftet und wild (doch von einer unbeschreiblichen Schönheit), nahezu 2000 Fuß hoch. Trinity Rock, noch ein wenig höher, ragt ebenfalls kerzengerade auf, ist oben abgerundet wie ein großer Kopf mit einer Vegetation wie kurzgeschnittenes Haar. Ich betrachte mich als recht gut entschädigt für die 1000 Meilen, die ich heraufgekommen bin, um den Anblick und die Erinnerung an das beispiellose Paar zu erhalten. Sie haben mich tiefer bewegt als alles, was ich in dieser Art bisher gesehen habe. Wenn sie sich in Europa oder Asien befänden, würden wir gewiß in allen möglichen Formen von Gedichten, Rhapsodien etc. über sie hören, durch unsere Zeitungen und Magazine, ein dutzendmal im Jahr.

CHICOUTIMI UND HA–HA–BAY

Nein wirklich, das Leben, die Reisen und Erinnerungen haben mir keine tiefer eingeprägten Ereignisse, Panoramen oder Anblicke geboten, um meine Seele zu erfreuen, und werden mir auch keine besseren bieten, als diese am Chicoutimi und der Ha-ha-Bay, und meine Tage und Nächte an diesem faszinierenden und wilden Fluß. Die abgerundeten Berge – einige kahl und grau, andere matt rot, einige über und über dicht drapiert mit verfilzter grüner Vegetation oder Weinranken, überall die großen, gelassenen, immerwährenden Felsen, die langen Streifen von scheckigem Schaum, ein milchig-weißes Gerinnsel auf der gleißenden Brust des Stromes. Der kleine, zweimastige Schoner, schmutziggelb, mit geflickten, offenen Segeln, näherte sich uns, kam keck das Gewässer herauf mit ein paar dunkelhäutigen, schwarzhaarigen Männern an Bord. Die strengen Schatten, die den ganzen Vormittag hindurch auf die hellgrauen und gelben Umrisse der Berge fallen, als wir in Schußweite an ihnen vorbeidampfen, und stets breitet sich der reine und sanfte Himmel über alles. Und die herrlichen Sonnenuntergänge und die abendlichen Sehenswürdigkeiten – dieselben alten Sterne (wie ich sehe wenig anders so weit im Norden), Arktur und die Leier und der Adler und der große Jupiter, wie eine Silberkugel, und das Sternbild des Skorpions. Und dann fast jede Nacht die Nordlichter.

Die Einwohner – gutes Leben

Wild und felsig und von schwarzem Wasser durchzogen wie das Land hierherum ist, darf man nicht etwa denken, freundliche Menschen, Behaglichkeit und gutes Leben seien hier nicht anzutreffen. Bevor ich mit dieser Notiz begann, hatte ich ein erstklassiges Frühstück: Meerforelle und wilde Himbeeren zum Abschluß. Überall begegne ich Freundlichkeit und Gefälligkeiten. Die Physiognomien gleichen seltsamerweise im allgemeinen denen in den Vereinigten Staaten. Ich war erstaunt, überall in der Provinz Quebec dieselbe Ähnlichkeit zu finden. Im allgemeinen sind die Einwohner dieses rauhen Landes – der Countys Charlevoix, Chicoutimi und Tadousac und der Region Lake St. John – ein einfaches, abgehärtetes Volk, das Holz fällt, Fallen stellt, Boot fährt, Fisch fängt, Beeren pflückt und ein wenig Landwirtschaft betreibt. Einer Gruppe junger Bootsleute habe ich beim Mittagessen zugeschaut – nichts außer einem riesigen Laib Brot, zweifellos von der Größe eines Scheffels, von dem sie mit einem großen Klappmesser dicke Stücke abschnitten. Dies muß ein kolossales Winterland sein, wenn der starke Frost und das Eis vollständig eingesetzt haben.

Wie Zedernzapfen – Namen

(Wieder zurück in Camden und unten in Jersey)
Einmal habe ich daran gedacht, diese Sammlung „Wie Zedernzapfen" zu nennen (was ich immer noch für keinen schlechten Titel halte, auch nicht unpassend). Eine Mischung von Umherbummeln, Schauen, Humpeln, Sitzen, Reisen, ein wenig Denken, eingestreut als Würze, aber sehr wenig. Nicht nur Sommer, sondern alle Jahreszeiten, nicht nur Tage, sondern auch Nächte – ein paar literarische Meditationen: Bücher, Autoren untersucht, Carlyle, Poe, Emerson versucht (immer unter meiner Zeder, im Freien und niemals in der Bibliothek). Meist die Szenen, die jedermann sieht, aber einige meiner eigenen Kapricen, Meditationen, Selbstbespiegelungen. Eine wirkliche Freiluft- und hauptsächlich Sommerbildung – einzeln oder in Trauben, wild und frei und irgendwie scharf, in der Tat mehr wie Zedernzapfen, als man auf den ersten Blick meinen könnte.
Wissen Sie denn, was sie sind? (Ich spreche jetzt zu einem Stadtmenschen oder zu einer reizenden Salondame.) Wenn Sie Straßen entlanggehen oder an baumlosem Land oder quer über das Land, wo auch immer in diesen Staaten – den mittleren, östlichen, westlichen oder südlichen –, werden Sie zu gewissen Zeiten im Jahr dicke, wollige Büschel von Zedern sehen, gesprenkelt mit Trauben porzellanblauer Beeren, etwa so groß wie die Fuchsrebe. Aber zunächst ein Wort über den Baum selbst: jedermann weiß, daß die Zeder ein heilsames, billiges, beliebtes Gehölz ist, rot und weiß gestreift, ein Immergrün, daß sie kein *kultivierter* Baum ist, daß sie Motten fernhält, daß sie im Landesinneren und an der Küste wächst, unter jedem Klima, heiß oder kalt, auf jedem Boden. Eigentlich bevorzugt sie sandige und ungeschützte Standorte und ist zufrieden, wenn Pflug, Dünger und Axt fernbleiben und sie in Ruhe lassen. Nach einem langen Regen, wenn alles erstrahlt, bin ich bei meinen Waldspaziergängen oft stehengeblieben, im Süden wie im Norden oder im fernen Westen, um ihr schwärzliches Grün in mich aufzunehmen, saubergewaschen und wohlriechend und reichlich gesprenkelt mit ihrer Frucht von klarem kräftigen Blau. Das Holz der Zeder ist von Nutzen, aber von welchem Nutzen auf Erden sind jene Zweige mit den

scharfen Zapfen? Eine Frage, die unmöglich zufriedenstellend beantwortet werden kann. Es ist wahr, einige der Kräuterdoktoren verordnen sie bei Magenerkrankungen, aber das Heilmittel ist genauso schlimm wie das Leiden. Dann, auf meinen Streifzügen in Camden County, fand ich einst eine verrückte alte Frau, die mit Eifer und Vergnügen die Trauben sammelte. Sie ließ, wie mir erzählt wurde, eine Art Schwärmerei, erotischer Zuneigung für sie erkennen und brachte jedes Jahr verschwenderisch viele Büschel davon in ihrem Zimmer an, hoch und niedrig, im ganzen Raum verteilt, und behielt sie dann auch dort. Sie übten einen seltsamen Reiz auf ihren unruhigen Kopf aus und bewirkten Fügsamkeit und Frieden. (Sie war harmlos und lebte in der Nähe bei ihrer im Wohlstand lebenden, verheirateten Tochter.) Ob ein Zusammenhang besteht zwischen diesen Büscheln und damit, daß sie den Verstand verloren hatte, kann ich nicht sagen; ich jedenfalls empfinde eine Schwäche für sie. Gewiß, irgendwie liebe ich die Zeder – ihre nackte Rauheit, ihren beinahe fühlbaren Duft (so anders als der des besten Parfüms), ihre Stille, ihre gleichmütige Annahme der Kälte des Winters und der Hitze des Sommers, von Regen oder Trockenheit, ihr Obdach für mich, ihre Assoziationen – nun, ich konnte noch nie erklären, *warum* ich jemanden oder etwas liebe). Die Gefälligkeit, die ich jetzt besonders der Zeder verdanke, ist, während ich mich zaudernd, in Verlegenheit nach einem Titel für meine versprochene Sammlung umschaue, nachdem ich eine lange, lange Reihe abgelehnt habe, erhebe ich meine Augen, und siehe! genau der Begriff, den ich suche. Ich ergreife, was ein gütiger unsichtbarer Geist vor mich gesetzt hat. Übrigens, wer soll sagen, es bestehe nicht genügend Ähnlichkeit zwischen (zumindest den Ästen und Zweigen, die sie produziert haben) vielen dieser Stücke oder Körnchen und jenen blauen Beeren? Ihre wildwachsende Nutzlosigkeit – ein gewisses Aroma der Natur hätte ich so gern in meinen Seiten. Der magere Boden, der sie hervorbringt. Ihre Zufriedenheit, allein gelassen zu werden. Ihre feste und taube Abneigung gegen das Beantworten von Fragen (letzteres ist die nächste, wertvollste Verwandtschaft des Charakters von allen).

Dann, lieber Leser, lassen Sie uns schließlich, in bezug auf

einen Titel für die vorliegende Sammlung, damit zufrieden sein, einen zu *haben* – etwas, das all seine Pflanzen, Mineralien, persönlichen Notizen, abrupten Einfälle von Kritik, sein unreifes Geschwätz von Philosophie, das mannigfaltige Dies und Das identifiziert, zusammenbindet und konkretisiert, ohne uns darüber aufzuregen, daß sich gewisse Seiten Ihnen oder mir, da sie unter ihrem eigenen Namen kommen, nicht mit uneingeschränkter Schicklichkeit und Liebenswürdigkeit präsentieren. (Es ist ein profundes, lästiges, niemals erklärbares Problem – dieses Benennen. Mein ganzes Leben lang bin ich damit sehr beschäftigt gewesen.)[11]
Schließlich wurde der Titel „Wie Zedernzapfen" aus der Taufe gehoben; jedoch kann ich es mir nicht leisten, wegzuwerfen, was ich da unten, den Farmweg hinunter, unter dem Schutzdach meiner alten Freundin an einem warmen Oktobertag aufgeschrieben habe. Der Zeder gegenüber wäre es außerdem unhöflich.

Der Tod von Thomas Carlyle

10. Februar '81 – Und so ist die Flamme der Lampe nach langem Dahinsiechen und Flackern nun völlig verloschen.
Als repräsentativer Autor, literarische Persönlichkeit wird kein anderer bedeutendere Hinweise auf unsere stürmische Ära hinterlassen, ihre ungestümen Widersprüche, ihr Getöse und ihre anstrengenden Geburtsperioden als Carlyle. Er gehört auch zu unserem eigenen Zweig des Stammes; weder lateinisch noch griechisch, sondern ganz und gar gotisch. Rauh, gewaltig, vulkanisch war er selbst, mehr als irgendeiner seiner Bände, eine französische Revolution. In mancher Hinsicht, auch vom akademischen Standpunkt aus, der am besten ausgestattete, schärfste Geist aller Briten des 19. Jahrhunderts; nur – er hatte einen kränklichen Körper. Auf jeder gedruckten Seite kann Dyspepsie nachgewiesen werden, und dann und wann füllt sie die ganze Seite. In die Lektionen seines Lebens – selbst da es sich zu so erstaunlicher Länge gedehnt hatte – mag man mit einbeziehen, wie hinter dem Schein von Genie und Tugenden der Magen

steht und so etwas wie eine ausschlaggebende Stimme hat.
Zwei widerstreitende agonistische Elemente scheinen in diesem Manne miteinander gerungen, ihn mitunter wie wilde Pferde in verschiedene Richtungen gezogen zu haben. Er war ein vorsichtiger, konservativer Schotte, sich völlig dessen bewußt, welch ein stinkender Windbeutel ein groß Teil des modernen Radikalismus ist. Dann aber forderte sein großes Herz Reform, forderte Veränderung, oftmals schrecklich uneins mit seinem verächtlichen Verstand. Kein Autor hat jemals so viel Jammern und Verzweiflung in seine Bücher miteinfließen lassen, manchmal offenkundig, öfter versteckt. Er erinnert mich an die Passage in Youngs Gedichten, in der der Tod immer dringender sein Opfer fordert, die Seele bittend, schreiend, schimpfend hin und her eilt, um dem allgemeinen Schicksal zu entrinnen.
Vom amerikanischen Standpunkt aus hatte er viele ernsthafte schwache Seiten, ja sogar ausdrückliche Mängel.
Nicht Carlyles literarisches Verdienst, obgleich das groß war, nicht das „Machen von Büchern" allein, sondern ebenso das Lancieren einer irritierenden, in Frage stellenden, zermürbenden, erschütternden Unruhe in die selbstgefällige Atmosphäre unserer Tage, macht seinen entscheidenden Wert aus. Es ist an der Zeit, daß die englischsprachigen Völker eine wirkliche Vorstellung von dem Rückgrat des Genies, nämlich der Macht, bekommen. Als ob man es immer nach der Mode zurechtschneiden und neu gestalten müsse wie einen Damenmantel! Welch einen notwendigen Dienst er verrichtet! Wie er unsere gemütlichen Lesezirkel mit einem Hauch des alten hebräischen Zornes und der Prophetie erschüttert, und es ist wirklich genau dasselbe. Nicht einmal Jesajah war zorniger, drohender: „Der Gipfel des Hochmuts, die Trunkenbolde von Ephraim werden vernichtet werden: Und die herrliche Schönheit am Beginn des fruchtbaren Tales wird eine welkende Blume sein." (Das Wort Prophetie wird häufig falsch gebraucht; es scheint eingeengt zu sein auf bloße Weissagung. Das aber ist nicht die Hauptbedeutung des hebräischen Wortes, das mit „Prophet" übersetzt wird. Es heißt soviel wie einer, dessen Geist aufwallt und sich als Quelle einer inneren, erhabenen Spontaneität, die Gott offenbart, ergießt. Weissagung ist

nur ein sehr kleiner Teil von Prophetie. Die große Aufgabe besteht darin, die göttlichen Eingebungen zu erkennen und zu offenbaren, die in der Seele darauf drängen, geboren zu werden. Das ist in knappen Worten die Doktrin der Freunde oder Quäker.) Dann die Einfachheit und inmitten scheinbarer Gebrechlichkeit die gewaltige Kraft dieses Mannes – ein kräftiger Eichenknorren, niemals zu erschöpfen –, ein alter Farmer, in braune Sachen gekleidet, nicht gerade gutaussehend –, gerade seine schwächsten Seiten faszinieren. Wen kümmert es, daß er über Dr. Francia geschrieben hat und „Shooting Niagara" – „The Nigger Question" – und unsere Vereinigten Staaten überhaupt nicht bewundert? (Ich glaube kaum, daß er jemals auch nur halb so schlechte Worte über uns gedacht oder gesagt hat, wie wir sie verdienen.) Wie er wie Leviathan in dem Meer der modernen Literatur und Politik herumspritzt! Zweifelsohne muß man hinsichtlich letzterem durch tatsächliche Beobachtung als erstes den Schmutz erkennen, das Laster und den Starrsinn, die tief in der Masse der Bevölkerung der Britischen Inseln verwurzelt sind, den Amtsschimmel, die Einfältigkeit, die Speichelleckerei überall, um in allen Einzelheiten zu verstehen, was er geschrieben hat. Demgemäß – obwohl er kein Chartist oder Radikaler war – bin ich der Meinung, Carlyle hat sich weitaus am stärksten entrüstet und bezüglich der Auswirkungen des Feudalismus im heutigen Großbritannien protestiert: gegen die zunehmende Armut und Erniedrigung der 20 Millionen, die weder etwas Grund und Boden noch ein eigenes Heim besitzen, während wenigen Tausend oder genauer einigen Hundert der gesamte Boden, das Geld und die fetten Posten gehören. Handel und Schiffahrt, Klubs und Kultur, Prestige, Kanonen und eine exklusive Klasse von Adel und Aristokratie mit jeglichem modernen Fortschritt können nicht beginnen, solch eine Schweinerei zu beschönigen und zu verteidigen.

Der Weg, festzustellen, wieviel er seinem Land hinterlassen hat, wäre, sich für einen Moment das Arsenal der britischen Gedankenwelt, das resultierende *Ganze* der letzten 50 Jahre vorzustellen, *aber ohne Carlyle*. Das wäre wie eine Armee ohne Artillerie. Es wäre immer noch eine bunte und reiche Schau – Byron, Scott, Tennyson und viele mehr – Reiterei und schnelle Infantrie und fliegende Fahnen –, aber der letzte, schwere Donner, der dem Ohr des geübten Soldaten so vertraut ist und über Untergang oder Sieg entscheidet, würde fehlen.

In den letzten drei Jahren wurden uns in Amerika flüchtige Bilder eines schmächtigen, einsamen, alleinstehenden, kinderlosen, sehr alten Mannes übermittelt, der auf dem Sofa sich nur durch unbezwingbaren Willen vom Bett fernhielt, sich in letzter Zeit aber nicht mehr wohl genug fühlte, um an die frische Luft zu gehen. Von Zeit zu Zeit habe ich diese Nachrichten kurzen Beschreibungen aus Zeitungen entnommen. Vor einer Woche las ich eine solche Notiz, unmittelbar bevor ich mich auf meinen gewohnten abendlichen Bummel begab, zwischen acht und neun. In der schönen Nacht, ungewöhnlich klar (5. Februar '81), erfüllten mich, als ich über einen angrenzenden freien Platz ging, der Zustand von Carlyle und sein sich nahender – vielleicht zu dem Zeitpunkt schon tatsächlicher – Tod mit Gedanken, die sich einer Erklärung entzogen und kurioserweise mit der Szene mischten. Der Planet Venus im Westen, eine Stunde hoch, in all seiner Größe und seinem wiedergewonnenen Glanz (fast ein Jahr lang war er jetzt klein und matt), einschließlich einer neuen Gefühlsempfindung, die ich vorher nie bemerkt habe – nicht nur üppig, lüstern, betörend, faszinierend – jetzt mit ruhig gebietender Ernsthaftigkeit und Arroganz – die Milo-Venus jetzt. Aufwärts in Richtung Zenit – Jupiter, Saturn und der zunehmende Mond, in feierlichem Zuge, gefolgt von den Plejaden, dem Sternbild Stier und dem Roten Aldebaran. Nicht eine Wolke am Himmel. Der Orion mit seinem glitzernden Gürtel schritt durch den Südosten, und etwas darunter hing die Sonne der Nacht, der Sirius. Jeden Stern vergrößert, gläserner, näher als gewöhnlich. Nicht wie in anderen klaren Nächten, wenn die größeren Sterne den Rest völlig überstrahlen. Jeder kleine Stern oder Sternenhaufen ebenso deutlich und ebenso nahe. Das Haar der Berenike zeigt jeden Edelstein und neue dazu. Nach Nordosten und Norden die sichelförmige Sterngruppe im Löwen, der Steinbock und seine Herde, Kassiopeia, Kastor und Pollux und die beiden Wagen. Während der ganzen Zeit dieses stillen, unbeschreiblichen Anblicks, der meine Empfänglichkeit einbezog und

darin badete, wurde ich den Gedanken an Carlyles Sterben nicht los. (Um in die Geheimnisse von Tod und Genie einzudringen und sie zu vergeistigen und – soweit wie möglich – zu lösen, betrachte sie unter den mitternächtlichen Sternen!)
Und nun, da er von uns gegangen ist, kann es da sein, daß Thomas Carlyle, chemisch bald zerfallen zu Staub und durch den Wind verweht, noch eine Identität bleibt? Existiert er noch auf irgendeine Weise, wenn man vielleicht all die Behauptungen, Überlieferungen und Spekulationen von 10 000 Jahren umgeht, wenn man alle Behauptungen zum Thema Sterblichkeit umgeht als ein bestimmtes, lebendiges Wesen, ein Geist, ein Individuum, das jetzt vielleicht ins All unter jene stellaren Systeme fortgetragen wird, die, vielsagend und grenzenlos wie sie sind, nur den Saum von noch grenzenloseren, weitaus vielsagenderen Systemen bilden? Ich hege keinen Zweifel daran. In der Stille einer herrlichen Nacht werden solche Fragen der Seele beantwortet mit den besten Aussagen, die überhaupt gegeben werden können. Mir geht es auch so, wenn mich ein besonders trauriges Ereignis bedrückt oder ein Problem zerreißt, dann warte ich darauf, daß ich hinausgehen kann unter die Sterne zur endgültigen Beruhigung.

Spätere Gedanken und Notizen

CARLYLE AUS AMERIKANISCHER SICHT

Gegenwärtig besteht zweifellos ein unerklärliches *Verhältnis* (wegen seiner Unvereinbarkeit um so reizvoller) zwischen jenem verstorbenen Autor und unseren Vereinigten Staaten von Amerika – ganz gleich, ob es andauern wird oder nicht.[12] Da wir Menschen der Neuen Welt deutliche Gestalt annehmen und Formationen und Ergebnisse erscheinen, die bisher unbekannt waren, ist es eigenartig, mit welch einer neuen Empfänglichkeit sich unsere Augen typischen Situationen und Persönlichkeiten in der Alten Welt zuwenden. Es steht außer Frage, daß seit Carlyles Tod und der Publikation von Froudes Memoiren nicht nur das Interesse an seinen Büchern, sondern an jeder persönlichen Kleinigkeit, die den berühmten Schotten betrifft – an seiner Dyspepsie, seinen Schicksalsschlägen, seiner Abstammung, seinem Muster von einer Ehefrau, seiner Karriere in Edinburgh in dem einsamen Nest von Craigenputtock Moor und dann so viele Jahre in London – bei uns heute wahrscheinlich größer und lebendiger ist als in seinem eigenen Land. Ob mit Erfolg oder nicht, auch ich, indem ich über den Atlantik die Hand ausstrecke und die dunkle Wahrsagung des Mannes über die Menschheit und Politik aufgreife, würde sie aufheben und alles ersetzen (solcherart ist die Vorstellung, die ich habe) durch ein weitaus tiefgründigeres Stellen des Horoskops zu diesen Themen – denen G. F. Hegels.[13]

Zuerst über eine Gelegenheit, eine niemals erfüllte Leere dieser schwachen Rollenbesetzung: dieser britische Hamlet aus der Cheyne Row, verwirrender als der dänische, mit seinen Plänen, die gebrochenen und erlahmten Gelenke der Führung der Welt zu festigen, besonders ihre demokratische Verrenkung. Carlyles schreckliches Los bestand darin, daß er, der in den Geburtsqualen und Schwächeanfällen der alten Ordnung lebte und wohnte und sie größtenteils verkörperte, inmitten übermäßigen Anhäufungen entsetzlicher Morbidität das Neue gebar. Man stelle sich jedoch vor, er (oder seine Eltern vor ihm) wäre nach Amerika gekommen, wäre wieder zu Kräften gebracht worden durch die ermutigenden Qualitäten und Aktivitäten unseres Volkes und Landes, wäre unter uns hier, besonders im Westen, Auge in Auge entschlossen aufgewachsen und hätte herumgestöbert, unsere grenzenlose Luft und unsere Vorzüge ein- und ausgeatmet, seinen Geist den Theorien und Entwicklungen dieser Republik gewidmet inmitten ihrer praktischen Tatsachen, wie sie in Kansas, Missouri, Illinois, Tennessee oder Louisiana exemplifiziert werden. Ich sage *Tatsachen* und Auge-in-Auge-Begegnungen, die sich unterscheiden von Büchern und allen jenen Spitzfindigkeiten und bloßen Berichten in den Bibliotheken, aus denen der Mann (im Spaß wurde über ihn – als er 30 Jahre alt war – gesagt, daß es niemanden in Schottland gegeben hätte, der so viel aufgeschnappt und so wenig gesehen habe.) fast ausschließlich schöpfte, und die sogar sein kräftiger und vitaler Geist aufs beste widerspiegelte.

Etwas von dieser Art wäre beinahe passiert. 1835, nach

mehr als einem Dutzend von Jahren der Versuche und Mißerfolge, begab sich der Autor von „Sartor Resartus" nach London. Er war sehr arm, ein eingefleischter Hypochonder, sein „Sartor" eine einzige Zielscheibe des Spottes. Er hatte keine literarischen Aussichten, besonnen auf den letzten, ausschlaggebenden Wurf eines literarischen Würfels gesetzt, fest entschlossen, ein Buch zum Thema *Französische Revolution* zu schreiben und zu veröffentlichen. Und falls er damit auch keinen höheren Lohn und keine Anerkennung erzielen sollte als bisher, daß er dann unerbittlich und für immer den Beruf des Autors aufgeben und endgültig nach Amerika auswandern würde. Das Unternehmen jedoch ging gut aus, und so gab es keine Auswanderung.

Carlyles Arbeit auf dem Gebiet der Literatur, wie er sie begonnen und ausgeführt hat, ist in einigen wesentlichen Hinsichten die gleiche wie die von Immanuel Kant in theoretischer Philosophie. Aber der Schotte hatte nichts von dem magenstärkenden Phlegma und der niemals gestörten Gemütsruhe des Königsberger Weisen und begriff nicht, wie der letztere, seine eigenen Grenzen, so daß er hätte aufhören können, wenn er sie erreichte. Er räumt Dickicht, Giftrebe und Unterholz weg – hackt auf jeden Fall mutig danach, vernichtet unbarmherzig. Kant tat das gleiche auf seinem Gebiet, und das war alles, was er vorgab zu tun. Seine Arbeiten haben seither den Boden vollkommen bereitet hinterlassen, und etwas Größeres wurde vermutlich niemals von einem Sterblichen vollbracht. Die Qual und die Kluft von Carlyle scheinen mir überall in dem Beweis zu bestehen, daß er, mitten in einem Wirbel von Verwirrung und Raserei und Mißverständnissen fest daran glaubte, er hätte einen Schlüssel zur Behandlung der Krankheiten der Welt und daß es seine Bestimmung wäre, ihn zu nutzen.[14]

Zwei Anker oder Notanker gab es, um das Carlylesche Schiff, wenn Not am Mann war, zu sichern. Einer soll gleich erläutert werden. Der andere, vielleicht der hauptsächlichste, war nur in einer ausgeprägten Form von persönlichem Zwang zu finden, einem extremen Grad von leistungsfähigem Trieb und Willen, einem Mann oder Männern, „geboren zum Befehlen". Vermutlich floß durch jede Vene und jeden Blutstrom des Schotten etwas, das diesen Wesenszug und Charakter über allem anderen in der Welt hervorbrachte, der ihn in meinen Augen zum führenden Lobredner und Verkünder in der Literatur macht – mehr als Plutarch, mehr als Shakespeare. Die großen Massen der Menschheit bedeuten nichts, zumindest nichts außer unbestimmtem Rohmaterial; nur die großen Planeten und leuchtenden Sonnen sind für ihn da. Für nahezu unveränderlich flaue oder kalte Ideen konnte eine erstklassige, ungestüme Persönlichkeit sicher seine lobrednerische Leidenschaft und sein wildes Vergnügen erwecken. In solchem Falle war selbst das Banner der Pflicht, nachfolgend erhoben, sofort zu senken und zu verhüllen. All das, was zusammengefaßt ist unter den Begriffen republikanische Gesinnung und Demokratie war ihm von Anfang an zuwider, und als er älter wurde, haßte und verachtete er es. Für eine unzweifelhaft redliche und scharfsinnige Gabe wie seine, waren die Haltungen, die er beharrlich ignorierte, erstaunlich. Zum Beispiel scheint das Versprechen, nein, vielmehr die Zuverlässigkeit des demokratischen Prinzips gegenüber allen und jedem Staat der gegenwärtigen Welt, das nicht so sehr dazu verhilft, Legislative und Exekutive zu vervollkommnen, die einzige wirksame Methode zu sein, für eine sichere, wenn auch langsame Bildung der Leute auf breiter Basis, um freiwillig selbständig zu herrschen und zu verwalten (das letztendliche Ziel der politischen und aller anderen Entwicklung), nach und nach die Tatsache des *Regierens* auf ein Minimum zu reduzieren und alles Personal und deren Tätigkeiten den Teleskopen und Mikroskopen von Komitees und Parteien zu unterbreiten und – was am wichtigsten ist – (nicht Stagnation und gehorsame Zufriedenheit, die im Feudalismus und der Kirchlichkeit der antiken und mittelalterlichen Welt recht gut funktionierten, sondern) eine riesige und vernünftige und sich wiederholende Ebbe-und-Flut-Aktion für jene Fluten des großen Meeres zu ermöglichen, die künftig und offenbar für immer ihre alten Schranken gesprengt haben – das scheint niemals in Carlyles Denken eingegangen zu sein. Es war großartig, wie er bis zuletzt jeden Kompromiß abgelehnt hat. Er war eigenartig altmodisch. In dieser rauhen, malerischen, gewaltigen Stimme und Gestalt scheint man mehr als 2000 Jahre zurückversetzt zu sein von der Gegenwart der Britischen Inseln in die Gegend zwischen Jerusalem und Tarsus. Sein unumschränkt bester Biograph sagt mit Recht von ihm: „Er war Lehrer und Prophet, im jüdischen Sinn des Wortes. Die Prophezeiungen von Jesajah und Jeremia sind zum festen Bestandteil des geistigen Erbes der Menschheit geworden, weil sie, wie Ereignisse bestätigt haben, die Zeichen ihrer Zeit richtig interpretiert hatten und sich ihre Prophezeiungen erfüllten. Carlyle glaubte wie sie, daß er dem gegenwärtigen Zeitalter eine Botschaft zu übermitteln habe. Ob er in diesem Glauben recht hatte und ob seine Botschaft eine wahre Botschaft war, bleibt abzuwarten. Er hat uns gesagt, daß unsere am stärksten gehegten Ideen von politischer Freiheit mit ihren ähnlichen Folgen nur Illusionen sind und daß der Fortschritt, der mit ihnen einherzugehen schien, ein Fortschritt in Richtung Anarchie und sozialer Auflösung ist. Wenn er Unrecht hatte, dann hat er seine Macht mißbraucht. Die Prinzipien seiner Lehren sind falsch. Sich selbst hat er als Führer angeboten, auf einer Straße, die er nicht kannte; und sein eigener Wunsch für sich selbst wäre schnellstes Vergessen sowohl seiner Person als auch seiner Werke. Falls er, auf der anderen Seite, recht hatte; falls er, wie seine großen Vorgänger, die Tendenzen dieses unseres modernen Zeitalters wahrheitsgemäß erkannt hat und seine Lehre sich durch Tatsachen als richtig erweist, dann wird auch Carlyle seinen Platz unter den erleuchteten Sehern einnehmen."

Dem füge ich hinzu, daß die englischsprachige Welt unter keinen Umständen und ganz gleich, wie grundsätzlich Zeit und Ereignisse seine aufregenden Vatizinien widerlegen, diesen Mann vergessen und auch nicht nachlassen sollte, sein unübertroffenes Gewissen, seine einzigartige Methode und seinen guten Ruf in Ehren zu halten. Niemals waren Überzeugungen aufrichtiger und lauterer. Niemals war jemand so wenig ein Speichellecker oder Achselträger. Niemals hatte politische Fortschrittlichkeit einen Gegner, den er aufrichtiger respektieren konnte.

Der zweite Hauptpunkt von Carlyles Äußerungen war die Idee der *Pflichterfüllung*. (Es ist nichts weiter als ein neuer Nachtrag – ob er so besonders neu ist, das ist keineswegs gewiß – zu dem altehrwürdigen Vermächtnis des Dynastizismus, den morschen Grundsätzen von Legitimität und Königen.) Er schien unduldsam gewesen zu sein, mitunter bis zur Besessenheit, wenn von Leuten, die mindestens ebenso tiefgründig zu denken vermochten wie er, darauf hingewiesen wurde, daß diese Formel, wenn auch ausgezeichnet, so doch ziemlich unklar ist und daß es viele andere Überlegungen zu einer philosophischen Beurteilung von all und jedem Gebiet entweder in allgemeiner Geschichte oder individuellen Angelegenheiten gab.

Alles in allem kenne ich bis jetzt nichts Erstaunlicheres als diese ständigen Schritte und Schläge durch unser 19. Jahrhundert seines vielleicht größten, schärfsten und gelehrtesten Kopfes, trotzig und unzufrieden mit allem, der geringschätzig den einzigen Trost und das einzig vorhandene Mittel zur Lösung ignorierte (entweder aus angeborener Ungeschicklichkeit, Ignoranz oder, was wahrscheinlicher ist, weil er ein ausdrückliches Universalmittel hier und jetzt forderte).

Es gibt, abgesehen von bloßem Intellekt, in der Veranlagung von jeder erhabenen menschlichen Identität (in seiner moralischen Vollkommenheit, betrachtet als *Ensemble,* nicht wegen des gesamten Seins, einschließlich Körperbeschaffenheit) ein wunderbares Etwas, das ohne Auseinandersetzung, häufig sogar ohne das, was Bildung genannt wird (obschon ich es als Zweck und Gipfel aller Bildung ansehe, die den Namen verdient) – eine Intuition des absoluten Gleichgewichts in Zeit und Raum, der Gesamtheit dieses mannigfaltigen, irren Chaos von Betrug, Frivolität, Schweinerei – diesen Rummel von Narren, den unglaublichen Schein und das allgemeine Ungewisse, das wir *die Welt* nennen, erkennt. Es ist eine Seelensicht jenes göttlichen Fingerzeigs und unsichtbaren Fadens, der die Masse der Dinge zusammenhält, alle Geschichte und Zeit und alle Ereignisse, wie trivial auch immer, wie bedeutend auch immer, wie ein an die Leine genommener Hund in der Hand des Jägers. Von solcher Seelensicht und Verwurzelung des Geistes – bloßer Optimismus erklärt nur die Oberfläche oder den Rand davon – war Carlyle zum größten Teil – vielleicht sogar völlig – frei. Dafür scheint er im Spiel seiner geistigen Tätigkeit von einem Gespenst verfolgt worden zu sein – dem Gespenst von Weltvernichtung –, das er von Anfang bis Ende niemals völlig zu bannen vermochte. (Griechische Gelehrte finden, glaube ich, das gleiche Gespött und die phantastische Erscheinung bei Aristophanes in seinen Komödien.)

Wie der größte Triumph oder Mißerfolg im Leben der Menschen, in Krieg oder Frieden, doch von einem kleinen versteckten Zentralpunkt, kaum mehr als einem Tropfen Blut manchmal, einem Pulsschlag oder einem Atemzug abhängen kann! Es ist gewiß, daß all diese gewichtigen Gegenstände, Demokratie in Amerika, Carlyleismus und die Veranlagung für tiefste politische oder literarische Erforschung, sich um einen simplen Punkt in theoretischer Philosophie drehen.

Das grundlegendste Thema, das von dem Verstand des Menschen Besitz ergreifen kann – das Problem, auf dessen Lösung Wissenschaft, Kunst, die Grundlagen und das Streben der Nationen und alles andere, einschließlich vernünftiges menschliches Glück (hier und heute, 1882 in New York, Texas, Kalifornien und überall und zu allen Zeiten) letztendlich beruhen und das sachverständiges Herangehen und qualifizierte Argumentation erfordert, hat zweifellos die Frage zur Folge: Was ist die faszinierende Erklärung und das Band – was der Zusammenhang zwischen dem (radikalen, demokratischen) Ich, der menschlichen Identität von Begreifen, Gefühlen, Geist etc., auf der einen Seite und dem (konservativen) Nicht-Ich, der Gesamtheit des materiellen, objektiven Universums und der Gesetze, mit dem, was hinter ihnen ist, in Zeit und Raum, auf der anderen Seite? Immanuel Kant hat, obwohl er die Gesetze des menschlichen Verstandes erklärt bzw. teilweise erklärt hat, diese Frage offengelassen. Schellings Antwort oder Versuch einer Antwort ist (und sehr wertvoll und wichtig, soweit sie geht), daß dieselbe allgemeine und besondere Intelligenz, Leidenschaft, sogar die Normen für Richtig und Falsch, die in einem bewußten und formulierten Zustand im Menschen existieren, in einem unbewußten Zustand oder in wahrnehmbaren Analogien überall im ganzen Universum der wahrnehmbaren Natur existieren, in all ihren großen oder kleinen Objekten und all ihren Bewegungen und Prozessen – auf diese Weise den unfaßbaren menschlichen Geist und die konkrete Natur, ungeachtet ihrer Dualität und Separation, umwandelbar macht und nach Zentralität und innerem Wesen verbindet. Doch G. F. Hegels vollständigere Darlegung des Gegenstandes bleibt wahrscheinlich das Allerbeste, das bis auf den heutigen Tag je darüber gesagt worden ist. Nach Aneignung des gerade kurz dargestellten Schemas im wesentlichen, führt er es weiter aus, bekräftigt es und verschmilzt alles mit ihm, wobei gewisse ernsthafte Lücken nun zum erstenmal gefüllt werden, so daß ein kohärentes metaphysisches System entsteht, das auf die obige Frage substantiell Antwort gibt (sofern es eine solche Antwort geben kann) – ein System, das, während ich eindeutig gestehe, daß der Verstand der Zukunft es ergänzen, revidieren und sogar völlig rekonstruieren mag, in seiner Gesamtheit fortan auf jeden Fall ausstrahlt, das Denken des Universums erhellt und sein Geheimnis für den menschlichen Geist lüftet, mit tröstlicherer wissenschaftlicher Sicherheit als alles Bisherige.

Hegel zufolge wird die gesamte Erde (ein alter Kerngedanke, wie in den Veden und zweifellos schon vorher, aber bisher niemals so absolut herausgekehrt, völlig übersättigt mit moderner Wissenschaftlichkeit und mit Fakten und zum alleinigen Eingang zu allem und jedem gemacht) in ihrer unendlichen Vielfalt, der Vergangenheit, der Umgebung von heute oder morgen, der materiellen und geistigen, natürlichen und künstlichen Gegensätzen, die alle, für das Auge desjenigen, der auf Gesamtheit aus ist, nur notwendige Seiten und Offenbarungen, verschiedene Schritte oder Bindeglieder in dem endlosen Prozeß des Schöpfungsgedankens unter zahllosen sichtbaren Fehlern und Widersprüchen von einer zentralen und niemals zerstörten Einheit zusammengehalten. Sie sind nicht eigentlich Widersprüche oder Fehler, sondern vielmehr Strahlungen des einen festen und immerwährenden Zweckes. Die ganze Masse von allem, das unerschütterlich und unfehlbar in Richtung von beständigem *Nutzen* und anhaltender *Moral* tendiert und fließt, wie Flüsse zum Ozean. Da das Leben die ganze Gesetzmäßigkeit und unablässige Anstrengung des sichtbaren Universums ist und der Tod nur die andere oder unsichtbare Seite desselben, so sind der *Nutzen,* die Wahrheit, die Gesundheit, die stetig-unveränderlichen Gesetze des moralischen Universums und Laster und Krankheit mit all ihren Störungen nur vorübergehende, wenn auch noch so verbreitete Ausdrucksformen.

Auf die gesamte Politik wendet Hegel die gleiche katholische Norm und den gleichen Glauben an. Nicht irgendeine einzelne Partei oder irgendeine einzelne Regierungsform ist absolut und ausschließlich wahrhaftig. Wahrheit besteht in den unmittelbaren Beziehungen von Objekten zueinander. Eine Mehrheit oder Demokratie kann genauso abscheulich herrschen und genauso großes Unrecht tun, wie eine Oligarchie oder Despotismus – obwohl das vermutlich weitaus weniger wahrscheinlich ist. Das größte Übel aber ist entweder eine Verletzung der Beziehungen, von denen gerade die Rede war, oder der Moralgesetze. Der Schein, das Unrechte, das Unmenschliche und das, was das Unnatürliche genannt wird, sind, obwohl sie nicht nur gestattet, sondern in gewissem Sinne (wie der Schatten zum Licht) sogar unumgänglich sind in dem göttlichen Schema, sind durch die ganze Anordnung jenes Schemas unvollständig, widersinnig, provisorisch; und obwohl sie immer eine so große, angebliche Mehrheit haben, sind sie gewiß zum Fehlschlagen bestimmt, nachdem sie großes Leid verursacht haben.

Hegel übersetzt Theologie in Wissenschaft.[15] Alle sich zeigenden Widersprüche in der Behauptung von der gottähnlichen Natur durch verschiedene Zeitalter, Nationen, Kirchen, Standpunkte sind nur unbedeutende und unvollkommene Ausdrücke einer unentbehrlichen Einheit, von der sie alle ausgehen – unreife Bemühungen oder verzerrte Anlagen, gesondert und auch geeint betrachtet. Kurz (um es in unsere eigene Form zu bringen oder zusammenzufassen), daß der Denker, der Analysierende oder der Überschauer, der durch eine rätselhafte Kombination von anerzogener Weisheit und natürlicher Intuition in vollkommenem Glauben die moralische Einheit und Vernunft des schöpferischen Schemas in Geschichte, Wissenschaft und allem Leben und jeglicher Zeit, Gegenwart und Zukunft gänzlich akzeptiert, der wahrste, gewaltigste Verehrer oder Religioso und der bedeutendste Philosoph ist. Währenddessen ist der, der – verzaubert von sich selbst und seiner Lage – Dunkelheit und Hoffnungslosigkeit in der Gesamtheit der Werke von Gottes Fügung sieht, und der dabei leugnet oder Ausflüchte macht, ganz gleich wieviel Frömmigkeit er auf den Lippen führt, der radikalste Sünder und Ungläubige.

Ich bin um so überzeugter, hier Hegel ein bißchen frei zu wiederholen[16], nicht nur, um den Carlyleschen Buchstaben und Geist wettzumachen – ihn mit Stumpf und Stiel auszureißen – sondern um, seit dem kürzlichen Tod und der verdienten Würdigung von Darwin, die Lehren der Evolutionisten auszugleichen. Unsagbar wertvoll wie jene für die Biologie sind und hinfort unentbehrlich für ein rechtes Ziel und eine Bewertung im Studium, so umfassen noch erklären sie alles, und das letzte Wort muß noch gesagt oder geflüstert werden, nachdem der äußerste jener Ansprüche hoch oben und für immer über ihnen allen schwimmt, auch über buchstäblicher Metaphysik. Während die Beiträge, die die Deutschen Kant und Fichte, Schelling und Hegel der Menschheit hinterlassen haben – und die auch der Engländer Darwin auf seinem Gebiet hatte – unentbehrlich für die Gelehrsamkeit von Amerikas Zukunft sind, sollte ich sagen, daß in ihnen allen und den besten davon, wenn sie verglichen werden mit den Geistesblitzen und Gedankenflügen der alten Propheten und *Exaltés,* den geistlichen Dichtern und der Poesie aller Länder (wie in der hebräischen Bibel), da scheint es, nein vielmehr, da fehlt ganz sicher etwas – da ist etwas Kaltes, ein Versagen, die tiefsten Emotionen der Seele zu befriedigen – ein Mangel an lebendigem Glanz, Zärtlichkeit, Wärme, die die alten *Exaltés* und Poeten bieten und die eifrigsten modernen Philosophen bis jetzt nicht.

Alles in allem und für unseren Zweck gehört der Name dieses Mannes gewiß auf die Liste mit den eben aufgezählten, erstklassigen Moralärzten unserer gegenwärtigen Epoche – und mit Emerson und zwei, drei anderen – obschon seine Verordnung drastisch ist und vielleicht destruktiv, wohingegen deren assimilierend, normal und kräftigend ist. Im Kern feudal und geistige Frucht und Strahlung des Feudalismus, bieten seine Bücher immer wertvolle Lektionen und Affinitäten für unser demokratisches Amerika. Ob Nationen oder Individuen – wir lernen sicherlich am tiefsten von Ungleichheit, von einem offenen Gegenüber, von dem Licht, das sogar verächtlich auf gefährliche Stellen und Neigungen geworfen wird. (Michelangelo erflehte den besonderen Schutz des Himmels vor seinen Freunden und herzlichen Schmeichlern; mit greifbaren Gegnern konnte er selbst fertig werden.) In vielen Einzelheiten war Carlyle in der Tat, wie Froude ihn bezeichnet, einer jener fernen hebräischen Verkünder, ein neuer Micah oder Habakuk. Seine Worte wallen zuzeiten fort mit unergründlicher Inspiration. Immer sind solche Männer wertvoll, ebenso wertvoll jetzt wie zu jeder Zeit. Seine ungestümen, kratzenden, spöttischen, unvereinbaren Töne – welche sind mehr gewünscht unter den biegsamen, polierten, geldanbetenden, Jesus und Judas gleichsetzenden, Wahlrecht-Souveränität-Echos des gegenwärtigen Amerika? Unser 19. Jahrhundert hat er mit dem Licht eines mächtigen, durchschlagenden und vollkommen aufrichtigen Intellekts erster Klasse erleuchtet, hat sich britischer und europäischer Politik, gesellschaftlichem Leben, Literatur und repräsentativen Persönlichkeiten zugewandt – gründlich unzufrieden mit allem und unbarmherzig die Krankheit aller Dinge enthüllend. Während er aber die Krankheit anzeigt und darüber zankt und tobt, ist er selbst, geboren und aufgewachsen in der gleichen Atmosphäre, eine gebrandmarkte Illustration dessen.

Ein Paar alte Freunde – eine kleine Sache von Coleridge

Ende April – Bin für ein paar Tage hinaus aufs Land gefahren und verbringe sie am Teich. Habe bereits meinen Eisvogel oder Königsfischer, wie man ihn auch nennt, hier entdeckt (aber nur einen – der Gefährte ist noch nicht da). Am heutigen, herrlichen, strahlenden Morgen draußen am Fluß ist er zu einer lustigen Ausgelassenheit herausgekommen und kreist, kokettiert, zwitschert in einem Rundflug. Während ich diese Zeilen schreibe, vergnügt er sich, indem er über die fernen Teile des Teiches jagt und Spiralen dreht oder in die Wasserfläche taucht. Ein- oder zweimal gibt es einen lauten Klatsch – das Wasser spritzt der Sonne entgegen – herrlich! Sein weißes und dunkelgraues Gefieder und die eigentümliche Gestalt sehe ich ganz deutlich, da er sich herabläßt, mir sehr nahe zu kommen. Der eindrucksvolle, anmutige Vogel! Jetzt sitzt er hoch oben auf dem Ast eines alten Baumes, der sich über das Wasser beugt – es sieht

ganz so aus, als schaute er mir zu, während ich mir Notizen mache. Fast bilde ich mir ein, er kennt mich.
Drei Tage später – Mein zweiter Eisvogel ist hier, mit seinem (oder ihrem) Gefährten. Sah die beiden zusammen fliegen und herumwirbeln. In der Ferne hatte ich bereits mehrere Male gehört, was ich für das klare krächzende Stakkato der Vögel hielt – konnte mir aber nicht sicher sein, daß die Laute von beiden kamen, bis ich sie zusammen gesehen hatte. Heute erschienen sie zu Mittag, aber offenbar entweder in geschäftlichen Angelegenheiten oder nur zu einer sehr begrenzten Übung. Jetzt keine wilde Ausgelassenheit voll freiem Scherz und munterer Bewegung eine Stunde lang auf und ab. Zweifellos haben sie jetzt Sorgen, Pflichten, Verantwortlichkeiten für das Brüten. Die Ausgelassenheit wird verschoben auf das Sommerende.
Ich weiß nicht, ob ich die heutige Notiz besser beschließen könnte als mit Coleridges Zeilen, die seltsamerweise auf mehr als eine Art hierherpassen:

> Geschäftig werkt an allem die Natur –
> Die Bienen regen sich, die Vögel ziehn,
> Der Winter schlummernd in der wachen Flur,
> Träumt lächelnd von des Frühjahrs erstem Grün –
> Nur ich, untätig Ding, mag mich nicht mühn:
> Nicht trag ich Honig, paar mich, kann ich blühn.

(Deutsch von Uwe Grüning)

EINE WOCHE IN BOSTON

1. Mai '81 – Scheint, als ob die amerikanischen Verkehrswege und -mittel heute zurechtgemacht worden wären, nicht nur im Hinblick auf Geschwindigkeit und gerade Streckenführung, sondern zur Bequemlichkeit von Frauen, Kindern, Invaliden und alten Burschen wie mir. Ich benutzte einen Schnellzug, der täglich direkt von Washington in die Yankee-Metropole fährt. Kurz nach dem Dunkelwerden besteigt man in Philadelphia einen Schlafwagen, und nach ein-, zweistündigem Nachsinnen läßt man sich das Bett richten, wenn man möchte, zieht die Gardinen zu und legt sich zum Schlafen nieder. Man rast durch Jersey nach

New York, hört in seinem Halbschlummer einen dumpfen, rüttelnden und stoßenden Laut oder zwei, wird – sich dessen unbewußt – von einem mitternächtlichen Dampfer von Jersey City rund um die Battery und unter der großen Brücke zum Gleis der New-Haven-Linie befördert, setzt seine Fahrt ostwärts fort und erwacht am nächsten Morgen frühzeitig in Boston. Das alles war mir ein Erlebnis. Ich wollte zum Revere-Haus. Ein großer, schlanker Herr (ein Mitreisender, auf dem Wege nach Newport, sagte mir, ich hätte gerade vor ein paar Augenblicken mit ihm geschwätzt) half mir durch das Bahnhofsgedränge hinaus, besorgte eine Droschke, setzte mich mit meiner Reisetasche hinein und sagte lächelnd und gelassen: „Nun möchte ich, daß Sie das meine Angelegenheit sein lassen", bezahlte den Kutscher, und bevor ich noch etwas einwenden konnte, verneigte er sich und verschwand.

Der Anlaß meiner Reise, ich glaube, das sollte ich hier besser erwähnen, war eine öffentliche Lesung des Essays „Der Tod von Abraham Lincoln" am 16. Jahrestag dieser Tragödie. Die Lesung fand ordnungsgemäß am Abend des 15. April statt. Dann hielt ich mich eine Woche in Boston auf, fühlte mich ziemlich wohl (die Stimmung günstig, meine Lähmung beruhigt), ging überall herum und sah all das, was es zu sehen gab, besonders Menschen. Bostons immenses materielles Wachstum – Handel, Finanzen, Kommissionsläden, das Überangebot an Waren, die belebten Straßen und Bürgersteige – bildete natürlich den ersten überraschenden Anblick. Bei meiner Reise im letzten Jahr in den Westen dachte ich, der Taktstock zukünftigen Wohlstandes, zukünftiger Herrschaft müßte sicher bald von St. Louis, Chicago, dem schönen Denver, vielleicht San Francisco geführt werden. Aber ich sehe den besagten Taktstock in Boston genauso entschlossen gehoben, mit ebensoviel Gewißheit von Ausdauer, Beweisstücke von Kapital im Überfluß – in der Tat, kein Zentrum der Neuen Welt ist ihm voraus (die Hälfte der großen Eisenbahnen im Westen sind mit dem Geld der Yankees gebaut worden, und diese bekommen auch die Dividende). Das alte Boston mit seinen Zickzackstraßen und unzähligen Winkeln (zerknülle ein Blatt Briefpapier in deiner Hand, wirf es zu Boden, stampfe es platt, und du hast einen Stadtplan vom alten Boston!) – das neue Boston meilenweit große und kostspielige Häuser, Beacon Street, Commonwealth Avenue und hundert andere. Die besten neuen Anfänge und Erweiterungen Bostons und all der Städte Neuenglands liegen jedoch in einer anderen Richtung.

Das Boston von heute

In den Briefen, die wir von Dr. Schliemann (interessant, aber unglaublich) über seine Ausgrabungen da in dem weit entfernten homerischen Gebiet bekommen, bemerke ich, daß Städte, Ruinen etc., wie er sie aus ihren Ruhestätten ausgräbt, gewiß in verschiedenen Schichten liegen – das heißt, über der Gründung eines alten Unternehmens, in der Tat sehr tief unten, ist immer eine andere Stadt oder Ansammlung von Ruinen und darüber wieder eine – und manchmal darüber noch eine – jede repräsentiert entweder ein langes oder rapides Stadium von Wachstum und Entwicklung, das sich von ihrer Vorgängerin unterscheidet, aber unfehlbar aus dieser erwächst und auf ihr ruht. An moralischem, emotionalem, heroischem und humanem Wachstum (nach meiner Meinung die Hauptsache eines Volkes) hat in Boston gewiß etwas dieser Art stattgefunden. Die Neuengland-Metropole von heute könnte beschrieben werden als sonnig (es gibt noch etwas anderes, das Wärme erzeugt, indem es sogar Wind und Wetter meistert, obwohl diese nicht zu unterschätzen sind), froh, empfänglich, voller Inbrunst, Glanz, mit einem gewissen Element von Sehnsucht, herrlich tolerant, jedoch nicht zum Narren zu halten; gutem Essen und Trinken zugetan – kostbar an Kleidung, wie es der Geldbeutel zuläßt; und überall das Beste an Häusern, Straßen, Leuten, das subtile Etwas (allgemein meint man, es wäre das Klima, aber das ist es nicht – es ist etwas Undefinierbares unter *dem Volk*, die Wende seiner Entwicklung), das sich ausbreitet hinter dem Strudel von Leben, Studium, Geschäft: ein glücklicher und froher öffentlicher Geist, so anders als ein träger und düsterer. Erinnert mich an den Schimmer, den wir von den blühenden alten griechischen Städten erhalten (wie in Symonds Büchern). Es ist mir in der Tat ein Großteil des Hellenischen in Boston, und die Leute werden auch ansehnlicher – ausgepolstert, mit freieren Bewegungen und mit Farbe in ihren Gesichtern. Niemals sah ich (obwohl das nicht griechisch ist) so viele *schön aussehende grauhaarige Frauen*. Während meines Vortrages ertappte ich mich mehr als einmal dabei, daß ich innehielt, um sie anzuschauen. Sehr viele waren unter der Zuhörerschaft – gesund, fraulich und mütterlich, herrlich bezaubernd und schön – ich glaube, so etwas konnte keine Zeit und kein Land außer unserem zeigen.

MEIN TRIBUT AN VIER DICHTER

16. April – Ein kurzer, aber angenehmer Besuch bei Longfellow. Ich bin keiner von denen, die häufig Besuche machen, als aber der Autor der „Evangeline" vor drei Jahren freundlicherweise die Mühen auf sich nahm, mich in Camden zu besuchen, wo ich krank darniederlag, da fühlte ich nicht nur die Regung meiner Freude über dieses Ereignis, sondern auch eine Schuldigkeit. Er war die einzige besondere Größe, die ich in Boston besuchte, und ich werde sein erleuchtetes Gesicht nicht so bald vergessen und die begeisternde Wärme und Höflichkeit von der Art, die man die alte Schule nennt.

Und nun, gerade an dieser Stelle, spüre ich den Impuls, etwas über die mächtigen Vier einzuschieben, die dieses erste amerikanische Jahrhundert mit seinen Muttermalen von poetischer Literatur prägen. In einer kürzlich erschienenen Zeitschrift spricht einer meiner Rezensenten, der es eigentlich besser wissen sollte, von meiner „Haltung der Geringschätzung, Verachtung und Intoleranz" gegenüber den führenden Dichtern, daß ich sie „verhöhne" und ihre „Nutzlosigkeit" predige. Wenn jemand wissen möchte, was ich über sie denke – und ich habe lange nachgedacht und freimütig bekannt – dann bin ich natürlich bereit, es darzulegen. Ich kann mir kein größeres Glück vorstellen, das diese Staaten hätten haben können, als den Beginn ihrer Dichtung anzusetzen mit Emerson, Longfellow, Bryant und Whittier. Emerson steht für mich unmißverständlich an der Spitze, was aber die anderen betrifft, so weiß ich nicht, wem ich den Vorrang geben sollte. Jeder erhaben, jeder vollendet, jeder charakteristisch. Emerson durch seine nach Lebenskraft schmeckende Melodie gereimter Philosophie und Gedichte, so bernsteinklar wie der Honig der wilden Biene, die er gern besingt. Longfellow durch Farbenpracht, anmutige Formen und Episoden – all das macht das Leben schön und läutert die Liebe, er mißt sich mit den Sängern von Europa auf ihrem eigenen Gebiet und schafft, mit einer Ausnahme, bessere und feinere Arbeit als irgendeiner von ihnen. Bryant, der die ersten innerlichen Poesiepulsschläge einer mächtigen Welt hämmerte; Barde des Flusses und des Waldes, der stets einen Geschmack von freier Luft vermittelt, mit Düften wie von Heufeldern, Weintrauben, Birkenwäldchen – immer heimlich Klageliedern zugetan – begann und endete seine lange Karriere mit Totengesängen; berührte hier und da, quer durch alles – Gedichte und Passagen von Gedichten, die höchsten, allumfassenden Wahrheiten, Begeisterungen, Pflichten – Moral ebenso grimmig und ewig, wenn nicht ebenso ungestüm und schicksalsschwer wie irgend etwas von Äschylus. Währenddessen lebt in Whittier mit seinen speziellen Themen seine deutliche Liebe von Heroismus und Krieg, ungeachtet seines Quäkertums, seine Verse bisweilen wie der gleichmäßige Schritt von Cromwells alten Veteranen. In Whittier lebt der Eifer, die moralische Energie, die Neuengland gründeten – die großartige Redlichkeit und Inbrunst von Luther, Milton, George Fox. Ich darf nicht, wage nicht zu sagen, der Eigensinn und die Enge, obwohl die Welt jetzt zweifellos gerade solche Enge und solchen Eigensinn braucht und immer brauchen wird, beinahe vor allem anderen.

Millets Bilder – Letzte Einzelheiten

18. April – Fuhr aus, drei, vier Meilen zum Haus von Quincy Shaw, um eine Sammlung von J. F. Millets Bildern zu sehen. Zwei hinreißende Stunden. Noch nie zuvor hat mich diese Art von Ausdruckskraft so durchdrungen. Lange, lange stand ich vor dem „Sämann". Ich meine den, den die Bilderleute als den „ersten Sämann" bezeichnen, denn der Künstler hat eine zweite und dritte Kopie davon angefertigt, und manche meinen, sie wären stets noch besser geworden. Ich jedoch bezweifle das. Es ist etwas in dem ersten, das kaum noch einmal eingefangen werden könnte – eine sublime Dunkelheit und einzigartig eingefangene Heftigkeit. Neben diesem Meisterwerk waren noch viele andere (niemals werde ich die schlichte abendliche Szene „Kuh an der Tränke" vergessen), alle unnachahmlich, alle vollkommen als Bilder, Arbeiten reiner Kunst; und dann schien es mir, mit jener letzten unfaßbaren ethischen Wirkung, die vom Künstler ausgeht (höchstwahrscheinlich ihm selbst unbewußt), und nach der ich stets suche. Sie alle erzählten mir die Geschichte dessen, was der Großen Französischen Revolution vorangegangen war und sie erforderlich machte: die lang anhaltende Unterdrückung der Massen eines heroischen Volkes in tiefster Armut, in Hunger, bei Verweigerung jeden Rechts und dem Versuch, die Menschheit um Generationen zurückzudrängen – doch die Macht der Natur, titanisch, um so stärker und unbeugsamer wegen jener Unterdrückung, schrecklich darauf wartend, hervorzubrechen, rachsüchtig, der Druck auf die Dämme, und schließlich, das Brechen des Sturmes auf die Bastille, die Exekution von König und Königin, das Unwetter von Massaker und Blut. Doch wen verwundert das?

> Könnten wir uns die Menschheit anders wünschen?
> Könnten wir uns ein Volk aus Holz und Stein
>   wünschen?
> Oder keine Gerechtigkeit des Schicksals oder der
>   Zeit?

Das wahre Frankreich, Grundlage von allem anderen, steckt gewiß in diesen Bildern. Ich fasse „Rast des Winzers", „Mann mit der Hacke" und „Abendgebet" in diese Überzeugung. Einige Leute halten die Franzosen immer für eine kleine Rasse, 1 Meter 50 oder 60 groß und immerzu frivol und schmunzelnd. Nichts dergleichen! Die Masse der Bevölkerung Frankreichs vor der Revolution war groß von Statur, ernsthaft, fleißig wie jetzt auch und einfach. Die Revolution und Napoleons Kriege ließen den Standard menschlicher Größe verkümmern, aber sie wird wieder aufgehen. Wenn zu nichts anderem, dann war mein kurzer Besuch in Boston zumindest in einer Hinsicht wertvoll, daß er mir die

neue Welt der Bilder Millets eröffnet hat. Wird Amerika jemals einen solchen Künstler haben, aus seiner eigenen Schwangerschaft, seinem Körper, seiner Seele heraus?
Sonntag, 17. April – Am späten Nachmittag anderthalbe Stunde in Stille und Halbdunkel im großen Schiff der Gedächtnishalle von Cambridge, die Wände dicht bedeckt mit Gedenktafeln, die die Namen von Studenten und Absolventen der Universität tragen, die im Sezessionskrieg gefallen sind.
23. April – Es war gut, daß ich wohlbehalten davonkam, denn wenn ich noch eine Woche geblieben wäre, hätte man mich durch Freundlichkeiten und Essen und Trinken umgebracht.

Vögel und eine Warnung

14. Mai – Wieder zu Hause; von Zeit zu Zeit draußen in den Wäldern von Jersey. Zwischen 8 und 9 Uhr morgens ein vollständiges Konzert der Vögel aus verschiedenen Richtungen im Einklang mit dem frischen Duft, dem Frieden, der Natürlichkeit um mich herum. Seit kurzem bemerke ich einen Vogel, etwa so groß wie die Wanderdrossel oder ein bißchen kleiner, helle Brust und Schultern, mit unregelmäßigen Streifen – langer Schwanz – hockt dieser Tage stundenlang auf der Spitze eines hohen Busches oder irgendeines Baumes und singt vergnügt. Oft gehe ich ganz nah heran und lausche, da er zahm zu sein scheint; gern beobachte ich die Arbeit seines Schnabels und Halses, die putzigen Bewegungen seines Körpers und die Geschmeidigkeit seines langen Schwanzes. In der Nacht höre ich den Specht und früh am Morgen das schnelle Hin und Her des Ziegenmelkers – mittags das Glucksen der Drossel, lieblich, und das *Mi-au* der Spottdrossel. Viele kann ich nicht benennen; aber ich bemühe mich auch nicht so besonders darum. (Man darf nicht zu viel wissen oder zu präzise oder wissenschaftlich an Vögel und Bäume und Blumen und Wasserfahrzeuge herangehen; ein gewisser freier Spielraum, ja sogar etwas Unbestimmtheit – vielleicht Ignoranz, Leichtgläubigkeit – helfen einem, diese Dinge zu genießen und auch die Empfindungen der gefiederten Natur, der des Waldes,

des Flusses oder des Meeres ganz allgemein. Ich wiederhole es – nicht zu exakt wissen oder die Gründe kennen. Meine Notizen sind aus dem Stegreif geschrieben, in den Breiten von Mittel-New Jersey. Obwohl sie beschreiben, was ich sah – was sich mir zeigte – zaudere ich nicht zu sagen, daß der erfahrene Ornithologe, Botaniker oder Entomologe darin mehr als nur einen Fehler entdecken wird.)

Proben aus meinem Notizbuch

Keinen Bericht dieser Tage, Interessen, Erholungen sollte ich anbieten, ohne ein gewisses altes, recht abgegriffenes Notizbuch[17], gefüllt mit Lesefrüchten, mit einzuschließen. Drei Sommer hindurch trug ich es in meiner Tasche mit mir herum und verschlang es wieder und wieder, wenn die Stimmung dazu einlud. Ich entdecke so vieles, wenn ich ein Gedicht oder eine schöne Idee auf mich wirken lasse (ein kleines Ding hat dann eine große Wirkung), vorbereitet von diesen untätig-vernünftigen und natürlichen Einflüssen.

Noch einmal Sand und Salz meiner Heimat

25. Juli – Far Rockaway, L. I. – Ein guter Tag hier, auf einem Ausflug, inmitten von Sand und Salz, eine beständige Brise weht von der See her, die Sonne scheint, der Duft von Schilf, der Lärm der Brandung, ein Gemisch von Zischen und Dröhnen, die milchig-weißen Wellenkämme, die sich überschlagen. Ich hatte ein behagliches Bad und wanderte nackt umher, wie in alten Zeiten, auf dem warmen grauen Ufersand, meine Begleiter draußen in einem Boot in tieferem Wasser – (ich rufe ihnen Jupiters Drohungen gegen die Götter aus Popes Homer zu).
28. Juli – nach Long Branch – Halb neun morgens auf dem Dampfer „Plymouth Rock" am Fuße der 23rd Street, New York, nach Long Branch. Wieder ein schöner Tag, herrliche Anblicke, die Schiffe, die Bucht – alles erquickend für Körper und Geist. (Ich finde die menschliche und gegenständliche Atmosphäre von New York City und Brooklyn ansprechender für mich als irgendeine andere.)

Eine Stunde später – Immer noch auf dem Dampfer, rieche jetzt das Salz sehr deutlich. Das lange pulsierende Klatschen, während unser Schiff auf das Meer zu dampft. Die Hügel von Navesink und viele vorüberziehende Schiffe, die Luft ist das Beste von allem. Den größten Teil des Tages in Long Branch, kehrte in einem guten Hotel ein, nahm mir viel Zeit, hatte ein ausgezeichnetes Dinner und fuhr dann für über zwei Stunden im Ort herum, besonders die Ocean Avenue, der schönste Fahrweg, den man sich vorstellen kann, sieben oder acht Meilen direkt am Strand entlang. In allen Richtungen kostspielige Villen, Paläste, Millionäre – (Aber wenige sind unter ihnen, meine ich, die so sind, wie mein Freund George W. Childe, dessen persönliche Integrität, Generosität, unaffektierte Schlichtheit über allen weltlichen Wohlstand hinausgehen.).

Hitze in New York

August – Eine Weile in der großen Stadt. Selbst während des Höhepunkts der Hundstage ist es sehr amüsant in New York, wenn man nur Aufregungen vermeidet und unbekümmert nach allem Zuträglichen, das sich bietet, greift. Auch mehr Erquickung als die meisten Leute denken. Ein Mann mittleren Alters, mit sehr viel Geld in der Tasche, erzählte mir, daß er einen Monat lang an allen vornehmen Orten gewesen ist, ein kleines Vermögen ausgegeben hat, überall erhitzt und völlig fertig gewesen und nach Hause zurückgekehrt ist und die letzten beiden Wochen in New York City verbracht hat, ziemlich glücklich und zufrieden. Die Leute vergessen, daß es, wenn es hier heiß ist, an anderen Orten noch heißer ist. New York ist mit dem großen ozonhaltigen Meer auf beiden Seiten so gelegen, daß es für die Gesundheit die günstigsten Bedingungen in der Welt in sich birgt. (Wenn nur das stickige Gedränge einiger seiner Mietskasernen abgerissen werden könnte!) Ich finde, ich habe noch nie hinreichend erkannt, wie schön die oberen zwei Drittel von Manhattan Island sind. Ich halte mich in Mott Haven auf und bin nun schon seit zehn Tagen mit dem Gebiet oberhalb der 100th Street, dem Harlem River und Washington Heights vertraut. Wohne für ein paar Tage bei meinen Freunden Mr. und Mrs. J. H. J. und einem fidelen Haus voll junger Damen. Lege letzte Hand an die Druckvorlage meines neuen Bandes „Leaves of Grass" – des endlich vollendeten Buches. Arbeite zwei, drei Stunden daran, gehe dann hinunter und bummle den Harlem River entlang; hatte gerade eine gute Spanne von dieser Art Erholung. Die Sonne, hinreichend verdeckt, eine zarte südliche Brise, der Fluß voller kleiner und großer Shells (leichte, spitz zulaufende Boote), die auf und ab schaukeln, einige Einer, hin und wieder aber auch längere mit sechs oder acht jungen Burschen, die trainieren – sehr belebende Anblicke. Zwei herrliche Jachten liegen draußen vor Anker. Lange verweile ich, genieße den Sonnenuntergang, das Abendrot, den gemaserten Himmel, die Höhen, Entfernungen, Schatten.

10. August – Da ich diesen Vormittag hinkend ein, zwei Stunden an etwas einsameren Stellen des Strandes entlangschlendere oder unter einer alten Zeder sitze, auf halbem Wege den Hügel hinauf und die Stadt in Sichtweite, kommen viele junge Menschen zusammen, um zu baden oder zu schwimmen, Gruppen von jungen Burschen, zu zweit, zu dritt, ein paar größere Gruppen, entlang dem Sandboden oder auf einer alten Mole ganz in der Nähe. Ein eigentümliches und hübsches Kostümfest – auf seinem Höhepunkt 100 Burschen oder junge Männer, sehr vertraulich, alle betragen sich recht anständig. Das Lachen, die Stimmen, die Rufe, die Erwiderungen – das Springen und Tauchen der Badenden von dem großen Stützbalken der verfallenden Mole, wo lange Schlangen von ihnen stehen oder hinaufklettern, nackt, rosig, mit Bewegungen, Posituren, jede Skulptur übertreffend. Zu all diesem die Sonne, so strahlend, die dunkelgrünen Schatten der Hügel auf der anderen Seite, die bernsteinfarbenen rollenden Wellen, die sich, wenn die Flut kommt, in eine transparente Teefarbe ändern, das häufige Platschen der spielenden Jungen beim Eintauchen, das Versprühen von glitzernden Tropfen und die angenehme westliche Brise.

„Custers letzter Appell"

Ging heute, dieses gerade fertiggestellte Gemälde von John Mulvany anzusehen, der die letzten zwei Jahre weit draußen in Dakota gewesen ist. Er war an Ort und Stelle, in den Forts und unter den Grenzbewohnern, Soldaten und Indianern, um das alles nach der Realität zu skizzieren oder dem Besten, das zu haben war. Saß länger als eine Stunde vor dem Bild, vollkommen gefesselt vom ersten Anblick. Eine riesige Leinwand, ich sollte sagen, zwanzig oder zweiundzwanzig mal zwölf Fuß, alles übervoll und doch nicht übervoll. Solch ein lebhaftes Spiel von Farben, es braucht ein bißchen Zeit, um sich daran zu gewöhnen. Da gibt es keinen Trick; da gibt es kein massenhaftes Werfen von Schatten; zunächst ist es alles schmerzhaft realistisch, überwältigend. Es bedarf guter Nerven, sich das anzuschauen. 40 oder 50 Gestalten, vielleicht mehr, in vollkommener Vollendung bis ins Detail im Mittelgrund, und dreimal soviel oder noch mehr über das ganze Bild verteilt – Massen über Massen wilder Sioux, in ihrem Kriegskopfschmuck, reiten wie toll, meist auf Ponys, durch den Hintergrund, durch den Qualm, wie ein Hurrican von Dämonen. Ein Dutzend der Gestalten ist wundervoll. Alles in allem eine westliche, autochthone Phase Amerikas, das Grenzgebiet an seinem Höhepunkt, typisch, todbringend, heroisch bis zum Äußersten – nichts dergleichen in den Büchern, nichts bei Homer, nichts bei Shakespeare; schrecklicher und erhabener als beide, alles ungekünstelt, alles unser eigen und alles wahr. Eine große Menge muskulöser Männer mit sonnengebräunten Gesichtern, in Bedrängnis gebracht unter schrecklichen Umständen – im Banne des Todes, doch unverzagt jeder Mann, nicht den Kopf verlierend, um jeden Cent der Bezahlung ringend, bevor sie ihr Leben verkaufen. Custer (das Haar kurz geschnitten) steht in der Mitte, mit aufgerissenen Augen und ausgestrecktem Arm, eine riesige Kavalleriepistole im Anschlag. Captain Cook ist da, leicht verwundet, Blut auf einem weißen Taschentuch um seinen Kopf, seinen Karabiner gleichgültig im Anschlag, halb kniend. (Sein Leichnam wurde später dicht bei dem Custers gefunden.) Die abgeschlachteten und halbtoten Pferde, als Brustwehr genommen, geben ein seltsames Gepräge. Zwei tote

Indianer, wie Herkules, liegen im Vordergrund, umklammern ihre Winchester-Büchsen, sehr charakteristisch. Die vielen Soldaten, ihre Gesichter und Körperstellungen, die Karabiner, die breitkrempigen Wildwesthüte, der Pulverdampf in Wölkchen, die sterbenden Pferde mit ihren rollenden Augen, beinahe menschlich in ihrer Agonie, die Scharen von Sioux mit ihrem kriegerischen Federschmuck auf dem Kopfe, im Hintergrund die Gestalten von Custer und Cook – in der Tat die ganze Szene entsetzlich, doch mit einer Anziehungskraft und Schönheit, die in meiner Erinnerung haftenbleiben wird. Trotz all seiner Farbe und wilden Bewegung ist es von einer gewissen griechischen Keuschheit durchdrungen. Ein sonniger Himmel und klares Licht umhüllen alles. Da ist nahezu nichts von den stereotypen Wesenszügen europäischer Kriegsbilder. Der Ausdruck des Werkes ist realistisch und westlich. Ich sah es nur etwa eine Stunde; man muß es jedoch viele Male sehen – es muß wieder und wieder studiert werden. Solch ein Werk könnte ich mein ganzes Leben lang betrachten, in kurzen Abständen, ohne müde zu werden; denn hinter allem steckt eine ethische Absicht, wie sie alle große Kunst haben muß. Der Künstler sagte mir, es wäre darüber gesprochen worden, das Bild ins Ausland zu schicken, wahrscheinlich nach London. Ich riet ihm, wenn es ins Ausland gehen sollte, es dann nach Paris zu bringen. Ich glaube, dort würde man es zu schätzen wissen – nein, dort schätzt man es ganz gewiß. Dann würde ich Monsieur Crapeau gern zeigen, daß einige Dinge in Amerika ebensogut gemacht werden können wie anderswo.

Ein paar alte Bekannte – Erinnerungen

16. August – „Mache heute einen dicken Strich", war eine der Redensarten eines alten Jäger- und Angler-Freundes von mir, wenn er ungewöhnlich viel Glück gehabt hatte – vollkommen müde, aber mit überzeugenden Ergebnissen an Fischen oder Vögeln. Nun, heute mag ich mir solch einen Strich erlauben. Alles verlief von Anfang an günstig. Erfrischende Anregung von einer Stunde, während ich zehn Meilen auf der Manhattan Island mit der Eisenbahn und der 8-Uhr-Kutsche herunterkam. Dann ein ausgezeichnetes Frühstück in Pfaffs Restaurant, 24th Street. Unser Wirt, ein alter Freund von mir, erschien geschwind selbst, um mich zu begrüßen und die Neuigkeiten zur Sprache zu bringen und – zuerst wurde jedoch eine große, dicke Flasche vom besten Wein aus dem Keller geöffnet – über die Zeiten vor dem Kriege zu sprechen, '59 und '60, und über die heiteren Abendessen in seinem damaligen Broadway-Lokal, unweit Bleeker Street. Ach, die Freunde und Namen und regelmäßigen Besucher, jene Zeiten, jener Ort. Die meisten sind tot – Ada Clare, Wilkins, Daisy Sheppard, O'Brien, Henry Clapp, Stanley, Mullin, Wood, Brougham, Arnold – alle von uns gegangen. Und da sitzen Pfaff und ich uns gegenüber an dem kleinen Tisch, und wir erinnern uns an sie in einer Art, die sie selbst vollkommen gutgeheißen hätten: große, bis an den Rand gefüllte Champagnergläser in aller Stille geleert, sehr behaglich, bis zum letzten Tropfen. (Pfaff ist ein großmütiger deutscher Gastwirt, still, wacker, lustig und hat, würde ich sagen, das beste Champagnersortiment in Amerika.)

Eine Entdeckung des Alters

Vielleicht ist das Beste immer noch zu steigern. Sein Essen und Trinken möchte man frisch und nur für dies eine Mal, sofort und Schluß damit, aber keine Person oder kein Gedicht oder Freund oder keine Stadt oder kein Kunstwerk ist einen Pfifferling wert, wenn sie mir nicht beim zweitenmal noch mehr zusagten als beim erstenmal – und noch mehr beim dritten. Nein, ich glaube nicht, daß die größten Vorzüge immer gleich beim erstenmal offenbar werden. Nach meiner langen Erfahrung (Personen, Gedichte, Orte, Charaktere) entdecke ich das Beste kaum jemals als erstes (jedoch nicht immer). Manchmal brechen sie plötzlich hervor oder eröffnen sich mir verstohlen vielleicht nach Jahren unbewußter Vertrautheit, nicht gehöriger Beachtung, Gewohnheit.

Schliesslich und endlich ein Besuch bei R. W. Emerson

Concord, Massachusetts – Bin hier zu Besuch, beständiges, freundliches spätsommerliches Wetter. Kam heute von Boston hier an (eine angenehme Fahrt von 40 Minuten, wir dampften über Somerville, Belmont, Waltham, Stony Brook und andere lebensprühende Städte), begleitet von meinem Freund F. B. Sanborn, bis zu seinem stattlichen Haus und der Gutherzigkeit und Gastfreundschaft von Mrs. S. und ihrer netten Familie. Ich schreibe dies kurz nach 16 Uhr im Schatten einiger alter Hickorybäume und Ulmen auf der Veranda, kaum einen Steinwurf vom Concord River entfernt. Mir gegenüber, auf der anderen Seite des Flusses, sind auf einer Wiese an einem Hang Heumacher dabei, ihre vermutlich zweite oder dritte Mahd zusammenzurechen und einzufahren. Das überwiegende Smaragdgrün und Braun, die Hügelkuppen, die 20, 30 kleinen, verstreuten Heuhaufen auf der Wiese, die beladenen Wagen, die geduldigen Pferde, die langsam-kraftvolle Tätigkeit der Männer mit den Heugabeln – all das im Lichte des zur Rüste gehenden Nachmittags, mit Flecken gelben Sonnenlichtes, meliert durch lange Schatten. Schrill zirpt eine Grille, Vorbotin der Dämmerung; ein Boot mit zwei Gestalten gleitet lautlos auf dem kleinen Fluß dahin und entschwindet unter dem steinernen Brückenbogen, der aufkommende leichte Schleier von Luftfeuchtigkeit, der Himmel und der sich nach allen Richtungen, auch nach oben, weitende Abendfrieden. All das erfüllt mich und tut mir gut.

Gleicher Abend – Nie ist mir ein schöneres Stückchen Glück zuteil geworden: ein langer und gesegneter Abend mit Emerson, in einer Art, wie ich sie mir nicht besser oder anders hätte wünschen können. Fast zwei Stunden lang saß er ruhig auf einem Platz, wo ich sein Gesicht im besten Licht sehen konnte, mir ganz nahe. Mrs. S.' nach hinten gelegener Salon war voller Menschen, Nachbarn, viele neue und reizende Gesichter, zumeist jüngere Frauen, aber auch ein paar ältere. Mein Freund A. B. Alcott und seine Tochter Louisa waren schon zeitig da. Eine recht angeregte Unterhaltung, deren Gegenstand Henry Thoreau war, ein paar neue Aspekte seines Lebens und Schicksals, mit Briefen an ihn und von ihm (einer der besten von Margaret Fuller, andere von Horace Greeley, Channing etc., einer von Thoreau selbst, höchst bizarr und interessant). (Ohne Zweifel erschien ich der großen Gesellschaft als recht einfältig, weil ich mich kaum an der Unterhaltung beteiligte; doch hatte ich „meinen eigenen Eimer zum Melken", wie das schweizerische Sprichwort besagt.) Mein Platz und die entsprechende Sitzordnung waren so, daß ich, ohne unhöflich zu sein oder dergleichen, E. direkt ins Gesicht schauen konnte, was ich ein gut Teil der zwei Stunden auch tat. Beim Eintreten hatte er sehr kurz und höflich mit einigen aus der Runde gesprochen, dann ließ er sich in seinem Sessel nieder, der ein wenig zurückgeschoben war, und blieb, obwohl Zuhörer – und offenbar sogar ein recht aufmerksamer – während des ganzen Gesprächs und der Diskussion schweigsam. Eine befreundete Dame nahm still neben ihm Platz, um ihm besondere Aufmerksamkeit zu erweisen. Sein Gesicht war von gesunder Farbe, die Augen klar, mit dem wohlbekannten Ausdruck der Liebenswürdigkeit und dem altvertrauten klaren Blick, der stets derselbe ist.

Nächster Tag – Mehrere Stunden in E.s Haus und Dinner dort. Ein altes vertrauliches Haus (seit 35 Jahren wohnt er darin) mit Garten, Einrichtung, Geräumigkeit, schlichter Eleganz und Fülle, die demokratische Ungezwungenheit erkennen läßt, hinlänglichen Reichtum und eine bewundernswerte altehrwürdige Unkompliziertheit. Modernen Luxus mit nichts weiter als bloßer Prachtentfaltung gibt es hier kaum, oder diese ist gänzlich gemieden worden. Dasselbe mit dem Dinner. Das Beste bei dieser Gelegenheit (Sonntag, 18. September 1881) war natürlich der Anblick E.s selbst. Wie gesagt, die Wangen von gesunder Farbe, leuchtende Augen, aufgeräumter Gesichtsausdruck und nur so viele Worte wie nötig, nämlich ein Wort oder eine kurze Wendung, wenn erforderlich, und fast immer mit einem Lächeln. Außer Emerson selbst waren Mrs. E. mit ihrer Tochter Ellen, der Sohn Edward und seine Frau, mein Freund F. S. und Mrs. S. sowie andere Verwandte und Vertraute da. Mrs. Emerson nahm das Thema vom vorigen Abend wieder auf (ich saß neben ihr) und gab mir weitere und vollständigere Informationen über Thoreau, der, vor Jahren, während Mr. E.s Aufenthaltes in Europa, auf Einladung einige Zeit in dieser Familie gelebt hat.

Andere Eindrücke aus Concord

Obgleich der Abend bei den Sanborns und das denkwürdige Familienessen bei den Emersons mir noch auf das angenehmste und nachhaltigste im Gedächtnis sind, darf ich andere Eindrücke aus Concord nicht vernachlässigen. Ich ging zu dem alten Pfarrhaus, spazierte durch den ehemaligen Garten, betrat die Zimmer, bemerkte die Altertümlichkeit, den vernachlässigten Rasen und die verwilderten Büsche, die kleinen Scheiben in den Fenstern, die niedrigen Zimmerdecken, den würzigen Geruch, die Rankengewächse, die das Fenster umschließen. Ging zum Schlachtfeld in Concord, das ganz in der Nähe ist, betrachtete Frenchs Statue „The Minute Man", las Emersons poetische Inschrift am Sockel, hielt mich eine ganze Weile auf der Brücke auf und blieb am Grab der unbekannten britischen Soldaten stehen, die dort am Tage nach der Schlacht, im April 1775, beigesetzt worden waren. Dann ging es weiter (dank meiner Freundin, Miss M., und ihrer feurigen weißen Ponys, die sie lenkte) zu einem halbstündigen Aufenthalt an den Gräbern Hawthornes und Thoreaus. Ich stieg aus und ging hinauf, selbstverständlich zu Fuß, und dachte lange nach. Sie liegen dicht beieinander an einer hübschen, baumbestandenen Stelle, weit oben auf dem Friedhofshügel „Sleepy Hollow". Das ebene erste Grab ist dicht mit Myrte bewachsen und von einer Lebensbaumhecke eingefaßt, und das andere hat einen braunen Grabstein, der nur wenig behauen und mit einer Inschrift versehen ist. An Henrys Seite liegt sein Bruder John, in den man große Erwartungen gesetzt hat, er ist jedoch früh verstorben. Dann ging es an den Walden Pond, jenen herrlichen umwachsenen Flecken Wassers, und verbrachte dort über eine Stunde. An der Stelle im Wald, wo Thoreau seine Einsiedlerhütte hatte, befindet sich jetzt ein ziemlich großer Steinhaufen, um den Ort zu kennzeichnen: Auch ich brachte einen Stein mit und legte ihn zu den anderen. Als wir zurückfuhren, sah ich die „Philosophenschule", doch sie war geschlossen, und ich wollte sie nicht eigens für mich öffnen lassen. Ganz in der Nähe hielten wir, am Hause von W. T. Harris, dem Hegelianer, der herauskam, und wir hatten einen angenehmen Plausch, währenddem ich im Wagen saß. Diese Fahrten in Concord werde ich so schnell nicht vergessen, insbesondere nicht jene entzückende am Sonntagvormittag mit meiner Freundin, Miss M., und den weißen Ponys.

Common Park in Boston – noch etwas von Emerson

10.–13. Oktober – An diesen herrlichen Tagen und Nächten verbringe ich ein gut Teil meiner Zeit im Common Park – jeden Mittag von 11.30 bis etwa 13 Uhr – und bei fast jedem Sonnenuntergang noch eine Stunde. All die großen Bäume, insbesondere die alten Ulmen entlang der Tremont und der Beacon Street, kenne ich und bin mit den meisten von ihnen zu einem ungezwungen-stillen Einvernehmen gelangt, wenn ich in der von der Sonne beschienenen (doch hinlänglich frischen) Luft die breiten, ungepflasterten Gehsteige entlangging. Diese Spanne an der Beacon Street auf und ab, unter denselben alten Ulmen bin ich vor 21 Jahren an einem klaren, schneidenden Februarmittag zwei Stunden lang mit Emerson spazierengegangen. Er stand damals in der Blüte seiner Jahre, hatte einen scharfen Verstand und war körperlich und moralisch anziehend, in jedem Punkt gewappnet und schwang, wenn er wollte, die Waffe des Gefühls ebensogut wie die des Geistes. Während jener zwei Stunden war er der Redende und ich der Zuhörende gewesen. Es war ein Darlegen von Beweismitteln, Aufklären, Untersuchen, Attackieren und Durchsetzen (wie ein Armeekorps in Schlachtordnung, Artillerie, Kavallerie, Infanterie) all dessen, was gegen jenen Teil (und zwar einen Hauptteil) im Aufbau meiner Gedichte „Kinder Adams" gesagt werden konnte. Kostbarer als Gold war mir dieser Gedankenaustausch – er bot mir später immer diese seltsame und paradoxe Lehre. Jeder Punkt von E.s Darstellung war unwiderlegbar, keines Richters Anklage hätte vollkommener und überzeugender sein können, niemals hat man mir diese Dinge besser auseinandergesetzt, und doch fühlte ich in meiner innersten Seele die klare und unverkennbare Überzeugung, sich allem zu widersetzen und meinen eigenen Weg zu gehen. „Was haben Sie nun zu diesen Dingen zu sagen?" fragte E., indem er in seiner Schlußfolgerung innehielt. „Nur das eine, daß, während ich auf alle diese Punkte nichts zu erwidern weiß, ich mich mehr denn je entschlossen fühle, an meiner Theorie festzuhalten und sie durch Beispiele zu veranschaulichen", war meine ehrliche Antwort. Darauf gingen wir ins American House und hatten ein gutes Dinner. Und von da an war ich nie mehr unschlüssig oder von Zweifeln berührt (wie ich es – ich gestehe – vorher zwei-, dreimal gewesen bin).

EINE OSSIANISCHE NACHT – TEUERSTE FREUNDE

November '81 – Wieder zurück in Camden. Als ich heute nacht in langen Fahrten den Delaware überquere, zwischen neun und elf, ist die Szene da oben recht seltsam. Eilige Fetzen von dahinziehendem Dunst, gefolgt von dicken Wolken, die einen tintenschwarzen Mantel über alles breiten. Dann für eine kurze Spanne jener transparente stahlgrau-schwarze Himmel, der mir unter ähnlichen Umständen schon aufgefallen ist, in dem der Mond gewöhnlich für ein paar Augenblicke in stillem Schimmer erstrahlt und den breiten Glanz einer Landstraße auf das Wasser wirft, dann wieder die einherjagenden Nebel. Alles still, doch wie von Furien getrieben, fegen sie dahin, mal ziemlich dünn, dann wieder etwas dicker – eine wirklich ossianische Nacht – mitten in dem wirren Treiben, abwesende oder tote Freunde, das Alte, das Vergangene, irgendwie sanft angedeutet – während die gälischen Lieder aus den Nebeln heraus singen:

> „Gesegnet mögest du sein, o Karril,
> Inmitten deiner wirbelnden Winde!
> O daß du kämest in meine Hall,
> Wenn ich einsam bin in der Nacht!
> Oft bist du gekommen, mein Freund.
> Ich habe oft gehört deine leichte Hand,
> An meiner Harfe, wenn sie hängt
> An der fernen Wand und ihr schwacher Laut
> Mir an das Ohr dringt. Ach, warum
> Sprachest du nicht in meinem Grame zu mir,

>Mir kündend, wann ich wiedersehn werde
>All meine Freunde? Aber du wandelst dahin
>In deinem murmelnden Windhauch
>Und der Wind zaust Ossians graues Haar."

Vor allem aber diese Veränderungen des Mondes und die dahineilenden Dunstfetzen und schwarzen Wolken mit dem Effekt raschen Geschehens in unheimlicher Stille rufen den weit entfernten gälischen Glauben zurück, daß solcherart die Vorbereitungen für den Empfang der Geister der erschlagenen Krieger wären –

>Wir saßen zu Selma in dieser Nacht, rund um
>Das mächtige Trinkhorn. In den Eichen stürmte
>Draußen der Wind, es rauschte der Geist des
>>Berges.
>Durch die Halle flog sausend ein Windhauch
>Und rührte leise an meine Harfe. Traurig und
>>dumpf
>War der Klang wie ein Sang aus dem Grabe.
>Fingal hörte zuerst ihn und ein gepreßter Seufzer
>Stieg aus seiner Brust: „Gefallen ist einer
>Meiner Helden," sagte der grauhaarige König von
>>Morven,
>„Ich höre den Ton des Todes auf der Harfe.
>Ossian, rühre die zitternden Saiten! Laß erwachen
>Den Gram, daß ihre Geister mögen fliegen mit
>>Freude
>Über Morvens waldige Hügel!" – Ich schlug die
>>Harfe
>Vor dem König, ihr Klang war traurig und dumpf.
>„Neigt euch aus eueren Wolken,
>Neigt euch, ihr Geister der Väter!
>Legt ab den roten Schrecken eures Laufes!
>Empfangt den gefallenen Fürsten,
>Ob er nun kommt aus fernem Land
>Oder vom rollenden Meer!
>Laßt nah uns sein sein nebliges Kleid,
>Sein Speer ist gebildet aus Wolken.
>An seiner Seite befestigt einen halb erloschenen
>Meteor, daß er bilde das Schwert des Helden.

Ach laßt liebevoll sein euer Antlitz,
Daß seine Freunde sich freuen in seiner Nähe! –
Neigt euch aus eueren Wolken,
Neigt euch, ihr Geister der Väter!" –
Das war mein Gesang zu Selma zu der leicht
Zitternden Harfe."

Wieso und warum, weiß ich nicht, aber gerade in diesem Moment sinne ich auch über meine besten Freunde nach und denke an sie, in ihren fernen Heimstätten – William O'Connor, Maurice Bucke, John Burroughs und Mrs. Gilchrist – Freunde meines Herzens – treue Freunde meines anderen Wesens, meiner Gedichte.

NUR EIN NEUES FÄHRSCHIFF

12. Januar '82 – Der Anblick, den der Delaware gestern abend eine Stunde vor Sonnenuntergang bot, auf der ganzen Strecke zwischen Philadelphia und Camden, ist es wert, in eine Notiz verwoben zu werden. Es war volle Strömung, eine angenehme Brise von Südwesten, das Wasser war von einer blassen gelbbraunen Farbe, und es herrschte gerade genügend Bewegung, um die Dinge vergnügt und lebendig erscheinen zu lassen. Dazu ein nahender Sonnenuntergang von ungewöhnlicher Pracht, ein helles Durcheinander von Wolken mit viel goldenem Dunst und einer Fülle von leuchtenden Sonnenstrahlen und Glanz. Im Mittelpunkt von allem, in dem klaren Schimmer des Abendlichts, das große neue Schiff, die „Wenonah", dampfte den Fluß hinauf. So schön wie man es sich nur wünschen kann, leicht und geschwind streicht es dahin, alles weiß und proper, mit Flaggen geschmückt, rot und blau, im leichten Winde wehend. Nur ein neues Fährschiff und doch, in seiner Zweckmäßigkeit vergleichbar mit dem schönsten Produkt, das die Natur in ihrer Geschicklichkeit hervorgebracht hat, ja sogar mit ihm konkurrierend. Hoch droben in dem transparenten Äther kreisen anmutig vier oder fünf große Meerfalken, während hier unten, mitten in der Pracht und malerischen

Schönheit von Himmel und Fluß die Schöpfung künstlicher Schönheit, Bewegung und Kraft schwamm und auf ihre Weise nicht weniger vollkommen war.

Tod von Longfellow

Camden, 3. April '82 – Ich bin gerade aus einem alten Schlupfwinkel im Walde zurückgekehrt, wohin ich mich gelegentlich gern zurückziehe, weit weg von Salons, Straßenpflaster und den Zeitungen und Zeitschriften, und wo mich an einem klaren Vormittag, tief im Schatten von Kiefern und Zedern und einem Gewirr alter Lorbeerbäume und Weinranken, die Nachricht von Longfellows Tod erreichte. In Ermangelung von etwas Besserem, laßt mich kurz entschlossen einen Zweig der entzückenden Gundelrebe winden, die so reichlich durch die toten Blätter zu meinen Füßen kriecht, mit Reflexionen jener einsamen halben Stunde da in der Stille und ihn als meinen Tribut auf das Grab des toten Barden legen.
Longfellow scheint mir in seinen gewaltigen Werken nicht nur in Stil und Formen des poetischen Ausdrucks hervorragend zu sein, die der gegenwärtigen Epoche ihren Stempel aufdrücken (eine Idiosynkrasie, eine Krankheit nahezu, der Sprachmelodie), sondern auch darin, der menschlichen Seele und ihrem Geschmack im allgemeinen das, was ihr am liebsten ist, als Poesie nahezubringen, und wahrscheinlich im Wesen der Dinge auch sein muß. Er gehört gewiß zu den Barden und Widerstreitenden, deren unser materialistisches, überhebliches angelsächsisches Geschlecht am meisten bedarf und besonders in der gegenwärtigen Periode in Amerika, einem Zeitalter, despotisch eingerichtet in bezug auf den Fabrikanten, den Kaufmann, den Finanzier, den Politiker und den Tagelöhner – für die er kam und unter denen er einhergeht als der Dichter von Melodie, Höflichkeit, Respekt. Dichter der sanften Dämmerung der Vergangenheit Italiens, Deutschlands, Spaniens und Nordeuropas, Dichter aller mitfühlenden Sanftmut und Dichter der Frauen und jungen Leute im allgemeinen. Lange müßte ich überlegen, wenn ich einen Mann nennen sollte, der mehr und Wertvolleres für Amerika getan hat.

Ich bezweifle, ob zuvor jemand so vortrefflich und intuitiv Gedichte kannte und auswählte. Von seinen Übertragungen vieler deutscher und skandinavischer Sachen sagt man, sie wären besser als die Originale. Er drängt nicht und treibt nicht. Sein Einfluß ist wie ein guter Trunk oder gute Luft. Niemals ist er lau, sondern immer vital, mit Würze, Bewegung, Anmut. Er macht im Durchschnitt einen prächtigen Eindruck und besingt nicht außergewöhnliche Leidenschaften oder große Abenteuer der Menschen. Er ist nicht revolutionär, bringt nichts Offensives oder Neues, versetzt keine harten Hiebe. Im Gegenteil, seine Lieder lindern und heilen, oder wenn sie erregen, dann ist es eine gesunde und angenehme Erregung. Sein tiefster Zorn ist mild, nicht unmittelbar (wie in „Quadroon Girl" und „Witnesses").

In Longfellows Zeilen gibt es kein unpassendes Element von Schwermut. Selbst in der frühen Übersetzung, der Manrique, ist die Bewegung wie die von kräftigem und stetem Wind oder Strom, stützend und emporhebend. Unter seinen vielen Themen ist der Tod nicht ausgespart, sondern es ist etwas nahezu Gewinnendes in seinen originellen Versen und Darstellungen jenes hehren Themas – wie der Schluß der „The Happiest Land"-Debatte:

„Und dann des Hausherrn Tochter
Zum Himmel hob die Hand,
Und sagt: „Der Streit sei nun gebannt,
Dort liegt das glücklichste Land."

Zu der unfreundlichen Anschuldigung, ihm mangele es an sprudelnder Ursprünglichkeit und besonderer Originalität, kann ich nur sagen, daß Amerika und die Welt wohl voller Ehrfurcht dankbar sein mögen – gar nicht dankbar genug sein können – für solch einen Singvogel, den die Jahrhunderte uns gewährten, ohne danach zu fragen, ob die Töne sich von denen anderer Sänger unterscheiden würden. Hinzufügen möchte ich noch, was ich Longfellow selbst habe sagen hören, daß die Neue Welt, ehe sie in würdiger Weise originell sein und sich ihre eigenen Helden entwerfen kann, zuerst von der Originalität anderer völlig durchdrungen sein und ehrerbietig die Helden, die vor Agamemnon lebten, berücksichtigen muß.

Das Gründen von Zeitungen

Reminiszenzen – (dem „Camden Courier" entnommen) – Als ich vor ein, zwei Tagen zu meiner abendlichen Überfahrt über den Delaware auf dem seetüchtigen Fährschiff „Beverly" saß, gesellten sich zwei junge Reporterfreunde zu mir. „Ich habe eine Mitteilung für Sie", sagte der eine, „die C.-Leute baten mich, Ihnen zu sagen, sie hätten gern einen Text von Ihrer Hand, der in ihre erste Nummer paßt. Ließe sich das machen?" „Ich glaube schon", sagte ich, „worüber sollte es denn sein?" „Nun, irgend etwas über Zeitungen oder vielleicht darüber, was Sie selbst getan haben, als Sie welche gründeten." Und weg waren die Burschen, denn wir hatten das Ufer auf der Seite von Philadelphia erreicht. Der Abend war schön und mild, der leuchtende Halbmond schien: Die Venus ging mit übermäßiger Pracht gerade im Westen unter, und der große Skorpion erhob sich zu mehr als der Hälfte seiner Länge im Südosten. Als ich eine Stunde lang müßig durch die angenehme nächtliche Szene bummelte, riefen die Worte meiner jungen Freunde eine ganze Kette von Erinnerungen in mir wach.

Als elf-, zwölfjähriger Junge begann ich damit, sentimentale Sachen für den alten „Long Island Patriot" in Brooklyn zu schreiben; das war etwa 1832. Bald darauf hatte ich ein, zwei Artikel in dem damals berühmten und eleganten „Mirror" von George P. Morris in New York City. Ich erinnere mich, mit welcher nur halb unterdrückter Aufregung ich jedesmal auf den großen, korpulenten, rotgesichtigen, sich langsam bewegenden sehr alten englischen Boten lauerte, der den „Mirror" in Brooklyn austrug. Wenn ich eine Zeitung bekam, schlug ich mit zitternden Händen die Blätter auf und schnitt sie auseinander. Wie es mein Herz schneller schlagen ließ, *meinen Artikel* in gestochenem Satz auf dem schönen weißen Papier zu sehen!

Mein erstes richtiges Unternehmen war der „Long Islander" in meiner schönen Heimatstadt Huntington im Jahre 1839. Ich war etwa 20 Jahre alt. Zwei, drei Jahre lang hatte ich in verschiedenen Orten von Suffolk County und Queens County in Dorfschulen Unterricht gegeben, hatte jedoch eine Schwäche für die Druckerei; war schon als junger Bursche dabeigewesen, hatte den Beruf des Setzers erlernt und war ermutigt worden, in der Gegend, in der ich geboren worden war, eine Zeitung zu gründen. Ich fuhr nach New York, kaufte dort eine Presse und Lettern, stellte eine Hilfskraft ein, erledigte den größten Teil der Arbeit jedoch selbst, das Drucken eingeschlossen. Alles schien gutzugehen. (Einzig meine Ruhelosigkeit hinderte mich allmählich daran, mir dort ein festes Vermögen zu erwerben.) Ich kaufte mir ein gutes Pferd und fuhr jede Woche über Land, um meine Zeitungen zu vertreiben, wozu ich einen Tag und eine Nacht brauchte. Nie hatte ich glücklichere Ausflüge – setzte auf das Südufer über nach Babylon, fuhr die Straße in Richtung Süden über Smithtown nach Comac und wieder zurück. Die Erlebnisse jener Fahrten, die lieben altmodischen Farmer und ihre Frauen, die Fahrtunterbrechungen an den Heufeldern, die Gastlichkeit, die guten Mahlzeiten, die gelegentlichen Abende, die Mädchen, die Fahrten durch den Busch – das alles taucht bis zum heutigen Tag in meiner Erinnerung auf.

Als nächstes ging ich zur Tageszeitung „Aurora" in New York City – als eine Art freier Mitarbeiter. Schrieb auch regelmäßig für den „Tattler", eine Abendzeitung. Von diesen und ein paar kleineren Nebenbeschäftigungen war ich, mit kurzen Unterbrechungen, ausgefüllt, bis ich als Herausgeber zum „Brooklyn Eagle" ging, wo ich zwei Jahre lang eine der erfreulichsten Stellungen meines Lebens hatte – einen freundlichen Zeitungsbesitzer, gute Bezahlung, leichte Arbeit und angenehme Stunden. In jener Zeit (1848–1849) begann der Verdruß in der Demokratischen Partei, und ich spaltete mich von den Radikalen ab, was zum Krach mit dem Boss und der „Partei" führte und mich meine Stellung kostete.

Nun arbeitslos, bot man mir prompt (das geschah eines Abends zwischen zwei Akten im Foyer des Broadway-Theaters unweit der Pearl Street in New York City) eine gute Gelegenheit, hinunter nach New Orleans als Mitarbeiter des „Crescent", einer Tageszeitung, die mit viel Kapital ins Leben gerufen werden sollte, zu gehen. Einer der Eigentümer, der im Norden war, um Material einzukaufen, begegnete mir im Foyer, und obschon das unsere erste Bekanntschaft war, wurden wir uns nach einem viertelstündigen Gespräch (und einem Drink) handelseinig, und er zahlte mir einen Vorschuß von 200 Dollar, um den Vertrag perfekt zu machen und meine Reisekosten nach New Orleans zu decken. Zwei Tage darauf fuhr ich los; verlebte ein paar schöne Tage, da die Zeitung erst in drei Wochen herauskommen sollte. Meine Reise und das Leben in Louisiana genoß ich sehr. Ein, zwei Jahre darauf kehrte ich nach Brooklyn zurück und gründete den „Freeman", zunächst als Wochen-, dann als Tageszeitung. Bald darauf brach der Sezessionskrieg aus, und auch ich wurde vom allgemeinen Strom nach Süden erfaßt und verbrachte die folgenden drei Jahre dort (wie in den vorangegangenen Seiten aufgezeichnet).

Außer den bereits erwähnten Gründungen hatte ich im Laufe meines Lebens immer wieder und mit einer langen Liste von Zeitungen zu tun, und zwar an den unterschiedlichsten Orten, manchmal sogar unter den sonderbarsten Umständen. Während des Krieges druckten die Hospitäler in Washington, umgeben von Verwundung und Tod, unter anderem zur Zerstreuung, ein eigenes kleines Blatt, die „Armory Square Gazette", für die ich auch Beiträge lieferte. Ebenso, lange darauf, gelegentlich für eine Zeitung – ich glaube, sie hieß „Jimplecute" – drüben in Colorado, wo ich mich damals aufhielt. Als ich 1880 in Kanada in der Provinz Quebec war, geriet ich in die eigentümlichste kleine alte französische Druckerei in der Nähe von Tadousac. Sie war noch viel primitiver und älter als die meines Freundes William Kurtz in der Federal Street in Camden. Ich erinnere mich, als junger Bursche einigen charakteristischen alten Druckern von einer Art begegnet zu sein, wie man sie dieser Tage kaum noch sieht.

Die grosse Unruhe, an der wir teilhaben

Meine Gedanken ergingen sich in riesigen und mystischen Strömen, als ich heute in der Einsamkeit und im Halbschatten am Fluß saß, und kehrten im großen und ganzen zu zwei Grundgedanken zurück. Eines der Themen, an dem ich immer gehangen habe, jedoch nie in einem Gedicht zu verarbeiten vermochte, ist das der beiden Triebkräfte des Menschen und des Universums – in letzterem die unaufhörliche Unruhe der Schöpfung[18], Exfoliation (Darwins

Evolution, vermute ich). Was in der Tat ist die Natur anderes als Veränderung in all ihren sichtbaren und noch mehr ihren unsichtbaren Prozessen? Oder was ist die Menschheit in all ihrem Glauben, ihrer Liebe, ihrem Heroismus, ihrer Poesie, selbst Moral anderes als *Bewegung*?

An Emersons Grab

6. Mai '82 – Wir stehen an Emersons frisch gerichtetem Grab, ohne Traurigkeit, eher mit weihevoller Seligkeit und Glauben, nichts als unserer Seele Segen

„Ruhe, Kämpfer, dein Werk ist vollbracht"

denn einer der größten Kämpfer der Welt liegt hier sicher symbolisch. Ein redlicher Mann, ausgeglichen in sich selbst, der alles liebt, alles umfaßte und vernünftig und klar wie die Sonne. Auch scheint es nicht so sehr, daß wir hier sind, Emerson zu ehren – es sind das Gewissen, die Schlichtheit, Kultur, die Eigenschaften der Menschheit in ihrem besten Sinne, die doch – wenn nötig – bei allen durchschnittlichen Angelegenheiten anwendbar sind und zu allen passen. So gesehen – sollte man annehmen – kann man einen heroischen Tod nur auf dem Schlachtfeld finden oder in mächtigem persönlichem Wettstreit oder inmitten dramatischer Ereignisse oder Gefahren (hat man uns das nicht Generationen hindurch gelehrt, mit Theaterstücken und Gedichten?), so daß wenige, sogar von denen, die höchst mitfühlend Emersons letzte Reise beklagen, in vollem Maße die gereifte Erhabenheit jenes Ereignisses werden zu würdigen wissen, mit seinem Spiel von Ruhe und Schicklichkeit, dem Abendlicht auf dem Meer vergleichbar.

Wie ich hinfort nachdenken werde über die noch nicht lange zurückliegenden gesegneten Stunden, als ich dieses wohlwollende Gesicht sah, die klaren Augen, den still lächelnden Mund, die Gestalt, aufrecht bis ins hohe Alter – bis ganz zuletzt mit so viel Spannkraft und Fröhlichkeit und keinerlei Gebrechlichkeit, daß der Terminus *ehrwürdig* kaum passend erschien.

Vielleicht findet das Leben, jetzt gerundet und vollendet in seiner vergänglichen Entwicklung, das nichts mehr verändern und dem nichts mehr schaden kann, seinen höchst erhabenen Glorienschein nicht in seinen hervorragenden intellektuellen oder ästhetischen Produkten, sondern in der Formulierung einer der wenigen (ach! wie wenige!) perfekten und tadellosen Rechtfertigungen für die Existenz des literarischen Standes als Ganzem.

Wir können, wie Abraham Lincoln in Gettysburg, sagen, wir kommen nicht, den Toten zu weihen – ehrfurchtsvoll kommen wir, so das möglich ist, etwas Segnung für uns und unsere tägliche Arbeit von ihm zu empfangen.

Gegenwärtiges Schreiben – Persönliches

Auszug aus einem Brief an einen deutschen Freund

31. Mai '82 – „Heute beginne ich mein 64. Lebensjahr. Die Lähmung, die mich vor nahezu zehn Jahren zum erstenmal befiel, ist seitdem nicht wieder gewichen, ich spüre sie mal mehr, mal weniger. Sie scheint sich ungestört eingerichtet zu haben, vermutlich für immer. Ich ermüde sehr leicht, bin sehr unbeholfen, kann nicht weit gehen; meine Sinne jedoch sind erstklassig. Fast täglich mische ich mich unter die Leute, unternehme hin und wieder weite Reisen, mit dem Zug oder per Schiff, Hunderte von Meilen – halte mich viel an der frischen Luft auf – bin von der Sonne gebräunt und kräftig (wiege 190 Pfund) – lasse meine Aktivitäten und das Interesse am Leben, an den Leuten, am Fortschritt und an den alltäglichen Fragen nicht sinken. Wohl zwei Drittel der Zeit habe ich kaum Beschwerden. Welche Geistesverfassung ich je hatte, bleibt völlig unberührt, obwohl ich körperlich halb gelähmt bin und vermutlich immer sein werde, solange ich lebe. Das Hauptziel meines Lebens jedoch scheine ich erreicht zu haben: Ich habe die treuesten und innigsten Freunde und herzliche Verwandte, und um Feinde kümmere ich mich nicht."

Nach der versuchten Lektüre eines gewissen Buches

Ich habe versucht, einen hübsch gedruckten und gelehrten Band über die „Theorie der Poesie" zu lesen, den ich heute morgen mit der Post aus England erhalten habe, gab es aber schließlich als unmögliche Sache auf. Hier sind ein paar kapriziöse Bleistiftnotizen, die folgen, wie ich sie in meinen Aufzeichnungen finde: In Jugend und Reife sind Gedichte angefüllt mit Sonnenschein und mannigfaltigem Prunk des Tages; aber je mehr die Seele den Vorrang gewinnt (das Sinnliche mit eingeschlossen), wird das Düstere zur Atmosphäre des Dichters. Auch ich habe die strahlende Sonne gesucht und werde sie immer suchen und mache meine Lieder demgemäß. Da ich aber alt werde, bieten mir die Dämmerungen des Abends weit mehr.

Das Spiel der Imagination mit den sinnlichen Gegenständen der Natur als Symbole und der Glaube – mit Liebe und Stolz als die unsichtbare Triebkraft von allem, bilden das kuriose Schachspiel eines Gedichtes.

Gewöhnliche Lehrer und Kritiker fragen andauernd: „Was bedeutet das?" Harmonie eines vortrefflichen Musikers oder ein Sonnenuntergang oder Meereswogen, die zum Strande rollen – was bedeuten sie? Zweifellos bedeuten sie im subtil-exklusiven Sinne etwas, wie auch Liebe und Religion und das beste Gedicht; doch wer soll diese Bedeutungen erfassen und definieren? (Ich beabsichtige nicht, Zügellosigkeit und wüsten Eskapaden das Wort zu reden, sondern das häufige Entzücken der Seele zu rechtfertigen, an dem, was nicht definiert werden kann, dem intellektuellen Teil oder der Berechnung.)

In ihrer besten Form sind poetische Grundregeln wie das, was von einer Konversation in der Dämmerung zu hören sein mag, von Sprechenden, die weit entfernt oder versteckt sind, von der wir also nur Bruchstücke aufschnappen. Was nicht verstanden wird, das ist weit mehr – vielleicht die Hauptsache.

Die großartigsten poetischen Passagen gelingen nur mit einigem Abstand, so wie wir nachts manchmal Sterne entdekken, nicht dadurch, daß wir sie direkt anstarren, sondern in Gedanken sind.

(An einen Studenten und Freund der Poesie) – Ich trachte einzig

danach, dich in gute Harmonie zu bringen. Dein Kopf, dein Herz, deine Entwicklung dürfen die Angelegenheit nicht nur verstehen, sie müssen sie größtenteils ausfüllen.

Letzte Bekenntnisse – literarische Proben

So kommen wir nun ans Ende dieser geschwätzigen Notizen. Zweifellos sind mir einige Wiederholungen unterlaufen, fachliche Irrtümer in der Aufeinanderfolge von Daten, der Genauigkeit von botanischen, astronomischen etc. Einzelheiten und vielleicht noch anderswo, denn beim Sammeln und Schreiben hatte ich mich wegen der unbedingten Eile, dem heißen Wetter (Ende Juli und den August '82 hindurch) und weil ich die Drucker nicht habe warten lassen wollen, ganz schön 'ranzuhalten und keine Zeit zu verlieren. Auf die tiefste Wahrhaftigkeit in allen Dingen jedoch – in Reflexionen über Gegenstände, Szenen, Ergüsse der Natur auf meine Sinne und Empfänglichkeit, wie sie mir erschienen, in dem Bemühen, denen, die es interessiert, ein paar authentische Streiflichter, Mustertage meines Lebens, zu bieten – und in dem *Bona-fide-Geist* und den Beziehungen von Autor zu Leser über alle skizzierten Themen und soweit, wie sie reichen, glaube ich, unbedingt Anspruch erheben zu können.

Der Abriß meiner frühen Tage, Long Island, New York City und so weiter und die Tagebuchnotizen im Sezessionskrieg erzählen ihre eigene Geschichte. Mein Plan, das anzufangen, was das meiste des Buches ausmacht, bestand ursprünglich darin, Hinweise und Daten zu sammeln für ein Naturgedicht, das ein paar Stunden jemandes Erfahrungen weitertragen sollte, die in der Mittagshitze beginnen und den zweiten Teil des Tages hindurch dauern sollten. Ich nehme an, mein eigener Lebensnachmittag, den ich nun erreicht habe, führte zu dieser Idee. Bald aber fand ich heraus, ich könnte mich zwangsloser bewegen, indem ich die Geschichte aus erster Hand bot. (Dann gibt es da eine demütigende Lektion, die man in stillen Stunden eines schönen Tages oder einer Nacht lernt. Alle starre Poesie und Kunst scheint die Natur als etwas beinahe Ungehöriges zu betrachten.)

Auf diese Weise fuhr ich die folgenden Jahre fort, zu verschiedenen Jahreszeiten und in unterschiedlichen Gegenden, meinen Gedanken weiterzuspinnen, über mir die Nacht und die Sterne (oder wenn ich wegen meiner Gebrechlichkeit an das Zimmer gefesselt war), oder mittags, indem ich hinaus über die See schaute, oder weit nach Norden dampfte, gegen die graue Strömung des Saguenay, und alles flüchtig hinwarf, in losester Form von chronologischer Ordnung, und hier von meinen Stegreifnotizen druckte, kaum nach Jahreszeiten geordnet oder irgend etwas korrigiert. So bange, fallenzulassen, was der Geschmack von draußen im Freien oder die Sonne oder das Licht der Sterne an die Zeilen heften mag, wagte ich nicht, zu versuchen, mich einzumischen oder sie zu glätten. Zuweilen (nicht oft, aber als Unterlage) trug ich in der Tasche ein Buch mit mir – oder riß aus einem beschädigten oder billigen Buchexemplar ein Bündel loser Blätter heraus. Fast immer hatte ich etwas von dieser Art bereit, nahm es aber nur mit hinaus, wenn die Stimmung danach verlangte. Auf diese Weise las ich – gänzlich außer Reichweite literarischer Konventionen – viele Autoren noch einmal.

Meinen Appetit auf Literatur kann ich nicht unterdrücken, doch ertappe ich mich am Ende dabei, daß ich sie ganz und gar an der Natur messe – *erste Voraussetzung* nennen es viele, in Wirklichkeit jedoch die krönenden Ergebnisse von allem, von Gesetzen, Übereinstimmungen, Beweisen. (Ist es niemals jemandem eingefallen, daß die letzten entscheidenden Prüfsteine für ein Buch vollkommen außerhalb des technischen und grammatischen Bereichs liegen und daß jede erstklassige Produktion wenig oder nichts mit den Regeln und Werten der gewöhnlichen Kritik zu tun hat. Oder den blutleeren Regeln von Allibones Wörterbuch? Ich habe mir vorgestellt, wie der Ozean und das Tageslicht, der Berg und der Wald ihren Geist in ein Urteil über unsere Bücher einfließen lassen. Ich habe nie eine entkörperlichte menschliche Seele vorgestellt, die ihr Urteil spricht.)

Natur und Demokratie – Moral

Demokratie verbindet sich vor allem mit der freien Natur, ist sonnig, kräftig und gesund nur mit der Natur – genauso wie es die Kunst ist. Etwas ist erforderlich, um beide zu mildern, sie in Grenzen zu halten, sie vor Unmäßigkeit und Krankhaftigkeit zu bewahren. Ich wollte vor meinem Ende noch ein besonderes Zeugnis ablegen für eine sehr alte Lektion und Bedingung. Amerikanische Demokratie in Form von zahllosen Persönlichkeiten in Fabriken, Werkstätten, Läden, Büros – in den dichten Straßen und Häusern der Städte und all ihrem mannigfaltigen anspruchsvollen Leben – muß entweder durchzogen, belebt sein von regelmäßigem Kontakt mit Licht und Luft und Wachstum im Freien, Bauernhöfen, Tieren, Feldern, Bäumen, Vögeln, Wärme der Sonne und freiem Himmel, oder sie wird gewiß verblassen und dahinschwinden. Unter keiner geringeren Bedingung können wir eine große Nachkommenschaft von Mechanikern, Arbeitern und einfachem Volk (das einzige spezifische Ziel von Amerika) haben. Ich stelle mir kein blühendes und heroisches Element von Demokratie in den Vereinigten Staaten vor oder von Demokratie, die sich selbst erhält, ohne daß das Naturelement einen Hauptteil bildet, wobei sie sein Element der Gesundheit und Schönheit darstellen sollte, um wirklich die Basis der gesamten Politik, Vernunft, Religion und Kunst der Neuen Welt zu sein.

Schließlich die Moral: „Ist Tugend denn", sagte Mark Aurel, „eine bloße lebendige und enthusiastische Zuneigung zur Natur?" Vielleicht waren die Bemühungen der wahren Dichter, Begründer, Religionen, Literaturen aller Zeiten, in unserer Zeit und in den kommenden Zeiten im wesentlichen die gleichen und werden es immer sein: die Menschen von ihren ständigen Verirrungen und krankhaften Abstraktionen zurückzubringen zum kostenlosen allgemeinen, göttlichen, einzigartigen Wirklichen.

Nachbemerkung

Specimen Days – „Mustertage, Beispieltage" in Amerika nannte Walt Whitman seine Sammlung autobiographischer Betrachtungen – Tagebucheintragungen und Erinnerungen –, die er 1882 auf Drängen seines Verlegers zusammenstellte und der Öffentlichkeit zugänglich machte. Teile dieses Buches, seine Aufzeichnungen aus den Jahren des amerikanischen Bürgerkrieges (1861–1865) waren bereits 1875 unter dem Titel *Memoranda During the War* erschienen. Seine Erlebnisse während des Bürgerkrieges, in dem er als Freiwilliger drei Jahre lang aufopferungsvoll die Verwundeten in den Lazaretten Washingtons pflegte und den Sterbenden Beistand leistete, sind ein erschütterndes Zeugnis jener Seite des Krieges, die nach Whitmans Überzeugung niemals in die Geschichtsbücher Eingang findet: das unsagbare Leid und die furchtbare Zerstörung des Menschen, die der Krieg mit sich bringt, nachvollziehbar gemacht im Schicksal Tausender von Verwundeten. Whitman empfand nicht nur tiefes Mitgefühl und Ehrfurcht vor der stillen Tapferkeit dieser Soldaten, sondern seine Erfahrungen in den Lazaretten brachten ihm die Größe und Wahrhaftigkeit des amerikanischen Volkes schmerzhaft ins Bewußtsein. Seine Aufzeichnungen sind in den Worten des amerikanischen Kritikers Mark Van Doren „der beste Bericht, den wir über jene Jahre haben" und verdienen als Zeugnis der Geschichte bereits unsere Aufmerksamkeit. Sie sind aber weitaus mehr – sie sind Ausdruck der unermüdlichen tätigen Solidarität und Humanität des Dichters, seiner tiefen Menschen- und Friedensliebe, die diesen Teil der *Specimen Days* zu einem bewegenden Friedensbuch machen.

Die Tagebucheintragungen aus dem Bürgerkrieg wurden nun, 1882, von Whitman ergänzt durch Reminiszenzen an Elternhaus und Vorfahren, an Kindheit und Jugend, an Erfahrungen und Eindrücken seines frühen Lebens auf Long Island, „dem fischförmigen Paumanok", wo er herkommt, an Brooklyn und New York, wo er erste berufliche Erfahrungen als Setzer, Journalist und Zeitungsherausgeber sammelte.

Der dritte Teil des Buches sind lose Tagebucheintragungen,

verstreute Notizen, flüchtig hingeworfene Impressionen, philosophische und literaturkritische Betrachtungen, Reisebeschreibungen längerer Aufenthalte im Westen der USA und in Kanada und vor allem poetische Naturschilderungen aus den Jahren zwischen 1876 und 1882, als sich Whitman nach schwerer Krankheit nach Camden, New Jersey, zurückzog und in der Abgeschiedenheit der Natur Genesung fand. Die Freundschaft mit vielen Menschen seiner Umgebung und die Begegnung mit der Natur sind, nach seinen eigenen Worten, die Quelle für das Glück und den Frieden jener Jahre, die aus diesen Seiten sprechen. Große Teile der Eintragungen waren, wie Whitman an einer Stelle erläutert, als Vorarbeiten für ein großes Naturgedicht gedacht, das in der beabsichtigten Form jedoch nie zur Ausführung gelangte. So sind zwar viele seiner Eindrücke und Empfindungen in Gedichte jener Jahre eingegangen, doch insgesamt sind diese persönlichen Berichte und Aussagen über Whitmans Leben in jenen Jahren ein reizvolles, eigenständiges literarisches Zeugnis, das in vielen Passagen von bestechender sprachlicher Schönheit und poetischer Intensität ist.

An einer Stelle dieser über einen Zeitraum von zwanzig Jahren entstandenen Aufzeichnungen erwägt Whitman mit etwas ironischem Unterton eine Reihe von Namen oder Titeln für seine eigenwilligen Selbstzeugnisse. Die vorgeschlagenen und verworfenen Bezeichnungen verraten spielerisch-improvisierend etwas von der Atmosphäre, der Absicht und dem Charakter dieses Buches: „Notizen eines Halbgelähmten", „Funken zu Ende gehender Tage", „Echos und Eskapaden", „Echos eines Lebens im 19. Jahrhundert in der Neuen Welt", „Ebbe und Flut", „Ein Lebensmosaik", „Die Spur von fünfzig Jahren", „Vor dem Wind", „Nur Königskerzen und Hummeln"…

Das Buch ist alles das. Es zeigt das Wachsen und Werden dieses bedeutendsten Dichters Amerikas als Teil der Geschichte, der Gesellschaft und der Natur seines Landes, jener Neuen Welt, an die Whitman als Verheißung für einen freien, selbstbewußten und stolzen Menschen mit kritischer Zuversicht und mit Optimismus glaubte.

Eingangs verspricht Whitman dem Leser, er werde, wenn schon nichts anderes, so zumindest „das eigenwilligste, ursprünglichste, bruchstückhafteste Buch veröffentlichen, das jemals gedruckt wurde". Mögen diese Superlative auch übertrieben sein, so ist *Specimen Days,* das in der vorliegenden Ausgabe zum erstenmal vollständig in einer deutschen Übertragung vorliegt, zwar ein uneinheitliches, dabei aber wirklich faszinierendes, berührendes, erregendes und wahrhaftiges Buch geworden. Es bringt dem Leser, der Whitmans ungewöhnliche, großartige Dichtung *Leaves of Grass* (dt. „Grashalme") kennt und liebt, auf sehr unvermittelte Weise den Menschen Walt Whitman nahe. Es enthält für den Literarhistoriker aufschlußreiches ergänzendes Material zur Biographie und geistigen Entwicklung des Dichters. Es kann vielleicht bei jenen, die bisher noch keinen Zugang zu den Gedichten des großen Barden Amerikas gefunden haben, Interesse und Verständnis wecken.

Manch Geheimnisvolles, ja fast Legendäres haftet der Gestalt des Dichters und seinem Lebenswerk, den „Grashalmen" ja bis heute noch an. Die Einmaligkeit dieses dichterischen Werkes, die trotzig-selbstbewußte Herausforderung an poetische Konventionen im weitesten Sinne, die seine Dichtung vom Erscheinen der schmalen Erstausgabe der *Grashalme* (1855) bis hin zu der fast 400 Gedichte enthaltenden, zwei Bände füllenden 9. Ausgabe von 1891/92 darstellte, die erbitterten, boshaften Schmähungen und Angriffe, denen der Dichter und sein Werk zeit seines Lebens ausgesetzt waren ebenso wie die Liebe und Verehrung, die ihm zuteil wurden, sein unerschrockenes, gesellschaftliche Tabus nicht achtendes persönliches Verhalten, das in seinen freien stolzen Gedichten einen vollkommenen poetischen Ausdruck findet, sein leidenschaftliches Bekenntnis zur Gleichheit aller Menschen, zur Demokratie und Freiheit – all dies bot reichlich Stoff für Legendenbildung, mancherlei spekulative Ausdeutungen und einseitige Interpretationen seines Lebens und Werkes.

Diese Tagebuchaufzeichnungen lösen nun keineswegs die „Rätsel" um Whitman – dazu sind sie, wie bereits angedeutet wurde, zu uneinheitlich, unsystematisch, lückenhaft und persönlich. Whitman erklärte entschuldigend, er habe nichts überarbeitet und geglättet an diesen Aufzeichnungen, es sei ihm daher wohl auch mancher Irrtum in der Abfolge der Daten, der Genauigkeit von botanischen, astronomischen und anderen Einzelheiten unterlaufen, es gäbe sicher auch Wiederholungen, doch ginge es ihm um die Vermittlung authentischer Streiflichter, Mustertage seines Lebens, um eine „tiefe Wahrhaftigkeit" in der Wiedergabe seines Erlebens der Umwelt. Gewisse Unzulänglichkeiten der Prosa muß man als Leser also wohl in Kauf nehmen, doch werden sie ausgeglichen durch den nachhaltigen Eindruck, die Frische und Ursprünglichkeit, die aus den Eintragungen sprechen und dem Leser ein dichtes Gefühl des „Teilhabens" geben.

So vermittelt uns das Buch tatsächlich ein „Lebensmosaik" – Einblicke in eine reiche Innenwelt des Dichters ebenso wie in mancherlei Seiten eines an äußeren Ereignissen durchaus nicht armen Lebens in einer bewegten Zeit amerikanischer Geschichte. Ohne auf Vollständigkeit dringen zu wollen, werden nur einige, den Dichter formende Stationen seines Lebens, Erlebnisse und Empfindungen erhellt. Manche Ereignisse und Jahre werden wie im Zeitraffer nur mit wenigen Sätzen gestreift: jene bedeutsamen Jahre beispielsweise zwischen 1848 und 1855, in denen die erste Fassung der „Grashalme" entstand. Sie werden lakonisch in wenigen Zeilen unter der Überschrift „Acht Jahre hindurch" abgehandelt. Noch heute rätseln manche Biographen, welche Ereignisse, Einflüsse oder glücklichen Umstände jener Jahre zur Entstehung dieser originellen, kühnen Gedichte führten. Manche Kritiker und Biographen wollen von der tiefen unglücklichen Liebe Whitmans zu einer Frau in New Orleans wissen, die er 1848 während seines mehrmonatigen Aufenthaltes dort kennengelernt haben soll und die diese „Wandlung" eines bis dahin nur durchschnittlichen Prosa- und Lyrikschriftstellers in Amerikas größten Dichter „bewirkt" haben soll; andere sprechen von einer „mystischen Offenbarung", die Whitman um 1850 zuteil geworden sei und ihn „erleuchtet" haben soll. All dies kann nicht belegt werden und ist daher in das Reich der Legende zu weisen. Es ist wohl eher der Ansicht jener Kritiker zuzustimmen, die wie z. B. der sowjetische Whitman-Experte Maurice Mendelson in seiner ausführlichen, behutsam abwägenden Monographie „Life and Work of Walt Whitman" (1976) einen langwierigen Reifeprozeß, ein über viele Jahre gehendes intensives Verarbeiten unterschiedlicher persönlicher

Erlebnisse, Eindrücke und Empfindungen, eine aufgeschlossene, ausgedehnte Lektüre, ein waches soziales und politisches Interesse, ein kritisches Verhältnis zur Umwelt und ein unermüdliches künstlerisches Ringen um den angemessenen poetischen Ausdruck als wesentliche Gründe für dieses „Wunder" ansehen. Whitmans Tagebuch gibt über diese Fragen keinen definitiven Aufschluß.

In ähnlicher Weise wortkarg wird die Zeitspanne von 1866 bis 1876 in einem „Zwischenabschnitt" von wenigen Zeilen resümiert. In diese Jahre fällt eine angestrengte Arbeit Whitmans, die zu mehreren erweiterten und überarbeiteten Auflagen jener Erstfassung führten; er mußte die erbitterten engstirnigen Angriffe auf seine Gedichte (besonders die Zyklen *Kinder Adams* und *Calamus*) durch eine puritanisch-eifernde Öffentlichkeit ertragen; 1873 starb seine Mutter, der Whitman in inniger Liebe zugetan war, und er selbst war nach einem Schlaganfall lange Zeit teilweise gelähmt. Mit wenigen nüchternen Worten verweist Whitman auf diese dunkelsten Jahre seines Lebens und seiner mühevollen, langsamen Genesung, die er seinem ursprünglichen Leben in der reizvollen, unberührten Natur in der Nähe Camdens zuschreibt. Die Berichte über die Jahre nach 1876/77, in denen er in völliger Harmonie und Einheit mit der Natur jene „sanft leuchtenden Tagebuchblätter" (Hans Reisiger) niederschrieb, vermitteln mit der Sensibilität des Dichters ein Naturempfinden, das dem heutigen Menschen, besonders dem Großstädter oft schon abgeht. Sein Einssein mit der Natur, die „mystische Wirklichkeit", die er in Bäumen, Pflanzen, Vögeln, dem Ozean, dem Himmel und den Sternen erblickt, sind sowohl Ausdruck seiner von Vorstellungen des Transzendentalismus geprägten Weltsicht als auch Ergebnis seines naiven empfindsamen Naturerlebens. Der Dichter lehrt uns, Natur mit offenen Sinnen aufzunehmen. Man wird gefangengenommen vom eigenartigen Zauber, die seinen Prosatexten hier ebenso eignet wie seinen Gedichten.

In dem 1860 veröffentlichten Gedicht *So Long* (dt. „Leb wohl") faßt Whitman in einem programmatischen Bekenntnis den großen Anspruch seiner Dichtung in wenigen Zeilen zusammen:

„... ich habe den Leib gesungen und die Seele,

Krieg und Frieden und die Gesänge
von Leben und Tod,
und die der Geburt,
... Ich habe mein Wesen angeboten einem jeden,
und bin gewandert mit zuversichtlichem Schritt;
... Ich verkünde natürliche Menschen,
die hervorgehen werden,
ich verkünde der Gerechtigkeit Triumph,
ich verkünde unbedingte Freiheit und Gleichheit,
ich verkünde die Rechtfertigung von Reinheit und
    Stolz,
... Meine Lieder enden, ich lasse sie,
hinter der Schutzwand, die mich verbarg,
komme ich ganz allein hervor zu dir.
Camerado, dies ist kein Buch,
Wer dies berührt, berührt einen Menschen
(ist es Nacht? sind wir hier allein zusammen?)
ich bin's, den du hältst und der dich hält,
aus diesen Seiten springe ich in deine Arme –
Tod ruft mich hervor."

Die hier behauptete vollkommene Einheit, ja Identität von Mann und Dichtung, seine Vorstellung eins zu sein mit seinen Worten, die Whitman aus seiner Lebens- und Weltsicht heraus immer wieder in seinen Gedichten beschwor, mag in Wirklichkeit ein unerfüllbarer Wunsch sein und ein Mythos, aber darin erkennt man auch die unbedingte Aufrichtigkeit des Dichters, der sich in seinen Gedichten völlig öffnet und unerschrocken preisgibt.

Die Dichtung des 20. Jahrhunderts ist ohne Walt Whitmans *Grashalme* nicht denkbar. Zahlreiche bedeutende Dichter der vergangenen 100 Jahre bekannten ihre geistige und ästhetische Verpflichtung dem monumentalen Werk Whitmans gegenüber. Dennoch war Whitman nicht nur zu seinen Lebzeiten in seiner Heimat ein heftig umstrittener Dichter, sondern auch heute noch wird sein Werk in den Vereinigten Staaten nicht in dem ihm gebührenden Maße gewürdigt. Whitmans Feststellung am Ende seines Vorworts zur Erstausgabe der *Grashalme* ist, was sein eigenes Werk anbelangt, immer noch weitgehend unerfüllt: „Die Bestätigung des Dichters liegt darin, daß sein Volk ihn ebenso liebend in sich aufnimmt, wie er sein Volk liebend in sich aufgenommen hat."

Daß Whitman sein Land und sein Volk „liebend in sich aufgenommen hat", das steht außer Frage. Die Gründe für das weite Unverständnis und die engstirnige Mißachtung, die seine Dichtung in den USA im 19. Jahrhundert fanden, sind vielfältig und können hier nur angedeutet werden. Doch ein kurzer Blick auf sein Leben und seine Zeit kann vielleicht, über die persönlichen Bekenntnisse dieses Tagebuchs hinaus, etwas von diesem komplizierten Sachverhalt erhellen.

Über die frühen Jahre seines Lebens geben die Tagebuchaufzeichnungen in den Erinnerungen präzise Auskunft, und sie sollen hier daher nur kurz resümiert werden: Whitman wurde am 31. 5. 1819 in dem Dorf West Hills, in der Nähe von Huntington auf Long Island geboren. Sein Vater, ein Zimmermann und Farmer, vermochte die große Familie (er hatte neun Kinder) nur mühsam zu ernähren, und die Familie zog auf der Suche nach besseren Lebensmöglichkeiten mehrmals in den folgenden Jahren um, unter anderem nach Brooklyn, das damals eine aufstrebende Hafenstadt war. Die Zeit der Kindheit auf dem ländlich unberührten Long Island mit der Einsamkeit der Strände, dem gewaltigen Ozean und der wilden Schönheit der Natur prägten den Dichter nachhaltig. Einige seiner schönsten Gedichte künden davon: Aus der ewig schaukelnden Wiege, Es war ein Kind, das ausging jeden Tag, Am Strande bei Nacht. Doch auch das geschäftige Leben in Brooklyn, die Fähren und das Treiben im Hafen faszinierten ihn, und bis ins hohe Alter waren die Begegnungen mit den Fährleuten, Hafenarbeitern, Handwerkern, Omnibusfahrern und Tagelöhnern neben dem stillen Naturerleben ein für ihn beglückendes Erlebnis, dem er zahlreiche Gedichte und Gesänge widmete.

Bleibende Eindrücke empfing Whitman aber auch durch die tiefverwurzelten demokratischen Ansichten seines Vaters, der die Sozialisten Francis Wright und Robert Dale Owen verehrte und mit Thomas Paine, dem großen Freidenker und glühenden Verfechter der amerikanischen Unabhängigkeit, befreundet gewesen war. Whitmans unerschütterliche demokratische Überzeugungen wurzeln also in jenen frühen Kindheitsjahren und erhielten durch seine eigenen Erfahrungen immer neue Bestätigung.

Nach nur wenigen Jahren des Schulbesuchs erlernte Whitman mit etwa 12 Jahren den Beruf eines Setzers und Drukkers, er wurde Journalist, arbeitete zeitweise als Lehrer in zahlreichen Landschulen auf Long Island und begann sich autodidaktisch eine umfangreiche Bildung anzueignen: er las viel und nahm begierig alle kulturellen und künstlerischen Einflüsse in sich auf, besuchte vor allem zahlreiche Theater- und Opernaufführungen in New York. Seit 1838 arbeitete Whitman vor allem als Journalist und teilweise als Herausgeber zahlreicher Zeitungen auf Long Island, in Brooklyn und New York, wohin er 1841 für einige Jahre ging. Die große pulsierende Stadt New York übte eine besondere Faszination auf ihn aus, sie nahm ihn gefangen, es wurde „seine Stadt", die er liebte, in vollen Zügen in sich aufnahm und in zahlreichen Gedichten besang.

Als Journalist nahm Whitman lebhaft Anteil an den politischen und sozialen Auseinandersetzungen jener ereignisreichen Jahre, in denen die Vereinigten Staaten zu einer dynamischen Industriemacht aufblühten. Diese Jahre des raschen industriellen Wachstums, der fortschreitenden Erschließung des Kontinents und der zügellosen Expansion der USA, des Zustroms von Millionen europäischer Einwanderer, die in den Vereinigten Staaten von Amerika einen Traum von Freiheit und Demokratie verwirklicht sahen, weckten in Whitman die Zuversicht und die optimistische Überzeugung einer hellen Zukunft für die amerikanische Nation und die Millionen arbeitender Menschen des Landes. Whitman war stolz, Bürger eines freien, fortschrittlichen und aufstrebenden Landes zu sein. Doch war er keineswegs blind gegenüber den Widersprüchen im politischen und sozialen Bereich, die sich auch in diesen Jahren nicht verbergen ließen und die besonders in den Gegensätzen zwischen den sklavenhaltenden Südstaaten und dem kapitalistischen Norden aufbrachen. Wegen seines radikalen demokratischen Engagements geriet Whitman nur allzuoft mit konservativen Herausgebern in Konflikt und wurde entlassen. Wenngleich seine politischen Überzeugungen in jenen bewegten Endvierzigern, in denen die USA unter anderem Texas und später im Mexikanischen

Krieg (1846/48) auch Kalifornien annektierten, noch von gewissen Widersprüchen geprägt waren (ein glühender Patriotismus, der ihn der Illusion anhängen ließ, die USA würden diesen neuen Gebieten Freiheit und Demokratie bringen), so wandelten sich seine Haltungen im Verlaufe dieses Krieges. Das brennendste innenpolitische Problem jener Jahre, die Sklaverei, wurde zum Prüfstein für humanistische und fortschrittliche Gesinnung jedes Amerikaners, zerriß die Nation und führte schließlich zur Sezession der Südstaaten und zum Bürgerkrieg. Whitman war nicht nur um den Bestand der Union besorgt, sondern seine Vorstellung von der Gleichheit aller Menschen und ihrem Recht auf Freiheit und sein tiefes Demokratieverständnis mußten sich an der Praxis messen. Er wurde zu einem engagierten und sogar militanten Anhänger der Free Soil Bewegung, die sich gegen eine weitere Ausbreitung der Sklaverei wandte und später zu einem kompromißlosen Gegner der Sklaverei überhaupt. Seine offene Parteinahme für die Free Soil Bewegung und gegen die Sklaverei kostete ihn seine Stellung als Herausgeber am „Brooklyn Daily Eagle", und 1848 ging Whitman für einige Monate nach New Orleans, bereiste die Südstaaten und Teile der Mittelstaaten und war Chefredakteur einer Zeitung der Free Soil Partei, die er jedoch 1849 unter dem Druck der reaktionären Kräfte der Demokratischen Partei aus finanziellen Gründen einstellen mußte. In den folgenden Jahren arbeitete Whitman in verschiedenen Jobs, als Tagelöhner, Zimmermann und Bauunternehmer und schrieb an jenen Gedichten, die er im Juli 1855 unter dem Titel *Leaves of Grass* einer völlig unvorbereiteten Öffentlichkeit präsentierte. Bis zu diesem Zeitpunkt hatte Whitman zwar als Journalist gute, lebendige, teilweise polemisch-geschliffene und amüsant-lockere Artikel verfaßt, doch seine eigentlichen schriftstellerischen Versuche – Kurzgeschichten, ein Roman und einige Gedichte – waren mittelmäßige, in den Konventionen der Zeit befangene „Fingerübungen", die nichts von dem ungewöhnlichen Talent erkennen ließen, das da heranreifte. Einige Gedichte, die Whitman um 1850 in Zeitungen veröffentlichte (z. B. *Resurgemus*, später *Europe: The 72d and 73d Years of These States*) können als Vorboten seiner neuen kühnen Dichtungen angesehen werden, doch erst *Leaves of Grass* kann man als die Geburtsstunde des Dichters Walt Whitman bezeichnen.

Die erste Ausgabe der *Grashalme* enthielt zwölf unbetitelte Gedichte. Auf dem Einband fehlte der Name des Dichters, aber als Frontispiz zeigte das schmale Buch das mittlerweile berühmt gewordene Bild des 36jährigen Verfassers in selbstbewußter Pose, eine Hand lässig in die Hüfte gestützt, die andere in der Hosentasche, einen großen dunklen Filzhut schräg auf dem Kopf, in Hemdsärmeln und deutlich sichtbar mit einem dunklen Unterhemd – ein Mann in Arbeitskleidung! Zumindest ebenso ungewöhnlich und originell wie dieses herausfordernde Bild von sich selbst waren die Gedichte, in denen Whitman sich selbst als Teil der Neuen Welt besang.

> „Ich feiere mich selbst und singe mich selbst,
> und was ich mir zuermesse, sollst du dir zuermessen,
> denn jedes Atom, das mir gehört, gehört auch dir."

Und an anderer Stelle:

> „Walt Whitman, ein Kosmos, Manhattans Sohn,
> ungestüm fleischlich sinnlich, essend, trinkend und
>   zeugend,
> kein Empfindsamer, keiner, der sich über Männer
> und Frauen erhebt oder abseits von ihnen steht,
> bescheiden wie unbescheiden."

Die ersten Auflagen seiner „Grashalme" waren ein finanzieller Mißerfolg, und Whitman mußte auch in den folgenden Jahren die erweiterten Fassungen seiner Dichtung mit eigenen finanziellen Mitteln verlegen lassen. Besonders nach der Veröffentlichung seiner Gedichtzyklen *Children of Adam* (dt. „Kinder Adams") und *Calamus*, reagierte die Öffentlichkeit, wenn sie ihn überhaupt zur Kenntnis nahm, überwiegend mit Empörung. Seine ungewöhnlich freie Behandlung der Liebe und Sexualität in den *Kindern Adams* und seine Lobpreisung der männlichen Kameradschaft und Liebe in *Calamus,* seine stolzen enthusiastischen Gesänge über den einfachen, arbeitenden Menschen waren in Thematik und Form so herausfordernd und neu, daß viele seiner Zeitgenossen sie nicht verstanden und ablehnten. Seine freien Rhythmen kündeten von einer neuen Art des Dichtens, die alles bisherige in Frage stellten. Und dennoch befand sich Whitman, wie auch aus seinem langen Vorwort zur Erstausgabe der *Grashalme* hervorgeht, damit durchaus im Einklang mit den Forderungen zahlreicher bedeutender Dichter und Gelehrter seiner Zeit: Gleich ihm forderten sie eine eigenständige, spezifisch amerikanische Literatur, die dem Selbstbewußtsein und dem Selbstvertrauen der jungen aufstrebenden Nation entsprechend deren geistige und literarische Unabhängigkeit bekunden sollte.

Einer der wenigen, der die epochale Bedeutung der Gedichte Whitmans erkannte, war Ralph Waldo Emerson. Emerson war Mitte des 19. Jahrhunderts einer der einflußreichsten, bewundertsten und respektiertesten Literaten der USA. Whitman hatte ihm ein Exemplar der „Leaves of Grass" geschickt und erhielt einen enthusiastischen und herzlichen Antwortbrief, der ihn zweifellos in den folgenden Jahren ermutigte, seinen schwierigen Weg trotz aller Anfeindungen weiterzugehen. Emerson schrieb am 21. 7. 1855: „... ich bin nicht blind gegen den Wert der wunderbaren Gabe Ihrer „Grashalme". Ich halte sie für die außerordentlichste Probe von Geist und Weisheit, die Amerika je beigebracht hat. Sie zu lesen macht mich sehr glücklich, denn große Kraft macht uns glücklich ... Ich beglückwünsche Sie zu Ihren freien und tapferen Gedanken. Ich habe große Freude daran. Ich finde unvergleichliche Dinge unvergleichlich gut gesagt, genauso, wie es richtig ist. Ich finde jene Kühnheit der Behandlung darin, die uns so entzückt und zu der nur eine starke Empfindung begeistern kann.

Ich grüße Sie am Beginn einer großen Laufbahn, hinter der indessen schon ein weites Feld der Vorbereitung liegen muß, nach solch einem Start zu urteilen. Ich rieb meine Augen ein wenig, um zu sehen, ob dieser Sonnenstrahl keine Täuschung sei; aber der solide Geist des Buches ist eine leibhaftige Gewißheit. Es hat das Beste, was ein Buch haben kann, nämlich es stärkt und ermutigt." Dieses Lob muß um so wertvoller für Whitman gewesen sein, da Emerson in seiner berühmten Vorlesung in Cambridge am 31. 8. 1837 „Der amerikanische Gelehrte" seiner Forderung nach einer spezifisch amerikanischen nationalen Kultur und Literatur, geformt durch amerikanische Geschichte, amerikanische Demokratie und amerikanischen Optimismus beredten Ausdruck verliehen hatte, und Whitman selbst ja diese Forderung bis ins hohe Alter immer wieder vertrat. So schreibt er in seinem Tagebuch nach seiner Reise durch Illinois, Missouri, Kansas und Colorado unter der Überschrift „Die Prärien und die Great Plains in Poesie": „Großartig wie der Gedanke, daß das Kind zweifellos schon geboren ist, das hundert Millionen Leute sehen wird, die glücklichsten und modernsten der Welt, die diese Prärien, diese Great Plains und das Mississippital bevölkern werden, konnte ich mir nicht helfen zu denken, es wäre noch größer, alle diese unnachahmlichen amerikanischen Gebiete im Schmelztiegel eines vollkommenen Gedichts oder anderen ästhetischen Werkes verschmelzen zu sehen, völlig westlich, frisch und grenzenlos – ganz und gar unser eigen, ohne die Spur oder den Geschmack europäischer Erde, Erinnerung, nach Buchstaben oder Geist."

Die bedeutendsten Schriftsteller jener Jahrzehnte in den Vereinigten Staaten – unter ihnen Washington Irving, James Fenimore Cooper, Henry Wadsworth Longfellow, William Cullen Bryant, Herman Melville, Nathanael Hawthorne, Henry David Thoreau und Ralph Waldo Emerson – hatten jeder auf seine spezifische Weise einen Beitrag zu dieser sich herausbildenden eigenständigen amerikanischen Literatur geleistet. In Whitmans Dichtung fand diese Forderung ihren kongenialen Ausdruck. Hier erlebte das von den Transzendentalisten um Emerson gepriesene Selbstvertrauen in unlösbarer Verbindung mit den demokratischen Idealen eines Jefferson und Paine seine höchste Vollendung. „Ich singe das Selbst, das schlichte Einzelwesen, doch spreche ich das Wort *demokratisch* aus, das Wort *en masse*." Dies ist programmatisches Bekenntnis der Dichtung Walt Whitmans wie seine Lebensmaxime.

Das einschneidendste Erlebnis der folgenden Jahre, der Bürgerkrieg, ist in den vorliegenden Aufzeichnungen des Dichters eindringlich reflektiert. Whitman, der unbeirrte Verfechter der Union, begrüßte in einigen Gedichten den Kampf gegen die Südstaaten, die sich durch Sezession von der Union getrennt hatten. Doch durch seine Erlebnisse an der Front und in den Lazaretten änderte sich seine Einstellung. Seine patriotische Gesinnung ist nicht zu erschüttern, doch angesichts des unermeßlichen Leids, das er miterlebt, weichen die leidenschaftlichen Aufrufe zum Kampf, die in den frühen Gedichten der *Drum Taps* (dt. „Trommelschläge") überwiegen, einem schmerzlichen, klagenden und wehmutsvollen Ton.

Besonders schmerzlich traf ihn die Ermordung Präsident Lincolns, den er als einen aufrechten Patrioten und schlichten wahrhaften Menschen verehrt hatte. Seine bewegendsten und ergreifendsten Gedichte – so *Als jüngst der Flieder blühte vor dem Haus* – sind dem Gedenken Präsident Lincolns gewidmet.

In den Jahren nach dem Ende des Bürgerkrieges arbeitete Whitman bis zu seiner Erkrankung 1873 für verschiedene Behörden der amerikanischen Regierung. Aufmerksam verfolgte er die politische Entwicklung seines Landes, und eine tiefe Ernüchterung und Desillusionierung stellt sich bei ihm ein. Die ungehemmte kapitalistische Entwicklung nach dem Ende des Krieges, die verschärfte Ausbeutung und ungeheure Korruption, der moralische und geistige Verfall, den er überall beobachten konnte, veranlaßten ihn zu einer bitteren Kritik an dieser seinen hohen Idealen von Gleichheit, Freiheit und Demokratie völlig entgegengesetzten amerikanischen Wirklichkeit. *Democratic Vistas* (dt. „Demokratische Ausblicke"), seine 1871 veröffentlichte Prosaschrift ist eine kompromißlose Abrechnung mit der bürgerlichen Demokratie in der Neuen Welt, die er auf allen Gebieten als völligen Fehlschlag bezeichnete. Doch auch in den folgenden Jahren gibt Whitman immer wieder seiner Überzeugung und seinem Traum Ausdruck, daß Demokratie und Freiheit, wie er sie ersehnt, eines Tages siegen werden. Niemals gibt er seinen Traum von einem großen und freien Amerika auf.

Die letzten Jahre seines Lebens verbrachte Whitman in Camden. Er war mittlerweile ein auch im Ausland bekannter und verehrter Dichter, erlebte sogar in den Vereinigten Staaten eine gewisse Anerkennung, hatte einen großen Freundeskreis und verlebte – unermüdlich weiter an seinen *Grashalmen* arbeitend – einen bescheidenen und ruhigen Lebensabend. Seit den späten achtziger Jahren verschlechterte sich sein Gesundheitszustand aber zunehmend, und nach langer Krankheit starb Whitman am 26. März 1892.

Zahlreiche Freunde und Verehrer des Dichters erwiesen ihm die letzte Ehre. Sein Freund Robert Ingersoll hielt eine bewegende Ansprache, die er mit den Worten schloß: „Wenn wir schon lange gestorben sind, werden seine mutigen Worte den Sterbenden wie Posaunen in die Ohren klingen."

Doch das letzte Wort sollte dem Dichter selbst gehören. 1860 schrieb er

„Ich, voller Leben jetzt, greifbar, sichtbar,
vierzig Jahre alt im dreiundachtzigsten Jahr der Staaten,
sende einem, der ein Jahrhundert oder
                viele Jahrhunderte später lebt,
dir, dem noch Ungeborenen, diese Gedichte
                und suche dich.
Wenn du sie liest, bin ich, der sichtbar war,
                unsichtbar geworden,
und nun bist du es, der greifbar, sichtbar,
                meine Gedichte zum Leben erweckt und
                mich sucht,
der sich vorstellt, wie glücklich er wäre, wenn ich
                bei ihm sein könnte und sein Kamerad
                würde;
sei's, als wäre ich bei dir! (Sei nicht zu sicher,
                daß ich nicht jetzt bei dir bin.)

Leipzig, 1. Juli 1984   *Eva Manske*

Anmerkungen des Herausgebers

S. 9 *Ruten:* engl. rod, Längenmaß (1 Rute: 5 $^1/_2$ yards oder 16 $^1/_2$ feet; 1 yard: 0,914 m)

S. 11 *John Burroughs (1837–1921):* amerikanischer Schriftsteller, der beeinflußt von den Transzendentalisten Ralph Waldo Emerson und Henry David Thoreau glänzende Naturessays schrieb. Burroughs, der ein langjähriger Freund Whitmans war, verfaßte die erste Whitman-Biographie (unter aktiver Mitarbeit des Dichters selbst) – „Notes on Walt Whitman as Poet and Person", 1867 – in der er den Dichter gegen die Angriffe einer puritanisch eifernden Öffentlichkeit verteidigte.

S. 15 *Elias Hicks (1748–1830):* amerikanischer Prediger der „Society of Friends" (offizielle Bezeichnung für die Quäker). Unter dem Einfluß der rebellischen, radikalen Ansichten Hicks' spaltete sich 1827 die „Society of Friends", er führte den liberalen Teil der Quäker, die sich „Hicksites" nannten, gegen die orthodoxen Quäker an. Hicks und seine Anhänger unterstützten u. a. Thomas Paine, sie lehnten Rassismus, Sklaverei, Kriegsdienst und jeden Glaubenszwang ab und entfalteten eine rege soziale Hilfstätigkeit.

S. 18 *James Fenimore Cooper (1789–1851):* amerikanischer Schriftsteller; schrieb See-, Grenzer- und Indianerromane, u. a. den Roman über den amerikanischen Unabhängigkeitskrieg „The Spy" (1824, dt. „Der Spion"), mit dem er das Genre des historischen Romans in der amerikanischen Literatur begründete oder die abenteuerlichen „Leatherstocking Tales" (1823/41, dt. „Lederstrumpferzählungen").
Edgar Allen Poe (1809–1849) – amerikanischer Schriftsteller und Kritiker, der mit seinen Short Stories und literaturkritischen Erörterungen zum theoretischen und praktischen Begründer der modernen amerikanischen Short Story wurde. Seine formvollendeten Gedichte beeinflußten die europäische, besonders französische Dichtung der zweiten Hälfte des 19. Jahrhunderts nachhaltig.

S. 20 *John Jacob Astor (1763–1848):* amerikanischer Geschäftsmann deutscher Herkunft, der die American Fur Company (Amerikanische Pelzhandelsgesellschaft) gründete, die als Konkurrenzunternehmen zu kanadischen Gesellschaften praktisch das Monopol auf dem Gebiet der USA innehatte. Bei seinem Tod galt Astor als der reichste Mann Amerikas.

S. 23 *Bürgerkrieg (auch Sezessionskrieg, 1861–1865):* ging zusammen mit der Rekonstruktion des Südens (1865–1877) als zweite bürgerliche Revolution in die Geschichte der USA ein. Der Bürgerkrieg war das Ergebnis des Widerspruchs zwischen den nördlichen Bundesstaaten, in denen sich auf der Grundlage der industriellen Revolution die kapitalistische Produktionsweise durchsetzte, und dem Süden der USA, in dem sich auf der Grundlage der Ausbeutung schwarzer Sklaven eine überlebte Plantagenwirtschaft etablierte und deren Vertreter seit 1820 mehr und mehr das politische Leben des Landes beherrschten. Voraussetzung dieser politischen Macht war die ständige Vergrößerung des Territoriums und damit der Zahl der Bundesstaaten, in denen Sklaverei erlaubt war. Als im November 1860 Abraham Lincoln als Kandidat der 1854 gegründeten Republikanischen Partei, der Interessenvertreterin der nördlichen Bourgeoisie, zum Präsidenten der USA gewählt wurde, versprach er einen Kampf gegen die weitere Ausbreitung der Sklavenwirtschaft. Dies war für elf südliche Bundesstaaten Anlaß zum Austritt aus der Union (Sezession) und zur Gründung der Konföderierten Staaten von Amerika. Hauptstadt wurde Richmond, Virginia, Präsident Jefferson Davis (1808–1889). Im April 1861 stürmten Truppen der Konföderierten das Unionsfort Sumter und eröffneten damit den Bürgerkrieg. In der ersten Etappe des Krieges (konstitutionelle Phase, bis Ende 1862) beschränkte sich Präsident Lincoln auf eine kompromißorientierte Politik, die eine Wiederherstellung der Union und Verhinderung des Abfalls weiterer Staaten zum Ziel hatte. Sie war gekennzeichnet durch eine militärische Überlegenheit der Konföderierten Staaten. Mit der Erklärung der Abschaffung der Sklaverei durch Lincoln im September 1862 (ab Januar 1863 in Kraft) trat der Krieg in seine revolutionäre Etappe ein. Gestiegene politische und militärische Entschlossenheit im Lager der Union, der Kampf Hunderttausender ehemaliger Sklaven für die Sache des Nordens sowie wachsende ökonomische Zerrüttung und internationale Isolierung der Konföderation führten in den Jahren 1863 und 1864 zu einer Reihe von militärischen Siegen der Unionsarmee und zur Kapitulation der Konföderationsarmee unter General Lee am 9. April 1865 in Appomattox, Virginia. Damit war auf dem gesamten Territorium der Vereinigten Staaten der Weg frei für die ungehinderte Entfaltung kapitalistischer Produktionsverhältnisse.

S. 24 *drei Präsidentschaften vor 1861:* gemeint sind die Präsidentschaften von Millard Fillmore (1850/53), Franklin Pierce (1853/57) und James Buchanan (1857/61).

S. 26 *Schlacht am Bull Run, Virginia:* die Schlacht am Bull Run am

21. Juli 1861 war die erste große Kampfaktion im Bürgerkrieg, in der die Truppen der Union eine demütigende Niederlage erlitten.

S. 32 *erste Schlacht bei Fredericksburg, Virginia:* vom 11. bis 15. Dezember 1862 kämpfte die Potomac-Armee unter Führung von General Ambrose E. Burnside gegen die Konföderiertenarmee unter General Robert E. Lee in der Nähe von Fredericksburg, wobei die Armee der Union eine verlustreiche Niederlage erlitt, die nachhaltige politische Konsequenzen hatte und Präsident Lincoln zwang, General Burnside durch Joseph Hooker als Kommandeur zu ersetzen.

S. 41 *die Schlacht bei Chancellorsville, Virginia:* eine der Hauptschlachten des Bürgerkrieges, die vom 2. bis 4. Mai 1863 stattfand, und in der beide Seiten (die Unionsarmee unter Joseph Hooker und die Konföderierten unter Robert E. Lee) große Verluste erlitten. Die Armee der Konföderierten siegte in dieser Schlacht, allerdings war es ein Pyrrhussieg für General Lee, der seinen besten Kommandeur Stonewall Jackson verlor.

S. 52 *Schlacht von Gettysburg, Pennsylvania:* diese größte Schlacht des Bürgerkrieges wurde vom 1. bis 3. Juli 1863 gekämpft und brachte mit der Niederlage der Konföderierten unter General Lee die Wende im Bürgerkrieg.

S. 56 *Abraham Lincoln (1809–1865):* Präsident der USA von 1861 bis 1865; wurde 1860 als Kandidat der Republikanischen Partei in das höchste Amt der Vereinigten Staaten gewählt. Seine Ankündigung, eine Politik zur Verhinderung der weiteren Ausbreitung der Sklaverei zu verfolgen, war für die Südstaaten Anlaß zur Sezession und Entfesselung des Bürgerkrieges. Lincoln, der ein Gegner der Sklaverei und ein leidenschaftlicher Verfechter der Einheit der Union war, konnte mit seiner Verkündung der Abschaffung der Sklaverei (Proclamation of Emancipation, 1862, in Kraft getreten am 1. 1. 1863) die politische Wende im Bürgerkrieg herbeiführen. Am 14. April 1865 wurde Präsident Lincoln von einem Meuchelmörder erschossen. Whitman widmete Lincoln einige seiner ergreifendsten Gedichte und Elegien.

S. 78 *zweite Schlacht am Bull Run, Virginia:* 29. bis 31. August 1862, endete mit einer schweren Niederlage der Unionsarmee, die hohe Verluste erlitt und alle im Verlauf des ersten Kriegsjahres gewonnenen militärischen Vorteile wieder einbüßte.

S. 94 *General William Tecumseh Sherman (1820–1891):* neben General Robert E. Lee bedeutendster Feldherr des amerikanischen Bürgerkrieges, der als Brigade- und Armeekomman-

deur der Unionsarmee entscheidend zu deren Sieg beitrug; war 1869/84 Oberkommandierender der US-Armee.
Kapitulation Lees: unter Führung General Robert E. Lees kapitulierten die Truppen der Konföderierten am 9. April 1865 in Appomattox, Virginia. Damit waren die militärischen Auseinandersetzungen des Bürgerkrieges beendet.

S. 103 *Calhouns wahres Denkmal:* John C. Calhoun (1782–1850), einflußreicher Staatsmann und Politiker der Südstaaten, der die Rechte der einzelnen Staaten gegenüber der Bundesregierung verteidigte (States' Rights) und gegen die Abschaffung der Sklaverei durch den Kongreß auftrat. Er versuchte, das Recht der Südstaaten auf Sezession auf der Grundlage der Verfassung der USA zu begründen.

S. 112 *Neue Themen:* Die Übersetzung der Bezeichnungen für Pflanzen, Tiere und astronomische Erscheinungen erfolgte nach Whitmans Angaben. Wie er selbst in dem Kapitel „Letzte Bekenntnisse" eingesteht, können ihm hier „fachliche Irrtümer" unterlaufen sein.

S. 118 *Henry A. Beers (1847–1926):* amerikanischer Literaturwissenschaftler, Professor für Englische Literatur an der Yale University (1871/1926), der u. a. eine zweibändige Geschichte der englischen Romantik verfaßte („History of English Romanticism", 1899/1901).

S. 127 *George Gordon Noel Byron (1788–1824):* englischer Dichter, neben Percy Bysshe Shelley herausragender Vertreter der revolutionären englischen Romantik. Schrieb u. a. das Versdrama „Manfred", 1817, das poetische Reisetagebuch „Childe Harold's Pilgrimage", vollst. Ausgabe 1819, dt. „Ritter Harolds Pilgerfahrt".

S. 132 *Thomas Paine (1737–1809):* englischer bürgerlicher Publizist, der seit 1774 in Nordamerika wirkte, hervorragenden Anteil am Kampf um die amerikanische Unabhängigkeit hatte und in zahlreichen Schriften revolutionäre Vorstellungen entwickelte (u. a. „Common Sense", 1776, dt. „Gesunder Menschenverstand", „The Rights of Man", 1791/92, dt. „Die Menschenrechte").

S. 154 *Robert Burns (1759–1796):* schottischer Lyriker, dessen volksliedhafte, mundartlich gefärbte Verse, Balladen, Liebesgedichte und Lieder populäre Zeugnisse der frühen englischen Romantik sind.

S. 159 *William Cullen Bryant (1794–1878):* amerikanischer Dichter; Gegner der Sklaverei, der Sezession und des aufkommenden Kapitalismus. Seine amerikanischen Themen gewidmeten, formvollendeten Gedichte (z. B. Thanatopsis, 1810) sind beeinflußt von der englischen Romantik.

S. 176 *Chiaroscuro:* ital.: Hell-Dunkel.
S. 178 *Eclaircissements:* franz.: Erklärung, Erleuchtung, Aufschluß.
S. 199 *Voltaire:* eigentlich François-Marie Arouet (1694–1778) – franz. Schriftsteller und Philosoph; neben Diderot der universalste der französischen Aufklärer, der unermüdlich gegen religiösen Fanatismus und jede Form von Intoleranz kämpfte. Sein umfangreiches literarisches Schaffen umfaßt philosophische Werke, Geschichtsschreibung, Dramen, philosophische Romane und Erzählungen.
S. 202 *Ulysses S. Grant (1822–1885):* Oberkommandierender der Unionsarmee im Bürgerkrieg seit 1864; Präsident der Vereinigten Staaten 1869/77.
S. 217 *Sir Walter Scott (1771–1832):* schottischer Romancier und Lyriker; Begründer des historischen Romans mit Werken über die schottische, englische und kontinentale Geschichte („Waverley", 1814; „Ivanhoe", 1820).
S. 218 *Joaquin Miller (1839 oder 1841–1913):* eigentlich Cincinnatus Heine (oder Hiner) Miller, amerikanischer Schriftsteller; schrieb volkstümliche Gedichte über den „Wilden Westen" („Pacific Poems", 1870, „Songs of the Sierras", 1871), galt in seiner Zeit als der „Byron von Oregon". Verfaßte auch Romane und Dramen.
S. 222 *Rutherford B. Hayes (1822–1893):* Präsident der USA 1877/81.
S. 225 *George Sand, eigentlich Aurore Dupin, Baronin Dudevant (1804–1876):* franz. Romanautorin; gestaltete ihr Leben nach den emanzipatorischen Vorstellungen freier Gefühlsentscheidungen und der Selbstverwirklichung der Frau. In ihren romantisch-idealistischen Romanen appellierte sie an das humanitäre und soziale Gewissen der Besitzenden.
S. 232 *Dr. Richard Maurice Bucke (1837–1902):* kanadischer Arzt; war einer der treuesten Freunde des alternden Dichters und verwaltete nach dem Tode Whitmans gemeinsam mit Horace Traubel und Thomas B. Harned Whitmans literarischen Nachlaß. Bucke schrieb in Zusammenarbeit mit Whitman eine Biographie des Dichters („Walt Whitman", 1883) und verfaßte mystische Schriften über Whitman („Walt Whitman, Man and Poet", 1897, „Cosmic Consciousness", 1901). Gemeinsam mit Traubel und Harned veröffentlichte Bucke eine zehnbändige Ausgabe „The Complete Writings of Walt Whitman", 1902.
S. 241 *Thomas Carlyle (1795–1881):* schottischer Schriftsteller, Philosoph, Historiker und Publizist; setzte sich in zahlreichen sozialen und philosophischen Schriften mit Problemen der zeitgenössischen Gesellschaft auseinander; er sah Ge-

schichte als Leistung großer Persönlichkeiten an und vertrat einen ausgeprägten Heroenkult („On Heroes, Hero-Worship, and the Heroic in History", 1841, dt. „Über Helden, Heldenverehrung und das Heldentümliche in der Geschichte"). Verbreitete die deutsche idealistische Philosophie und deutsche Literatur durch Übersetzungen, kritische Aufsätze und Biographien in England. Beeinflußte mit seinen Vorstellungen die amerikanischen Transzendentalisten.

S. 255 *ein neuer Micha oder Habakuk: Micha* (hebr., engl. Micah) alttestamentlicher Prophet in der zweiten Hälfte des 8. Jahrhunderts v. u. Z.

Habakuk (hebr.) jüdischer Prophet um 620 v. u. Z., Verfasser eines Teils des nach ihm benannten biblischen Buches.

Samuel Taylor Coleridge (1772–1834): englischer Dichter, Kritiker und Philosoph; gehörte mit William Wordsworth und Robert Southey zur romantischen literarischen Strömung der „Lake School", veröffentlichte u. a. gemeinsam mit Wordsworth die Gedichtsammlung „Lyrical Ballads" (1798).

S. 258 *Dr. Heinrich Schliemann (1822–1890):* deutscher Altertumsforscher, dessen Grabungen in Troja, Mykene, Tiryns, Orchomenos und auf Ithaka (1870/85) die Erforschung bis dahin unbekannter Kulturen des 2. Jahrtausends v. u. Z. ermöglichten.

S. 259 *Henry Wadsworth Longfellow (1807–1882):* amerikanischer Dichter, Übersetzer und Professor für Literatur (Harvard University); war beeinflußt von europäischer Dichtung, bes. den deutschen Romantikern. Schrieb unter Verwendung indianischer Sagen und Legenden die Verserzählung „The Song of Hiawatha", 1855, dt. „Sang von Hiawatha". Drückte in den „Poems on Slavery", 1842, dt. „Sklavengedichte", seinen Abscheu vor der Sklaverei aus. Schrieb neben vielen Gedichten auch Romane und Dramen und war einer der beliebtesten Dichter seiner Zeit in den Vereinigten Staaten.

Ralph Waldo Emerson (1805–1882): amerikanischer Philosoph, Lyriker und Politiker; war einer der wenigen Zeitgenossen Whitmans, die die epochale Bedeutung seiner Dichtung erkannten und würdigten. Emerson trat in weitverbreiteten essayistischen Schriften und in zahlreichen Vorträgen für soziale und politische Reformen ein (Abschaffung der Sklaverei, Gleichberechtigung der Frau) und forderte die geistige und literarische Unabhängigkeit der Vereinigten Staaten. Er war der führende Theoretiker des philosophischen Transzendentalismus. Die Transzendentalisten waren eine Gruppe von Intellektuellen und Künstlern der Neuenglandstaaten, deren Blütezeit ab etwa 1835 bis gegen 1860 als Teil der romantischen Strömung mit dem Wirken des Kreises um Emerson und Henry David Thoreau in Concord, Massachusetts zusammenfiel. Der Begriff Transzendentalismus stammt von I. Kant, der unter transzendental die Art der Erkenntnis verstand, die vor aller Erfahrung liegt und über sie hinausgeht und die Erkenntnis der objektiven Wirklichkeit erst ermögliche. Die Transzendentalisten setzten die intuitive Erkenntnis über Logik und Erfahrung als Quelle der Wahrheit und glaubten an eine wesenhafte Einheit von Welt und Gott. Sie betonten einen optimistischen Individualismus, Selbstvertrauen und den Glauben an das Gute in der menschlichen Natur. Mit ihrer Weltsicht rebellierten sie gegen Rationalismus, Sensualismus, die Enge kalvinistischer und puritanischer Orthodoxie. Ihre romantisch-idealistische Anschauung und Interpretation der Welt, die Emerson in einer berühmten Vorlesung „The Transcendentalist" 1842 in Boston darlegte, vereinigte Einflüsse des deutschen Idealismus (I. Kant, J. G. Fichte, F. W. Schelling, F. D. Schleiermacher), der Romantik (S. T. Coleridge, W. Wordsworth, T. Carlyle, Novalis), Platos, der orientalischen Literatur und Philosophie, der Mystiker und des religiösen Unitarismus. Die Transzendentalisten verbanden diese Anschauungen mit weitgefächerten demokratischen und sozialen Reformvorstellungen (z. B. kommunale utopische Experimente, wie die nach Fourierschem Vorbild entwickelten Kooperativgesellschaften Brook Farm, Fruitlands) sowie emanzipatorischen Bestrebungen. Sie edierten 1840/44 eine intellektuell-literarische Vierteljahresschrift „The Dial" (Herausgeberin Margaret Fuller) und verliehen der amerikanischen Kunst und Literatur jener Jahre wichtige Impulse. Neben namhaften Schriftstellern wie Hawthorne, Melville, Longfellow und Whittier war auch Whitman vom Gedankengut der Transzendentalisten stark beeinflußt.

John Greenleaf Whittier (1807–1892): amerikanischer Schriftsteller; war ein unerschrockener Verfechter der Freiheit, Menschlichkeit und Toleranz und ein überzeugter Gegner der Sklaverei (z. B. in seinen Antisklaverei-Gedichten „Voices of Freedom", 1846). Schrieb auch, beeinflußt von Robert Burns, zahlreiche romantische Naturdichtungen.

S. 266 *George Armstrong Custer (1839–1876):* amerikanischer General; kämpfte als Offizier in der Unionsarmee im amerikanischen Bürgerkrieg und wurde 1863 zum Brigadegeneral ernannt; führte nach dem Bürgerkrieg als Kommandeur des 7. Kavallerieregiments zahlreiche Feldzüge gegen die Indianer und fiel in der berühmten Schlacht am Little Big Horn am 25. Juni 1876.

S. 269 *Amos Bronson Alcott (1799–1881):* amerikanischer Pädagoge, Philosoph und Schriftsteller; Anhänger des Transzendentalismus. Vertrat für seine Zeit ungewöhnlich progressive Ideen der Erziehung und Ausbildung von Kindern, die die allseitige harmonische Entwicklung der kindlichen Persönlichkeit zum Ziel hatten. Seine pädagogischen Erfahrungen fanden Niederschlag in zahlreichen Büchern. Sein Experiment einer kooperativen Siedlung (Fruitlands, 1842/43) scheiterte. Er gründete die Concord School of Philosophy (1879/88) und beeinflußte Emerson, Hawthorne, Thoreau u. a. erheblich.

Louisa May Alcott (1832–1888): amerikanische Schriftstellerin, Tochter von Amos Bronson Alcott; schrieb zahlreiche in den USA sehr beliebte Bücher für Kinder (u. a. „Little Women", 1868/69, dt. „Kleine Frauen").

Margaret Fuller (1810–1850): amerikanische Kritikerin und Journalistin; gab die Vierteljahresschrift der Transzendentalisten „The Dial" heraus, war eine Verfechterin der Frauenemanzipation und schrieb eine Studie über Frauenrechtsfragen in Amerika („Woman in the Nineteenth Century", 1845).

S. 270 *Horace Greeley (1811–1872):* amerikanischer Journalist und Publizist; vertrat demokratische Überzeugungen und Reformideen, trat u. a. für Gewerkschaften und für die Befreiung der Sklaven ein.

William Ellery Channing (1780–1842): amerikanischer Theologe, Philosoph und Essayist; Wegbereiter der Transzendentalisten und progressiver sozialer und kultureller Bewegungen, trat gegen die Sklaverei auf.

Henry David Thoreau (1817–1862): amerikanischer Schriftsteller, enger Freund Emersons und neben ihm bedeutendster Vertreter des Transzendentalismus. Entschiedener Gegner der Sklaverei und ein Bewunderer des Abolitionisten John Brown. Er zog sich für fast zwei Jahre in die Einsamkeit der Natur am Walden Pond zurück und schrieb über diese Erfahrungen eine Reihe Essays, in denen er sich auch mit ökonomischen Problemen beschäftigte, Einfachheit des Lebens und Naturverbundenheit pries und sich gegen die Ausbeutung des Menschen wandte („Walden, or Life in the Woods", 1854, dt. „Walden oder Leben in den Wäldern"). Seine Weigerung, Steuern zur Finanzierung des mexikanischen Raubkrieges der USA (1846/48) zu zahlen, brachte ihn in Konflikt mit der Regierung. Er schrieb eine einflußreiche philosophische Schrift „Civil Disobedience" (1849, dt. „Widerstand gegen die Regierung"), in der er das Recht auf bürgerlichen Ungehorsam aus Gewissensgründen verteidigte und zum passiven Widerstand gegen den Staat und die Regierung aufrief, deren Einmischung in persönliche Belange er heftig ablehnte. Einflüsse dieser Haltung sind bis heute in der amerikanischen Bürgerrechtsbewegung der Afro-Amerikaner deutlich (besonders Martin Luther King berief sich auf Thoreau). Er beeinflußte aber auch den indischen Philosophen und Freiheitskämpfer Mahatma Gandhi.

S. 271 *Nathaniel Hawthorne (1804–1864):* amerikanischer Schriftsteller, der sich in zahlreichen psychologisch ausgefeilten Romanen und Erzählungen vor allem mit der puritanischen Vergangenheit der Neuenglandstaaten auseinandersetzte. Er stand den Transzendentalisten nahe.

„Philosophenschule": die von Alcott gegründete „Concord School of Philosophy" (1879/88), in der auch der Philosoph und Pädagoge William Torrey Harris (1835–1909) wirkte. Harris war damals der bedeutendste Verfechter der Ideen Hegels in den USA und veröffentlichte 1890 eine Studie „Hegels Logik".

S. 275 *William O'Connor (1832–1889):* amerikanischer Journalist, Freund Whitmans. Schrieb Erzählungen und einen Abolitionistenroman „Harrington" (1860); verfaßte gegen die Angriffe der Öffentlichkeit und als Reaktion auf Whitmans Entlassung aus dem Staatsdienst 1866 eine Verteidigungsschrift des Dichters, „The Good Gray Poet", deren Titel später zum Beinamen Whitmans wurde.

Mrs. Anne Gilchrist (1828–1885): Witwe Alexander Gilchrists, des englischen Biographen von William Blake. Sie war eine ergebene Verehrerin und Freundin Whitmans.

Whitmans Anmerkungen zum Text

1 Die Seiten 5 bis 22 sind nahezu Wort für Wort ein zwangloser Brief von mir vom Januar 1882 an einen drängenden Freund. Im darauffolgenden gebe ich einige traurige Erfahrungen wieder. Der Krieg der versuchten Sezession ist natürlich das herausragendste Ereignis meiner Zeit gewesen. Gegen Ende 1862 begann ich, und führte das dann in den Jahren 1863 bis 1865 hindurch weiter, die Kranken und Verwundeten der Armee sowohl im Felde als auch in den Hospitälern in und um Washington City zu besuchen. Von Anfang an hatte ich kleine Notizhefte bei mir für sofortige Vermerke mit dem Bleistift, um Namen und Umstände zu notieren und was speziell gewünscht wurde etc. Ich hielt darin Fälle fest, Personen, Anblicke, Ereignisse im Feldlager, an Krankenlagern und nicht selten bei den Körpern von Toten. Einige wurden flüchtig hingeworfen, nach Schilderungen und Berichten, die ich hörte, und detailliert, während ich wachte oder wartete oder jemanden pflegte inmitten jener Szenen. Dutzende solcher kleinen Notizhefte habe ich noch. Sie stellen eine besondere Geschichtsschreibung jener Jahre dar, für mich allein, voller Assoziationen, die unmöglich jemals beschrieben oder besungen werden können. Ich wünschte, ich könnte dem Leser diese Assoziationen mitteilen, die sich mit diesen schmutzigen und zerknitterten Livraisons verknüpfen, jede aus ein, zwei Blatt Papier bestehend, zusammengefaltet, damit sie in die Tasche passen, und zusammengehalten mit einer Nadel. Ich hinterlasse sie just so, wie ich sie nach dem Kriege niedergeschrieben habe, hier und da mit mehr als einem Blutfleck besudelt, in Eile hingeworfen, mitunter in der Klinik, nicht selten in der Aufregung der Ungewißheit oder Niederlage oder des Gefechtes oder der Vorbereitung darauf oder eines Marsches. Die meisten der Seiten 31 bis 111 sind wortgetreue Wiedergaben aus jenen grausigen blutbefleckten kleinen Notizheften.

Sehr verschieden davon sind die meisten Aufzeichnungen, die folgen. Einige Jahre nachdem der Krieg zu Ende war, hatte ich einen Schlaganfall, der mich mehrere Jahre gelähmt niederstreckte. Im Jahre 1876 hatte ich dann das Schlimmste hinter mir. Von da an verbrachte ich ganze Abschnitte der verschiedenen Jahreszeiten, insbesondere den Sommer, in einem einsamen Schlupfwinkel draußen in Camden County, New Jersey – Timber Creek, ein ziemlich kleiner Fluß (zwölf Meilen weiter fließt er in den großen Delaware) – in ursprünglicher Ein-

samkeit, mit einem sich schlängelnden Wasserlauf, abgeschiedenen und bewaldeten Ufern, köstlichen Quellen und all den Reizen, die Vögel, Gras, wild wachsende Blumen, Kaninchen und Eichhörnchen, alte Eichen, Walnußbäume etc. bieten können. Während dieser Zeiten und an diesen Orten hauptsächlich entstand der Teil des Tagebuches von der Seite 113 an ...
Ich denke, ich sollte die ganze Sammlung veröffentlichen und sie belassen, wie sie ist, erstens aus dem immerwährenden Hang heraus, der Vergessenheit zu entreißen und zu bewahren, was hinter aller Natur steckt, Autoren eingeschlossen; zweitens, um zwei oder drei musterhafte Innerlichkeiten aus den Myriaden meiner Zeit zu versinnbildlichen, der Mitte des 19. Jahrhunderts in der Neuen Welt; einer seltsamen, ungebundenen, herrlichen Zeit. Aber das Buch ist wahrscheinlich ohne einen ausdrücklichen Zweck, der in einem Satz zusammengefaßt werden könnte.

2 Long Island wurde zuerst auf der Westseite besiedelt, von Holländern, dann am Ostende von den Engländern – die Scheidelinie zwischen den zwei Nationalitäten verlief ein wenig westlich von Huntington, wo die Familie meines Vaters lebte, und wo ich geboren wurde.

3 „Paumanok (oder Paumanake oder Paumanak, der indianische Name von Long Island) ist über 100 Meilen lang; geformt wie ein Fisch – sehr viel Küste, sandig, stürmisch, ungastlich, grenzenlos der Horizont, die Luft zu rauh für Kränkelnde, die Buchten wundervolle Aufenthaltsorte für Wasservögel, die Wiesen der Südseite bedeckt mit Salzheu, der Boden der Insel im allgemeinen recht fest, aber gut für die Robinie, die Apfelkulturen und die Brombeere, und unzählige Quellen des süßesten Wassers in der Welt. Vor Jahren wurde ein gebürtiger Long-Islander unter den Baileuten – einem derben, ausgelassenen Menschenschlag, nun ausgestorben oder nahezu gänzlich verändert – *Paumanacker* oder *Creole-Paumanacker* genannt." *John Burroughs*

4 „Bei seinem Besuch in diesem Land im Jahre 1824 kam General Lafayette mit großem Pomp nach Brooklyn herüber und ritt durch die Stadt. Die Schulkinder bekamen frei, um bei dem Empfang dabeizusein. Gerade zu jener Zeit war mit dem Bau einer kostenlosen öffentlichen Bibliothek für Jugendliche begonnen worden, und Lafayette willigte ein, auf seinem Wege anzuhalten und den Grundstein zu legen. Zahlreiche Kinder kamen auf das Gelände, auf dem bereits eine riesige unregelmäßige Baugrube ausgehoben worden war, umgeben von Haufen unbehauener Steine. Viele Herren beteiligten sich daran, die Kinder auf sichere und bequeme Plätze zu heben, damit sie die

Zeremonie sehen konnten. Unter anderen nahm Lafayette, der ebenfalls den Kindern behilflich war, den fünf Jahre alten Walt Whitman hoch, drückte das Kind einen Augenblick an seine Brust, gab ihm einen Kuß und reichte ihn hinunter in die Baugrube, an eine sichere Stelle." *John Burroughs*

5 An das Brooklyn jener Zeit (1830–1840) erinnert kaum noch etwas, mit Ausnahme des Verlaufes der alten Straßen. Die Einwohnerzahl damals betrug zwischen 10 000 und 12 000. Eine ganze Meile lang säumten prächtige Ulmen die Fulton Street. Der Ort hatte durch und durch ländlichen Charakter. Als Beispiel eines Wertvergleiches mag erwähnt sein, daß 25 Morgen in der Gegend, die nun der teuerste Teil der Stadt ist, umgrenzt von der Flatbush und der Fulton Avenue, damals von Mr. Parmentier, einem französischen Einwanderer, für 4000 Dollar gekauft worden waren. Wer erinnert sich noch an die alten Lokale, die es da gab? Wer erinnert sich an die Bürger jener Zeit? Zu den ersteren gehörten Smith & Wood's, Coe Downing's und andere Wirtshäuser an der Fähre, die alte Fähre selbst, Love Lane, die Heights, wie sie damals war, die Wallabout mit der hölzernen Brücke und die Straße nach außerhalb, über die Fulton Street hinaus, bis zu dem alten Schlagbaum. Zu den letzteren gehörten der majestätische und geniale General Jeremiah Johnson und andere, Gabriel Furman, Rev. E. M. Richter Murphy, Mr. Pierrepont, Mr. Joralemon, Samuel Willoughby, Jonathan Trotter, George Hall, Cyrus P. Smith, N. B. Morse, John Dikeman, Adrian Hegeman, William Udall und der alte Mr. Duflon mit seinem militärischen Garten.

6 MR. GARFIELD *(im Repräsentantenhaus, 15. April '79):* „Wissen die Herren, daß es in unserer Armee (alle Grenzstaaten nicht mit berücksichtigt) 50 Regimenter und sieben Kompanien weißer Männer aus den Staaten, die rebellierten, gab, die somit für die Union kämpften? Weiß man, daß allein vom Staate Kentucky mehr Union-Soldaten unter unserer Flagge kämpften, als Napoleon in die Schlacht von Waterloo geführt? mehr, als Wellington, mit all den alliierten Armeen, Napoleon entgegengestellt hat? Erinnert man sich daran, daß 186 000 Farbige unter unserer Flagge gegen die Rebellion und somit für die Union gekämpft haben und daß von dieser Zahl 90 000 aus den Staaten kamen, die rebellierten?"

7 Im Büro des Generalstabsarztes gibt es seitdem einen formalen Bericht über die Behandlung von 253 142 Fällen von Verwundungen durch staatliche Ärzte. Was muß wohl die inoffizielle, indirekte Zahl gewesen sein – ganz zu schweigen von den Armeen des Südens?

8 *Aus einer Rezension zu* „ANDERSONVILLE. EIN BERICHT

ÜBER SÜDSTAATLICHE MILITÄRGEFÄNGNISSE", *der 1879 in Fortsetzungen im „Toledo Blade" und später in Buchform veröffentlicht worden ist.*

„Es liegt eine tiefe Faszination in dem Thema von Andersonville – denn dieses Golgatha, wo die bleichenden Gebeine von 13000 braven jungen Männern liegen, stellt das Liebste und Teuerste, das in diesem Kriege für die Erhaltung unserer nationalen Einheit geopfert werden mußte, dar. Auch ist es ein Musterexemplar seiner Art. Seine mehr als 100 Hekatomben von Toten repräsentieren die mehrere Male so große Zahl ihrer Brüder, für die sich die Gefängnistore von Belle Isle, Danville, Salisbury, Florence, Columbia und Cahaba einzig und allein in die Ewigkeit öffneten. Nur wenige Familien gibt es im Norden, die nicht wenigstens einen lieben Verwandten oder Freund unter diesen 60000 haben, deren trauriges Schicksal es war, ihren Dienst für die Union damit zu beenden, daß sie sich niederlegten und für sie starben, eingepfercht in ein südstaatliches Gefängnis. Die Art und Weise ihres Todes, die Greuel, denen sie in jedem Augenblick ihrer Existenz unmittelbar ausgesetzt waren, die redliche, nicht schwankende Standhaftigkeit, mit der sie all dies erduldeten, das ihnen das Schicksal auferlegt hatte, sind niemals hinreichend offenbart worden. Mit ihnen war es nicht das gleiche wie mit ihren Kameraden auf dem Felde, deren jegliches Handeln unter den Augen derjenigen ausgeführt wurde, deren Pflicht es war, solche Dinge zu beobachten und der Welt zu berichten. Den Blicken der Freunde im Norden verborgen durch den undurchdringlichen Mantel des Geheimnisses, mit dem die militärischen Operationen der Rebellen die sogenannte Konföderation umgaben, wußte das Volk so gut wie nichts von ihrer Karriere oder ihren Leuten. Tausende starben dort, weniger beachtet als selbst die Hunderte, die auf dem Schlachtfeld umkamen. Auf dem schrecklichen Feldzug von der Wilderness bis zum James River – 43 Tage verzweifelten Kampfes – verlor Grant nicht so viele Leute, die auf der Stelle getötet wurden, als im Juli und August in Andersonville starben. Die Zahl derer, die in diesem Gefangenenlager starben, war doppelt so hoch wie die Anzahl derer, die von dem Tage an fielen, da Grant den Rapidan überschritt, bis er sich in den Gräben vor Petersburg festsetzte. Mehr als viermal so viele Union-Tote liegen unter den würdevollen rauschenden Kiefern um jenes verlassene kleine Dorf im südlichen Georgia, als den Weg Shermans von Chattanooga nach Atlanta säumten. Die Nation ist entsetzt über das Vergeuden von Leben, mit denen die zwei blutigen Schlachten von 1864 verbunden waren, die die Konföderation im wesentlichen zerstampften, aber niemand erinnert

sich, daß mehr Union-Soldaten hinter den Linien der Rebellen starben, als vor ihnen getötet wurden. Die großen militärischen Ereignisse, die die Rebellion austraten, zogen die Aufmerksamkeit weg von dem traurigen Drama, das Hungertod und Krankheiten in diesen dunklen Gefängnissen in den fernen Tiefen finsterer südlicher Wälder spielten."
Aus einem Brief von „Johnny Bouquet" in der N. Y. Tribune, 27. März '81:
„In Salisbury, N. C., besuchte ich das Gefangenenlager oder vielmehr den Platz, an dem es gewesen war, wo fast 12 000 Opfer südstaatlicher Politiker begraben waren, eingesperrt in einem Lager ohne Obdach, allem ausgesetzt, was die Naturgewalten vermochten, allem, was die Krankheit zusammengepferchter Tiere hervorbringen konnte, und all der Aushungerung und Quälerei, deren eine untaugliche und zutiefst schurkische Regierung fähig war. Aus den Gesprächen und fast aus der Erinnerung der Leute im Norden ist dieser Ort verschwunden, jedoch nicht so aus dem Gemunkel der Leute von Salisbury; fast jeder von ihnen sagt, daß die Hälfte von allem nie erwähnt worden ist; daß das Wesen gewohnheitsmäßiger Gewalttätigkeit hier so war, daß, wenn föderalistische Gefangene entkamen, die Leute der Stadt sie in ihren Scheunen verbargen, da sie befürchteten, die Rache Gottes würde über sie kommen, wenn sie sie, selbst wenn es ihre Feinde waren, solcher Grausamkeit auslieferten. Ein alter Mann im Boyden House, der sich eines Abends in die Unterhaltung mischte, sagte: ‚Oft wurden Männer außerhalb jenes Gefangenenlagers begraben, die noch am Leben waren. Ich habe die Zeugenaussage eines Arztes, daß er sie gesehen habe, wie sie hinausgefahren wurden auf dem Leichenwagen, die Augen offen und aufmerksam, doch zu schwach, einen Finger zu heben. Für solch eine Behandlung gab es ganz und gar keine Entschuldigung, da die konföderierte Regierung jede Sägemühle in dieser Region beschlagnahmt hatte und ebensogut, wie sie es nicht tat, Obdach für diese Gefangenen hätte errichten können. Holz gab es hier mehr als genug. Es wird schwer sein, einen ehrbaren Menschen von Salisbury dazu zu bringen, daß er sagt, es hätte auch nur die mindeste Notwendigkeit gegeben, daß diese Gefangenen in alten Zeiten, in Gruben und Löchern, halb voll Wasser, leben mußten. Der Davis-Regierung wurden Vorhaltungen gemacht gegen die Offiziere, die mit der Leitung betraut waren, ihnen wurde jedoch keine Aufmerksamkeit geschenkt. Beförderung war dort die „Strafe" für Grausamkeit. Die Insassen waren Skelette. Die Hölle konnte keinen Mann, der dort starb, mehr schrecken, mit Ausnahme der unmenschlichen Aufseher.'"

9 Ohne Entschuldigung für den abrupten Wechsel von Gebiet und Atmosphäre – nach dem, was ich in den voraufgegangenen 50, 60 Seiten gebracht habe – temporäre Episoden, Gott sei Dank! – bringe ich mein Buch zurück in das erfrischende und unbekümmerte Gleichgewicht der wirklichen, freien Natur, die einzig dauerhafte Zuversicht des Buches oder des menschlichen Lebens.
Wer weiß (ich habe es in meiner Phantasie, meinem Streben), aber die Seiten, die nun folgen, mögen den Strahl der Sonne in sich tragen, den Duft von Gras oder Mais oder den Ruf des Vogels oder das Funkeln der Sterne bei Nacht oder Schneeflocken, die frisch und geheimnisvoll fallen auf die Bewohner geheizter Stadthäuser oder müde Arbeiter und Arbeiterinnen? – oder vielleicht in das Krankenzimmer oder Gefängnis – um als kühlende Brise zu dienen oder Duft der Natur für einen fiebrigen Mund oder latenten Puls.

10 In Sichtweite von Woodstown steht ein Tulpenbaum, der einen Umfang von zwanzig Fuß hat, drei Fuß über dem Boden, einen Durchmesser von vier Fuß, etwa achtzehn Fuß den Stamm aufwärts, der drei oder vier Fuß weiter oben abgebrochen ist. Auf der Südseite ist ein Ausläufer hervorgesprossen, von dem zwei Stämme, jeder bis zu einundneunzig, zweiundneunzig Fuß vom Boden, aufragen. Vor 25 (oder mehr) Jahren war die Höhlung in dem unteren Stamm groß genug dafür, daß neun Mann gleichzeitig darin ihr Dinner einnehmen konnten. Jetzt könnten schätzungsweise zwölf bis fünfzehn Mann zur selben Zeit im Innern des Stammes stehen. Die heftigen Stürme von 1877 und 1878 scheinen ihn nicht zerstört zu haben, und die zwei Stämme bringen alljährlich viele Blüten hervor, die die Luft in unmittelbarer Umgebung mit ihrem süßen Duft erfüllen. Völlig ungeschützt durch andere Bäume, steht er auf einer Anhöhe. – *Woodstown, N. J., „Register", 15. April '79*

11 Im Innern meines Rezeptakulum-Buches finde ich eine Liste von vorgeschlagenen und verworfenen Titeln für diesen Band oder Abschnitte davon – wie die folgenden:

> *Wie die Biene summt im Mai*
> *& August – Königskerzen wachsen*
> *& Winter – Schneeflocken fallen*
> *& Sterne am Himmel ziehen einher*

> *Fern von Büchern – fern von Kunst*
> *Nun für den Tag und die Nacht – die Aufgabe ist getan*
> *Nun für die Sonne und die Sterne*

> *Notizen eines Halb-Gelähmten*
> *Wocheein und wocheaus*
> *Funken zuendegehender Tage*
> *Enten und Erpel*
> *Ebbe und Flut*
> *Klatsch beim frühen Kerzenschein*
> *Echos und Eskapaden*
> *So wie ich ... Abendtau*
> *Notizen nach dem Schreiben eines Buches*
> *Fern und nah an 63*
> *Kumuluswolken*
> *Mais-Rispen – Brennholz*
> *Vorn und hinten – Durchgänge*
> *Fünkchen 60 und danach*
> *Sand an den Stränden von 64*
> *Wie Stimmen in der Dämmerung, von Sprechern, fern oder*
> *versteckt*
>
> *Ureinwohner ... Embryonen*
> *Vor dem Wind*
> *Notizen und Erinnerungen*
> *Nur Königskerzen und Hummeln*
> *Weiher-Geschwätz ... Tête-a-Têtes*
> *Echos eines Lebens im 19. Jahrhundert in der Neuen Welt*
> *Die Spur von fünfzig Jahren*
> *Ausgelassenheit ... Flüchtige Notizen*
> *Ein Lebensmosaik ... Heimische Augenblicke*
> *Typen und halbe Töne*
> *Überbleibsel ... Sanddünen*
> *Wieder und wieder*

12 Für die Zukunft wird es schwierig sein – wenn man über seine Bücher, persönlichen Antipathien etc. urteilt – den gewaltigen Einfluß zu erklären, den dieser Autor auf das gegenwärtige Zeitalter genommen hat, und die Art und Weise, in der er dessen Denken prägte. Sicherlich bin ich außerstande, all das zu erklären, was mich beeinflußt hat. Keine Überschau könnte es geben, nicht einmal ein Teilbild des mittleren und letzten Abschnitts unseres 19. Jahrhunderts, das nicht ausdrücklich Thomas Carlyle einschlösse. In seinem Falle (wie in so vielen anderen, literarischen Produktionen, Werken der Kunst, persönlichen Identitäten, Ereignissen) hat es ein unfaßbares Etwas gegeben, das wirkungsvoller war als alles Faßbare. Dann finde ich keinen besseren Text (es ist immer wichtig, einen bestimmten, besonderen, sogar widersprüchlichen, lebenden Menschen zu haben, von dem man ausgehen kann), um gewisse Betrachtun-

gen und Vergleiche für häuslichen Gebrauch auszusenden. Laßt uns sehen, worauf sie hinauslaufen – diese reaktionären Grundsätze, Ängste, verächtlichen Analysen von Demokratie – selbst vom gelehrtesten und aufrichtigsten Geist Europas.

13 Es ist nicht der geringste erwähnenswerte Teil des Falles (ein Anflug mag es sein von Humor, mit dem die Geschichte und das Schicksal gern ihre Ernsthaftigkeit kontrastieren), daß, obwohl keiner meiner großen Autoritäten im Verlaufe seines Lebens die Vereinigten Staaten ernsthafter Erwähnung für wert hielt, all die prinzipiellen Werke der beiden in diesen Tagen, nicht unangebrachterweise, gesammelt und eng miteinander verknüpft werden könnten unter dem in die Augen springenden Titel: *„Betrachtungen zum Nutzen Nordamerikas und der Demokratie dort, mit Beziehungen derselben zur Metaphysik, einschließlich eindringlicher Warnungen (Ermutigungen auch, und im größten Maße) von der Alten Welt für die Neue."*

14 Ich hoffe, ich werde nicht selbst in den Fehler verfallen, dessen ich ihn zeihe, den Fehler, ein spezifisches Mittel für ein unerläßliches Übel zu verschreiben. Mein höchstes Trachten ist sicherlich nur, jenen alten Anspruch der ausschließlich heilenden Kraft erstklassiger Einzelpersönlichkeiten, wie Führer oder Herrscher, auszugleichen durch die Ansprüche an den allgemeinen Fortgang und das Resultat von Ideen. Etwas von der letzteren Art kommt mir vor wie die distinktive Theorie von Amerika, von Demokratie und von Moderne zu sein – oder ich sollte lieber sagen, es *ist* Demokratie, und es *ist* Moderne.

15 J. Gosticks Abriß bin ich sehr verpflichtet.

16 Absichtlich habe ich das alles wiederholt, nicht nur als Ausgleich zu Carlyles stets verborgenem Pessimismus und Weltuntergang, sondern auch, um die gründlichsten *amerikanischen Standpunkte*, die ich kenne, zu präsentieren. Nach meiner Meinung sind die oben angeführten Formulierungen Hegels eine wesentliche und alles überbietende Rechtfertigung der Demokratie der Neuen Welt in dem schöpferischen Bereich von Raum und Zeit. Es ist etwas um sie, das nur die Unermeßlichkeit, die Vielfältigkeit und die Vitalität Amerikas erfassen, ihm freien Lauf lassen und es ins rechte Licht rücken oder dafür reif sein oder gar es hervorbringen zu können scheint. Es kommt mir eigentümlich vor, daß sie in Deutschland oder jedenfalls in der Alten Welt geboren wurden. Wobei ein Carlyle, wie ich sagen sollte, so ziemlich das zu erwartende legitime europäische Produkt ist.

17 Predige anderen nicht, was sie essen sollen, sondern iß, was Dir geziemt und sei still.

Epiktet

Viktor Hugo läßt einen Esel meditieren und folgendes ausrufen:

> „Mein Bruder Mensch, wenn Du die Wahrheit wüßtest,
> Wir werden von den gleichen engen Mauern
> eingeschlossen;
> Das Tor ist schwer und der Kerker fest.
> Aber Du schaust durch das Schlüsselloch nach oben
> heraus
> Und nennst das Wissen, hast aber nicht den Schlüssel
> In der Hand, womit das schicksalsschwere Schloß zu
> öffnen wäre."

„William Cullen Bryant überraschte mich einmal", schrieb ein Schriftsteller in einer New-Yorker Zeitung, „indem er sagte, daß Prosa die natürliche Sprache der Komposition sei, und er sich darüber wundere, wie jemand dazu käme, Gedichte zu schreiben."

> Farewell! I did not know thy worth;
>   But thou art gone, and now 'tis prized:
> So angels walk'd unknown on earth,
>   But when they flew were recognized.
>
> *Hood*

John Burroughs schreibt über Thoreau: „Mit dem Alter wird er immer besser – er mußte tatsächlich älter werden, um etwas von seiner Strenge zu verlieren und reif zu werden. Die Welt liebt einen guten Hasser und Widerspruchsgeist fast genausosehr, wie sie einen guten Liebhaber und Ja-Sager mag – nur mag sie ihn aus größerer Entfernung."

Louise Michel bei der Beerdigung von Blanqui (1881)
Blanqui trainierte seinen Körper, daß er sich seinem großartigen Verstand und seinen edlen Leidenschaften unterwerfen mußte, und da er damit schon als junger Mann begonnen hatte, brach er mit allem, was in der modernen Zivilisation verweichlicht war. Ohne die Kraft, das Selbst zu opfern, werden großartige Ideen niemals Früchte tragen.

> Out of the leaping furnace flame
> A mass of molten silver came;
> Then, beaten into pieces three,
> Went forth to meet its destiny.
> The first a crucifix was made,
> Within a soldier's knapsack laid;
> The second was a locket fair,

>   Where a mother kept her dead child's hair;
>   The third – a bangle, bright and warm,
>   Around a faithless woman's arm.
>
>   A mighty pain to love it is,
>   And 'tis a pain that pain to miss;
>   But of all pain the greatest pain,
>   It is to love, but love in vain.

Maurice F. Egan über De Guèrin
>   A pagan heart, a Christian soul had he,
>   He follow'd Christ, yet for dead Pan he sigh'd,
>   Till earth and Heaven met within his breast:
>   As if Theocritus in Sicily
>   Had come upon the Figure crucified,
>   And lost his gods in deep, Christ-given rest.
>   And if I pray, the only prayer
>   That moves my lips for me,
>   Is, leave the mind that now I bear,
>   And give me Liberty.

Emily Brontë
>   I travel on not knowing,
>   I would not if I might;
>   I would rather walk with God in the dark,
>   Than go alone in the light;
>   I would rather walk with Him by faith
>   Than pick my way by sight.

Prof. Huxley in einer seiner jüngsten Vorlesungen
Ich stimme mit der Meinung von Thomas Hobbes von Malmesbury überein, daß „das Ziel aller Theorien eine Tat oder ein Ding ist, das gemacht werden muß". Ich habe gar keinen großen Respekt vor bloßem „Wissen" als solchem oder ein Interesse daran.

Prinz Metternich
Napoleon war von allen Menschen der Welt derjenige, der seine Rasse grundsätzlich am meisten verachtete. Er hatte eine wunderbare Einsicht in die schwächeren Seiten der menschlichen Natur. (Und all unsere Leidenschaften sind entweder selbst Schwächen oder die Ursache von Schwächen.) Er war ein sehr kleiner Mann von beeindruckendem Charakter. Er war ungebildet wie es ein Leutnant im allgemeinen ist: Ein bemerkenswerter Instinkt ersetzte den Mangel an Wissen. Durch seine geringe Meinung von Menschen hatte er niemals Angst,

daß er fehlgehen würde. Er setzte alles aufs Spiel und gewann dadurch einen großen Schritt in Richtung Erfolg. Indem er sich in eine gewaltige Arena warf, versetzte er die Welt in höchstes Erstaunen und machte sich zu ihrem Herren, während andere nicht einmal soweit gelangen, die Herren ihres eigenen Hauses zu werden. Dann ging er weiter und weiter, bis er sich den Hals brach.

18 „Vor 50 000 Jahren war das Sternbild des Großen Bären oder Großen Wagens ein strahlendes Kreuz; in 100 000 Jahren wird der imaginäre Wagen völlig entzwei sein, und die Sterne, die den Wagenkasten und die Deichsel bilden, werden ihre Standorte gewechselt haben. Die unklaren Nebel bewegen sich, und überdies wirbeln sie herum in großen Spiralen, manche in diese Richtung, manche in eine andere. Jedes Molekül von Materie in dem ganzen Universum schwingt hin und her; jedes Partikelchen Äther im Raum ist in gallertartiger Vibration. Licht ist eine Form der Bewegung, Wärme eine andere, Elektrizität noch eine, Magnetismus noch eine andere, Schall wieder eine. Jeder menschliche Sinn ist das Resultat von Bewegung; jede Wahrnehmung, jeder Gedanke ist nichts als Bewegung von Molekülen des Gehirns, übersetzt durch das unbegreifliche Ding, das wir Geist nennen. Der Prozeß des Wachstums, der Existenz, des Verfalls, ob in Welten oder in winzigsten Organismen, ist einzig Bewegung."

Quellen- und Rechtsnachweis

© Verlag Philipp Reclam jun. Leipzig (Auswahl, Übersetzung und Nachwort)

Die Übersetzung erfolgte nach: Walt Whitman, Prose Works, Philadelphia, David McKay, Publisher, o. J.

Die Zeilen von Coleridge aus seinem Gedicht „Arbeit ohne Hoffnung" in der Nachdichtung von Uwe Grüning stammen aus der Ausgabe „Ein Ding von Schönheit ist ein Glück auf immer" (Hrsg. Horst Höhne), Verlag Philipp Reclam jun. Leipzig 1983.

Die Zitate aus Ossians Werken sind aus: Ossians Werke, Wolkenwanderer-Verlag Leipzig, 1924. (Übertragung von Franz Spunda).

Inhalt

Gebot einer glücklichen Stunde	5
Antwort an einen drängenden Freund	6
Genealogie – Van Velsor und Whitman	6
Die alten Friedhöfe der Familien Whitman und Van Velsor	8
Die Heimstatt der Mutter	9
Aus dem Leben zweier alter Familien	10
Paumanok und mein Leben dort als Kind und junger Mann	12
Meine erste Lektüre – Lafayette	15
Druckerei – Alt-Brooklyn	16
Wachstum – Gesundheit – Arbeit	16
Meine Leidenschaft für Fähren	17
Broadway-Sehenswürdigkeiten	18
Omnibus-Ausflüge und Kutscher	19
Theaterstücke und Opern	20
Die folgenden acht Jahre	22
Charakterquellen – Ergebnisse – 1860	23
Beginn des Sezessionskrieges	24
Nationale Erhebung und Freiwilligenmeldung	24
Gefühle der Verachtung	25
Die Schlacht am Bull Run, Juli 1861	26
Die Erstarrung weicht – Etwas Neues beginnt	30
Draußen an der Front	31
Nach der ersten Schlacht bei Fredericksburg	32
Zurück nach Washington	32
Fünfzig Stunden verwundet auf dem Schlachtfeld	34
Lazarettszenen und Personen	35
Patentamt-Hospital	37
Das Weiße Haus bei Mondschein	38
Eine Lazarettstation	39
Ein Fall aus Connecticut	40
Zwei Jungen aus Brooklyn	41
Ein Tapferer der Sezession	41
Die Verwundeten von Chancellorsville	41
Ein Nachtgefecht vor mehr als einer Woche	42
Namenloser bleibt der tapferste Soldat	46
Einige typische Fälle	46
Meine Vorbereitungen für Besuche	49
Prozessionen von Ambulanzen	50
Gefährliche Verwundungen – Die Jungen	50
Das ermutigendste Kriegsschauspiel	51
Schlacht von Gettysburg	52
Ein Kavallerielager	53

Ein New-Yorker Soldat	54
Hausmusik	55
Abraham Lincoln	56
Hitzewelle	58
Soldaten und Gespräche	58
Der Tod eines Offiziers aus Wisconsin	59
Lazarettkomplex	61
Ein Bummel in stiller Nacht	62
Seelische Eigenheiten mancher Soldaten	63
Viehherden in Washington	64
Verwirrung im Hospital	64
Draußen an der Front	65
Zahlung des Handgeldes	66
Gerüchte, Wendungen etc.	67
Virginia	67
Sommer 1864	68
Neuorganisierung der Armee, zu Amerika passend	69
Tod eines Helden	70
Lazarettszenen – Vorkommnisse	71
Ein Yankee-Soldat	72
Unionisten als Gefangene im Süden	72
Deserteure	74
Ein Streiflicht der Höllenszenen des Krieges	74
Gaben – Gelder – Begünstigung	76
Einzelheiten aus meinem Notizbuch	77
Ein Fall von der zweiten Bull-Run-Schlacht	78
Militärärzte – Unzulänglichkeiten bei der Hilfeleistung	79
Überall Blau	80
Ein Musterlazarett	80
Kinder in der Armee	81
Bestattung einer Krankenschwester	82
Krankenschwestern für Soldaten	82
Flüchtlinge aus den Südstaaten	83
Das Capitol im Laternenschein	86
Feierliche Amtseinführung	86
Verhalten ausländischer Regierungen während des Krieges	87
Das Wetter – Sympathisiert es mit dieser Zeit?	88
Inaugurationsball	90
Szene im Capitol	90
Ein höchst ehrbarer Nordstaatler	92
Verwundungen und Krankheiten	93
Tod des Präsidenten Lincoln	93
Das Frohlocken von Shermans Armeen – ihr plötzliches Innehalten	94
Kein gutes Porträt von Lincoln	95

Vom Süden entlassene Gefangene	95
Tod eines Soldaten aus Pennsylvania	96
Die zurückkehrenden Armeen	98
Die große Parade	99
Soldaten aus dem Westen	99
Ein Soldat über Lincoln	100
Zwei Brüder, einer im Süden, einer im Norden	101
Noch ein paar beklagenswerte Fälle	101
Calhouns wahres Denkmal	103
Die Lazarette schließen	103
Echte Soldaten	105
„Krampfhaftigkeit"	106
Bilanz dreier Jahre	106
Auch ein Schlußwort über die Million Toter	107
Der wahre Krieg wird niemals in die Literatur eingehen	109
Ein Zwischenkapitel	111
Neue Themen	112
Beim Betreten eines langen Farmweges	113
Zur Quelle und zum Bach	113
Ein frühsommerlicher Weckruf	114
Ziehende Vögel um Mitternacht	115
Hummeln	115
Gitterrost	119
Sommerszenen und Beschaulichkeiten	119
Duft des Sonnenuntergangs – Wachtelgesang – Die Einsiedlerdrossel	120
Ein Julinachmittag am Teich	121
Heuschrecken und Katydiden	122
Was ein Baum uns lehrt	123
Herbstliche Beigaben	125
Der Himmel – Tage und Nächte – Glückseligkeit	127
Farben – ein Kontrast	129
8. November '76	129
Krähen und wieder Krähen	129
Ein Wintertag am Meeresstrand	130
Strandgedanken	131
Zum Gedenken an Thomas Paine	132
Zweistündige Fahrt im Eis	135
Ankündigungen des Frühlings – Erholung	136
Eine menschliche Eigenheit	137
Eine nachmittägliche Szene	137
Die Tore öffnen sich	138
Die gewöhnliche Erde, der Boden	139
Vögel, Vögel, nochmals Vögel	139
Sternenhelle Nächte	140

Königskerzen über Königskerzen	142
Entfernte Klänge	142
Ein Sonnenbad – Nacktheit	143
Die Eichen und ich	146
Ein Fünfzeiler	147
Der erste Frost – Erinnerungen	148
Tod dreier junger Männer	148
Februartage	152
Eine Feldlerche	154
Sonnenuntergang	154
Gedanken unter einer Eiche – ein Traum	155
Klee- und Heuduft	156
Ein Unbekannter	156
Vogelstimmen	157
Roßminze	158
Zu dritt	158
Tod von William Cullen Bryant	159
Den Hudson hinauf	160
Glück und Himbeeren	161
Das Muster einer Tramp-Familie	162
Manhattan von der Bucht her	163
Menschliches und heroisches New York	164
Stunden für die Seele	166
Strohfarbene und andere Geschöpfe	171
Eine Nachterinnerung	172
Wilde Blumen	173
Eine zu lange unterlassene Geste der Höflichkeit	174
Delaware River – Tage und Nächte	175
Szenen auf Fähre und Fluß – Letzte Winternächte	176
Der erste Frühlingstag auf der Chestnut Street	181
Den Hudson hinauf nach Ulster County	183
Tage bei J. B. – Torffeuer – Frühlingsgesänge	184
Begegnung mit einem Eremiten	185
Ein Wasserfall in Ulster County	186
Walter Dumont und seine Medaille	186
Sehenswürdigkeiten des Hudson River	187
Zwei Stadtgebiete, gewisse Stunden	189
Spaziergänge und Gespräche im Central Park	190
Ein schöner Nachmittag von vier bis sechs	191
Auslaufen der großen Dampfer	192
Zwei Stunden auf der „Minnesota"	194
Vollendete Sommertage und -nächte	195
Ausstellungsgebäude – neues Rathaus – Flußreise	196
Schwalben auf dem Fluß	197
Beginne eine lange Fahrt nach Westen	198

Im Schlafwagen	198
Der Staat Missouri	199
Lawrence und Topeka, Kansas	200
Die Prärien	201
Weiter nach Denver – Ein Grenzzwischenfall	203
Eine Stunde auf dem Gipfel des Kenosha	204
Eine ichbezogene „Entdeckung"	204
Neue Empfindungen – neue Freuden	205
Dampfkraft, Telegraphen etc.	206
Amerikas Rückgrat	206
Die Parks	207
Kunstmerkmale	208
Denver-Impressionen	209
Ich wende mich nach Süden – dann wieder nach Osten	211
Unerfüllte Wünsche – der Arkansas River	212
Ein stiller kleiner Begleiter – das Mädchenauge	212
Die Prärien und die Great Plains in Poesie	213
Die Spanish Peaks – Abend auf den Plains	214
Amerikas charakteristische Landschaft	215
Der bedeutendste Strom der Erde	216
Analogien zu den Prärien – die Baumfrage	217
Literatur des Mississippitales	217
Der Artikel eines Interviewers	219
Die Frauen des Westens	220
Der stille General	221
Präsident Hayes' Reden	222
Notizen von St. Louis	223
Nächte auf dem Mississippi	223
Über unser eigenes Land	224
Edgar Poes Bedeutung	225
Beethovens Septette	228
Ein Fingerzeig der wilden Natur	229
Durch die Wälder bummeln	229
Eine Altstimme	230
Niagara	231
Ausflug nach Kanada	232
Sonntag mit geistig Behinderten	232
Reminiszenz an Elias Hicks	234
Großartiges natürliches Wachstum	234
Die St.-Lawrence-Linie	235
Der ungebändigte Saguenay	236
Das Vorgebirge Eternity und Trinity	236
Chicoutimi und Ha-Ha-Bay	237
Die Einwohner – gutes Leben	238
Wie Zedernzapfen – Namen	239

Der Tod von Thomas Carlyle	241
Carlyle aus amerikanischer Sicht	245
Ein Paar alte Freunde – eine kleine Sache von Coleridge	255
Eine Woche in Boston	256
Das Boston von heute	258
Mein Tribut an vier Dichter	259
Millets Bilder – Letzte Einzelheiten	260
Vögel und eine Warnung	262
Proben aus meinem Notizbuch	263
Noch einmal Sand und Salz meiner Heimat	263
Hitze in New York	264
„Custers letzter Appell"	266
Ein paar alte Bekannte – Erinnerungen	267
Eine Entdeckung des Alters	268
Schließlich und endlich ein Besuch bei R. W. Emerson	269
Andere Eindrücke aus Concord	271
Common Park in Boston – noch etwas von Emerson	272
Eine ossianische Nacht – teuerste Freunde	273
Nur ein neues Fährschiff	275
Tod von Longfellow	276
Das Gründen von Zeitungen	278
Die große Unruhe, an der wir teilhaben	280
An Emersons Grab	281
Gegenwärtiges Schreiben – Persönliches	282
Nach der versuchten Lektüre eines gewissen Buches	283
Letzte Bekenntnisse – literarische Proben	284
Natur und Demokratie – Moral	286
Nachbemerkung des Herausgebers	287
Anmerkungen des Herausgebers	301
Whitmans Anmerkungen zum Text	310
Quellen- und Rechtsnachweis	321